中國文化通史

晚清卷·上冊

　　中國文化源遠流長，欲理解中國文化，捨其歷史無由。而欲理解中國文化史，界定文化的概念，梳理中國文化史的發展脈絡、特質及其研究狀況，又是十分必要的。爰作是序。

一、文化概念的界定

　　文化問題是世界關注的熱門話題，但是，國內外學術界對於文化的概念，迄無統一的界定。聯合國教科文組織曾邀請各國學者討論什麼是「文化」，也未取得共識。據統計，有關文化的概念，多達數百種，人們見智見仁，莫衷一是。

　　從西方的歷史上看，人們對於文化的理解，大致經歷了四個時期。

　　第一個時期是古代。最具代表性也是最古老的文化概念，是由約兩千年前古羅馬哲學家西塞羅提出來的，它從拉丁文譯成英文是「culture is the philosophy-or cultivation-of the mind」。漢譯為「文化是心靈的哲學（修養）」。其中 cultivation 本義是耕種，引申意為耕種—栽培—培養—修養。這可謂哲學的文化概念。它強調文化是人類心靈的創造物，並視文化是一個趨向品德修養終極目標的動態的創造過程。

　　第二個時期是中世紀。有代表性的是藝術的文化概念：「文化是藝術的總稱。」它是文藝復興時代的藝術家們提出來的，強調文化是人類對美的追求和自由的創造。

第三個時期是十九世紀。其間出現了兩種有代表性的文化概念。一是英國著名學者阿諾德在一八六九年出版的《文化和無政府狀態》一書中提出的：

文化就是追求我們的整體完美，追求的手段是通過了解世人在與我們最有關的一切問題上所曾有過的最好思想和言論⋯⋯引導我們把真正的人類完美看成是為一種和諧的完美，發展我們人類的所有方面；而且看成是一種普遍的完美，發展我們社會的所有部分。[1]

這是心理學的文化概念。它強調文化是人們藉助於自然科學和人文科學包括文學藝術中一切真、善、美的東西，陶冶心靈，追求社會完美與和諧的過程；二是另一個英國著名學者泰勒一八七一年在《文化的起源》中提出的人類學的文化定義。他說：

文化或文明，就其廣泛的民族學意義來說，乃是包括知識、信仰、藝術、道德、法律、習俗和任何人作為一名社會成員而獲得的能力和習慣在內的複雜整體。[2]

泰勒的定義第一次強調文化是「複雜的整體」和「文化是整個的生活方式」。

第四個時期是二十世紀。二十世紀初社會學家提出了社會學的文化概念：

文化是一個多義詞，我們這裡是在包容較廣的社會學含義上使用它，即它是指人造物品、貨物、技術過程、思想、習慣和價值觀念，它們是一個民族的社會遺產。這文化包括所有習得的行為、智力知識、社會組織和語言、經濟的、道德的或精神的價值系統。一種特定文化的基礎是它的法律、經濟結構、巫術、宗教、藝術、知識和教育。[3]

此一定義第一次強調價值觀念和價值系統，是文化內涵的核心。

1　轉引自〔英〕雷蒙德·威廉斯：《文化與社會》，160-161 頁，北京，北京大學出版社，1991。
2　轉引自莊錫昌等編：《多維視野中的文化理論》，99-100 頁，杭州，浙江人民出版社，1987。
3　轉引自閔家胤：《西方文化概念面面觀》，《國外社會科學》，1995 年第二期。上述參考了該文的內容。

二十世紀中期以後，隨著科學的進步和視野的拓展，人們進而在生物學乃至在整個宇宙的範圍之內，探討文化問題。例如，生物學的文化定義為：「文化是不同物種的組織結構和行為規範。」聯合國教科文組織「世界文化項目」主持人、加拿大學者謝弗，則進而提出了宇宙學的文化概念：「文化一般是指物種，特殊地是指人類觀察和感知世界，把自己組織起來，處理自身事務，提高和豐富生活，以及把自己安置在世界上的那種方式。」[4]

　　由上可知，西方文化概念的內涵是隨著時代的發展而逐漸拓展與深化的。據統計，一九二〇年前只有數種不同的文化定義；但是到一九五六年，就已多達一百五十餘種，也集中說明了這一點。其中，如果說阿諾德的定義是對古代以來文化認識的集大成的話；那麼泰勒的定義強調文化是一種「複雜的整體」和「整個的生活方式」，以及社會學家強調文化內涵的核心是價值觀念與價值系統，則更具有開創性和劃時代的意義，構成了今人理解文化的現代基礎。這說明，十九世紀末二十世紀初是西方現代文化觀念形成的重要時期。至於其後新說迭起，尤其是生物學的、生態學的、宇宙學的概念的出現，固然反映了人們視野的開拓，但是文化的概念既囊括了物種與宇宙，實漸泛化了，以至於無從把握。

　　從中國歷史上看，「文明」一詞的出現要早於「文化」。《易・乾》：「見龍在田，天下文明。」《易明夷》：「內文明而外柔順，以蒙大難，文王以之。」「文化」一詞雖然也是古已有之，但它被作為一個完整的辭彙和概念加以使用，有一個演化的過程。在秦漢時期，儒生編輯的《易・賁卦》的《象》中有「觀乎天文，以察時變；觀乎人文，以化成天下」之說，但「文化」尚未構成一個完整的詞。西漢的劉向在《說苑・指武》中將「文」與「化」聯用：「聖人之治天下也，先文德而後武力。凡武之興，為不服也，文化不改，然後加誅。夫下愚不移，純德之所不能化，而後武力加焉。」不過，這裡的「文化」仍非一個完整的詞，而各有獨立的意義，「文」指文德，「化」指教化，即借文德行教化。其後，晉人的詩文中出現了完整的「文化」一詞。如束皙的《補亡詩》有「文化內輯，武功

4　同上。

外悠」句；王融在《曲水詩序》中則說：「設神理以景俗，敷文化以柔遠。」至此，「文化」顯然已作為一個完整的辭彙和概念，開始為人們所廣泛使用。其含義包括文治、教化和禮樂典章制度。這與西方古代哲人強調「文化」的內涵在於趨向品德修養終極的目標，是相通的。

語彙是隨著社會生活和時代的變動而變動的。在西方，文化的概念所以於近代以後發生了日益深刻的變動，是與西方資本主義的發生發展、科學的進步以及世界聯繫的日益密切分不開的。反觀中國，封建社會綿延兩千餘年，沉沉一線，「天不變，道亦不變」。與此相應，已有的「文化」一詞，古色古香，其內涵也無甚變化。鴉片戰爭後，中國封建社會因受西方資本主義的衝擊而解體，且日益走向世界，語彙便漸生變動。在一些新的語彙出現的同時，更多的語彙增加了新的內涵。就「文化」一詞來說，其新義的增加尤其是人們自覺重新探究其內涵，界定其概念，則要晚到二十世紀初。梁啟超諸人的觀點具有代表性。梁啟超在《什麼是文化》中說：「文化者，人類心能所開積出來之有價值的共業也。」[5]梁漱溟則謂：「文化並非別的，乃是人類生活的樣法。」[6]胡適也指出：「文化（culture）是一種文明所形成的生活的方式。」[7]他們都強調文化是人類創造的一種複雜的整體（「共業」）和「生活的方式」，這顯然是接受了泰勒關於文化的定義。

所以，儘管國際上對文化迄今未能形成統一的界定，但泰勒的定義實已構成了人們進一步探討文化問題的現代基礎。同時，在此基礎上，除主張文化泛化者外，人們也畢竟形成了相對的共識，即認為文化可分作廣義與狹義兩種概念來理解。梁啟超曾說：「文化這個名詞有廣義狹義二種，廣義的包括政治經濟；狹義的僅指語言、文字、宗教、文學、美術、科學、史學、哲學而言。」[8]就已經有了此種見解。今天我們可以作進一步表述：廣義的文化就是人化，即人類所創造的一切東西構成了文化。具體講，它包括三個層面：物質文化、制度文化、精神

5　梁啟超：《飲冰室文集》之三十九。
6　梁漱溟：《東西文化及其哲學》第二章，北京，商務印書館，1935。
7　胡適：《我們對於西洋近代文明的態度》，《胡適文存》三集，卷一。
8　梁啟超：《中國歷史研究法補編》，《飲冰室專集》之九十九。

文化。其中，精神文化是文化結構中最深層的部分。狹義的文化就是指精神文化，即觀念形態的文化，包括思想、觀念、意識、情感、意志、價值、信仰、知識、能力等等人的主觀世界的活動及其物化的形態或外鑠的成果，如典籍、語言、文字、科技、文學、藝術、哲學、宗教、道德、風習，等等。

對於「文化」與「文明」的關係，人們也頗存異議，但從總體上看，大致有三種理解：一是學術界一般將「文明」一詞用來指一個社會已由氏族進入國家組織的階級社會的階段，即是與「文化」並無直接瓜葛的學術上的專有名詞；二是「文化」與「文明」同義。美國學者亨廷頓說：「當談論文明的時候，我們指的是什麼呢？一種文明就是一種文化存在。」[9]他顯然是將「文化」與「文明」視作同義詞，等量齊觀。故所謂「物質文化」、「制度文化」和「精神文化」，人們通常也稱作「物質文明」、「制度文明」和「精神文明」；三是「文化」與「文明」都是人類創造的一切成果的總稱，但前者是動態的，後者則是靜態的。陳安仁說：「文明是指靜的狀態而說，文化是指動的狀態而說。」[10]張崧年也曾指出：「文化是活動，文明是結果，也不過一事的兩看法。」[11]

本書對文化的界定，取狹義文化。對「文明」一詞的使用，則據行文的需要，兼顧三義。

二、中國文化史研究的回顧

文化史是古老的史學的一個分支學科，但它真正的確立，在歐洲要晚到十八世紀的啟蒙運動時期。西方「文化史之父」、法國啟蒙思想家伏爾泰的名著《路易十四時代》，實為文化史研究的開山之作。其後，西方關於文化史的著述日多，漸漸蔚為大觀。

---

9 〔美〕亨廷頓：《文明的衝突》，《國外社會科學》，1993 年第十期。
10 陳安仁：《中國文化演進史觀》，據文通書局 1942 年版影印，6 頁，上海，上海書店，1992。
11 張崧年：《文明與文化》，《東方雜志》第 24 卷第 24 號。

在中國，文化史學科的確立更要晚到二十世紀二〇至三〇年代。梁啟超於此有創榛闢莽之功，他曾擬撰多卷本《中國文化史》，遺憾的是僅成《社會組織篇》計八章，壯志未酬。但是，進入二十世紀二〇年代後，有關文化史的研究成果已是連翩出現。一九二四年《史地學報》有文報導學界消息說：「近來研究歷史者，日新月異，內容大加刷新，多趨重文化史方面。」[12]足見中國文化史的研究和編纂，是時已開始浸成風氣。其中較重要的通史性著作有：顧康伯的《中國文化史》、常乃德的《中國文化小史》、陳國強的《物觀中國文化史》、柳詒徵的《中國文化史》、楊東蓴的《本國文化史大綱》、陳登原的《中國文化史》、王德華的《中國文化史略》、繆鳳林的《中國民族之文化史》、陳安仁的《中國文化演進史觀》、王治心的《中國文化史類編》、陳竺同的《中國文化史略》、錢穆的《中國文化史導論》，等等。此外，涉及斷代的、區域的和專題性的有關文化史著作也相繼出版。其中，專題性的著作，尤以王雲五主編的大型《中國文化史叢書》為代表。叢書仿效一九二〇年法國出版的《人類演進史叢書》及一九二五年英國劍橋大學主編的《文化史叢書》的體例，共分八十個專題，每冊一專題，於一九三七年後相繼推出，產生了很大的社會影響。該叢書的出版，標誌著中國文化史的研究發展到了一個新的階段。

中國文化史的研究之所以於二十世紀二〇年代後蔚為風氣，並非偶然，至少可以指出以下的原因：

其一，是近代中西文化問題論爭深化的必然結果。經五四後，中西文化問題的論爭不僅日益激烈，且愈趨深化。歐戰慘絕人寰，創深痛巨，引發了世界範圍內的反省西方文化的思潮。與此相應，國人相信西方文化必有所短，中國文化自有所長，因而要求重新審視固有文化。為此，探討中國文化的發生發展史自然便成了當務之急。張蔭麟說：「文化是一發展的歷程。它的個性表現在它的全部『發生史』裡。所以比較兩個文化，應當就是比較兩個文化的發生史。」[13]柳詒徵的《中國文化史·緒論》則強調該書的旨趣，即在於回答：「中國文化為何？中

---

12 《史地界消息·歷史類（一）〈研求國史方法之宣導〉》，《史地學報》第三卷第 1、第二合期，1924。
13 《論中西文化的差異》，參見張雲臺編：《張蔭麟文集》，北京，教育科學出版社，1993。

國文化何在？中國文化異於印、歐者何在？」而錢穆在《中國文化導論·弁言》中，說得更加明確：

中國文化，表現在中國已往全部歷史過程中，除卻歷史，無從談文化。……我們應在歷史進程之全時期中，求其體段，尋其態勢，看他如何配搭組織，再看他如何動進向前，庶乎對於整個文化精神有較客觀，較平允之估計與認識。[14]

很顯然，這就是明確地提出了，要正確認識中西文化，必須重視中國文化史的研究。

其二，借文化史振奮民族精神，謀國家復興。二十世紀三〇至四〇年代正是中國遭受日本帝國主義的野蠻侵略，民族危亡喚醒全民抗戰和謀國家復興的慷慨悲壯的時代。愈來愈多的國人意識到了文化復興與民族復興的內在聯繫。康敬軒在《中國文化演進史觀·跋》中說：「念一年秋，予歸自歐洲，默察大勢，知欲救國家危亡，必先求民族之復興，而求民族之復興，必先求文化復興。」陳安仁《中國文化演進史觀·自序》也說，近世治國家學說者，皆謂土地、人民、主權是國家三要素，必得三者安全獨立，才是名副其實的國家。實則，即便三者盡得，「而文化不能獨立，亦遂足以當國家之名實乎」？帝國主義侵略弱國，不僅占有其土地、人民與主權，「尤且汲汲皇皇，以消滅弱小國家民族之文化，呼！可怖哉」。[15]需要指出的是，近代最早的中國文化史著述雖是出自日人之手，它們對於國人著述不乏借鑒的作用，但如一九〇三年出版的白河次郎、國府種德的《支那文明史》和一九二六年出版的高桑駒吉的《中國文化史》，其有意歪曲歷史和貶損中國文化，也是人所共見的。因此，編纂中國文化史，給國人以正確的民族文化教育，以振奮民族精神，史家責無旁貸。王德華《中國文化史略·敘例》因之強調說：

中國文化之評價各有不同，有謂為落後者，有謂為優美者，然不論其評價如何，中國人之應當了解中國文化，則無疑問，否則，吾族艱難奮鬥、努力創造之

---

14 錢穆：《中國文化導論·弁言》，北京，商務印書館，1994。
15 陳安仁：《中國文化演進史觀·自序》。

歷史，無由明瞭，而吾人之民族意識，即無由發生，民族精神即無由振起，晚近中國國勢不振，即由於文化教育之失敗所至。茲者國脈益危，不言復興則已，言復興，則非著重文化教育，振起民族精神不可。本書之作，意即在此。[16]

其三，新史學思潮影響的結果。十九世紀末二十世紀初，是西方史學新陳代謝的重要時期。傳統史學重政治史，而新史學思潮則要求擴大史學範圍，注意經濟、社會、思想、文化等領域的研究。巴勒克拉夫在《當代史學主要趨勢》一書中指出，「從蘭克時代到阿克頓時代，歷史學家們對於歷史學的主線是政治史這一點極少懷疑」，而經二十世紀二〇年代後馬克思主義唯物論和以狄爾泰為代表的相對主義史學思潮的衝擊，「歷史學的重點轉移到經濟、社會、文化、思想和心理等方面，歷史學家的工作範圍也相應地擴大了」。[17]西方史學思潮的此種變動，也強烈地影響到了中國。二十世紀二〇年代後馬克思主義唯物論在中國日益傳播，與此同時，作為歐洲相對主義史學衍生物的美國「新史學」，也傳入了中國。新史學派主要人物的代表作，如魯濱遜的《新史學》、巴恩斯的《史學史》、紹特威爾的《西洋史學史》等，於二十世紀二〇年代也相繼被譯成中文出版。新史學派同樣主張擴大史學範圍，加強對於經濟、社會及文化等領域的研究。何炳松在《新史學導言》中說：「舊日歷史家，又有偏重政治史的毛病。實則政治一端，哪能概括人類活動的全部呢？」[18]由於新史學派的理論是被當作代表了西方史學發展的最新趨勢的新理論，而加以宣傳與介紹的，故在當時的中國史學界產生了廣泛的影響。梁啟超、章太炎等人雖在二十世紀初即有研究文化史的初步主張，但僅是少數人的先知先覺；二十世紀二〇年代後，因受新史學思潮的廣泛影響，中國史學家要求擴大治史範圍，注重經濟、社會和文化史研究實已成為時尚。所以柳詒徵《中國文化史·緒論》指出：

世恆病吾國史書為皇帝家譜，不能表示民族社會變遷進步之狀況，實則民族社會之史料，觸處皆是，徒以浩穰無紀，讀者不能博觀而約取，遂疑吾國所謂史

---

16 王德華：《中國文化史略·敘例》，南京，正中書局，1942。
17 [英]巴勒克拉夫：《當代史學主要趨勢》，13、14 頁，上海，上海譯文出版社，1987。
18 何炳松：《何炳松論文集》，51 頁，北京，商務印書館，1990。

者，不過如坊肆《綱鑑》之類，止有帝王嬗代及武人相斫之事，舉凡教學、文藝、社會、風俗以至經濟、生活、物產、建築、圖畫、雕刻之類，舉無可稽。吾書欲去此惑，故於帝王朝代，國家戰伐，多從刪略，惟就民族全體之精神所表現者，廣搜而列舉之。[19]

顧康伯《中國文化史·自序》同樣強調說：

歷史之功用，在考究其文化耳。顧吾國所謂歷史，不外記歷朝之治亂興亡，而於文化進退之際，概不注意，致外人動譏吾為無史。二十四史者，二十四姓之家譜，斯言雖或過當，然吾國史家專為一朝一姓之奴隸，未始非缺憾也。[20]

此期的文化史研究不僅出版了一批成果，而且對文化史研究的方法論問題作了探索，提出了某些有益的見解：

（1）**分類與綜合。**以梁啟超為代表的一些學者主張文化史當分類研究。梁啟超的《中國歷史研究法補編》中有「文化專史及其做法」一章，其中說：「狹義的文化，譬如人體的精神，可依精神系發展的次第以求分類的方法。」文化是人類思想的結晶。思想的表現有宗教、哲學、史學、科學、文學、美學等等，「我們可一件一件的講下去」。[21]王雲五在《編纂中國文化史之研究》中也提出，以綜合方法編纂文化史，「其難益甚」，宜「就文化之全範圍」，區分若干科目，作系統詳盡敘述。如此，「分之為各科之專史，合之則為文化之全史」。[22]王治心的書即取名為《中國文化史類編》，內分經濟、風俗、學術思想、宗教倫理和藝術器物五類。作者在「緒論」中說：「這五個大綱，或者可以把整個的文化大約地包括起來。……合起來可以成全部的文化史，分開來也可以成為各自獨立的五種小史。」[23]但是，柳詒徵諸人不贊成分類而主綜合的研究方法。柳詒徵以為，分類的方法難以說明文化發展中複雜的歷史因果關係和表現「民族全體之精

19 柳詒徵：《中國文化史》上冊，7頁，北京，中國大百科全書出版社，1988。
20 顧康伯：《中國文化史·自序》，上海，泰東圖書局，1924。
21 梁啟超：《飲冰室專集》之九十九，134頁。
22 王雲五：《編纂中國文化史之研究》，北京，商務印書館，1937。
23 王治心：《中國文化史類編·緒論》，上海，作者書店，1943。

神」，「此縱斷之病也」。[24]何炳松則指出，分類縱斷的研究無法表現「某一時代中整個的文化狀況」，由此組合成的所謂文化史，「不是整個的；是死的，不是活的」。[25]應當說，柳詒徵等人主綜合的研究方法是對的，因為文化專史固然是必要的，但是中國文化史不應是各種專門史的簡單組合。

（2）**文化史的分期**。此期的研究者都將進化的觀點引入了文化史，強調要「注意動的研究方法，從歷史進化變遷的法則，說明社會演變，人類活動行為的影響」[26]。他們普遍注意到了中國文化史的分期問題，也反映了這一點。梁啟超不愧是文化史研究的創始者，他看到了文化史自身的發展規律，明確地提出了文化史的分期不應與政治史劃一的重要思想。[27]從宏觀上看，此期的研究者多以上古、中古、近世對中國文化史作長時段的區分；從微觀上看，則是超越王朝界限，力圖以文化發展的自身特點作中時段的區分。前者可以柳詒徵的《中國文化史》為例，它以遠古至兩漢為上古；魏晉至宋、元為中古；明至當代為近世，並依此分為三編，構建全書體例。柳詒徵寫道：

> 吾書凡分三編：第一編，自邃古以迄兩漢，是為吾國民族本其造之力，由部落而建設國家，構成獨立之文化之時期；第二編，自東漢以迄明季，是為印度文化輸入吾國，與吾國固有文化由牴牾而融合之時期；第三編，自明季迄今日，是為中印兩種文化已就衰，而遠西之學術、思想、宗教、政法以次輸入，相激相蕩而卒相合之時期。此三期者，初無截然劃分之界限，特就其蟬聯蛻化之際，略分畛畦，以便尋繹。[28]

後者可以常乃德的《中國文化小史》為例，它分中國文化史為八期：

> 自太古至西周的宗法時期；春秋戰國時代的宗法社會破裂後文化自由發展的時期；秦漢兩代統一安定的向外發展的時期；魏晉朝民族移徙印度新文化輸入的

---

24 柳詒徵：《中國文化史》上冊，「弁言」及「緒論」。
25 何炳松：《何炳松論文集》，148 頁。
26 陳安仁：《中國文化演進史觀·緒論》。
27 梁啟超：《飲冰室專集》之九十九，172 頁。
28 柳詒徵：《中國文化史》上冊，1 頁。

時期；隋唐兩代民族同化成功新文化出現的時期；晚唐五代宋朝民族能力萎縮保守思想成熟的時期；元明清三朝與西方文化接觸逐漸蛻化的時期；晚清以至今日大革新的時期。[29]

他們的上述分期是否科學，可不置論；重要在於，他們都力圖從中外文化融合和中國文化發展變化的大勢上，考量中國文化史的分期，無疑都表現出了可貴的新思維。

（3）唯物史觀的運用。儘管此期的多數研究者並未接受唯物史觀，但是畢竟有部分學者已開始嘗試和倡導運用唯物史觀研究中國文化史。例如，陳竺同的《中國文化史略》說：「社會生產，包含著生產力與生產關係。這本小冊子是著重於生產力去分析文化的進程。」[30]陳安仁的《中國文化演進史觀》也強調，一國的經濟「與一國的文化進程，有密切的關係，重大的影響」。作者進而引德國學者的話說：「無論如何，唯物史論包含一個大真理，植物賴其所生地的肥料而生長，繁殖開發，同樣道理，可知食物根源的擴張（如由農業），生產方法的進步（如因資本主義的制度），工藝上的文明（如鐵路、省勞動的機器等等），對於文化發達發生的影響，遠勝於道德教訓、宣講書籍、藝術品、哲學系統。」儘管經濟並非影響文化發展的唯一因素，「但就一切社會學的現象看起來，經濟唯是有大影響於文化發達的」。[31]固然，這些研究者對於唯物史觀的理解與把握，尚屬粗淺，故其於文化史現象的分析一時也難以避免簡單化的傾向。

二十世紀上半葉的中國文化史研究儘管取得了明顯的成就，但終究屬於發軔期，粗獷有餘而精密不足。二十世紀三〇年代初，朱謙之著《文化哲學》一書，以為已有文化史研究的不足，在於普遍缺乏理論基礎；與此同時，陳寅恪也指出，「以往研究文化史有二失」：舊派「其缺點是只有死材料而沒有解釋」，失之在「滯」；新派多留學生，喜歡照搬外國理論，其書有解釋，「看上去似很有條

---

29 常乃德：《中國文化小史》第一章，上海，中華書局，1928。
30 陳竺同：《中國文化史略》，144 頁，上海，文光書店，1948。
31 陳安仁：《中國文化演進史觀》，61 頁。

理，然甚危險」，失之在「誣」。[32]二者的批評有相通之處，頗能中其肯綮。

遺憾的是，新中國成立後，除了如文學、藝術、史學、哲學等具體的部門文化史的研究還在繼續外，文化史作為一個獨立的學科，在長達近三十年的時間裏，實陷於中斷。這主要是受「左」的思潮影響，視文化史為資產階級唯心論的淵藪而加以簡單否定的結果。

中國文化史研究枯木逢春，其根本轉機在二十世紀七〇年代末。一九七八年黨的十一屆三中全會確立了改革開放的路線後，國人得脫「左」的羈轡，百業發抒。與此相應，中國文化史研究與「文化熱」同時升溫，尤其是進入八〇年代後，更似春潮勃發，迅速蔚為大觀：報刊上就中國傳統文化的優劣展開長時間激烈的爭論；文化史研究的專門機構在許多高校和科研單位先後建立了起來；專門的學術團體、期刊出現了；國際國內的或地方的相關學術討論會，每年都在舉行；文化史不僅進入了高校的課堂，而且成為研究生培養的重要研究方向。這場文化和文化史「熱」，其持續時間之長，影響範圍之廣，為新中國成立以來所僅見，以至於我們迄今都可以感受到它。

自二十世紀七〇年代末以來，文化史研究取得了豐碩的成果，已出版的著作為數十分可觀。馮天瑜等的《中華文化史》、陰法魯等的《中國古代文化史》、劉蕙孫的《中國文化史稿》等，是有影響的通史性的著作；萬繩楠的《魏晉南北朝文化史》、龔書鐸主編的《中國近代文化概論》、史全生主編的《中華民國文化史》等，則是斷代史方面有代表性的著作。此外，有關區域文化史、專題文化史、少數民族文化史、中外文化交流史等方面的著作，為數最多，更不乏精品佳構。此期的中國文化史研究，無論從品質與數量上看，還是從涉及領域的廣度與深度上看，均非二十世紀上半葉的研究所能同日而語。

一定的文化是一定社會的政治和經濟的反映，又給予偉大影響和作用於一定社會的政治和經濟。二十世紀七〇年代末以來，文化及文化史的研究之所以得以

---

32 蔣天樞：《陳寅恪先生編年事輯》，222 頁，上海，上海古籍出版社，1997。

復蘇乃至於勃興，歸根結柢，是中國揭出了實現現代化的時代主題和社會醞釀著轉型的產物。所謂現代化，不是孤立的社會目標，對於一個國家和民族來說，它意味著自身整個文化的現代化。就中國而言，文化的現代化不應也不可能是全盤西化，它只能是傳統文化的現代化。為此，去除糟粕，繼承和弘揚中華民族優秀的文化傳統，實現傳統文化的內在超越，便成了中國現代化課題中的應有之義。「中國文化，表現在中國已往全部歷史過程中，除卻歷史，無從談文化。」也因是之故，欲解答現實中的文化問題，便不能不去請教歷史。不僅如此，中國的現代化事業任重道遠，它需要不斷增強民族的凝聚力、認同感，中國文化史研究恰恰可以高揚愛國主義，為之提供無可替代的民族精神的支柱。很顯然，二十世紀末，國人重新發現了中國文化史的價值，這是完全合乎邏輯的。當然，思想既經解放，學術研究無禁區，文化史這塊長期荒蕪卻又遼闊而肥沃的學術園地，自然會吸引來眾多拓荒者。這即是說，中國文化史學科自身發展的強勁內驅力，也是不容忽視的。要言之，此期中國文化史研究復蘇的原因與二十世紀二〇至三〇年代肇端的原因，一脈相承，只是因時代條件的差異而表現出愈加斑斕的特色罷了。

同時，也應當看到，此期的中國文化史研究雖然成就斐然，超過了前期，但它在更高的層面上並沒有完全解決前期業已提出的問題，而且面臨著新的分歧。例如，柳詒徵等人早已提出，中國文化史應是綜合的，不應是專門史的組合，這在今天雖成共識，但究竟應怎樣實現綜合，當年的柳詒徵等人在實踐上並未解決，今天我們也仍然處於摸索的過程中。文化概念的界定依然莫衷一是，此不待言；但是，如今文化史的界定本身也成了爭論的問題。此外，朱謙之曾提出文化史研究的理論基礎問題，應當說，迄今足以表現中國氣派的文化學理論，尚未見之。從西方引入的各種文化學理論為數雖多，但有經久生命力的學說也不多見。陳寅恪所說的失之於「滯」的舊派學者固然不存在了，但他對於失之於「誣」的新派學風的批評，卻不能說已無現實的意義。

學術的本質在於發現問題，追求真理。從這個意義上說，上述的現象是正常的，它反映了學術研究無止境和學術研究的艱辛。但是，重要的一點是，不應沉湎於概念的爭論而停止了實踐的探索。蘇聯的學者說得對：「如果只集中注意力

去制定一個什麼是文化，什麼是它的研究對象的準確的、完善無缺的定義，再開始研究俄國文化史未必是合適的。」[33]唯其如此，我們以為在學術界已有的研究基礎上，編纂一部多卷本的《中國文化通史》，不僅已具備了必要的條件，而且其本身即是一種有益的探索。

三、中國文化史發展脈絡

任何事物的發展過程，都因受其根本矛盾在不同發展階段上的具體展開形式的制約，從而顯現出階段性來。「如果人們不去注意事物發展過程中的階段性，人們就不能適當地處理事物的矛盾。」[34]因之，注意事物發展過程中的階段性，對於正確認識事物具有十分重要的意義。實則，馬克思主義唯物史觀從來便重視人類社會歷史的階段性發展，馬克思曾指出，生產關係是隨著生產力的發展變化而變化和改變的。生產關係的總和構成了「一定歷史發展階段上」和「具有獨特的特徵的」所謂社會。「古代社會、封建社會和資產階級社會都是這樣的生產關係的總和，而其中每一個生產關係的總和同時又標誌著人類歷史發展中的一個特殊階段。」[35]

緣是可知，欲理解中國文化史，注意其發展過程中的階段性，同樣是十分重要的。

中國文化史是中國通史的一部分，但其分期應有其自身的根據，而不能強求與政治史或經濟史相一致。固然，一定的文化是一定社會的政治與經濟在觀念形態上的反映，但是，此種反映絕非徑情直遂的，而是通過複雜的中介層面實現的。因之，二者的關係不能等同於物質與精神的關係，以為政治經濟是第一性的，文化是第二性，是政治經濟的派生物。事實上，文化自身有很強的傳承性和

---

33 轉引自莊錫昌等編：《多維視野中的文化理論》，383 頁。
34 《毛澤東選集》第一卷，314 頁，北京，人民出版社，1991。
35 《馬克思恩格斯選集》第一卷，345 頁，北京，人民出版社，1995。

相對的獨立性。從人類歷史上看，精神文明並不總是與物質文明同步。如古希臘的生產力並不發達，但卻創造了燦爛的古希臘文明；在歐洲歷史上，德國曾長期是經濟上落後的國家，但這並不影響它時常占據歐洲文化交響樂團中第一提琴手的位置。同樣，春秋戰國時代是中國歷史的童年，物質文明水準不高，但它卻是中國文化發展史上的一個巨人輩出的黃金時代；宋代國勢屢弱，但人多公認宋代是中國古代文化發展史上的又一個高峰期。陳寅恪甚至這樣說：「華夏民族之文化，歷數千載之演進，造極於趙宋之世。」[36]

中國文化史的分期，當考慮到以下幾種因素：

其一，中外文化的關係。中國文化的發展不是孤立的，在歷史上中國文化曾廣泛吸納了域外文化，其中尤其是東漢後傳入的印度佛教，深刻地影響了中國文化的發展。而鴉片戰爭以後，西學東漸更是有力地衝擊了中國文化，促使其解紐、轉型和近代化。中國文化的發展包含著外來文化的基因，後者提供了重要的內驅力，這是不容忽視的歷史現象。

其二，民族與文化的關係。中國文化的起源是多元的。漢唐之際中國文化進入了發抒的重要時期，其間以漢族為主體的多民族的大融合，同樣深刻地影響了中國文化的發展。故陳寅恪曾反覆強調指出：必須明白民族與文化的關係，「始可與言吾國中古文化史」[37]。實則，與言中國中古以後的文化史，也依然不容忽視民族與文化的關係。這只須指出蒙古族與滿族曾先後入主中原，分別建立了元朝與清朝，有力地影響了中國文化的發展，就足以說明這一點。正是從這個意義上說，中華民族的形成與發展和中國文化的源起與發展是互為表裡、相輔相成的。

其三，社會形態與文化形態的關係。馬克思主義指出，一定生產關係的總和構成了人類社會發展一定階段上具有獨特特徵的所謂社會，即形成了一定的社會形態，如古代社會、封建社會和資本主義社會等。文化的發展雖然並不總是與政

---

36 陳寅恪：《鄧廣銘宋史職官志考證序》，《金明館叢稿二編》，上海，上海古籍出版社，1980。
37 陳寅恪：《寒柳堂集》，33頁，上海，上海古籍出版社，1980。

治經濟的發展亦步亦趨，但是，歸根結柢，文化的發展又總是與一定的生產方式所構成的社會經濟基礎相適應的，即一定的文化形態適應於所由產生的一定的社會形態。所以，有所謂古代社會文化、封建社會文化和資本主義社會文化等的分際。這是具有普遍意義的唯物論的觀點。

緣此，從文化的性質和中外文化關係的發展態勢上，學術界對中國文化史曾有以下兩種長時段的分期：

（1）自遠古迄西周[38]，屬古代社會的文化；自西周迄明清，屬封建社會的文化；自鴉片戰爭以降迄新中國建立，屬半殖民地半封建社會時期的近代文化。

（2）自遠古迄漢代，是為中國文化獨立形成與發展的時期；自漢代迄明末，是為中國文化積極吸納域外文化，尤其是印度佛教，從而使自身得到不斷豐富與發展的時期；自明末迄新中國建立前，是為西方文化漸次傳入，中西文化相激相盪終相融合和中國傳統文化向近代文化轉型的時期。[39]

上述兩種分期，視角不同，實質是一致的，即都注意到了中國文化的階段性發展，但略顯疏闊。依上述理路，中國文化史的發展大勢，還可以進一步大致分成六個時期：先秦；秦漢；魏晉南北朝至隋唐五代；遼宋西夏金元；明清（前期）；近代。茲分述如下：

第一個時期，先秦。

這是中國文化的孕育、化成時期，也是中國文化的奠基期和第一個高潮期。先秦文化的集成奠定了中國文化博大精深的基礎，給中國文化的發展開拓了廣闊的道路。所謂的中國文化傳統，就是從這個時期發軔、源起。

先秦文化的積澱經歷了漫長的歷史時期。從一百七十萬年前元謀猿人開始，中華民族的祖先經歷了直立人、早期智人（古人）、晚期智人（新人）到現代人

---

38 中國古代史分期問題，學術界存在爭論。這裡以西周封建說舉例。
39 參見柳詒徵：《中國文化史》上冊，1頁。

的演進，度過了舊石器時代、中石器時代、新石器時代，通過原始人群、母系氏族社會、父系氏族社會，進入了階級社會的門檻。這標誌著他們已經艱難地越過了蒙昧、野蠻而迎來了文明的曙光。中國大地的文明曙光，最早是以滿天星斗式的多元發生為特點的。遠在新石器時代的後期，中國廣大的區域內，即已經形成了若干初級文明的文化區域：陝晉豫文化區、山東文化區、湖北文化區、長江下游文化區、鄱陽湖——珠江流域文化區、遼西河套文化區。這些不同區域的文化不斷地積累、發展、碰撞，最後通過在中原地區的交匯、融合，完成了中國古代從野蠻到文明、從量變到質變的轉變，建立起中國歷史上第一個文明國家王朝——夏。

中國古代是在基本上沒有改變氏族結構的情況下進入階級社會的，因而它在政治制度的架構上還保留著氏族社會的許多特點。夏王朝基本上還是氏族方國聯盟的王朝，王權通過巫術神權去體現，其思想文化還帶有強烈的氏族觀念和宗教神權的巫術特徵，人們的思想意志，歸根結柢，要以神的意志為轉移。

商代是神權政治的極盛時期。商王國政治地理相對狹窄與它統治區域廣大的矛盾和以子姓為主的家族統治集團與外服異姓方國的矛盾，促使商的國家宗教愈來愈向強化神權、王權的方向發展。商代的巫術神權無所不包，其思想、文化、藝術無不帶有典型的溝通人神的神話或巫術的意義。

殷商以一味迷信天命走向殘暴導致了國家的滅亡。周初「封建親戚」，在「因於殷禮」的基礎上，吸收殷亡國的教訓，制定了以敬天保民、明德慎罰為主導思想的禮樂文化，完善周王朝的上層建築。這是中國古代神權思想解放、理性文化思想形成的第一步。

禮樂文化的思想基礎是「德」。周人強調「敬德」，強調用人力、人的道德保有「天命」即掌握政權，主張用體現國家制度、人倫行為準則和道德規範的「禮」來穩定社會的等級秩序；用「樂」來引導人們在遵守等級秩序的前提下的親和。這是商周之際統治思想也是文化思想的重大變化。它孕育和涵蓋的「人治」理性精神和一統「和合」精神，對中華民族和大一統國家的形成都有不可磨滅的指導意義。

春秋時期，王室衰微，諸侯爭霸。新型的君主專制國家和郡縣制的發展，使處於幾個不同文化區域的爭霸大國逐漸形成幾個不同的政治文化中心。宗法制度的崩潰，「學在官府」的局面被打破，私學的發展，推動了學術文化的普及和文化思潮的發展。急劇動盪的社會變革，戎狄蠻夷和華夏融合，農業、工商業、科學技術的發展，激發了思想家們對面臨的各種現實問題如天人關係、君臣關係、君民關係、華夷關係以及忠孝、仁義等思想倫理學說的探討。由此，隨著爭霸各國為了富國強兵而進行的政治、經濟、文化變革，不同的政治主張競相揭出，不同流派的私家講學和各成一家之言的私人著述逐漸發展。儒墨顯學之爭已揭開了文化爭鳴的序幕。

　　戰國以後，新成長起來居於統治地位的地主階級處在統一中國的激戰之中，他們希望從思想家那裡吸取新的學說和營養，禮賢下士成風，學術政策寬容，為士人衝破舊思想的束縛，探求創作新的思想創造了極為有利的政治環境和生活環境，促使不同觀點的各種著作雨後春筍般湧現，儒、道、陰陽、法、名、墨、縱橫、雜、農、小說諸家紛然並存，相互駁難，形成了錯綜複雜、生動活潑的百家爭鳴局面。

　　百家爭鳴是華夏各民族文化積澱的結果，也是春秋戰國時期諸多思想家智慧的結晶。百家爭鳴的出現，標誌著華夏文化的成熟和發展，標誌著中國古代理性文化已經達到了博大的、難以攀登的高峰。它的出現，不僅為統一的多民族的國家的出現奠定了思想和文化的基礎，也為中國幾千年的政治文化的發展奠定了基礎。兩千多年來，歷史上的許多思想都可以從戰國諸子的學說中找到源頭，甚至今天社會科學的許多問題，我們也可以或多或少地從諸子那裡發現頭緒。

　　第二個時期，秦漢。

　　這是中國文化的成長時期。此期以封建經濟政治制度為基礎，以漢民族形成和各民族交往的加強為背景，確立了以儒家思想為核心的多民族統一的文化格局。這樣的格局一直延續到了有清一代。

　　秦皇朝建立起空前統一的大一統政權，為思想文化的統一提供了必要的條

件。秦始皇堅持法家路線，力圖構建起服務於大一統政治的以文化專制主義為特色的文化體系。他的努力沒有成功，強制性的文化統一沒有產生與封建政治共同發展的結果。

經過多年的探索，儒家思想最適應封建政治的需要，漸成政治家們的共識。漢武帝順應歷史發展的客觀需要，確立「罷黜百家，獨尊儒術」的國策，將儒家經學正式確定為官學，以政權力量樹立起儒家的權威。在解決漢代遇到的一系列重大歷史與現實問題方面，儒家思想充分顯示出它的理論力量。在儒家思想指導下，漢武帝在政權建設和鞏固多民族統一國家方面努力開拓進取，擴大了封建大一統政權的政治影響。通西域和開發西南，使西北、西南各少數民族加強了與內地的聯繫，以儒家思想為核心，封建多民族統一的文化格局逐步形成。其後，漢宣帝親自主持召開石渠閣會議，以皇帝兼宗師、教主身分裁決五經異同，這是以皇權專制的儒學形式進一步控制思想的標誌。宣帝開始注意用符瑞粉飾政治，在白虎觀召開經學會議，形成封建社會的法典性文獻——《白虎通義》，儒家政治倫理原則在社會得到全面落實。

儒家統領文化的格局確立後，哲學、史學、文學、教育、科學技術以至社會風俗等各文化領域，日益浸潤著儒家思想的影響。封建大一統文化表現出了巨大的創造力量，但是，與此同時，其高度一統的負面效應也開始顯露出來，對當時和以後的中國文化發展產生了消極的影響。

第三個時期，魏晉南北朝至隋唐五代。

這是中國文化發展的第二個高峰期。從魏晉南北朝開始，中國文化結構經歷了一次更新和充實的過程，到隋唐五代時期終於發展到了光輝燦爛的階段。

兩漢時期神學化的儒學長期處於獨尊的地位。然而，從漢末起，社會環境的巨變以及自身方面的原因使得儒學式微。以玄學為先導的多種文化因素競生並長，不但一變百草蕭疏而為萬木爭榮，而且也為道教從原始幼稚走向完備成熟、佛教在中國站穩腳跟並得到迅速發展，掃清了道路。經過不斷的調整組合，到南北朝後期，儒釋道三家並立主導文化的格局初步形成。魏晉南北朝時期，各族人

口的頻繁流動與接觸，使得異質性十分鮮明的胡漢兩種文化間的衝突與融合，不可避免。入主中原的胡人在被漢文化涵化融合的同時，也為漢人注入了胡文化的新鮮活力。在南北交往過程中，文化的進步逐漸泯沒了民族隔閡，中華文明在登上一層新的臺階後，終於進一步實現了在根基方面的趨同。然而，由於長期分裂隔絕，又使得南北文化的地域特徵明顯存在。南人善創新，北人重傳統；南人重文，北人尚武；南人學問清通簡要，北人學問淵綜博廣，凡此種種，都是這一時期南北文化趨異性的表現形式。

隋唐五代的文化總結和繼承了前代的成果，同時，又以博大的胸懷、恢弘的氣勢，吸收了當時域內外各民族文化的精華，造就了此期各部門文化的大發展，從而形成中國文化發展史上的一座新高峰。隋唐統治者確立了以儒學為正宗、三教並存主導文化的格局，同時注意對南北文化差異進行溝通，並對胡漢文化採取了兼容並包的政策。到開元、天寶年間，終成盛唐氣象，哲學、宗教、文學、藝術、科技等的文化天空，群星燦爛，湧現出了一大批包括李白、杜甫等在內的文化巨匠。唐中後期的文化則在多元的、深層次的發展過程中，又開始了結構上的局部調整，經五代的發展，為宋代文化的再度高漲奠定了基礎。

第四個時期，遼宋西夏金元。

這是中國文化發展的第三個高峰期。此期漢族政權與周邊少數民族政權多元並存，及其由紛爭趨歸統一的歷史走向，深刻地影響了中國文化的發展。

北宋建立後，採取措施加強了皇權專制主義統治。但是，北宋統一的範圍有限，與漢唐規模不能相比；右文政策帶來了文化的興盛，另一方面，文化鬥爭與政壇上黨爭交織，政局動盪不定。北宋兩次重大的改革慶曆新政與王安石變法，沒有收到應有的成效。南宋高孝光寧四朝是所謂的「中興四朝」，南宋孝宗等一度起用抗金人士，但一遇挫折，便失信心。加之奸相把持大權，朝政腐敗已極，「中興」難再。動盪不定的政局給文化帶來新的特點。

兩宋的經濟有了較大的發展，客戶與主戶關係表明封建生產關係的新發展，地主階級各個階層中，占支配地位的是品官地主，這與身分性很強的門閥地主不

同。商品經濟發達，超過前代，汴京、臨安、大都等一些大都市出現了。中國經濟重心南移在南宋完成，地區特徵的經濟形成，使得文化分布呈現了新的格局。

遼、西夏、金與元不斷進行改革，推動中國周邊地區封建化。在中原地區的漢文化深刻影響下，雅好儒學文化成為一種風尚；同時，更值得注意的是，此期塞外遊牧民族的草原文化與中原農業文化相互匯合，相互補充，相互吸收，浸成了以漢文化為核心的多樣性文化。程朱理學地位在南宋後期不斷上升，到了元朝才成為占統治地位的學術，影響封建社會後期的政治、社會生活的各個層面。

宋代文化在中國文化史上占有特殊重要的地位。元朝文化是宋代文化的延長，只是帶上恢弘與粗獷的特點。

宋元文化上的一個十分突出的方面，是人文精神的出現。兩宋文化體現出的是一種開闊的視野與清醒意識。學者疑古惑經，突破疏不破注治經的藩籬，表現了「變古」的精神和文化批判的勇氣。都市文化的崛起，則是反映了新興的市井百民對精神文化的需求，表現了他們的情感與思想。

宋元文化核心是理學。它強調萬物一理，理一分殊，天理支配宇宙變動、歷史興衰和人事得失。原有的儒學得到一次更新、改造，經歷了一次抽象、昇華。隨著理學成為占統治地位的學說，成為教條，原先學術上活潑、富有創造的活力消失了。在這樣的土壤裡，人文精神不可能得到進一步發育。

宋元文化中民族觀念的內涵，有了新的因子，體現出民族起源的認同感，反映民族凝聚力不斷增強。遼、金史書中認定自己是黃帝、炎帝的子孫，遼、金人主如遼聖宗、金世宗，即使是金海王，都努力學習漢文化，力圖從《貞觀政要》、《新唐書》等典籍中，吸取經驗。元人修宋、遼、金三史，在正統問題上，長期爭論不下，最後決定各與正統，寫成三部史書。這件事本身體現出民族觀念的新發展。

包括科技在內的宋元文化極其燦爛輝煌，對十至十四世紀的亞洲，乃至對世界，都有重大的影響。程朱理學為亞洲儒學圈的形成奠定了基礎。宋代人的指南針等科技的發明和傳播，影響到世界史的進程。同樣，此期外域文化的傳入，為

華夏文化注入了新的因子。

第五個時期，明清。

這是中國文化盛極而衰的遲暮期。中國封建社會由明代步入了晚期，專制制度發展到了極致，加劇了政治的衰朽與社會的矛盾；社會經濟的發展雖然達到了封建社會所能容納的高度，並醞釀著新舊的衝突和支撐了社會文化的幾度繁榮，但終屬夕陽殘照，中國封建社會的文化無法避免明日黃花的命運。

明代初期，統治者在政治上強化君主專制，在思想文化上，尊崇程朱理學，剿滅異端，大興文字獄，推行文化專制主義。這不僅造成了思想文化的沉寂，而且助長了以文學復古、擬古為代表的社會復古思潮。明代中期，社會經濟有了重要的發展，資本主義萌芽的顯露，預示著封建生產方式內在矛盾的深刻化，商品經濟因此出現了前所未有的活躍勢頭。緣是，封建統治稍稍鬆弛，思想文化領域呈現出一派生機。以「心」為本體，強調人的主體意識的陽明心學的崛起，打破了程朱理學的一統天下，促進了思想的解凍。從王艮到李贄的泰州學派發展了陽明學的積極因素，更具「異端」色彩。與此相應，主體意識覺醒和講求實學的思潮的湧動，為僵滯的社會生活、文學藝術創作與思想文化界，帶來了一股新鮮活潑的時代氣息，顯露出新舊衝突變動的徵兆。以李時珍的《本草綱目》、吳承恩的《西遊記》、徐光啟的《農政全書》等等為代表，文學、藝術、科技等領域都取得了重大成就。

明末耶穌會士東來，帶來了天文曆算等西洋的科學技術，傳達了西方文藝復興的資訊，中西文化發生了交匯與衝突。徐光啟、李之藻諸人積極迎受西學，並依稀感悟到了世界科技發展的主潮，提出了「先行會通，進而超勝」處理中西文化的正確思路。但遺憾的是，隨著朝代更迭，政局劇變，這一正確的思路被打斷了，中國歷史文化的發展，後來因此付出了沉重的代價。

清朝代明而興，開拓疆土，基本奠定了今天中國的疆域，有力地促進了中國多民族國家的鞏固和發展，同時也促進了各民族間文化的多元融合。清前期，經濟繁榮，國力強盛，出現了中國封建社會歷史上新的治世和高峰。以此為依託，

「康乾盛世」也成了中國文化集大成的重要時期。《古今圖書集成》、《四庫全書》，卷帙浩繁，氣勢宏大，是中國文化遺產的總匯；乾嘉學派研究儒家經典，考其真偽，正其訛誤，辨其音義，校勘異同，在治經、考史、文字、聲韻、曆算、地理、金石等諸多方面都取得了很高的成就；在文學藝術方面，《紅樓夢》是古典小說的極品，《長生殿》、《桃花扇》等，則成為戲曲發展新的里程碑。

但是，封建社會畢竟日薄西山，故清代文化實為一種爛熟的文化，輝煌與衰朽並存，集大成與僵滯共生。統治者不僅推尊理學，加強君主專制，而且較明代更加殘酷地推行文字獄。「避席畏聞文字獄，著書只為稻粱謀。」這嚴重束縛了思想文化的發展。理學空疏，漢學破碎，終於導致了士習敗壞，實學消沉，「萬馬齊暗究可哀」的局面。同時，自雍正後，統治者實行閉關鎖國的政策，中西文化交匯之道阻，中國脫離世界文化發展的主潮，陷入了孤陋寡聞的境地。

清代中期，漸入「衰世」。內有民眾起義，外有西方侵略勢力頻頻叩關，社會險象環生，「山雨欲來風滿樓」。封建專制的控制力也因之削弱。嘉道間，經世思潮浸浸而起。以常州學派為代表，有識之士因經學飾政論，「更法」、「求變」之聲漸起。但清朝統治者顢頇昏聵，不到鴉片戰爭的大炮轟鳴，不肯睜眼看世界。

第六個時期，近代。

這是中國文化轉型和謀求復興的時期。一八四〇年的鴉片戰爭不僅是中國社會歷史發展的轉捩點，而且也是中國文化發展的轉捩點。鴉片戰爭後，由於西方列強的入侵和中國社會內部資本主義因素的增長，中國傳統社會開始瓦解，走上了半殖民地半封建的道路，中國文化也發生了從古代向近代的轉變。

鴉片戰爭時期林則徐、魏源提出了「師夷長技以制夷」的主張，在舊思想的防堤上打開了一個缺口。第二次鴉片戰爭以後，隨著洋務運動的開展，中國社會出現了新的文化因素，西方自然科學的引進，新式學堂的創立，早期改良思想的出現，為中國近代資本主義文化的形成準備了條件。為了適應新形勢的需要，儒學思想體系作了新的調整，洋務派因之提出了「中體西用」的思想主張，即要求

在不改變封建綱常名教的前提下，吸收西方的「富強之術」。這比封建守舊派的「天不變，道亦不變」的觀點進了一步。總之，十九世紀四〇至九〇年代，中國文化領域的基本特徵是：器唯求新，道唯求舊。

甲午戰後，中國文化領域發生了重大的變化：近代文化事業有了較大的發展，新型知識分子開始形成與壯大。在空前嚴重的民族危機的刺激下，新興資產階級登上了政治舞臺，推動了近代新文化的形成和發展。「詩界革命」、「小說界革命」、「戲劇改良」、「史界革命」、「軍國民教育」、「科學救國」、「教育救國」、「文學救國」、「實業救國」等等口號的接連提出，是資產階級新文化崛起的重要表徵，構成了晚清文化領域發生重大變革的壯麗畫卷。文化的變遷不僅表現為部門文化的拓展，更主要的還表現為中國文化結構的變動，孔孟儒學及封建綱常名教受到了新思潮新文化的衝擊而動搖，西方的進化論、民權學說漸為國人所接受，成為進步階級反對舊文化的思想武器和資產階級新文化的思想指導。尤其是晚清最後十年，隨著社會變革的加劇，以及資產階級維新派、革命派的推動，近代新文化的影響不斷擴大，終至成為文化的主潮。

中華民國的建立，尤其是二十世紀初年中國民族資本主義的進一步發展和新生的無產階級開始登上政治舞臺，為中國文化的演進創造了新的條件。此期中西文化的衝撞與融合，愈趨深化。國人通過自身能動的選擇和積極的創新，使中國的新文化在各個領域都獲得了巨大的發展，從而奠定了從傳統向現代轉型的基礎。

五四新文化運動是此期文化演進的一大關鍵。經過它的洗禮，科學和民主作為一種有機聯繫的觀念，成為中國文化追求的價值目標，滲透到所有重要的文化領域，對中國文化的發展產生了深遠的影響。可以說，正是在這一時期，中國文化最終形成了自己真正現代意義上的科學和民主的傳統。

五四以前，近代資產階級的新文化代表著文化發展的方向，主導著文化的潮流。五四以後，馬克思主義在中國得到廣泛傳播，以之為指導的新民主主義文化開始形成，並通過與封建主義文化和帝國主義文化的鬥爭，逐漸成為中國文化發展的主流。新民主主義文化繼承和發展了科學和民主精神，使中國文化實現了內

在的超越，中國人從此在思想文化上一改晚清以來的被動局面，轉為主動，中國文化也由此邁向了衰而復興的新歷程。

現代自然科學和社會科學在中國初步形成了自己獨立的體系；白話文取代文言文成為通行的語言文字等，堪稱此期具有劃時代意義的重大變革。它為中國文化的發展開闢了新的領域和道路，在內容與形式上都深刻地體現了文化的現代性追求。

民族主義激情和愛國主義精神，是促進此期文化由傳統向現代變革的巨大動力。而中西文化的會通融合，即西方文化中國化、中國文化現代化，則是實現此種轉換唯一正確的途徑。揭櫫建設「民族的科學的大眾的文化」大旗的新民主主義文化，正是當時人們會通中西文化的最佳方案。不過，因歷史的原因，這一文化形態當時還不可能發展成熟。

四、中國文化的特質

《易·賁卦·彖》：「文明以止，人文也。」文明或文化作為人類一定社會歷史條件下的產物，不能不受特定的地理、人種及歷史傳統諸多因素的影響，而具有一定的民族特質。中國文化的特質，至少可以指出以下幾點：

（一）中國文化源於中華民族獨立的創造，具有獨創性

二十世紀初，一些西方學者無視中國文化自身的傳統，曾認定中國文化最早是由西方傳來的。一時不少中國學者也隨聲附和，有人甚至專門寫了《中國人種考》一書，表示認同。中國人種既是來自西方，中華文化當然也是源自西方了。這是當時一些人崇信西洋文化和民族自卑心理的一種反映。新中國成立後，中國的考古研究完全證實了「中國人種西來」說，原屬無稽之談。一九九八年考古工作者在巫山縣龍骨坡發現的距今二百萬年前的古人類遺址表明，中國很可能是地

球上早期人類的發源地之一，更說明了這一點。[40]實則，中國人種的起源與中國文化的起源，是兩個概念。儘管科學界對於前者尚存歧見，但是，中國文化源於中華民族獨立的創造，卻是無可非議的。研究表明，中國史前文化譜系的分布及其趨同發展和最終導入古代文明的過程，層次分明，脈絡清晰。在這漫長的歷史演進中，中國境內各文化譜系有過相互間的關係與影響，但並沒有發現與遙遠的境外文化有過經常的密切聯繫。中國與外來文化的交流，始於漢代，但當時的中國古代文化早已完全形成了。[41]這與中國文化賴以形成的地理環境有關。從宏觀上看，中國本身是一個巨大的地理單元。這裡東臨浩瀚的太平洋，西部、北部、南部分別被茫茫戈壁和險惡的高原峻嶺所阻隔，形成了與外部世界相對隔絕的狀態。而內部又極廣闊，氣候濕潤，物產豐饒。這種狀況決定了中國文化起源的獨創性，決定了它在很長的時期裡只能走著獨立發展的道路，而與鄰近地區史前文化的聯繫只能維持在較低的水準上。這與羅馬文化主要靠吸收希臘文化成長起來，印度古文化主要仰仗外來民族的創造，是大不相同的。

中國文化的起源是多元的。如前所述，遠在新石器時代的晚期，中國廣大的區域內，即已形成了若干初級文明的文化區域，猶如滿天星斗。不同區域文化的積累、孕育、碰撞和在中原地區的交匯、融合，促進中國古代首先在中原地區完成了由野蠻到文明，從量變到質變的轉變，建立起中國歷史上第一個文明國家的王朝——夏，也奠定了華夏民族形成的基礎。雖然此後黃河流域在歷史發展的進程中，常常居於主導地位，但其他地區的古代文化也以各自的特點和途徑在發展、創造，並進一步接受和給予黃河流域以重大的影響。春秋戰國時期齊魯、三晉、楚、吳越、巴蜀、胡文化的交融、爭鳴而成為大一統文化的前奏是如此，秦漢、兩晉南北朝、唐宋時期，也是如此。平常我們所說的中國文化的包容性、涵化性，在其起源的多元性中業已體現了出來。

中國古代是在基本上沒有改變氏族結構的情況下進入階級社會的，因而中國

---

40 《200萬年前華夏大地有人類活動》，《光明日報》，1998-01-24。

41 參見嚴文明：《中國史前文化的統一性與多樣性》，《北京大學哲學社會科學優秀論文選》第二輯，北京，北京大學出版社，1988。

早期的國家在政治制度的架構上，這種人與人關係的變化決定社會關係變化，還保留著氏族社會的許多特點：家（族）國同構；經濟基礎是以木、石、骨、蚌生產工具為主的耜農業；統治思想更多的表現氏族觀念和宗教神權思想。這種家（族）國同構的政治組織形式和意識形態對中國古代社會的發展影響極大。商周時代的氏族封建、宗法封建社會，基本上還是家族、宗族和國家一體的宗法社會。秦漢以後的地主封建社會，雖然家族、國家已經不是一體的了，但仍然是一個人的「家天下」，而且整個社會族權、父權、夫權一直占統治地位，一直到現在還有影響。這是中國文化乃至中國社會的一個重要特點。

中國古代由野蠻進入文明的主要變化，是人與人之間關係的變化，即表現為氏族對氏族、人對人的壓迫、剝削，而人與自然的關係即生產工具、生產力的變化，並不明顯。因而中國文明很早就注重文化的「化成」即文化的整合和引導作用。以青銅冶鑄技術的發展為例，中國夏代已經有了比較發達的青銅冶鑄技術，然而此時發達的青銅冶鑄技術主要並不是用於製造生產工具，而是用於鑄造祭祀天地祖先以溝通人神的禮器和兵器。「國之大事，唯祀與戎。」這說明青銅器在中國的發展從一開始就是政治性的、宗教性的。它的功用，主要不是表現為人與自然的關係，而是主要體現人和人的關係，體現「禮」對人們等級關係的約束。「禮」（包括「禮樂」、「禮法」、「禮俗」）是中國古代國家典章制度、社會生活習慣、個人行為規範的綜合。中國歷朝歷代除秦以外都把「禮」看成是「國之幹」、「國之柄」，而主張以「禮」治國。這都是基於禮的「化成」即整合、規範、引導作用出發的。「道德仁義，非禮不成；教訓正俗，非禮不備；分爭辯訟，非禮不決；君臣上下，父子兄弟，非禮不定；宦學事師，非禮不親；班朝治軍，蒞官行法，非禮威嚴不行；禱祠祭祀，供給鬼神，非禮不誠不莊；是以君子恭敬撙節退讓以明禮。」[42]唯其如此，中國自古稱「禮儀之邦」。這也是中國文化有別於西方文化的重要特質之一。

---

42 《禮記·曲禮》。

（二）中國文化的精神尚「和」

中國文化在自己漫長的發展歷程中，形成了諸多精神，但是最能從整體上表現中國文化神韻的核心精神，是尚「和」，即追求和諧的中和主義。中國人獨特的宇宙觀、人生觀和審美觀，都是圍繞著尚「和」精神的軸心來展開的。

在先秦奠定中國人宇宙觀基礎的《周易》中，就孕育了「天人合一」的思想，即認為人類社會和自然界所組成的宇宙，是一個生生不已、有機聯繫的和諧的生命統一體，事物內部互相對立的雙方（它用高度抽象的概念「陰陽」來代表），必須貫通、連接、和合、平衡，才能順利發展。所謂「陰陽合德」、「剛柔相濟」，強調的都是對立面的和諧統一。一旦陰陽失調，剛柔不諧，統一破壞，禍亂就要發生。這種對立面的和諧不是在靜態中實現的，而是表現為不斷的運動、變化和更新的過程。所謂「日月相推而明生焉」，「寒暑相推而歲成焉」，均表明和諧就是矛盾雙方互相轉換的結果。此種思想體系，視「和」為宇宙的本然和內在的精神，對中國文化的發展產生了極其深遠的影響，特別是形成了中國人重視整體，講求調和，崇尚中庸的思維方式。

宇宙觀決定人生觀。既然宇宙是一個和諧的生命統一體，實現個體生命與宇宙生命的融合，以體驗宇宙間最高的真善美，也就自然成為古往今來中國人所追求的人生最高境界。孔子自稱五十歲「知天命」，六十歲「耳順」，七十歲「從心所欲不逾矩」，其所自道的便是一種自以為實現了的與自然界高度和諧統一的崇高精神境界。孟子也表示過「萬物皆備於我」，「樂莫大焉」。至於道家的莊子，認為與人和得「人樂」，與天和得「天樂」，主張清靜無為，物我兩忘，就更將此種對精神自由的追求推到了極致。因此，對於中國人特別是文化人來說，人生的終極理想絕非是肉體的滿足，而是在求與自然合一中實現那種「與日月同輝」、「和天地並存」的精神不朽。尚「和」的人生觀，還具體地表現在以中庸為準則的處世哲學上。中庸的本意，是要求人們在處理問題的過程中，注意避免「過」和「不及」兩個偏向，以便保持各種矛盾和關係的和諧統一，但它卻不是要人們作無原則的調和，滿足於消極的苟同，故孔子說：「君子和而不同。」同時，尚「和」的人生觀還促使中華民族注重個人品格修養，養成了謙和善良、溫

柔敦厚的民族性格,所謂「文質彬彬然後君子」。中華民族愛好和平的精神,也由此形成。

中國人的審美觀,同樣體現於此種尚和精神。把「和」定為美的一個原則,是一種古老的見解。早在孔子之前,史伯、單穆公等人就曾有過關於「五色」和「五美」問題的討論。他們認為,「聲一無聽,物一無文」,即單調的一種聲音無法悅耳,孤立的一種物象不可能構成絢麗多彩的景觀;相同的事物加到一起不可能產生美,只有不同的事物綜合統一起來才能形成美。這就提出了「和為美」的思想。後來孔子強調「禮之用,和為貴,先王之道斯為美」,又將「和為美」的思想進一步擴大到政治倫理一切領域,並將美和善統一起來,從而使傳統的審美觀帶上了倫理的色彩。

尚和精神還滲透到中國人的政治觀念和社會心理等許多方面,由於此種精神承認世界多樣性統一,因而形成了國人崇尚統一的「大一統」的政治理想,成為中華民族大家庭保持團結,具有強大的凝聚力和向心力的文化根源。歷史上漢族政權與少數民族政權之間常通過「和親」,緩和或解決矛盾衝突;近代孫中山革命黨人甫推翻清廷,即提出「五族共和」的主張,以取代原有激烈的排滿宣傳,都反映了這一點。同樣,中國人注重「人和」的力量,諸如「和氣生財」、「和睦興家」等等眾多的訓條,無疑又都彰顯了尚「和」的社會普遍心理。

(三)中國文化以倫理為本位

如上所述,中國古代由野蠻進入文明,帶著氏族社會的臍帶,形成了以宗法關係為紐帶、家國同構的社會範式。故重人與人的關係甚於人與自然的關係,突出以「禮」規範社會,「化成」天下。這與小農經濟相適應,復使中國文化形成了以倫理為本位的特質。

早在西周,先人就提出了「以德配天」、「敬德保民」、「明德慎刑」的思想,即強調宗法道德規範。到春秋時期,儒家更將之提升到了思辨的層面,形成了系統的倫理道德思想。孔子說:「仁者愛人」,「克己復禮以為仁」。遵守宗法道德

規範，以實現社會的和諧，是儒家所追求的最高倫理境界——「仁」。所以，在儒家看來，注重道德修養，希賢希聖，是人生的價值所在。《易》曰：「君子厚德載物。」封建士大夫追求所謂的「三不朽」，即「立德、立功、立言」，其中「立德」是第一位的。不僅如此，道德修養還被視為治國安邦、實現儒家理想社會的起點。儒家經典《大學》指出：「欲治其國者，先齊其家。欲齊其家者，先修其身。欲修其身者，先正其心。欲正其心者，先誠其意。欲誠其意者，先致其知。致知在格物，格物而後知至，知至而後意誠。意誠而後心正，心正而後身修。身修而後家齊，家齊而後國治，國治而後天下平。」這裡明確地把個人道德修養與國家社會的治理結合起來，體現了儒家治國以道德為本的主旨。這種將政治道德化的價值取向，是中國傳統文化的顯著特色。

可以說，中國文化的各個領域都染上了濃重的道德色彩：史學強調「寓褒貶，別善惡」；文學強調「文以載道」；戲曲強調「勸善懲惡」；美術則有《古畫品錄序》說「明勸戒，著升沉，千載寂寥，披圖可見」；《三字經》則謂「首孝弟，次見聞」，明確將道德教化置於智育之上；如此等等。黑格爾說：「中國純粹是建築在道德的結合上，國家的特性便是客觀的『家庭孝敬』」[43]。這種觀察並沒有錯。論者稱中國文化是以倫理為本位的文化，或倫理道德型的文化，也不無道理。

注重倫理道德的文化精神，對中華民族的歷史發展起過積極的作用。在道德面前人人平等是儒家的一個重要理念，孟子說「人皆可為堯舜」，王陽明也說「滿街皆是聖人」。意思是說，無論是達官貴人，還是平民百姓，都可以在道德修養方面達到最高境界。這包含了對最高統治者的道德約束。在缺乏約束機制的中國傳統社會中，此種道德意義上的平等理念，可以發揮社會政治的調節作用。同時，強調道德境界復使中國文化形成了追求人格力量和憂國憂民的博大情懷。所謂「貧賤不能移，富貴不能淫，威武不能屈」；「三軍可奪帥也，匹夫不可奪志」；「先天下之憂而憂，後天下之樂而樂」；「為天地立心，為生民立命，為往

---

43 柳卸林主編：《世界名人論中國文化》，193 頁，武漢，湖北人民出版社，1991。

聖繼絕學，為萬世開太平」，都是反映了此種情懷。也因是之故，在中國漫長的歷史發展過程中，先人形成了許多優秀的道德品質，諸如不畏強暴，勤勞勇敢，自強不息，捨生取義，殺身成仁，等等。尤其在國家民族和社會遇到危難之際，許多志士仁人便會挺身而出，維護正義，抵抗外侮，反抗黑暗勢力，拯救國家與民族，弘揚正氣與真理。千百年來，無數英雄人物都從傳統倫理道德精神中汲取力量，努力奮鬥，建功立業，光照千秋。

（四）中國文化生生不已，具有強大的生命力

中國古代文化與古埃及、古巴比倫和古印度文化並稱為人類四大古文明，與後起的希臘、羅馬一道，代表著人類古代文明的高峰。但是後來其他的古文明，陸續凋謝，沉光絕響，唯中國文化一枝獨秀。數千年間，它歷風雨而不衰，遭浩劫而彌堅，源遠流長，迄今仍保持著旺盛的生命力，成為人類文化發展史上的一大奇蹟。生生不已，具有強大的生命力，是中國文化的重要特徵。其箇中的奧秘固然不易說清，但是指出中國文化的幾個因果互為表裡的特點，顯然有助於人們理解這一點：

其一，中國文化具有追求大一統的內驅力。

自西周起，追求大一統便漸成中國政治文化的核心內容。孔子著《春秋》，開宗明義即稱：「王正月。」《公羊傳》釋之曰：「曷為先言王而後言正月？王正月也。何言乎王正月？大一統也。」先秦諸子雖論難詰駁，勢若水火，但於政治理想，卻都歸宗於「大一統」。墨家「尚同」與儒家「大同」，目標完全一致。孟子更明示天下要「定於一」；荀子不但要「一天下」，而且還要「一制度」，「風俗以一」，「隆禮而一」。秦漢以後，大一統思想復被推崇到了「天地之常經，古今之通誼」[44]的高度，並浸成了中華各民族共同的理念和政治價值取向。在中國歷史上，人們追求和珍惜統一，將統一的時代稱作「治世」，而將分裂的時代稱

---

44 《漢書·董仲舒傳》。

作「亂世」。在任何時候，製造分裂的言論和行動都要受人唾罵。而任何一個割據勢力也都不肯長期偏安一隅，無不殫精竭慮，把統一天下視作英雄偉業。在紛爭不已的十六國時期，前秦國王氏族人苻堅統一北方後，聲稱揮師南下的理由說：「吾統承大業垂二十載，芟夷逋穢，四方略定，惟東南一隅未賓王化。吾每思天下未一，未嘗不臨食輟。」[45] 至於南宋陸游有《示兒》曰：「死去元知萬事空，但悲不見九州同；王師北定中原日，家祭無忘告乃翁」，則表達了一切愛國者共同的大一統情結。正因中國文化具有追求大一統的內驅力，故從總體上看，中國的歷史，分裂的時間短，統一的時期長，統一終究是無可抗拒的歷史大趨勢。

其二，中國文化具有包容性。

中國文化的起源是多元的區域文化融合的結果，其本身就體現了包容性。迄秦漢時期，「天下同歸而殊途，一致而百慮」[46]，此特性愈彰顯。從先秦時起中國文化固強調「華夷之辨」，但華夷界限，從來是重文化而輕血統。《春秋》曰：「中國而夷狄，則夷狄之；夷狄而進於中國，則中國之。」此種重文化輕種族和以文化高低判華夷的民族觀和文化價值觀，對後世影響甚大，因為它為各民族間的融合和吸收外來文化提供了良好的社會心理素質。漢代開通的絲綢之路和魏晉南北朝隋唐時期胡漢文化融合，以及佛教的中國化，都是中國文化包容性的生動體現。同樣，鴉片戰爭以降，近代志士仁人無不歷盡艱辛，向西方尋求救國真理。林則徐、魏源主張「師夷長技」；馮桂芬等人主張「中體西用」；康有為提出：「泯中西之界限，化新舊之門戶」[47]；嚴復指出：「必將闊視遠想，統新故而視其通，苞中外而計其全，而後得之」[48]；孫中山強調：「發揚吾固有之文化，且吸收世界之文化而光大之，以期與諸民族並驅於世界」[49]；毛澤東更進而指出：「中國應該大量吸收外國的進步文化，作為自己文化食糧的原料」，「凡屬我

45 《晉書・苻堅載記》。
46 《易傳・繫辭下》。
47 湯志鈞編：《康有為政論集》上冊，295頁，北京，中華書局，1981。
48 王栻主編：《嚴復集》第三冊，560頁，北京，中華書局，1986。
49 《孫中山全集》第七卷，60頁，北京，中華書局，1985。

們今天用得著的東西，都應該吸收」[50]，這些也無不是中國文化包容性的生動體現。此外，近年來，中國生物學家對南北二十八個地區、三十二萬多人口的 GM 血清血型和 HLA 白細胞抗原資料進行研究，發現今天的漢族人口是由南北兩大起源不同的集群構成的。這一科學研究成果進一步表明，漢民族不是建立在血緣基礎之上的，而是以文化認同為基幹的民族。重文化輕血統，同樣是中華民族具有旺盛生命力的源泉。[51]

其三，中國文化具有慎終追遠的情懷。

中國文化是伴隨著農耕經濟的長期延續而形成的。與工業文明相較，農業文明少變化重經驗，易於形成恆久的觀念，培養起慎終追遠的情懷。孔子曰：「殷因於夏禮，所損益可知也；周因於殷禮，所損益可知也；其或繼周者，是百世，可知也。」[52]他主張「慎終追遠」。同時《易傳》所謂「可久可大」，《中庸》所謂「悠久成物」，《老子》所謂「天長地久」和董仲舒所謂「天不變，道亦不變」等等認識，無不是追求永恆和持久觀念的反映。而中國具有重史傳統，史籍完備，史學發達，最能集中反映中國文化慎終追遠的情懷。《尚書·多士》載：「惟殷先人，有冊有典。」說明商代已重視歷史典籍。孔子整理古代典籍，著《春秋》，本身即是良史。孔子已提出了「疏通知遠」的思想。漢代司馬遷著《史記》，進而提出「述往事，思來者」，「究天人之際，通古今之變，成一家之言」，更將對史學功能的認識提高到了一個全新的境界。此後兩千多年，中國不僅史家輩出，追求「一家之言」，促進了史學持續繁榮的發展，同時歷代封建統治者也十分重視官修史書和大規模整理文化典籍。一部卷帙浩繁的「二十四史」，完整地記錄了中華民族的歷史足跡，這是世界公認的歷史奇觀。

慎終追遠的情懷既包含著自強不息的進取精神，更包含著尊重傳統、鑒往察來的歷史智慧。這對於保證中國文化一脈相承和源遠流長的發展所起的巨大作

---

50 《毛澤東選集》第二卷，706-707 頁，北京，人民出版社，1991。
51 趙桐茂：《中國人免疫球蛋白同種異型的研究：中華民族起源的假說》，《遺傳學報》，1991 年第二期；《免疫球蛋白同種異型 GM 因子在 40 個中國人群中的分布》，《人類學報》，1987 年第一期。
52 《論語·為政》。

用，是不言而喻的。江澤民同志曾指出：「中華民族歷來重視治史。世界幾大古代文明，只有中華文明沒有中斷地延續下來，這同我們這個民族始終注重治史有著直接的關係。幾千年來，中華文明得以不斷傳承和光大，一個重要原因就是我們的先人懂得從總結歷史中不斷開拓前進。」[53]這是十分深刻的論斷。同時，需要指出的是，中國文化得以一脈相承，傳之久遠，還得益於作為文化重要載體的漢字。大汶口陶文的發現，證明漢字至少可以溯源到五千五百年前。漢字是世界上唯一從古到今不斷發展、一直使用並富有強大生命力的文字。古巴比倫的楔形文字、古埃及和古印度的象形文字，都先後銷聲匿跡了，唯有方塊漢字歷盡滄桑，長盛不衰。正是由於漢字的特殊性質與功能，才使得我們祖先創造的燦爛文化能夠記述和傳承，古代和現代的漢族書面語言能夠統一。奇特的漢字在保持文化傳統、溝通全國人民的情感和維繫中華民族的統一諸方面所起到的巨大作用，實在是怎樣估計也不會過分的。

上述中國文化的特質，不僅往往彼此互為因果，難以截然分開；而且也無須諱言，內中純駁互見，精華與糟粕雜陳。例如，家國同構和注重倫理的文化範型，固然有益於社會穩定和提升人們的精神境界，但濃重的宗法等級觀念和道德的泛化，又易於造成對獨立人格的束縛和形成重德輕藝、重義輕利價值觀上的偏差；尚「和」的精神固然助益了社會和諧與民族的融合，但又易於導致鄉願式的苟安心理；追求大一統和慎終追遠的情懷，固然促進了中華民族的統一和傳之久遠，但也易於造成封建專制的傳統和形成因襲循環的思維定式，如此等等。然而，儘管如此，中國文化的特質畢竟顯示了中華民族的特殊智慧，並從根本上成就了中國文化的獨立體系和燦爛輝煌的風貌。毫無疑問，它是我們今天應當加以批判繼承的珍貴文化遺產。

---

53 《中共中央總書記江澤民給白壽彝同志的賀信》，《史學史研究》，1999 年第三期。

五、弘揚優秀的中國文化傳統，
　　助益社會主義的文化建設

　　法國著名的「年鑑學派」的史學家們指出：「歷史知識取得進步不是依靠總體化，而是依靠（借用攝影的比喻來說）鏡頭移動和變焦。……對視角作不同調整，既會顯出新的面貌，又會突出所掌握的概念範疇的局部不適應即縮減性，提出新的解釋原則；在每個認識層次上，現實的網狀結構圖以不同方式顯示出來。這就要求除了方法以外，必須對觀察者及其進行分析的手段所起的作用給予特別注意。」[54]這即是說，對於特定歷史文化現象的認識與判斷，歸根結柢，是取決於觀察者的立場、觀點與方法。在近代，志士仁人對於中西文化問題長期爭論不休：激進者多主隆西抑中，以為欲救國，只有學習西方，更有甚者，則倡全盤西化；保守者多隆中抑西，以為文化是民族的根，「學亡則國亡」，故欲救國，必先保國粹，更有甚者，則倡世界「中國化」。二者各有所是，亦各有所蔽。究其致蔽的原因，除了缺乏科學史觀的指導外，端在受民族危亡的時局制約，不免心理緊張，缺乏從容探討文化問題的心態。時柳詒徵曾大聲疾呼：「學者必先大其心量以治吾史，進而求聖哲立人極、參天地者何在，是為認識中國文化之正軌。」[55]所謂「大其心量」，實含大度從容之意。但是，問題在於柳詒徵自己也不能免俗。

　　時移勢異。我們現在的情況完全不同了。社會主義的新中國久已屹立在世界的東方，尤其經過三十多年的改革開放和中國特色社會主義現代化的建設，不僅綜合國力大為增強，而且國人的文化心態也愈趨成熟。江澤民同志在黨的十五大報告中，提出了建設「有中國特色社會主義的文化」的任務。胡錦濤同志在黨的十七大報告中，進一步提出了「推動社會主義文化大發展大繁榮」的要求。他說：「當今時代，文化越來越成為民族凝聚力和創造力的重要源泉、越來越成為綜合國力競爭的重要因素，豐富精神文化生活越來越成為中國人民的熱切願望。

---

54 《年鑑》編輯部：《我們在進行實驗：再論歷史學與社會科學》，《國外社會科學》，1990 年第 9 期。
55 柳詒徵：《中國文化史‧弁言》。

要堅持社會主義先進文化前進方向，興起社會主義文化建設新高潮，激發全民族文化創造活力，提高國家文化軟實力，使人民基本文化權益得到更好保障，使社會文化生活更加豐富多彩，使人民精神風貌更加昂揚向上。」又說：「中華文化是中華民族生生不息、團結奮進的不竭動力。要全面認識祖國傳統文化，取其精華，去其糟粕，使之與當代社會相適應、與現代文明相協調，保持民族性，體現時代性。加強中華優秀文化傳統教育，運用現代科技手段開發利用民族文化豐厚資源。加強對各民族文化的挖掘和保護，重視文物和非物質文化遺產保護，做好文化典籍整理工作。加強對外文化交流，吸收各國優秀文明成果，增強中華文化國際影響力。」黨的十七大突出強調了加強文化建設、提高國家文化軟實力的極端重要性，對興起社會主義文化建設新高潮、推動社會主義文化大發展大繁榮作出全面部署。這是我們黨總結歷史、立足現實、著眼未來作出的重大戰略決策，充分反映了對當今時代發展趨勢和中國文化發展方位的科學把握，體現了我們黨在新的歷史條件下的高度文化自覺。

要加快發展國家軟實力，關鍵就在於要更加自覺、更加主動地推動文化大發展大繁榮。要努力繼承和發揚中國悠久歷史文化中源遠流長、博大精深的寶貴遺產，借鑒當今世界一切有價值的思想理論成果，深刻認識國家硬實力與軟實力的辯證關係，高度重視和加快發展國家軟實力。有了新時代文化建設的目標和十七大精神的指引，我們今天對中國文化史的研究，也便有了最佳的焦距，可以更從容、更全面、更客觀即更科學地看待中華五千年的文明史，從而獲致歷史的教益。

編纂這部多卷本《中國文化通史》，目的正在於助益推動社會主義文化大發展大繁榮。

本書研究中國文化的發展歷程，揭示其發展規律，彰顯中國文化的民族精神。

本書堅持以馬克思主義歷史唯物論為指導，同時積極吸收和借鑒當代社會科學的各種相關的理論與方法。

中國是一個多民族的國家。中華民族源遠流長的歷史和文化是各族人民共同創造的。因之,本書不僅寫漢民族的文化,同時也重視各少數民族的文化創造及其特色,尤其注意突出不同的歷史階段中,各民族間的文化互相滲透、交流與融合。

中國文化是世界文化的一個有機組成部分。本書將中國文化置於世界文化發展的總體格局中去考察,既注意中外文化的交流、衝突與融合,也注意中國文化在世界文化發展過程中的地位與作用。堅持實事求是的精神,避免民族虛無主義與民族虛驕情緒。

從目前已出版的有關文化史的著作看,編纂體例不一,其中大致可分為兩類:一是重宏觀把握,突出問題,以論說為主;一是重微觀透視,突出部門文化,以描述為主。前者的優點是脈絡清楚,簡潔明快,論說有深度,但歷史信息量小,失之抽象;後者的優點是具體翔實,便於查閱,但頭緒紛繁,失之散漫。文化史究竟應當怎樣編寫,是一個不易解決的大問題。當年常乃德曾說:「有時具體記錄所表現不出的內在精神,非有抽象的理論加以解釋不可。故理想的文化史必多少帶有史論的性質,不過不可空論太多,影響事實的真相罷了。」[56]足見他已深感到了困惑。今天學術界的意見仍不統一。我們以為,編纂一部大型的文化通史著作,當有理論框架一以貫之。該書既要具有能幫助廣大讀者從中學得豐富的中國文化史知識的功能,又應是視野開闊,脈絡清晰,有助於人們理解和把握中國文化發展的自身規律與特點。為此,須將宏觀與微觀、抽象與具體、問題論說與部門描述很好地結合起來。

總之,本書力圖突出一個「通」字:從縱向上說,要求全書各卷之間脈絡貫通,要於沿革流變之中體現中國文化自身的發展規律和一以貫之的民族精神;從橫向上說,當避免寫成部門文化的簡單拼盤,要注重時代精神對文化現象的整合,注重諸文化部門的內在聯繫及其不平衡的發展。同時注意文化的層間、空間差異,以及二者間的互動關係。

---

56 常乃德:《中國文化小史》第一章。

本書共分十卷，即：先秦卷、秦漢卷、魏晉南北朝卷、隋唐五代卷、兩宋卷、遼西、夏、金元卷、明代卷、清前期卷、晚清卷、民國卷。各卷附有參考書目。

　　本書實行各卷主編負責制。編委會同仁通力合作，歷時四年，備嘗艱辛。但因中國文化通史的編纂工作本身難度甚大，加之主編來自京城內外不同的單位，作者為數較多，聯繫不便和學養有限等原因，著者雖然盡了很大的努力，各卷水準仍難一致，全書與既定的目標，也存在著差距。我們敬祈讀者批評指正。

　　本書借鑒和吸收了學術界已有的研究成果，不敢掠美，這裡謹表謝意。

　　本總序是在集體討論的基礎上完成的。

鄭師渠

一九九九年八月初稿

二〇〇九年六月修改於北京師範大學

目錄
C O N T E N T S

第三章　新舊、中西之爭

第四章　中西文化和國內各民族文化交流

第五章　語言文字的改革

第六章　從「變易」觀到進化論 —— 晚清哲學的演變

第七章　變革時代的儒學與諸子學

第八章　晚清社會的宗教文化

第九章　晚清時期的倫理道德

第十章　近代新史學的提倡

第十一章　晚清文學新景觀

第十二章　藝園新貌

第十三章　　新舊教育的興替

第十四章　新人耳目的聲光化電 —— 晚清時期的科學技術

第十五章　近代文化傳播業的確立

第十六章　晚清社會的移風易俗

參考書目

再版後記

緒言　INTRODUCTION

　　本卷所述的內容是晚清時期中國文化發展變化的歷史。晚清時期始自一八四〇年爆發的鴉片戰爭，終至一九一一年爆發的辛亥革命。這段歷史雖然只有短暫的七十來年，但在中華民族的歷史發展長河中占著十分重要的地位。在此期間，中國因遭受西方資本主義列強的侵略而逐漸從一個獨立的封建國家，淪落為半殖民地半封建的國家，社會性質開始發生根本性的變化。

　　一八四〇年爆發的鴉片戰爭是晚清歷史的開端。為了打開中國的大門，把中國變成自己的商品市場和原料產地，英國殖民主義者先是向中國進行罪惡的鴉片走私活動，繼而又發動了不義的鴉片戰爭，把不平等的《南京條約》強加到中國人民頭上。從此，中國閉關的大門被打開，各資本主義列強蜂擁而至，終於把中國拉上半殖民地半封建化的道路。

　　鴉片戰爭以後，中國人民在封建地主階級及外國侵略者的壓迫下苦不堪言，不得不起來進行反抗鬥爭，於是在一八五一年一月爆發了震撼全國的太平天國農民起義。這場起義得到各地民眾的響應，很快在全國範圍內形成群眾性的反封建鬥爭的高潮。然而，在第二次鴉片戰爭（1856-1860）後，清政府與外國侵略者勾結起來，形成中外反動勢力共同鎮壓太平天國的局面。一八六四年七月，以曾國藩為統帥的湘軍攻破天京（即南京，時為太平天國首都），殘酷地鎮壓了這次農民起義。

　　從十九世紀六〇年代起，清政府打出了「自強」、「求富」的旗幟，發動了洋務運動，如創辦近代軍用企業和民用企業，訓練新式海陸軍，開設洋務學堂，派遣留學生等，使中國社會有了一些新的經濟因素和文化因素。與此同時，西方列強及日本加緊侵略中國，中法戰爭、中日戰爭先後爆發，中國的民族危機日益

嚴重。

中日甲午戰爭以後，帝國主義列強掀起了瓜分中國的狂潮。為了挽救民族危亡，中國人民掀起了新的愛國救亡運動。十九世紀末，神州大地接連興起了兩場性質不同的愛國救亡運動：一場是由資產階級改良派發動的維新變法運動（1895-1898），另一場是以農民為主體的義和團反帝愛國運動（1898-1902）。前者是一場資產階級性質的政治鬥爭和思想啟蒙運動。後者是以農民為主體的群眾性的反帝愛國鬥爭。這兩場鬥爭都因中外反動勢力的鎮壓而遭到失敗。一九〇一年

《時局圖》

九月，帝國主義列強強迫清政府簽訂了空前喪權辱國的《辛丑條約》。這一賣國條約的簽訂標誌著近代中國半殖民地秩序已經形成，清王朝完全墮落成「洋人的朝廷」。

晚清最後十年間，對中國社會發展影響最大的事件是以孫中山為首的資產階級革命派發動和領導的辛亥革命。一八九四年十一月，孫中山在海外成立了資產階級革命團體興中會，拉開了近代民主革命的序幕。一九〇五年八月，中國同盟會在日本東京成立。孫中山被推舉為總理，通過了「驅除韃虜，恢復中華，建立民國，平均地權」的政治綱領。中國同盟會的成立把反清革命推向新的階段。與此同時，清政府也辦起了「新政」和「預備立憲」，以擺脫統治危機。然而，清政府這些舉措的結果卻適得其反，激化了本來就很尖銳的階級矛盾和社會矛盾。一九一一年十月十日，湖北新軍中的革命黨人發動武昌起義，一舉占領了武漢三鎮，得到全國各地民眾的熱烈響應。十二月底，宣布「獨立」的各省代表齊集南京，推舉從海外歸國的孫中山為中華民國臨時大總統。一九一二年一月一日，孫中山在南京宣誓就職，宣布了中華民國的誕生。帝國主義列強恐懼和仇視辛亥革命，扶持袁世凱東山再起，幫助他策劃「南北議和」，竊取革命成果。在各種因素的制約下，革命派不得不作出妥協，同意在清帝退位和袁世凱贊成共和的條件

下，讓出政權。一九一二年二月十二日，清帝溥儀宣布接受「優待條件」，正式退位。次日，袁世凱聲明贊成「共和」，孫中山向臨時參議院辭職。

清帝溥儀退位，宣告了統治中國長達二百六十多年的清王朝及封建帝制的結束，也標誌著晚清歷史的終結。

鴉片戰爭是中國社會發展的轉折點，也是中國傳統文化演進的分水嶺。以鴉片戰爭為起點，中國文化開始了從古代形態向近代形態的轉變。這種變化表現在兩個方面：一是舊的封建文化隨著封建制度的沒落出現了衰敗的趨勢，二是新興的資本主義文化在社會變革的驅動下成長發展起來，從小到大，由弱而強，顯示出旺盛的生命力。這一衰一興，構成了晚清文化發展歷程的基本內容。

晚清文化經歷了曲折多變的發展歷程。其發展脈絡大致可以分為前後兩個時期：前期從一八四〇年鴉片戰爭發生到一八九四年中日甲午戰爭前，歷時半個多世紀。後期從中日甲午戰爭後至一九一一年辛亥革命發生，歷時十七年。

在晚清文化的前期，中國社會大體保持著傳統的風貌，封建文化仍然占著絕對優勢。孔孟儒學及綱常名教仍是人們頭腦中不可動搖的思想信條，科舉八股是士人進學的唯一途徑，漢學宋學則是最受官方青睞的學術思想。文學藝術、社情民風，均與鴉片戰爭以前無大差異。儘管在鴉片戰爭後有人提出「師夷之長技」的主張，西學開始輸入，但這些新的文化因素影響甚微。十九世紀六〇年代後，隨著洋務運動的開展，近代文化因素進一步成長，為資本主義新文化的形成準備了條件。在西力東侵的衝擊下，出現了「中學為體，西學為用」的主張，補充儒學的不足。這種主張試圖把以孔孟儒學、綱常名教為核心的「中學」與西方自然科學結合起來，用後者翼護前者，以鞏固中國封建文化的一統天下。「器唯求新，道唯求舊」，正是十九世紀六〇年代至九〇年代中國文化的重要特徵。

中日甲午戰爭後，即晚清文化發展後期，中國文化領域發生了重大變化。隨著民族危機的深化和國內資本主義因素的發展，新興資產階級登上了政治鬥爭舞臺，一個新的文化運動也隨之興起。「詩界革命」、「文界革命」、「戲劇改良」、「小說界革命」、「史界革命」、軍國民教育思潮、白話文運動相繼興起，「科學

救國」、「教育救國」、「文學救國」的口號接連提出，並產生了一系列實際上的影響，構成了此期文化變革的壯麗畫卷。晚清後期的文化變革不僅表現在部門文化的變化上，而且表現在中國文化的主幹出現了新陳代謝，即孔孟儒學及綱常名教因受到新文化的衝擊而發生動搖；西方的進化論、民主學說等思想理論逐漸為國人所接受，成為進步人士反對舊文化的思想武器和資產階級新文化的指導思想，猛烈地衝擊了孔孟儒學。晚清後期的文化變革推動了中國近代資產階級新文化的形成，在中國文化史上具有重要的歷史意義。

晚清文化是在鴉片戰爭後中國日益淪為半殖民地半封建社會的歷史條件下形成的。它與中國古代時期的文化及歐洲近代文化相比，有著不同的存在環境和成長道路，帶有自己的特點。這些特點可以概括為：中西文化衝突而又融合的成長道路，異彩紛呈的內部結構和救亡圖存的時代主題。

鴉片戰爭打開了中國閉關鎖國的大門，西方文化湧了進來，與中國傳統文化形成並存的局面。一方面，中國傳統文化與西方文化是性質不同的兩種異質文化，不可避免地要發生矛盾和衝突。一次又一次的文化論爭，官方和民間的保守勢力對外來文化的譴責和排拒，都是此期中西文化衝突的重要表現。另一方面，中西文化還表現為相互融合。一些開明的中國人破除「夷夏之辨」觀念，敢於肯定西方文化的優點，主張學習之。林則徐、魏源的「師夷之長技」，馮桂芬的「採西學」、「制洋器」，康有為的君主立憲主張，孫中山的民主共和方案等，都是中國人學習西方先進文化的表現，體現著中西文化相互融合的積極方面。正是通過這種衝突、融合，使中國文化逐步揚棄了落後的、不適應時代需要的內容，吸收了外來文化中有益的東西，發生了從古代向近代的轉變。從文化結構上講，中國古老的傳統文化不再是晚清文化中唯一的文化形態，除此以外，還有西方殖民主義文化、新興資產階級文化等新的文化形態。這些不同性質的文化形態並駕齊驅，共存一體，極大地豐富了晚清文化的內部構成。各種紛紜複雜的文化現象也同樣反映出此期文化構成的多元性特徵。文明結婚與封建包辦婚姻並行，煤油燈和電燈、汽燈同時流行，專制思想與民主觀念共存一體，神鬼迷信和科學文明同時存在。救亡圖存是中國近代歷史發展的主題，也是晚清文化所反映的時代主題。由於帝國主義列強的野蠻侵略，中國民族危機日益加深，救亡圖存成為擺在

中國人民面前的頭等重要的大事。為了拯救民族危機，無數仁人志士歷盡艱辛，向西方尋求救國真理。加入到這個行列的有林則徐、魏源等地主階級改革派，有洪秀全、洪仁玕等農民起義者，有康有為、梁啟超、嚴復等資產階級改良派，有孫中山、章太炎、朱執信等資產階級革命者。由於他們的努力，終使向西方學習成為中國近代新文化建設最重要的內容之一。

秦漢以後，中國文化經歷了漫長的封建社會歷史發展階段，一直保持著傳統的風貌和特徵，只是到了晚清時期才開始發生根本性的變化，開始從古代形態向近代形態轉變。晚清文化為中國古代文化發展的總結性階段，同時又拉開了近代文化發展的序幕，給民國時期中國現代文化的發展奠定了重要的基礎，具有承上啟下，繼往開來的歷史地位。

本卷在撰述中力求以馬克思主義為指導，採取虛實結合，縱橫交織的寫法，既反映中國文化發展的連續性，又反映中國文化在晚清時期的基本狀況；既有對晚清文化的宏觀論述，又有對當時各個部門文化的微觀考察，力圖較為全面而真實地向讀者展示晚清文化發展的全貌，揭示其發展變化的內在規律性。本書能否做到這一點，還應由廣大讀者來作出評判。

本卷由史革新主編。緒言、第一、第二、第四、第五、第七、第八各章及第十二章第五節由史革新撰寫；第三、第九、第十、第十六各章由焦潤明撰寫；第六章由陶緒撰寫；第十一章由王立軍撰寫；第十二章第一、第四節由段續撰寫；第十二章第二、第三節由張建偉撰寫；第十三章由蘇全有撰寫；第十四章由宋衛忠撰寫；第十五章由孫景峰撰寫。全書由史革新統編定稿，並編制主要參考書目，確定彩頁和隨文插圖。

本卷所述，既有作者多年潛心研究的心得，也有對學界諸多專家學者研究成果的參考和借鑑。學界同仁的篇篇宏論，使我們受益良多，為本書的編撰提供了極大的幫助，在這裡謹申謝意。

第一章

轉型的社會和
轉型的文化

　　晚清時期，由於西方列強的侵略，中國被迫走上半殖民地半封建化的道路，揭開了歷史發展新的一頁。一方面，社會的變化必然導致文化發生新的變化。在民族危機的刺激和新的社會因素的影響下，封建性的舊文化日趨沒落，資本主義新文化蓬勃興起，這一切，使延綿既久的中國傳統文化發生了前所未有的大變化。晚清文化的變化受到當時社會變革的驅動。不了解晚清社會政治、經濟的變化，就不可能真正弄清晚清文化何以發生變化，認識其發展變化的規律性。另一方面，晚清文化也不是政治、經濟的附庸，不是消極、被動地反映著當時社會的政治和經濟，而是積極、主動地影響著晚清社會，對當時的社會政治、經濟起著能動的反作用。總之，晚清文化是晚清社會政治、經濟發展在觀念形態上的反映，而晚清文化，無論是封建主義的舊文化，還是資本主義的新文化，都對當時的社會產生了重要的影響，或者是消極的，或者是積極的。這是研究晚清文化問題首先需要說明的。

「三千年未有
之大變局」

　　晚清社會是晚清文化賴以存在的廣闊基礎和土壤，晚清文化發生的種種變化無不反映著晚清社會的新陳代謝，都可以從晚清社會的變化中找到它的根源。與鴉片戰爭之前相比，晚清時期的中國社會發生的變化主要有兩個方面：一是中國遭受帝國主義列強的侵略，喪失了主權獨立，逐步從一個獨立的封建社會淪落為半殖民地半封建社會；二是由於中國社會產生了新的政治的和經濟的因素、新的階級關係，使傳統封建社會結構開始解體。晚清社會發生的上述變化對中國傳統文化產生了深刻的影響，為中國近代文化體系的形成準備了重要的條件。

一、民族危機和文化危機

　　一八四〇年英國殖民者發動了鴉片戰爭，強迫清政府簽訂了不平等的《南京條約》，打開了中國的大門。之後，各國列強接踵而至，鯨吞蠶食，迫使中國走上了半殖民地半封建道路。在晚清七十餘年間，帝國主義列強使用軍事、政治、經濟、外交、文化等一系列侵略手段，把一個又一個不平等條約強加到中國人民的頭上，從中國索取了大片領土和利益。中國不僅發生了民族危機，而且越來越嚴重，直至瀕臨亡國滅種的境地。

在帝國主義列強侵略中國的各種手段中，推行砲艦政策，發動侵華戰爭，始終居於首要地位，是它們危害中國最重要的侵略手段。兩次鴉片戰爭、中法戰爭、中日甲午戰爭、八國聯軍入侵、英國進犯西藏、日俄戰爭等，都是帝國主義列強在晚清期間發動的規模較大的侵華戰爭。每次戰爭，各國侵略者往往出動數萬、數十萬近代化軍隊，窮兵黷武，大開殺戒，毀壞了中國大量的城市和鄉村，給億萬生靈帶來無窮無盡的災難。

各種不平等條約不僅是帝國主義列強強加給中國人民的沉重枷鎖，而且也是中國民族危機不斷深化的標誌。據王鐵崖先生編的《中外舊約章彙編》一書統計，晚清時期，清政府與外國簽訂的各種條約、協定、章程、合同共有五百三十三項，絕大多數都是不平等的。強迫中國訂約的國家既有英、法、俄、美、日、德等帝國主義強國，也有比利時、葡萄牙、西班牙、奧地利、丹麥、挪威等實力稍次的西方國家。它們或者用野蠻的軍事壓力，迫使清政府就範；或者製造藉口，進行敲詐勒索；或者乘人之危，取漁人之利。通過這些不平等條約，帝國主義列強把對中國的侵略加以「合法化」，加劇了中國的民族危機。

帝國主義列強大肆掠奪中國的領土，破壞中國的領土完整，也是晚清乃至整個中國近代時期民族危機深化的重要標誌。從英國逼簽《南京條約》割占香港起，先後有英國、俄國、日本等國，通過各種不平等條約掠去中國大片領土，到一九一四年俄國強占唐努烏梁海地區為止，被各國列強侵占的中國領土約為一百七十四萬平方公里，相當於中國原有領土的百分之十六。除了強占中國領土，帝國主義列強還在中國劃分勢力範圍。中國領土的大部分地區都已經成了帝國主義列強的勢力範圍，沿海重要港灣大都變為它們的租界地，中國已處於被鯨吞蠶食的危境。「四萬萬人齊下淚，天涯何處是神州」，[1]譚嗣同發出的這種感慨，是對中國民族深刻危機的真實寫照。

帝國主義列強還通過不平等條約向中國勒索賠款，如中英《南京條約》賠款二千一百萬銀元；中英、中法《北京條約》賠款銀一千六百七十萬兩；中英《煙

1　蔡尚思、方行：《譚嗣同全集》（增訂本）上冊，276頁，北京，中華書局，1981。

臺條約》賠款銀二十萬兩；中日《馬關條約》賠款銀二億兩；與英、俄、日等十一國簽訂的《辛丑條約》賠款銀四點五億兩，本息折合高達九點八億兩。以上七項賠款合計白銀十二點五三四九億兩，相當於清政府年收入（以 1901 年計）的十倍以上。

帝國主義列強還強迫清政府簽訂了大量借款合同，向中國輸出資本，操縱中國的內政。這種奴役性的借款在中日甲午戰爭後急邊增加。僅在一八九八至一九一一年的十餘年間，清政府舉借外債多達一百一十項，所借債額累計超過白銀十二億兩。[2]這些借款不僅利率高，折扣大，而且都附帶極其苛刻的政治條件，對中國民族利益的損害極為嚴重。

一九〇一年清政府與十一國公使簽訂《辛丑條約》

帝國主義列強還竭力從政治上干涉中國的內政，實現對中國的政治控制。一八四三年英國從《五口通商章程》取得領事裁判權，中國獨立的訴訟司法制度從此遭到破壞。此後有十九個國家先後取得這種特權，在中國設置「領事法庭」，實行獨立於中國司法體制之外的治外法權。帝國主義列強在華政治特權不僅直接影響中國各項內政決策的制定執行，而且連中國政府設何種機構，擁有多大權限，任用何人都要干涉。實際上，晚清時期的中國內政已經處於各國列強的控制之下。

除了以上提到的幾方面情況外，帝國主義列強還對中國實行文化上的侵略。

2　徐義生：《中國近代外債史統計資料》，90 頁，北京，中華書局，1962。

它們派傳教士來華，輸入西方文化，設立各種文化機構，妄圖用基督教來征服中國，把它們的文化價值觀念強加到中國人的頭上，對中國實行文化侵略。對此，毛澤東有過精闢的論述：「帝國主義列強……對於麻醉中國人民的精神的一個方面，也不放鬆，這就是它們的文化侵略政策。傳教，辦醫院，辦學校，辦報紙和吸引留學生等，就是這個侵略政策的實施。其目的，在於造就服從它們的知識幹部和愚弄廣大的中國人民。」[3]

中國的民族危機，在外是由於帝國主義列強的侵略，而其內因則是由於清王朝的腐朽統治使然。清王朝是中國歷史上最後一個封建王朝，在政治上實行封建君主專制，在經濟上殘酷地剝削壓榨廣大人民。而其統治集團卻過著窮奢極欲的生活，尤其在鴉片戰爭以後，更是日趨腐敗，走上與外國侵略者妥協的道路。《辛丑條約》簽訂後，清政府喪失了最後一點抵抗意志，完全聽從列強的擺布，成為「洋人的朝廷」。這標誌著中國社會半殖民地秩序已經基本形成。可見，帝國主義列強的侵略和封建主義的統治，是導致鴉片戰爭後中國民族危機日益深化的根本原因。

為了挽救民族危機，中國人民掀起了轟轟烈烈的反帝反封建鬥爭，匯成了中國近代歷史發展的主流。晚清七十餘年間，抵抗、革命、社會改革此起彼伏，風起雲湧，對社會的發展變化產生了不可估量的影響。反帝反封建鬥爭是中國近代社會矛盾的產物，是歷史賦予中國人民的使命。鴉片戰爭以後，西方列強打開了中國的大門，造成了嚴重的民族危機。這種危機不僅是政治的、經濟的，而且也是文化的。因此，中國近代的民族危機，中國人民的反帝反封建鬥爭必然對中國傳統文化產生巨大影響，引起文化領域發生變化。這種變化主要表現為：

其一，西方文化的大量湧入。鴉片戰爭以後，隨著中國閉關大門的被打開，西方文化源源不斷地湧入中國，迅速滲透到中國社會的各個方面。西方文化的大量湧入，一方面是由於外來入侵者有意識地進行文化滲透，通過他們在中國辦的各種文化傳播機構，宣揚西方社會的思想、觀念、理論，對中國實行文化侵略，

3　毛澤東：《中國革命和中國共產黨》，《毛澤東選集》第二卷，629-630頁，北京，人民出版社，1991。

精神征服；另一方面是由於處於民族危機和文化危機之中的先進中國人，為了挽救自己的祖國和本民族的歷史文化傳統，深刻反思，大膽探索，向西方尋求救國真理，積極主動地學習、吸收西方文化。耶穌上帝、聲光化電、民主自由、報刊學堂，凡此種種，都是國人見所未見，聞所未聞的東西。它們一股腦兒地湧入中國，並逐步在中國植根，成為中國近代文化的重要組成部分，豐富了中國文化的內容。

其二，動搖了傳統儒學的統治地位。鴉片戰爭以前，中國文化的一大特色是傳統儒學具有獨尊的社會地位。鴉片戰爭以後，國人鑒於民族危機的深化和憤於清王朝的腐化衰敗，在思想文化上尋找新的出路，對儒學採取了懷疑、批評的態度。他們主張用民主取代專制，用平等取代綱常名教，對儒學進行了前所未有的猛烈衝擊，動搖了儒學在文化領域中的統治地位。一九〇五年，清政府迫於新潮流的衝擊，宣布廢除科舉制度，對儒學來說無異於釜底抽薪。儒學在中國傳統文化中一向居於主導地位，其統治地位的動搖不能不引起中國傳統文化發生質的變化。

二、傳統社會的解體和新興社會力量的崛起

鴉片戰爭以後，在西方資本主義勢力的衝擊下，中國出現了「三千年未有之大變局」，舊的封建社會開始解體，近代性質的新政治、新經濟及新的階級關係逐步形成。這些變化為晚清文化領域的新陳代謝提供了重要的內在根據。

馬克思、恩格斯在《共產黨宣言》中指出：「資產階級，由於一切生產工具的迅速改進，由於交通的極其便利，把一切民族甚至最野蠻的民族都捲到文明中來了。它的商品的低廉價格，是它用來摧毀一切萬里長城、征服野蠻人最頑強的仇外心理的重炮。」[4]馬克思主義經典作家的這一論斷同樣適用於鴉片戰爭後的

4　《馬克思恩格斯選集》第一卷，276 頁，北京，人民出版社，1995。

中國。一八四〇年以後，西方列強視中國為其傾銷商品的市場和廉價原料的產地，把大量剩餘商品運往中國，使中國許多傳統手工業因洋貨的流行而蕭條、破產。各資本主義國家在對華傾銷商品的同時，加緊掠奪中國的原料和農產品，結果擴大了部分地區農業生產中商品經濟作物的比重，減少了農業中的自給成分。從中國掠奪的產品經過買辦、外商之手，最終進入國際市場，成為世界工業國的重要原料。而國際市場的需求又反轉過來影響和制約著中國國內農產品的生產，使這些生產部門不得不產生對外國資本的依賴性。中國傳統農業再也難以保持從前的獨立地位了。中國社會經濟發生的最顯著變化還是近代工業的出現。鴉片戰爭以後，首先在開放口岸出現了外國資本家開辦的企業，如柯拜船塢（英）、廈門船廠（英）、浦東鐵廠（英）、望益紙館（葡）等。它們雖然規模都不大，屬於加工修理性質，但畢竟是近代中國最早的一批外資企業。十九世紀六〇年代，清政府開展洋務運動，舉辦了一批近代軍用、民用企業。隨之，一批地主、商人、買辦、官僚投資於近代企業，形成了中國最早的民族資本。中日甲午戰爭後，特別是在晚清最後十年間，無論是中國的民族資本、官僚資本的企業，還是外國資本的企業，都有了較大的發展，成為中國社會經濟領域中的新成分。

晚清社會經濟的變化引起了社會階級關係的新變動。這種變動一方面表現為中國社會舊有階級──地主階級和農民階級──出現了新的流動趨向；另一方面表現為新的社會階級，即資產階級和無產階級的形成。

地主階級和農民階級是中國社會固有的兩大基本階級。鴉片戰爭後出現的大變局對這兩個階級的存在發展都產生了重要的影響。地主階級受到清王朝的扶持，其經濟、政治地位不斷得到加強。土地集中現象的普遍存在，是地主階級力量加強的重要表現。然而，由於中國農村商品經濟的成長，促進了農業資本主義經營方式的發展，導致經營地主和富農經濟有所成長。

農民階級是晚清社會的另一個重要階級，也是人數最多的一個階級。鴉片戰爭以前，由於地主階級的剝削壓迫，土地集中日益嚴重，農民處於不斷貧困化的狀況。有人對貧苦農民的艱難處境作過這樣的描述：「至於佃戶之苦，不必問其力作艱難，但觀其居必草茅，不庇風雨；食必粗糲，時雜糠粃；種種苦況，吞聲

獨受。」[5] 破產的農民有的淪為無業遊民，有的則流入城市，轉化為近代工人階級。

　　近代資產階級和無產階級是晚清時期出現的新興階級。正如毛澤東所說：「中國的資產階級和無產階級，作為兩個特殊的社會階級來看，它們是新生的，它們是中國歷史上沒有過的階級。它們從封建社會脫胎而來，構成了新的社會階級。」[6]

　　由於東西方社會情況不同，中國近代資本主義經歷了與西方資本主義完全不同的道路。從一定的意義上說，中國近代資本主義不是中國封建社會固有的資本主義萌芽發展的產物，而是在外來資本主義影響下形成的，帶有自己的特點。這一特點從階級構成上說，就是劃分為官僚買辦資產階級和民族資產階級兩個部分。買辦階層形成於第一次鴉片戰爭以後。這個社會集團是依靠外國資本的擴張成長起來的，附屬於帝國主義勢力。由於晚清社會殖民地半殖民地化程度的加深，買辦階級不但經濟實力日益增長，而且向政治領域滲透，成為溝通外國資本主義和中國封建勢力之間聯繫的橋梁。洋務運動時期，清政府中的一些官僚在「自強」、「求富」的旗號下，舉辦近代軍用和民用企業，使其中的一部分人開始向官僚資產階級轉化。不過，晚清時期的官僚資產階級正處於形成初期，還不能與民國年間的官僚資產階級相提並論。民族資產階級也是中國近代資產階級的重要組成部分，它是指在舊中國同帝國主義、封建主義聯繫較少的資產階級。它的主體部分，即工業資本集團，形成於十九世紀六〇至七〇年代。從一八六九年上海發昌機器廠成立到一八九四年中日甲午戰爭前，是民族資本主義形成的時期，出現的民族資本企業共有一百餘家，雇工近三萬人，資本總額七百多萬元。中日甲午戰爭後，民族資本主義有了進一步發展。從一八九五年至一九一三年，歷年設立的資本在萬元以上的廠礦共五百四十九家，資本總額達到一萬二千〇二十八點八萬元。[7] 比前一時期有較大幅度的增長。然而，民族資本企業一般規模小，

5　金文榜：《減租辨》，引自李文治：《中國近代農業史資料》第一輯，915 頁，北京，三聯書店，1957。
6　毛澤東：《中國革命和中國共產黨》，《毛澤東選集》第二卷，627 頁。
7　汪敬虞：《中國近代工業史資料》第二輯，下冊，1042 頁，北京，科學出版社，1957。

資本少，實力薄弱，既與帝國主義、封建主義存在著矛盾，又與它們有著千絲萬縷的聯繫，表現出明顯的兩面性。在晚清，民族資產階級的政治代表是資產階級改良派和革命派。他們一方面通過發動政治改良和社會革命表現出一定的反封建的意志和勇氣，另一方面又在鬥爭中反映出明顯的妥協性和不徹底性。

清末煙廠女工

近代無產階級也是在晚清時期形成的一個新興階級。早在第一次鴉片戰爭後不久，外國資本就在中國開辦了一些規模不大的維修加工企業，廉價僱傭中國工人，產生了中國第一批近代工人。十九世紀六〇年代後，在清政府的洋務企業和民族資本企業中，又產生了一批近代工人。到一九一三年，全國中外工礦企業的工人已達到五十萬至六十萬人之間。[8]中國無產階級除了具有一般無產階級的基本優點，如與先進的經濟形式相聯繫，組織性紀律性強，無私人占有的生產資料外，還有它的許多特殊優點。這就是：（一）與廣大農民階級有一種天然的聯繫，其絕大部分成員都來自破產的農民。（二）分布集中，在地區分布上多集中在沿海沿江地區和幾個交通中心城市；在產業分布上多集中在紡織、礦山、鐵路、造船、航運等行業。（三）深受帝國主義、封建主義和資產階級的三重壓

8　同上書，39頁。

迫。正如毛澤東所說：「中國無產階級身受三種壓迫（帝國主義的壓迫、資產階級的壓迫、封建勢力的壓迫），而這些壓迫的嚴重性和殘酷性，是世界各民族中少見的。」[9]晚清時期，中國無產階級還處於「自在階段」，尚未獨立開展政治鬥爭。儘管如此，中國無產階級仍然為反對中外資本家的壓榨，維護自身權利，進行了許多鬥爭，同時還參加了各種反帝反封建的鬥爭，在舊民主主義革命中初露鋒芒。

在上述階級中，對晚清文化發展影響較大的階級主要有兩個，即地主階級和資產階級。地主階級是封建舊文化的維護者和代表者。為了維護本階級的利益，他們竭力保護儒家思想體系和綱常名教的倫理道德，反對新思想、新文化的發展。其中一部分開明者試圖通過提倡「中體西用」論，變通傳統觀念，來適應新的形勢，達到延長封建統治的目的。這種主張從本質上講，依然是封建主義性質的。近代資產階級的產生不僅使中國的政治、經濟發生了變化，也使近代文化的形成有了堅實的社會基礎。新興資產階級為了自身利益不僅積極開展政治鬥爭，而且開展了思想文化領域的鬥爭。他們提倡新學術、新思想，用西方進化論、民權論抨擊封建專制統治和舊的倫理道德，開展了一系列新文化建設工作，為近代新文化的發展作出不可磨滅的貢獻。正如毛澤東所說：中國近代的資產階級新文化，「是西方資產階級民主主義的文化，即所謂新學，包括那時的社會學說和自然科學，和中國封建主義的文化即所謂舊學是對立的」。[10]

三、近代新型知識分子群體的出現

文化是人類實踐活動的產物，但作為觀念形態的文化則並非指一般性的勞動創造，而是指特殊的勞動創造，即腦力勞動或精神勞動的創造。這就是說，文化作為一種特殊的社會歷史現象，是與專門從事腦力勞動或精神生產的那部分社會

---

9 毛澤東：《中國革命和中國共產黨》，《毛澤東選集》第二卷，644 頁。
10 毛澤東：《論人民民主專政》，《毛澤東選集》第四卷，1470 頁。

群體——知識分子階層——緊密地聯繫在一起的。也可以說，知識分子是精神文化的直接創造者和載體。沒有這樣一個社會群體，文學、藝術、學術、教育、科技等各種文化現象的存在發展是不可想像的。當然，知識分子群體是社會結構中的組成部分，社會結構發生變化必然會引起知識分子群體的變化，這種變化對於一定社會的文化發展走向起著決定性的作用。

晚清時期，隨著社會變革的加劇，知識分子群體也發生了深刻的變化。這種變化包括兩種不同的含義：一方面清政府為了維護自己的統治地位，用各種手段擴大和加強其統治基礎——士紳集團，如提倡尊孔讀經、科舉取士、增廣「正途」學額、推行「捐納」等，以挽救舊式「士」集團的衰落；另一方面隨著近代資本主義和近代文化事業的發展，新型知識分子群體也逐步形成。新型知識分子群體的出現，對於晚清時期中國近代文化的形成和發展來說，是具有重大意義的事情。

湖南時務學堂部分教員

所謂近代新型知識分子是指受過系統的近代教育，或具有近代知識結構和新的思想觀念，從事一定的近代文化活動的腦力勞動者。鴉片戰爭後，新型知識分子已經在中國出現，如容閎、王韜、鄭觀應、馬建忠、嚴復、康有為等人，或者

通過出國留學，或者通過接觸西方文化，改變了舊的知識結構，具備了一定的近代文化知識水平，是這一群體的代表人物。但是在中日甲午戰爭以前，這樣的知識分子不僅數量少，而且力量分散，沒有形成一支有組織的社會力量，群體意識尚不明顯。在甲午戰爭後，由於資產階級政治運動的影響，新型知識分子隊伍有了長足的發展。在這個時期，近代性質的教育、新聞、出版、文藝、科技、翻譯、醫療、圖書館事業，蓬勃發展，有力地衝擊了舊的「士」業。一些新的社會職業，如教師、記者、編輯、出版商、作家、翻譯、醫務人員等，在社會上產生了較大的吸引力。「讀書做官」不再成為知識分子謀求出路的唯一選擇，從事新職業的人與日俱增。以教育為例，一九〇七年全國各種學堂有教職員 124388 人，學生 1024488 人；而一九〇九年教職員達到 186501 人，學生達到 1639921 人[11]，分別增長了 49.99%和 60%，這種增長幅度是前所未有的。由此可見，此期新型知識分子隊伍發展之迅速。

中日甲午戰爭後，中國新型知識分子的群體意識更為鮮明。過去他們都曾對清政府的洋務運動抱有信心，戰爭的慘敗及戰後的局勢把他們從睡夢中驚醒，開始反思洋務運動的是非得失。他們批評洋務派官僚實行的所謂「變法」，是「不變其本，不易其俗，不定其規模，不籌其全局，而依然若前此之枝枝節節以變之」，只不過是用「補苴罅漏，彌縫蟻穴」的消極辦法支撐「瓦塈毀壞，榱棟崩析，將就傾圮」之「千歲老屋」。[12] 洋務派從他們過去心目中崇拜的偶像變為指責的對象。他們把洋務運動與日本明治維新進行比較，稱讚日本「自受各國欺凌，痛定思痛，幡然變計，於是改正朔，易服色，變祖宗法制，仿西國規模，迄今不過二十餘年，而大局一新，百廢俱舉」。[13] 而中國的洋務運動「所謂得其貌，失其真，慕其名，忘其實也。」[14] 那麼，中國的出路何在？新型知識分子開始注意民眾的力量，借用民眾的力量來救亡圖存，推行政治改革。梁啟超在《說群自序》一文中指出：國家、天下都由人群組合而成，要保住國家、天下，必須要

11 陳學恂主編：《中國近代教育史教學參考資料》下冊，310-330 頁，北京，人民教育出版社，1993。
12 梁啟超：《戊戌政變記》，《飲冰室合集》專集之一，83 頁，北京，中華書局，1989。
13 《縱論中倭大勢》，阿英編：《甲午中日戰爭文學集》，489 頁，北京，中華書局，1958。
14 《防倭論》，阿英編：《甲午中日戰爭文學集》，479 頁。

「能群」，「以群術治群，群乃成；以獨術治群，群乃敗。己群之敗，它群之利也」。[15] 康有為在保國會的講演中痛陳民族危急的緊迫，中國遇到「四千年中二十朝未有之奇變」，強調「欲救亡無他法，但激勵其心力，增長其心力……果能合四萬萬人，人人熱憤，則無不可為者，奚患於不能救！」[16] 這種強烈的群體意識是甲午戰爭前的新派人士所不能企及的。在此認識的基礎上，新型知識分子或者以政治改良為宗旨，或者以民主革命為旗幟，紛紛結社組黨，組織起來，積極開展群眾性的政治鬥爭，把自己的主張付諸實踐。新型知識分子的這種覺醒和集結對於中國近代文化事業的推動意義同樣重大。正是由於他們的這種努力，才在中日甲午戰爭後出現了辦學熱、辦報熱、出版繁榮、小說盛行的局面。學術界、文藝界喊出了「史界革命」、「詩界革命」、「戲劇界革命」的口號，湧現出大量新成果，開拓出一些新領域。可以說，新型知識分子是中國近代資產階級新文化的直接開拓者，沒有他們的努力奮鬥，辛勤勞動，近代新文化的發展是難以想像的。

第二節·

「變亦變，不變亦變」
—— 清政府的文化政策

文化的存在發展不是孤立的，要受到政治、經濟等諸方面社會因素的制約和

---

15 《戊戌變法》第四冊，25 頁，上海，神州國光社，1953。
16 康有為：《保國會上演講辭》，《戊戌變法》第四冊，407-412 頁。

影響，其中就包括統治階級實行的文化政策。統治階級的文化政策對文化在一定歷史時期的發展走向關係甚大。統治階級的文化政策是統治階級政治利益和政治意志在文化問題上的反映，它與一定時期社會文化的關係是政治與文化關係的集中體現。晚清時期，清政府從維護封建君主專制的政治需要出發，仍然大力奉行尊孔讀經、崇儒重道，打擊異端思想等既定文化政策。然而，在十九世紀六〇年代以後，鑒於西力東侵，儒學衰微，清政府又採用「中學為體，西學為用」的原則，企圖以西方科技等物質文化來彌補中國封建文化的不足，維持「聖人之道」，對其所行的文化政策作了一定的調整。這種調整是在國家處於「變亦變，不變亦變」的形勢下作出的，使清政府的文化政策發生了較明顯的變化。

一、強化儒學思想的統治地位

無論是在鴉片戰爭以前，還是在晚清時期，清王朝都以尊孔讀經、崇儒重道為其文化政策的核心內容。這是它在入關之初就已經確定的基本國策之一。其主要內容有提倡儒學，推行科舉制度，興文字獄，開四庫館等。目的是用儒學的綱常名教來束縛人們的思想言行，把各種文化活動規範在統治階級政治要求的範圍內。至晚清，清王朝仍然以尊孔讀經、崇儒重道為文化政策的主幹，並且不斷予以強化。

嘉道年間，清王朝統治的危機開始暴露出來，整個社會呈現出千瘡百孔、江河日下的衰敗景象。許多士大夫便把社會的衰敗歸結於程朱理學多年不昌所致。時人潘德輿對乾嘉時期程朱理學受到冷落的情況大為不滿，說：「程朱二子之學，今之宗之罕矣。其宗之者率七八十年以前之人，近則目為迂疏空滯而薄之，人心風俗之患不可不察也。夫程朱二子學聖人而思得其全體，所謂德行、言語、政事、文學，殆無一不取而則效之。」[17]潘氏的話說出了不少士大夫的心聲，是清朝統治者強化儒學在思想文化領域中統治地位的社會輿論基礎。從嘉道年間

---

17 潘德輿：《任東澗先生集序》，《養一齋集》卷十八，6-7頁，同治十一年刊本。

起，清政府開始注意糾正自乾嘉以來奉行的重漢學、輕理學的學術文化政策中的偏頗，大力提倡程朱理學，用封建倫理道德來收攬人心，挽回衰勢。嘉慶帝重彈當年康熙力倡理學的舊調，命令侍臣在經筵進講之時，增加講授程朱理學的內容，做出提倡「正學」的風範。道光帝不僅號召士人多讀程朱理學之書，而且還採取了一些提高理學地位的措施。一八二三年，道光帝採納通政司參議盧浙的奏請，將清初理學名臣湯斌從祀文廟，排列在明儒羅欽順之後。他在上諭中說：湯斌「正色立朝，著書立說，深醇篤實，中正和平，洵能倡明正學，運契心傳」。[18]清朝統治者在文化政策上的這種調整，對晚清學術文化的發展產生了一定的影響。道咸後程朱理學的復興便是統治者作出這一文化政策調整的積極結果。

咸豐初年，太平天國農民起義震動了全國，沉重地打擊了地主階級的統治。清王朝一方面調兵遣將實行武力鎮壓，另一方面打出「衛道」的旗幟，號召振興孔孟程朱之學，加強封建思想的統治。曾國藩在《討粵匪檄》中攻擊太平天國破壞封建秩序是「舉中國數千年禮義人倫，詩書典則，一旦掃地蕩盡。此豈獨我大清之變，乃開闢以來名教之奇變，我孔子、孟子之所痛哭於九原」，重申孔孟程朱所宣揚的「君臣父子，上下尊卑，秩然如冠履之不可倒置」[19]，呼籲廣大士人「崇正學」，「衛聖道」，反對太平天國的「邪教」。曾國藩的這篇文章再一次傳達了封建統治階級強化儒學思想控制的政治信息。一八六〇年以後，清政府採取了一系列崇儒重道的措施。先是清朝江南大營潰敗後，清政府任命曾國藩為兩江總督，授以實權。北京政變後，慈禧等人十分注重對理學儒臣的提拔重用。除曾國藩外，倭仁、李棠階、吳廷棟等理學名臣一一得到提拔重用，或者參與樞府機要，或者被授予六部要職。他們執掌要職後，無不以倡導程朱理學為己任。倭仁當了大學士，掌管了翰林院之後，立即著手制定新的《翰林院學規》，把《四書》、《朱子語類》、《朱子大全》等理學讀本，定為翰林院學士的必讀之書，以培養講求性理之學的風氣。官方控制的各級教育機構也都如法炮製，增加理學課程的內容，甚至連洋務學堂也不例外。上海廣方言館的《課程十條》就規定：

18 《大清宣宗成（道光）皇帝實錄》第二冊，907頁，臺北文華書局影印本。
19 《曾國藩全集》（詩文），232頁，長沙，岳麓書社，1986。

「於課文之前一日講解《養正遺規》、《朱子小學》諸書，若有進境，則授以《近思錄》及《朱子全書》、《性理精義》各篇。諸生聽講時，一態凝神，退而精心體認，篤實踐履，庶於言行之際，敬肆之分，皆有所持循焉。」[20]

　　為了大力倡導「正學」，端正士習，清政府還在一八六〇年發布上諭，規定「嗣後從祀文廟，應以闡明聖學，傳授道統為斷」[21]，嚴格了從祀文廟的入選政治標準。此後，清政府根據這條上諭，不斷對故去的和健在的正統派名儒進行表彰，為廣大士子樹立傚法的榜樣。一八七〇年，清廷「恩准」張履祥從祀孔廟，次年下令重刊張履祥的著作《楊園先生全集》。張氏是清初著名理學家，被唐鑑尊為代表清代理學道統的四位「傳道」者之一。一八七六年，費延釐奏請將張伯行從祀文廟。張伯行是清初與張履祥齊名的理學家。同年陝西理學名儒王建常也被請從祀文廟，另一位名儒李元春則被允准將其事實交付國史館，列入儒林傳。對於健在的理學家，清廷同樣不遺餘力地予以表彰。一八六八年，侍郎胡肇智進呈安徽理學家夏炘所著《恭譯聖諭十六條附律易解》及《檀弓辨誣》、《述朱質疑》等書。清廷褒獎夏是「年屆耄耋，篤學不倦」。前一種書由武英殿刊印，頒發全國，後兩種「均著留覽」。一八七四年，陝西和山西兩省學政分別為賀瑞麟、楊樹椿、薛于瑛等人請受京銜。清廷以這三人宣講正學有績，皆賜國子監學正銜。由於清政府的獎掖，崇尚儒學，講求封建道德教化的風氣一時盛行起來。

　　在鎮壓太平天國起義的過程中，清政府和一些地方官僚為振興文教，恢復封建統治秩序，在各地設置官書局，刊刻經史書籍。儘管許多書局都是由督撫疆臣出面籌設，但因為他們所具有的政治身分，給這些書局帶上濃厚的官方色彩。官書局的創設實際上是清王朝奉行崇儒重道文化政策的具體體現。一八五九年，湖北巡撫胡林翼在武昌開設書局。這是晚清出現最早的官書局。一八六一年，兩江總督曾國藩率湘軍攻占安慶後創辦了官書局。一八六四年，閩浙總督左宗棠在浙江設局，最初設在寧波，後遷到杭州。同年，曾國藩在南京創辦了金陵官書局。一八六六年左宗棠在福州創辦正誼堂書局。此後，各地督撫紛紛效法，官書局遂

20　《廣方言館全案》，22 頁，中國科學院圖書館藏。
21　引自朱壽朋編：《光緒朝東華錄》第二冊，203 頁，北京，中華書局，1984。

遍布各地。著名的有：江蘇官書局（蘇州）、淮南官書局（揚州）、江西官書局（南昌）、思賢官書局（長沙）、崇文官書局（武昌）、福建官書局（福州）、廣雅官書局（廣州）、桂垣書局（桂林）、存古官書局（成都）、雲南官書局（昆明）、陝西官書局（西安）、濬文書局（太原）、皇華官書局（濟南）、天津官書局（天津）等。這些官書局舉辦的目的是為清朝統治「正人心」、「維世道」服務，首先刻印的是「欽定」、「御纂」的書籍，其次是正經、正史及諸子文集。如《十三經註疏》（南昌官書局刊本）、《永懷堂古注十三經》（杭州書局刊本）、《明監本宋元人注五經》（金陵、杭州、武昌的官書局均有刊本）、《四書章句集注》（南昌、武昌局有刊本）、《御纂七經》（武昌、成都書局有刊本）、《朱子全書》（南昌局刊本）、《大學衍義》（杭州局本）、《朱子語類》（廣州局本）、《近思錄集注》（武昌、蘇州、杭州、廣州各書局均有刊本）、《詩朱子集傳》（武昌局本）、《欽定二十四史》（江寧、蘇州、揚州、杭州、武昌五書局合刻本）等官方推重的正經、正史書籍，均被大量重刊，流傳於世。在這些書局中，清朝統治者網羅了大量名士宿儒，命其參與書籍的蒐集、整理、校勘、出版。官書局的舉辦儘管對整理、保存、傳播經史古籍作出一定的貢獻，但就其直接的政治目的而言，是為抵消太平天國革命的影響，恢復清朝統治秩序。其更深的影響還在於在士林中重新培養尊孔讀經，鑽故紙堆的陳腐學風，維護封建文化統治的氛圍。

中日甲午戰爭後，中國社會的民族矛盾和階級矛盾空前激化，清朝統治面臨著更為嚴重的統治危機。為了挽救王朝的衰敗，清政府採取了種種措施來加強自己的統治。其中就包括大力抬高孔子的地位，重彈「尊孔讀經」的舊調。一九〇六至一九〇七年，清政府正式宣布「忠君」、「尊孔」為辦教育的宗旨，學堂以孔學為「正學」，「經學為必修之科目」。與此同時，清政府提高祭孔的級別，把對孔子的祭典由「中祀」升為最隆重的「大祀」，與祭天等同。光緒帝親自出席祭孔大典，以示對孔子及其學說的高度重視。甚至在科舉制度廢除後，一些官員還在強調向學堂學生灌輸《四書》、《五經》的重要性。一九〇七年，候補內閣中書黃運藩呈請清政府不要更改士人讀《四書》、《五經》的傳統，說：「為《四

書》、《五經》於人心士智，關係至要，雖百世以俟聖人，而其制要莫能改也。」[22]
翰林院庶吉士高桂馨則稱：「聰穎子弟由六歲入學，一年後加多讀經功課，俾令
中學印入腦際，《四書》、《五經》在所必讀必講，餘經聽其隨意。」[23]清王朝「尊
孔讀經」的文化政策至其垮臺之日，終未更改。

二、「中學為體，西學為用」

鴉片戰爭以後，清王朝經過多次挫折，日益對中國固有的文化學術的弱點有
所認識，採納開明人士提出的「師夷長技」的主張，逐漸形成了「中學為體，西
學為用」的文化政策，以適應社會變局的需要。從一八六二起，清政府在北京、
上海、廣州等地創辦同文館等洋務學堂，開設西學課程，學習外文和西方科技知
識，培養辦洋務的新式人才。一八七二年，又向美國派遣留學生。這些舉措表
明，清政府開始改變傳統的「夷夏之辨」傳統觀念和政策，對西方文化，主要是
物質文化，表示有限的認同，並試圖將其納入中國傳統文化的體系之中。清政府
為適應變化了的客觀形勢，接受和採納了「中學為體，西學為用」的主張，有限
度地調整自己的文化政策。

「中體西用」雖然是清政府在十九世紀後期奉行的一種文化政策，但它最初
卻是由一些思想開明的知識分子提出的。一八六一年，馮桂芬發表了《校邠廬抗
議》，提出了「以中國之倫常名教為原本，輔以諸國富強之術」的口號，包含了
「中學為體，西學為用」的基本意思。到七〇年代後，王韜、薛福成、鄭觀應等
早期改良思想家也都提出過類似馮氏的主張。其中鄭觀應講得與後來的表述最為
貼近，他說：「中學其本也，西學其末也；主以中學，輔以西學。」[24]在這裡，「中
體西用」的口號已經呼之欲出了。進入九〇年代，內憂日甚，外患日迫。中西文
化在各個方面展開接觸、交鋒，推動了人們對中西學關係的思考。一八九五年四

---

22 《清末籌備立憲檔案史料》下冊，981頁，北京，中華書局，1979。
23 同上書，220頁。
24 鄭觀應：《盛世危言·西學》，《鄭觀應集》上冊，276頁，上海，上海人民出版社，1982。

月，沈壽康在《救時策》中說：「中西學問本自互有得失……宜以中學為體，西學為用。」[25]這是至今為止看到的對「中體西用」口號最早的表述形式。一八九八年初，張之洞在《勸學篇》中系統地闡述了這一主張，使這一觀點更具有正統性和權威性。正如梁啟超所說：「甲午喪師，舉國震動；年少氣盛之士疾首扼腕言『維新變法』，而疆吏李鴻章、張之洞輩，亦稍和之。而其流行語，則有所謂『中學為體，西學為用』者，張之洞最樂道之，而舉國以為至言。」[26]一八九八年六月，光緒皇帝「詔定國是」，宣諭：「中外大小臣工，自王公至於士庶，各宜發憤為雄，以聖賢之學植其根本，兼博採西學之切時務者，實力講求，以成通達濟變之才。」[27]這樣「中體西用」思想作為一種國家施政的政治原則而被宣示於天下。在後來的「新政」和「預備立憲」期間，「中體西用」作為清政府的施政原則和政策，屢屢出現在官方的上諭和奏摺中，得到貫徹執行。

「中體西用」作為清政府實行的一項重要的文化政策，其基本精神是吸收一些西方文化中的物質文明為鞏固中國的封建君主專制政治服務。這從表面看來似乎折衷東西，不偏不倚，實際上封建主義的「中學」是「本體」，居於主導地位，而資本主義的「西學」是「器用」，處於被支配地位，要為封建主義的「本體」服務。孫家鼐在《議復開辦京師大學堂摺》中說得十分清楚：「今中國京師創立大學堂，自應以中學為主，西學為輔；中學為體，西學為用；中學有未備者，以西學補之，中學其失傳者，以西學還之。以中學包羅西學，不能以西學凌駕中學，此是立學宗旨。」[28]在他看來，中、西學的主從關係必須分清，不能有絲毫含糊。誠然，從一定的意義上講，「中體西用」論是一個帶有鮮明時代性的思想口號，在不同層次的社會群體中都有它的擁護者。洋務派贊同它，早期改良派也贊同它，戊戌維新派也打過它的旗號。但是，不同的人對它的理解大不相同。那麼，清朝統治者對「中體西用」是怎樣理解的呢？張之洞所寫的《勸學篇》對此作了最好的詮釋。

---

25 南溪贅叟（沈壽康）：《救時策》，《萬國公報》第 75 冊，1895 年四月。
26 《清代學術概論》，《飲冰室合集》專集之三十四，71 頁。
27 朱壽朋編：《光緒朝東華錄》第四冊，78 頁。
28 《戊戌變法》第二冊，426 頁。

張之洞的《勸學篇》公開出版於一八九八年四月。全書分內、外篇。內篇九章，論「中學為體」，鼓吹「務本」、「正人心」、「教忠」、「明綱」；外篇十五章，論「西學為用」，主張在堅持「中學為體」的前提下，興辦各種洋務，推廣西藝西學，進行一些局部性的改革。其中心思想是：封建綱常名教不能動搖，封建制度不能改革，中國的「聖教」是根本，不能變動；西方資本主義國家的工藝、器械，則只能「補吾缺」。他尤其反對西方資產階級的民權說，聲稱：「故知君臣之綱，則民權之說不可行也；知父子之綱，則父子同罪免喪廢祀

張之洞像

之說不可行也；知夫婦之綱，則男女平權之說不可行也。」[29]他強調，講西學要以中學為根底，這是「不忘其祖」，是「知本」。所以學者必先「通經」、「考史」以及涉獵子集。「通經」是為了「明我中國先聖先師立教之旨」，「考史」是為了「識我中國歷代之治亂、九州之風土」；涉獵子集是為了「通我中國之學術文章」。在「知本」的基礎上，「然後擇西學之可以補吾缺者用之，西政之起吾疾者取之」，這樣才能「有其益而無其害」。[30]這種說法，與孫家鼐的觀點是完全一致的。

「中體西用」作為清政府在晚清後期奉行的文化政策，其消極因素也是非常明顯的。當西學的引進及傳播逐漸深化之時，「中體西用」作為一種文化政策也就開始成為限制、阻礙西方思想傳播的障礙。一旦違背了洋務派只學習西方科學技術而不要西方政治思想的文化選擇原則，那麼他們寧可放棄「西學為用」也要維持「中學為體」。一八八一年洋務派撤回留學美國的學生就是明顯的例證。當派往美國學習的學生們受到西方思想和生活方式的影響，在行為上背離了儒家的禮教之後，洋務派便和頑固派站到一起，對學生橫加指責。他們說：「外洋風俗

29 張之洞：《勸學篇‧明綱第三》，《張文襄公全集》第四冊，552 頁，北京，中國書店，1990。
30 張之洞：《勸學篇‧循序第七》，《張文襄公全集》第四冊，559 頁。

流弊多端，各學生腹少儒書，德性未堅，尚未能究彼技能，先已沾其惡習，即使竭力整頓，亦覺防範難周。」[31]為了對學生進行思想防範，洋務派不等他們完成學業，便將他們統統撤回國內。至於在國內各種學習外語及科學技術的學堂中，洋務派更是以各種封建思想和規定，嚴格限制學生的思想與行動自由。到洋務運動後期，「中體西用」已完全成為洋務派用來維護封建統治的教條。

　　儘管「中體西用」的文化政策是清政府被迫進行的統治政策的調整，帶有濃厚的封建性。然而，「變亦變，不變亦變」的客觀形勢迫使清朝統治者不得不正視現實，採取一些順應時代潮流的改革，使這種調整和改革在客觀上帶有一定的合理性。「中體西用」政策即是如此。無論洋務派在解釋「中體西用」時如何強調突出「中學」，但在這個口號中畢竟包括了「西學」，給了它一席之地，為西方文化在中國社會的植根提供了依據。它實行後的複雜結果及影響超出了封建統治階級的預料。

三、清政府的文化專制政策

　　為了維護封建統治，清王朝除了正面倡導崇儒重道，「中體西用」之外，還大力推行文化專制政策，對反清思想及各種所謂「異端邪說」實行禁止。

　　早在道光十四年（1834），清政府就曾發布禁毀傳奇、演義等小說書籍的諭令。一八四四年，又再次下令查禁小說。是年十一月，浙江巡撫根據省城紳士張鑑等呈請查禁所謂「淫書」，共查禁小說一百一十九種之多。一八六八年四月，清政府再次發布禁毀傳奇的諭令，命令各省查禁「為風俗人心之害」的「邪說傳奇」。江蘇巡撫丁日昌於是年五月七日、十三日先後兩次發出禁毀小說、戲曲的「通飭」，所禁書目多達二百六十九種。[32]《水滸》、《紅樓夢》、《西廂記》、《牡丹亭》等文學作品均被劃入禁止之列。

---

31 《洋務運動》第二冊，166 頁，上海，上海人民出版社，1961。
32 鄭方澤：《中國近代文學史事編年》，24、90 頁，長春，吉林人民出版社，1983。

維新運動興起之後，清政府為了遏制維新變法思潮和革命思潮的蔓延，加強了對學堂、報刊、圖書出版及人民思想言論的控制，屢頒查禁命令，不惜興獄問罪。一九〇三年，清廷以上海愛國會社「招集不逞之徒，倡演革命諸邪說」為罪名，予以查禁，並令各省督撫「務將此等敗類，嚴密查拏，隨時懲辦。所有學堂條規，並著督飭認真整頓，力挽澆風，以期經正民興，勿入歧趨」。[33]一九〇七年，清廷在上諭中指責民間輿論「肆意簧鼓，以訛傳訛，浸尋日久，深恐謬說蜂起，淆亂黑白，上陵下替，綱紀蕩然」，命令對「糾集煽惑，搆釀巨患」的好事之徒，「斷難姑容，必宜從嚴禁辦」。[34]一批宣傳革命思想的書報，如《支那革命運動》、《革命軍》、《新廣東》、《新湖南》、《浙江潮》、《併吞中國策》、《自由書》、《中國魂》、《黃帝魂》、《二十世紀之怪物》、《新民叢報》、《熱血譚》、《瀏陽二傑論》、《廣長舌》等，都被列為禁刊「逆書」，嚴加禁止。清政府還利用法律改革的機會，制定學堂規則、報律，加強對廣大人民的思想文化控制。如學部頒發的《各學堂管理通則》規定：各學堂學生，「不准離經畔道，妄發狂言怪論，以及著書妄談，刊布報章」；「不准私自購閱稗官小說、謬報、逆書，凡非學科內應用參考書，均不准攜帶入堂」。[35]一九〇八年制定的《報律》對報刊所刊載的內容做了種種限制，諸如未經公判前的預審事件、主管衙門傳諭禁止登載的外交、海陸軍事件，未經閣鈔、官報公布的諭旨章奏，以及「詆毀宮廷之語」、「淆亂政體之語」、「擾害公安之語」、「敗壞風俗之語」[36]等，都在禁止刊登之列。如有違犯，輕則處罰，重則判刑。《大清印刷物專律》（一九〇六年由商部、巡警部、學部會定）規定的「誹謗」罪有三條，即「普通誹謗」、「訕謗」、「誣詐」。「凡科普通謗案，罰鍰不得過銀元一千元，監禁不得過二年」，「凡科訕謗案，罰鍰不得過五千元，監禁期不得過十年」，「凡再犯案件，即以初犯所科加倍科之」。[37]這些規定都大大加強了清政府在思想文化領域內的控制力，壓制了進步文化運動的發展。

33 朱壽朋編：《光緒朝東華錄》第五冊，5086 頁。
34 朱壽朋編：《光緒朝東華錄》第五冊，5806 頁。
35 《大清法規大全·教育部》，引自戴鴻映編：《舊中國治安法規選編》，48 頁，北京，群眾出版社，1985。
36 張靜廬：《中國近代出版史料》初編，321 頁，北京，中華書局，1957。
37 同上書，318 頁。

在清政府文化專制政策的摧殘下，許多進步的學者、知識分子受到打擊迫害，無數學堂、報館遭到野蠻封禁。據不完全的統計，在一八九八年至一九一一年的十三年內，至少有五十三家報紙遭到打擊，占當時報刊總數的三分之一強。內被查封的三十家，被勒令暫時停刊的十四家，其餘的分別遭到傳訊、罰款、禁止發行、禁止郵遞等處分。[38]

第三節 ·
文化轉型
和社會變遷

作為觀念形態的文化，它的存在發展並不是孤立的，依賴於一定社會的政治和經濟的存在。文化的發展變化是一定的政治、經濟發生變化的反映。然而，文化對社會政治、經濟的反映並不是消極的、被動的，具有相對的獨立性。它以其各種複雜的形態，積極主動地影響著一定的政治、經濟及人們的社會生活，表現出對政治、經濟能動的反作用。研究文化，既要看到它依賴社會政治、經濟的一面，又應該重視它對政治、經濟具有的反作用的一面。那麼文化對社會的反作用如何體現呢？這是一個相當複雜的問題。一般說來，文化對社會政治、經濟的反作用與文化本身的構成有著密切的關係，它的積極因素、進步成分是新的社會關係成長發展的反映，對社會經濟、政治的發展起著促進作用。而它的消極因素、

---

38 方漢奇：《中國近代報刊史》下冊，596頁，太原，山西人民出版社，1983。

落後成分則是社會陳舊政治、經濟關係的反映，對社會的進步起著阻礙作用。就晚清社會而言，其文化構成主要由封建主義文化、帝國主義文化和新成長起來的資本主義文化三種不同的成分組成。它們因其形成途徑、反映內容、根本屬性各不相同，因此所表現出的對社會存在的反作用也不相同。封建主義文化、帝國主義文化是中國半殖民地半封建社會反動階級和落後生產關係在觀念形態上的反映，維護著清朝封建統治和帝國主義列強在華利益，阻礙著中國社會向獨立、民主、富強的方向發展，壓制著進步階級的發展成長。而新興的資本主義文化是中國近代社會資本主義社會因素在觀念形態上的反映，也是新興資產階級利益、觀念、意志、情趣、思想行為方式的集中體現，符合中國近代社會發展的方向。它與封建主義、帝國主義的政治、經濟有著深刻的矛盾（當然也有聯繫的一面），對這些落後的社會存在起著破壞的作用（儘管這種作用帶有軟弱性），而對中國近代社會中的新因素、新的階級關係則起著積極的維護、促進作用。這種作用是獨特的，是任何政治、經濟關係所不能替代的。可見，文化對社會發展究竟起什麼作用，是促進還是阻礙社會的發展，關鍵取決於它所依賴、所服務的社會政治、經濟的性質，是反映反動的社會因素呢，還是反映進步的社會因素。這個道理在晚清時期的文化與社會的關係中得到證實。

帝國主義文化、封建主義文化（含半封建文化）在晚清社會，乃至在整個中國近現代歷史時期內占著統治地位，對這個時期的中國社會產生著極其重要的影響。毛澤東同志曾經對這兩種文化作過精闢的論述，他說：

在中國，有帝國主義文化，這是反映帝國主義在政治上經濟上統治或半統治中國的東西。這一部分文化，除了帝國主義在中國直接辦理的文化機關之外，還有一些無恥的中國人也在提倡。一切包含奴化思想的文化，都屬於這一類。在中國，又有半封建文化，這是反映半封建政治和半封建經濟的東西，凡屬主張尊孔讀經、提倡舊禮教舊思想、反對新文化新思想的人們，都是這類文化的代表。帝國主義文化和半封建文化是非常親熱的兩兄弟，它們結成文化上的反動同盟，反對中國的新文化。[39]

---

39 毛澤東：《新民主主義論》，《毛澤東選集》第二卷，695 頁。

由於毛澤東主要談的是新民主主義時期的文化關係，故使用了「半封建文化」一詞，而在晚清當是封建文化。因晚清時期與民國年間，中國社會的基本性質沒有重大變化，毛澤東的這種基本分析同樣適用於晚清時期。概而言之，帝國主義文化、封建主義文化在晚清時期所起的反作用主要表現在兩個方面：一是維護反動、落後的經濟關係、階級利益和觀念形態，一是阻礙中國的民族獨立、資本主義經濟發展和人民大眾的進步運動，並竭力摧殘進步文化事業。

　　阻礙中國的民族獨立是帝國主義文化、封建主義文化所起的一個重要作用。鴉片戰爭以後，中國發生的最大變化就是在國家主權上喪失了獨立性，逐漸淪為殖民地半殖民地社會。人民革命屢遭失敗，資本主義經濟發展舉步維艱，都與國家主權的喪失有著密切的關係。帝國主義列強為了保住自己的在華既得利益，千方百計地保持這種狀況。它們除了使用武裝的、政治的、經濟的手段阻礙中國獨立，還從文化上進行精神麻醉。正如毛澤東所說：帝國主義「對於麻醉中國人民的精神的一個方面，也不放鬆，這就是他們的文化侵略政策。傳教，辦醫院，辦學校，辦報紙和吸引留學生等，就是這個侵略政策的實施。其目的，在於造就服從它們的知識幹部和愚弄廣大的中國人民」。[40]晚清時期的帝國主義文化有多種表現形式，但究其實質只有一點，即帶有明顯的奴化性、殖民地性。如一些來華傳教士十分熱衷於介紹科學和辦教育，實際上在他們宣傳的科學中夾雜著宗教的私貨。他們辦的學校只是傳播宗教的講壇，目的是在講科學、辦教育的旗號下，向中國人灌輸宗教意識，用上帝、基督精神從心理上征服中國人。一八九〇年，在華基督教傳教士組成中華教育會，強調教會學校教科書的編寫必須貫穿宗教精神。英國傳教士韋廉臣說：「科學和上帝分離，將是中國的災難。」一旦二者分離，學生「既不信仰上帝，又不相信魔鬼、聖賢和祖宗」，將使中國陷於「崩潰」。拯救中國之道是宗教和科學的結合。韋廉臣還舉例說明如何在數學課上貫徹宗教精神，做到宗教與科學的具體結合。他說：「在這種場合，我將簡單地介紹一下數詞是上帝一切活動的基礎。……我將指出數學是創造論的基礎，依據它而形成一切事物。可以論證：一是存在著一位上帝的意志；二是人類是由這個意

---

40 毛澤東：《中國革命和中國共產黨》，《毛澤東選集》第二卷，629-630 頁。

志的形象所創造，因此能理解、表達和闡明上帝的思想。」他還強調：「中國的希望寄託在青年身上，未來的中國就在於他們如何把它來建立。因此，我們的努力應當大部分著眼於他們。〔中國的〕青年是我們的希望，如果我們失去他們，我們就失去一切。……如果我們忽略或是不把上帝的存在和屬性所顯示的神奇事實傳授給他們，感動他們的良知，淨化和提高他們的想像力，我們就將失去一切。」[41] 用西方的上帝征服中國青年學生的精神，這就是外國傳教士在華辦學的目的。奴化性在這裡體現得再明顯不過了。辦學校如此，辦報紙、吸引留學生、辦醫院等各項文化事業無不如此。

值得注意的是，十九世紀六〇年代以後，傳教士中出現「援儒入耶」思潮，從過去主張以耶穌排斥孔子，轉而宣傳「耶穌加孔子」。這一變化體現了中國社會在向半殖民地變化的過程中，帝國主義文化與封建主義文化的同流合污。第二次鴉片戰爭以後，中外反動勢力開始在政治上結成同盟，二者的文化聯繫也愈加密切。儒家思想中的道德說教、安於現狀的保守心態、委曲求全的處世哲學，在傳教士看來都是可利用的因素，予以吸收。這就導致了「耶穌加孔子」的必然結果。在傳教士的心目中，耶穌與孔子有相通之處，可以共處一體，但二者絕不是平起平坐的關係，而是耶穌高於孔子，基督教勝過儒學。以鼓吹「耶穌加孔子」著稱於世的德國傳教士花之安，一方面肯定儒學「以聖人之道理為心性之功夫」，可「與耶穌之教相表裡」；另一方面又認為：「儒教論人，祇在世上之暫時離去上帝，耶穌教論人，則在永遠之生，由上帝而來，使之歸於上帝，是以略有差別耳。」[42] 在他看來，儒學的道理只能管人的現世，基督教的道理卻能支配人的生前死後，現世來世，遠比孔學高明。「耶穌加孔子」只是一個幌子，骨子裡卻是揚耶抑孔，以耶穌凌駕於孔子之上。其實這是西方殖民主義者征服政策在宗教文化上的體現。

更有甚者，一些西方殖民主義分子鼓吹「種族優劣」論，為帝國主義列強侵

---

41 《基督教在華傳教士大會紀錄，1890 年》，《韋廉臣報告》，引自顧長聲：《傳教士與近代中國》，240 頁，上海，上海人民出版社，1981。

42 〔德〕花之安：《自西徂東》卷四，6-7 頁，光緒二十五年上海廣學會刊行。

略中國及其他民族辯護。這種觀點把世界各國各民族文明發展中的不同程度完全歸結於人種的優劣所致，認為世界上的四大人種，即白色人種、黃色人種、黑色人種、棕色人種，唯有白色人種或歐羅巴人種品質最優秀，進化最發達，能夠創造先進文明，具有享受人類文明成果的資格和統治世界的權利；而黃色人種文明程度次之，處於半開化狀態；黑色人種和棕色人種則處於野蠻曚昧狀態，幾乎與禽獸無異。在「種族優劣」論者看來，後三類人種先天低劣，與近代文明世界無緣，只能處於受白種人奴役的地位，而這種地位是永恆不變的。許多來華的西方人深受這種論調的侵染，在他們的言論中經常流露出白色人種的優越感。英國傳教士楊格非就帶著白色人種的優越感來到中國，拯救中國人的靈魂，他在寫給倫敦的報告中傲慢地說：「難道我們不是比他們（指中國人——引者注）優越得多嗎？我們不是更雄偉、更聰明、更靈巧、更人道、更文明嗎？不僅如此，我們不論在哪一方面，不是比他們更有價值嗎？」[43]他們狂妄地宣稱，人類所有的文明成果都是白種人創造的，所有的宗教、一切好的政體、全部科學發明和文學成就，無不造就於白種人之手。在讚美白種人的同時，帝國主義列強對包括中華民族在內的其他民族竭力貶低、詆毀。有的殖民主義分子根據自己對中國的一知半解，便把當時中國存在的一些舊意識、舊習俗硬說成是中國固有的民族性，借此對中華民族大潑污水。美國公理會傳教士明恩溥在一八九二年出版的《中國人的特性》一書，就這樣形容中國人的「特性」：「沒有準確的概念」、「誤解的天性」、「拐彎抹角的天性」、「理智混亂」、「輕視外國」、「因循保守」、「沒有同情心」、「互相懷疑」、「沒有誠實」等，洋洋灑灑地羅列了二十六條罪狀。連中華民族傳統的美德，如「節約」、「勤勞」、「禮貌」等，也都成為作者譏笑的題材。甚至胡說：中國婦女在臨死之前要自己走到墳地，以節省別人抬屍體的力氣。「中國文化是自私的」、「中國人的道德墮落，貪污腐化達到極點」[44]，等等，不一而足。無論是美化白種人也好，還是貶低中華民族也好，這些帝國主義分子都是在試圖說明一個觀點：中國民族低下野蠻，沒有自主的資格，必須接受「種族優秀」的西洋人的統治。上面提到的那個明恩溥在《中國人的特性》一書的最

---

43 引自顧長聲：《從馬禮遜到司徒雷登——來華新教傳教士評傳》，196 頁，上海，上海人民出版社，1985。
44 同上書，859-860 頁。

後這樣說：「中國文化是自私的，需要美國的發財文化；中國的經濟是落後的，需要美國的商品和現代科學」；「中國多方面的需要，歸根結柢就是一個迫切需要——良心」，而「只有基督教文化，才能永久地、完全地滿足這種需要」。[45]這就是說，中國只有成為美國的殖民地才有生存的希望。另一位美國傳教士林樂知在《印度隸英十二益說》一文中赤裸裸地美化英國對印度的殖民主義統治，列舉英國對印度的殖民統治有十二條「益處」，然後，他筆鋒一轉，竟然主張把英國在印度的統治方式「移而治華」，讓中國步印度淪為殖民地的後塵。他說：「吾意唯有拔趙幟暫易漢幟之一法，先於東南方遴選二省地，租歸英治，凡有利弊，聽其變置。……本昔之治印者，一一移而治華。如是上下吾十年間，彼童而習之者，將見心思闢矣，耳目開矣。……地則猶是中國之地，而民則已為特出之民矣。」[46]

　　封建主義文化對晚清政治也產生了重大影響，突出表現在其維護落後的封建政治制度，反對中國人民進行的進步政治鬥爭。如清王朝竭力維護的科舉制度是為培養其統治工具而設；八股文、同光體詩、桐城古文的提倡，為的是為統治階級統治歌功頌德，點綴昇平；尊孔讀經、崇儒重道的文化政策的推行，強化了封建統治者在思想領域中的控制。《水滸傳》和《蕩寇志》在道咸年間的不同命運，就很有典型性。《水滸傳》是施耐庵等作者根據宋江等三十六人在水泊梁山起義的歷史事實，並在綜合了宋元以來廣泛流傳的民間故事、戲曲、話本的基礎上創作而成，是一部正面反映農民起義的作品，深受廣大讀者的歡迎，但在晚清卻遭到清政府的禁止。一八五一年八月十七日，清政府頒發上諭明令查禁《水滸傳》，聲稱《水滸傳》在「湖南各處坊肆皆刊刻售賣，蠱惑愚民，莫此為甚。並著該督撫督飭地方官嚴行查禁，將書板盡行銷毀」。[47]被禁止的原因很簡單，就是因為《水滸傳》稱讚了朝廷的反叛者，觸犯了統治階級的大忌。封建統治者在查禁《水滸傳》的同時，對俞萬春所寫的《蕩寇志》卻備加推崇。《蕩寇志》是

45　同上書，360頁。
46　《萬國公報》第93、第94冊，1896年10、11月。
47　《大清文宗顯皇帝聖訓》卷九十，引自王利器輯錄：《元明清三代禁毀小說戲曲史料》，76頁，北京，作家出版社，1958。

針對《水滸傳》的影響而作的，主旨是「尊王滅寇」。徐佩珂在為該書寫的序中說：《水滸傳》「以梁山之跋扈鴟張，毒痛河朔，稱為真忠義，以快其談鋒。……余友仲華俞君（俞萬春字仲華——引者注），深嫉邪說之足以惑人，忠義、盜賊之不容不辨，故繼耐庵之傳，結成七十卷光明正大之書，名之曰《蕩寇志》。蓋以尊王滅寇為主，而使天下後世，曉然於盜賊之終無不敗，忠義之不容假借混朦，庶幾尊君親上之心，油然而生矣。」[48]揭竿而起的梁山起義者被描繪成江洋大盜，殺人魔王，陳希真等朝廷鷹犬卻被塑造成正氣凜然的英雄，鮮明地體現了作者維護封建統治的反動政治立場。該書出版後，受到統治階級的推崇，士大夫為之作序，稱讚作者「功德無量」，產生了極其惡劣的影響。而太平軍進占蘇州後，便予以查禁，焚燬了《蕩寇志》的書版。不同政治立場的人們對它採取的態度竟如此水火不容。《蕩寇志》一書的刊刻行世，典型地反映了封建主義文化對社會政治的重要影響。

此外，封建文化在社會習俗方面的消極影響也是根深柢固的。如男子蓄辮、婦女纏足、風水迷信、繁瑣的禮節、婚喪嫁娶中的種種陳規陋習等，敗壞著風俗人心，阻礙著社會向前發展。如洋務運動時期興辦學堂，修築鐵路，守舊勢力便藉口「天象示警」、「風水有礙」，要求停辦同文館，禁止修鐵路。這些新興事業都因舊勢力、舊風俗的反對阻滯而發展緩慢。

晚清文化對社會反作用的另一個方面表現為資本主義新文化對社會發展所起到的促進作用，具體體現在政治、經濟及社會習俗等方面。

鴉片戰爭以後，為了爭取民族獨立和人民民主，中國人民掀起了轟轟烈烈的反帝反封建鬥爭。尤其在中日甲午戰爭以後，新興資產階級登上政治鬥爭舞臺，演出了戊戌維新變法、辛亥革命等歷史話劇。這些鬥爭是中國近代史上的重大事件，沉重地打擊了中外反動勢力，推動了中國社會的進步。資產階級新文化對中國人民的這些政治鬥爭予以及時的反映，緊密的配合。在維新變法運動中，維新派為了實現用君主立憲取代君主專制的政治宗旨，在文化領域積極開展活動，大

---

48 徐佩珂：《蕩寇志序》，引自《蕩寇志》，3 頁，上海，上海古籍出版社，1993。

造輿論。如嚴復開展西學研究，翻譯赫胥黎的《天演論》，系統地把達爾文進化論介紹到中國，為新興資產階級反對封建主義找到了有力的思想理論武器，把中國人民批判封建專制主義的鬥爭提高到了一個新的水平。維新派還提出了「詩界革命」、「小說界革命」、「戲劇改良」、「史界革命」、「文界革命」，在文藝、學術等領域破舊立新，擴大了資產階級改良運動的政治影響。再如辛亥革命期間，資產階級革命派及進步文藝家大膽改革戲劇，編排、上演內容積極的劇目，為革命鬥爭大造輿論。上演的劇目有《黑龍江》、《俄占奉天》、《三百少年》、《揚州夢》、《崖山哀》、《愛國魂》、《指南公》、《海國英雄記》、《博浪椎》、《斷頭臺》、《女中華》、《革命軍傳奇》等。其中有的是揭露帝國主義列強的侵略罪行，有的是反對君主專制，鼓吹自由平等，有的宣傳民主革命。如《黑龍江》一劇，寫一九○○年沙俄出兵侵略中國東北，強行霸占黑龍江畔的江東六十四屯，對中國人民進行血腥屠殺。劇本通過刻畫阿穆爾軍區司令格里布士奇這個反面人物，揭露了沙俄侵華的野心和罪行。《革命軍傳奇》寫鄒容因《蘇報》案入獄，大義凜然地宣傳革命。《軒亭冤》、《六月霜》歌頌秋瑾為「澗除專製毒，激起自由神」而奮鬥犧牲。這些劇目表現的都是現實的革命鬥爭，及時地反映了政治變革，給人們以極大的震撼。總之，晚清時期形成的資產階級新文化以科學、民主為基本特徵，與君主專制的政治現實格格不入，存在著不可調和的矛盾。近代新文化的存在發展必然會衝擊、破壞這種舊的政治現狀，而為晚清社會新的政治結構的醞釀、形成，起到推波助瀾的作用。

近代資本主義經濟的出現，是晚清社會在經濟領域內發生的重大變化。資本主義經濟的產生、發展為社會文化的變革、新文化的形成提供了必要的物質基礎，而文化變革、新文化的出現反過來為資本主義經濟的成長壯大鳴鑼開道，創造良性的生存環境。在封建傳統社會中，由於小農經濟高度成熟發達，「重農抑商」、「農本商末」的觀念甚為流行，嚴重地束縛著人們的思想，成為資本主義商品經濟發展的障礙。晚清進步思想家提倡求富、務實、重利的觀念，抨擊傳統的重義輕利的價值觀。鄭觀應在《盛世危言》中響亮地提出開展「商戰」，振興中國的民族經濟。薛福成大膽地為「商」正名，否定了「商為中國四民之殿」的

陳舊觀念，稱：「握四民之綱者，商也」，[49]高度評價了「商」的地位，表達出發展資本主義經濟的強烈要求。再如，晚清時期，中國的科技文化發生了重大變化。在李善蘭、王韜、徐壽、華蘅芳、傅蘭雅等中外開明之士的倡導、努力下，西方國家的先進科學技術知識得到系統的介紹，天文、數學、化學、物理、生物、地理以及冶煉、醫學、採礦、製造、造船等門類，都破天荒地在中國出現，不僅開闊了人們的眼界，改變了傳統自然觀，宣傳了科學知識和科學精神，而且把許多新知識、新技術運用到生產實踐之中，轉化為生產力，直接促進了社會經濟的發展。十九世紀六〇年代以後，中國出現了一系列近代企業，採用了新技術、新工藝，推動了資本主義經濟的發展。關於近代農業技術知識，開明知識分子也很注重介紹。梁啟超在《農會報序》中說道：「西人推算中國今日之地，苟以西國農學新法經營之，每年增款可得六十九萬一千二百萬兩。……故遠法農桑輯要之規，近依格致彙編之例，區其門目，約有數端：曰農理，曰動植物學，曰樹藝（麥、果、桑、茶等品皆歸此類），曰畜牧（牛、羊、豕、駝、蠶、蜂等物皆歸此類），曰林材，曰漁務，曰製造（如酒、糖、酪之類），曰化料，曰農器，曰博議（海內通人有貽書撰文論農務者，皆附印報中，謂之博議），月泐一編，布諸四海。近師日本，以考其通變之所由；遠摭歐墨，以得其立法之所自。」[50]一八九七年成立的農務會把推廣新式農業生產技術作為自己的活動宗旨，其章程規定：「本會應辦之事，曰立農報、譯農書，曰延農師、開學堂，曰儲售嘉種，曰試種，曰製肥料及防蟲藥、製農具，曰賽會，曰墾荒。」[51]十九世紀末二十世紀初，在北京、直隸、山東、奉天、福建等地，出現了一些「農事試驗場」，作為推廣新技術的試驗場地。這些場地引進新品種、採用新技術、使用新工具，普遍提高了作物產量和勞動生產效率。如奉天農業試驗場購買了美國製造的「玉蜀黍自束器」，「一日之功程約五十畝」，[52]省力高效，受到使用者的歡迎。農工商部曾經考察、引進外國植棉先進方法，「優定獎勵種植章程，頒行各省，認真提

---

49 薛福成：《出使日記》，丁鳳麟等編：《薛福成選集》，578 頁，上海，上海人民出版社，1987。
50 梁啟超：《農會報序》，《飲冰室合集》文集之一，130-131 頁。
51 《農務會試辦章程》，李文治編：《中國近代農業史資料》第一輯，866 頁。
52 《奉天農業試驗場報告》，李文治編：《中國近代農業史資料》第一輯，882 頁。

倡」。[53]江蘇阜寧縣當局積極鼓勵鄉民採用新法植棉，「邑婦女誠相率而習之，以織補耕之不足，雖地瘠，無虞民貧」。[54]近代科技文化給社會經濟帶來的變化是迅速而明顯的。

　　資產階級新文化對晚清社會習俗、社會風氣的影響也是深刻的。晚清時期，新興資產階級及其知識分子積極開展移風易俗，批判和反對陳規陋習，提倡社會新風尚，在一定程度上給社會風氣帶來新氣象。蓄辮、纏足、重男輕女、風水迷信、繁文縟節、賭博吸毒等陋習，都遭到他們的譴責。他們所提倡的是一種文明、健康、積極向上的生活方式和社會習尚，是用科學、民主來「開民智」、「新民德」，以鑄造新的「國魂」。在維新變法期間，康有為等人在鼓吹政治改革的同時，大力宣傳移風易俗，如放足、斷髮、易服、節省時間、「去拜跪之禮」等，以挽救風俗弊害。辛亥革命中，資產階級革命派的移風易俗更為深入，革掉了跪拜禮儀和「大人」、「老爺」之類的封建性稱呼，實現了剪辮放足，煙、賭、冶遊等惡習也全在禁止之列。這些興革明顯地改變了傳統的社會風氣。

　　總之，晚清文化是晚清社會發展變化的產物，當時的社會政治經濟的存在，決定了它的規模、演變和走向。晚清文化中的不同內容，從根本上說，是晚清社會基礎中所有的固有矛盾在觀念形態上的反映。然而，晚清文化並不是消極地反映著社會的政治和經濟，而對之產生著能動的反作用。這種反作用對晚清社會產生了複雜的影響。晚清文化中的積極因素是社會進步的催化劑、助動器，而其中的消極部分則是社會進步的「攔路虎」。

---

53 《華制存考》，李文治編：《中國近代農業史資料》第一輯，890 頁。
54 陳肇等：《阜寧縣志》，李文治編：《中國近代農業史資料》第一輯，891 頁。

第二章

在救亡和變革中
鍛造的文化精神

　　晚清文化作為中國近代文化的一個重要組成部分，是伴隨著中國傳統社會的半殖民地化和近代化的進程而形成的，經歷了一條獨特的歷史發展道路。這種特殊的歷史環境和成長道路，賦予晚清文化以特有的品質風貌。本章著重從以下三個方面來展現晚清時期中國文化的時代精神，即愛國主義精神的高揚、向西方尋求救國真理及救亡與啟蒙的統一。

第一節 ·
愛國主義精神
的高揚

　　愛國主義，簡單說來是指人們對自己祖國的忠誠和熱愛。用列寧的話來說：
「愛國主義是由於千百年來各自的祖國彼此隔離而形成的一種極其深厚的感情。」[1]
愛國主義在中國有著悠久的歷史淵源。從先秦至明清的千百年間，儘管時空旋
轉，滄海桑田，但是中華民族在漫長歷史中形成的愛國主義精神，以其巨大的向
心力和凝聚力維繫著中國各族人民的意志和信念，鼓舞著他們創造出輝煌燦爛的
文化，為世界人類文明的繁榮發展作出了傑出的貢獻。鴉片戰爭以後，愛國主義
精神在新的歷史條件下得到發揚光大，並且成為中國人民鍛造近代新文化的一種
基本精神力量。

　　晚清時期的七十餘年歷史，就是中華民族遭受帝國主義列強侵略、蹂躪的歷
史。在此期間，中國面臨的民族危機是空前嚴重的。陳天華對此有著痛切的描
述：

俄羅斯，自北方，包我三面；英吉利，假通商，毒計中藏；法蘭西，占廣
州，窺伺黔桂；德意志，膠州領，虎視東方；新日本，取臺灣，再圖福建；美利

1　列寧：《皮梯利姆·索羅金的寶貴自供》，《列寧全集》第 35 卷，187 頁，北京，人民出版社，1992。

堅，也想要，割土分疆。這中國，哪一點，我還有分！這朝廷，原是個，名存實亡。[2]

造成嚴重民族危機的內因是以清王朝為代表的封建勢力的腐敗統治。清王朝統治的腐敗落後導致抵抗外敵鬥爭的失敗，而每一次民族危機的加深，都是對清朝封建統治腐敗的進一步暴露，都加深了封建勢力對帝國主義列強的依賴性。因此，晚清時期的民族危機主要是帝國主義列強侵略和清王朝的封建統治造成的。救亡圖存的內容首先必須反對帝國主義列強的侵略和反抗國內封建勢力統治，即進行反帝反封建鬥爭。與此同時還有一個如何使祖國「圖存」，即如何建設祖國的問題。林則徐、魏源提出的「師夷長技」，洪秀全提出的建立人間「小天堂」、「新天朝」，早期維新派宣傳的「兵戰」、「商戰」思想，康有為標榜的君主立憲制度，孫中山為之奮鬥的民主共和國等，都是晚清不同歷史階段國人提出的建設國家的思想主張。晚清時期的愛國主義既表現為對帝國主義列強和封建主義統治的反抗，又表現為對國家美好前途的追求。

晚清時期的愛國主義不僅是對中國歷史上愛國主義傳統的繼承和弘揚，而且在新的歷史條件下賦予近代的內容，使其在思想性上有了新的昇華。由於歷史條件的限制，古人往往把「國」與「君」聯繫在一起，君主是國家的化身，愛國集中體現為「忠君」，有所謂「朕即國家」、「君讓臣死，臣不得不死」之說。晚清時期，國人在新思潮的影響下，更新了傳統的「國家」觀念。在民權思想的影響下，人們不再把「國」與「君」相聯繫，而是把「國」與「民」聯繫起來，「國家」不再被視為君主的私有物，而被看做全體國民的公有物，愛國並不等於「忠君」，而是指熱

林則徐像

2　陳天華：《猛回頭》，《辛亥革命》第二冊，151 頁，上海，上海人民出版社，1981。

愛人民，熱愛民族。維新派健將譚嗣同對此作過明確論述。他用民權思想激烈抨擊「君為臣綱」，批評封建統治者提倡的「忠君」是助暴虐民的「愚忠」，指出：「君為獨夫民賊，而猶以忠事之，是輔桀也，是助紂也……三代以下之忠臣，其不為輔桀助紂者幾希」。[3] 在他看來，人民是國家之本，愛國不等於「忠君」，報國必須為民，離開民而談「忠」，把忠君等同於愛國，是顛倒了本末。他指出：忠臣為君「掊克聚斂，竭澤而漁，自命為理財，為報國，如今之言節流者，至分為國為民為二事乎？國與民已分為二，吾不知除民之外，國果何有？無惑乎君主視天下為其囊橐中之私產，而犬馬土芥乎天下之民也。民既擯斥於國外，又安得少有愛國之忱？何也？於我無與也」。[4] 在這裡，譚嗣同提出了近代「愛國」觀念區別於古代「愛國」觀念的重要標誌：分國與君為二事，視國與民為一體，「愛國」、「報國」都體現為「為民」、「愛民」，而非「忠君」。這無疑是對傳統愛國主義思想的一種理性昇華。

資產階級革命派進一步發展了近代愛國主義思想，乃至把他們所奉行的主義稱為「愛國主義」。宋教仁、黃興、陳天華等人創辦的《二十世紀之支那》發刊詞著重闡發了愛國主義的含義。作者指出：「吾人將以正確可行之論，輸入國民之腦，使其有獨立自強之性，而一去其舊染之污，與世界最文明之國民，有同一程度，固得以建設新國家，使我二十世紀之支那，進而為世界第一強國，是則吾人之主義，可大書而特書曰：愛國主義。」隨之，作者滿懷激情地讚美了自己的祖國，實際上對革命派提倡的愛國主義作了具體的闡釋。作者寫道：

惟其愛國，故以國名。夫支那為世界文明最古之邦，處世界最大之洲，為亞洲最大之國，有四千年引續之歷史可愛，有三千年前迄今之典籍可愛，有四萬萬之同胞可愛，有二十行省之版圖可愛，有五嶽四瀆之明媚山川可愛，有全國共用之語言文字可愛。支那乎！支那乎！吾將崇拜而歌舞之，吾將頂祝而忭賀之，以大聲疾呼於中國民之前曰：支那萬歲！[5]

3　譚嗣同：《仁學》，《譚嗣同全集》下冊，340 頁，北京，三聯書店，1954。
4　同上書，340-341 頁。
5　衛種：《二十世紀之支那初言》，張枬等編：《辛亥革命前十年間時論選集》第二卷，上冊，63 頁，北京，三聯書店，1977。

他們強調：「今之愛國觀念，非昔之愛國觀念；而今之支那，亦非昔之支那。」[6]
今昔愛國觀念之不同就在於「昔之愛國觀念」，即古代愛國觀念是把「國」與
「君」聯繫在一起，「愛國」等同於「忠君」；「今之愛國觀念」是建築在近代資
產階級國家觀的基礎之上，不再把國家看成是君主的私有物，國家是一個具有歷
史、地理、文化、民族等多方面含義的新概念。而在構成國家的諸因素中，人民
是最重要的因素，是國家賴以存在的根本。這樣，晚清時期的仁人志士不僅繼承
了中國歷史上保國衛家、不懼外侮的愛國主義傳統，而且還給愛國主義賦予新的
含義，帶上鮮明的時代精神，把古代的愛國主義昇華為近代的愛國主義。

愛國主義作為鴉片戰爭以後中國近現代歷史發展的主旋律，不僅鼓舞中國各
族人民開展了英勇的反帝反封建鬥爭，在政治方面發揮了巨大的作用，而且也貫
穿於近代文化（包括晚清文化）的建設之中，成為晚清新興文化的一種基本精
神。

愛國主義是晚清文化各個領域反映的一個重要的時代主題。鴉片戰爭以後，
中國淪為半殖民地、殖民地深淵，民族危機日益嚴重。國人的政治、經濟、文化
等方面的活動，大都圍繞著救亡圖存來進行。在思想、學術、教育、科技、文
藝、道德乃至宗教等文化領域，抵制外來侵略、救國救民亦成為中心議題。

以社會思潮為例，晚清數十年間，社會上流行過許許多多的社會思想，五花
八門，光怪陸離，幾乎在短暫的時間裡，展示了古今中外所有的治國主張。儘管
提出這些主張、思潮的人來自不同的階層，主張的內容千差萬別，論述的角度不
盡相同，但其所行的共同宗旨只有一個，就是如何挽救國家的衰敗命運，不約而
同地表達了愛國主義這一時代主題。鄭觀應所著《盛世危言》，提出開展「商
戰」，設立議院，以「聯絡眾情，如身使臂，如臂使指，合四萬萬之眾如一人，
雖以併吞四海無難也。……上下一心，君民一體，尚何敵國外患之敢相陵侮
哉？」[7]鄭觀應所言表達了許多進步思想家的共同心聲。

6　同上書，64頁。
7　鄭觀應：《盛世危言・議院上》，《鄭觀應集》上冊，313-314頁。

愛國主義同樣是晚清學術所闡述的主題。鴉片戰爭後由於西方列強的侵略擴張，中國出現了邊疆危機。為了保衛祖國邊疆，尋求禦敵之道，許多學者開始研究邊疆地理問題，如張穆寫了《蒙古游牧記》、何秋濤寫了《朔方備乘》、姚瑩寫了《康輶紀行》等，不僅介紹了中國邊疆地區的歷史沿革，而且把視線移向域外，論述了邊疆危機的嚴重性，激發了人們的愛國思想，引導人們關心國家和民族的命運。二十世紀初，一些資產階級改良派、革命派的學者也寫了大量歷史著作，宣傳愛國主義思想。署名橫陽翼天氏的《中國歷史》附錄《東新譯社開辦之原由及其性質》一文指出：「痛國家之釁割，憤種族之犬羊，愾然創辦東新譯社，就中國之性質上習慣上編輯中學校各種教科書，熔鑄他人之材料，而發揮自己之理想，以激動愛國精神，孕育種族主義為堅確不拔之宗旨。」[8]可見，當時的進步知識分子看到編纂歷史書對於救國救民，激發國民的愛國主義精神有著十分重要的意義。本著這一宗旨，大量體現愛國精神的歷史書出版發行，如《普通新歷史》（普通學書室編）、《中國歷史教科書》（陳慶年）、《中國歷史》（橫陽翼天氏）、《中國歷史教科書》（劉師培）、《中學中國歷史教科書》（夏曾佑）、《法蘭西革命史》（青年會編譯）、《萬國歷史》（作新社）、《萬國興亡史》（大宣書局）、《英國革命戰史》（作新社）、《明治維新四十年政黨史》（憲政研究社）、《歐洲外交史》（上海廣智書局）等。編譯和研究外國歷史，全都出於為解決中國問題而尋求歷史借鑑的目的。在這方面，改良派和革命派一脈相承。梁啟超主編的《新民叢報》在介紹《英國憲政史》時說：「今日稍有識者，論中國自強之道皆曰莫急於立憲。英國為憲政政治之祖國，凡世界立憲國皆於此取法焉。然則研究憲政莫要於英國。」[9]而革命派刊物《浙江潮》在給《法蘭西革命史》作介紹時說：此書「欲鼓吹民族主義，以棒喝中國民。……正可為吾國前途之龜鑑云云。購而讀之，不覺起舞，真救吾國之妙藥，興吾國之主動機關也」。[10]二者政治立場儘管不同，但所反映的主題則有異曲同工之妙。

　　愛國主義更是晚清各種文藝形式表現的主題，無論是詩歌、小說，還是戲

8　引自周朝民：《戊戌變法後的中國歷史教科書》，《史學史研究》，1983 年第四期。

9　《新民叢報》，第 31 號，1903。

10　《浙江潮》，第七期，1903。

劇、美術，都湧現出大量謳歌中國人民英勇反抗外敵侵略，抒發愛國情感的作品。如鴉片戰爭後反映這次反侵略鬥爭的詩作大量湧現，諸如林昌彝的《射鷹樓詩話》，張維屏的《三元里》、《三將軍歌》，梁信芳的《牛欄岡》，貝青橋的《咄咄吟》，魏源的《寰海十言》，朱琦的《關將軍輓歌》等，或者歌頌廣大軍民不畏強敵，英勇戰鬥的犧牲精神，或者揭露列強侵略野心，抨擊封建統治者的腐朽無能，字裡行間洋溢著愛國主義精神。被稱為「詩界革命」旗幟的黃遵憲不僅提倡「我手寫我口」的詩歌創作原則，糾正詩壇流行的擬古之弊，而且主張寫反映社會現實的題材。他的許多詩篇真實地反映了中國人民遭受西方列強欺凌的悲慘命運，表達了作者的愛國之情。他寫的《逐客篇》揭露了美國掠奪華工，虐待華僑的罪行。《馮將軍歌》讚揚了愛國將領馮子材率部抗擊法國侵略軍的英雄事蹟。《臺灣行》則以十分沉痛的心情描寫了臺灣人民痛失祖國的悲憤，熱情歌頌了他們反抗日寇、嚮往祖國的愛國精神。除黃遵憲外，康有為、梁啟超、丘逢甲、秋瑾、章太炎、柳亞子、陳去病等進步人士也都寫下大量聲情並茂、感情激昂的愛國詩篇。在美術方面，以表現愛國主義精神為主題的美術作品同樣層出不窮。著名的《點石齋畫報》創刊於一八八四年五月，正值中法戰爭期間，十年後又發生了中日甲午戰爭。在此期間，該刊刊載的以這兩次反侵略戰爭為題的時事畫多達上百幅，如《法敗詳聞》、《諒山大捷》、《臺軍大捷》、《海外扶桑》等，生動形象地表現了中國軍民抵抗外敵的壯烈場面，「市井購觀，恣為譚助」，在當時極受歡迎。戊戌維新運動以後，國人創辦了大量畫報及刊載時事畫、漫畫的報刊。如上海的《神外舊報》、《民立報》、《民權報》、《民國日報》、《新聞報》、《時事報》，北京的《當日畫報》、《淺說日日新聞畫報》，廣東的《時事畫報》、《平民畫報》、《時諧畫報》、《嶺南白話雜志》等，刊登了許多以愛國鬥爭為題材的美術作品。一九〇五年，美國派陸軍部長他伏脫及總統的女兒來華進行外交訛詐。《時事畫報》會同社會同仁發動廣州轎伕拒絕給美國人抬轎子，並畫出《龜抬美人圖》張貼於廣州城。這幅畫在香港《公益報》公開發表，產生了轟動的社會效應。最為突出的是《俄事警聞》在一九〇三年十二月創刊號刊登了一幅《時局圖》。畫的主要部分是一張中國地圖，以熊、獅、鷹、蛙及一些人形化了的狐狸之類動物，分別代表沙俄、英國、法國、美國、日本等帝國主義列強，盤踞在中國北部、中部、南部、東部等地，形象地描繪出各國列強在中國劃分勢力

範圍的險惡形勢。許多作品還把鞭撻的矛頭指向清朝統治者，刻畫出他們橫徵暴斂、昏庸腐朽、賣國求榮的醜惡嘴臉。同盟會機關報《民報》在一九〇七年出版了特刊《天討》，刊登了《過去漢奸之變相》、《現代漢奸之真相》兩幅漫畫，諷刺了清朝官僚的醜態。前者根據曾國藩、李鴻章、左宗棠三人的特點，把他們分別比成毒蛇、游魚和豬玀，後者用誇張的手法，揭露了袁世凱、張之洞、岑春煊三人狡猾陰險、兩面三刀的嘴臉。晚清戲曲領域的變革亦緊緊圍繞著救亡圖存來進行。據不完全統計，在一九〇三年至一九一二年的十年間，在革命派或傾向於革命的報刊上發表的各種戲曲劇本不下六七十種，其中既有本國歷史題材，也有外國歷史題材，還有反映現實生活的。這些題材雖然廣泛，但表現的主題多以愛國主義為宗旨。像《黑龍江》、《俄占奉天》、《三百少年》、《揚州夢》等戲劇，揭露了沙俄野蠻侵略中國東北、歌頌了中國人民的反侵略鬥爭。《指南公》、《愛國魂》、《遊俠傳》、《博浪椎》、《摘星樓》、《女中華》、《黃天蕩》等劇目，廣泛地表現了民族主義思想、反對君主專制、鼓吹自由平等及婦女解放等積極主題，有助於激發國人的愛國主義精神。

愛國主義不僅是晚清文化所表現、所反映的主題，而且也是當時資產階級新文化形成、發展的強大動力。社會思潮的進步，學術風氣的轉變，「詩界革命」、「小說界革命」、「戲劇界改良」的開展，大都受到民族危機的刺激。也就是說，國人是懷著救國救民的歷史使命感和時代責任感來從事文化活動的。康有為、梁啟超鼓吹維新變法思想主張；譚嗣同盡棄舊學，轉向新學；嚴復翻譯《天演論》，介紹達爾文進化論，其最主要的動因便是中日甲午戰爭後空前嚴重的民族危機。正如梁啟超所言：「吾國四千餘年大夢之喚醒，實自甲午戰敗割臺灣償二百兆以後始也。」[11]甲午戰敗證明了洋務派搞的「變器不變道」的改革行不通，才使維新派從「中體西用」的迷夢中清醒，謀求進行更進一步的變法，於是用君主立憲取代君主專制的維新變法思想便應運而生。維新志士們的愛國情結，憂國憂民的憂患意識，在這種思想轉變中起到槓桿的作用。再如，曾經在清末盛行一時的「小說界革命」一度碩果纍纍，追根溯源，是受到當時救亡圖存潮流的推

11 梁啟超：《戊戌政變記》，《飲冰室合集》專集之一，1頁。

動。新興資產階級為了開展救國鬥爭，把小說看成開發民智、宣傳政治主張的最佳藝術形式，而對小說的作用予以高度評價。梁啟超為此專門寫了《論小說與群治之關係》一文，強調了小說的社會作用，他說：「欲新一國之民，不可不先新一國之小說。故欲新道德，必新小說；欲新宗教，必新小說；欲新政治，必新小說；欲新風俗，必新小說；欲新學藝，必新小說；乃至欲新人心，欲新人格，必新小說。」[12]許多文學刊物據此立論，紛紛宣傳「小說救國」、「小說立國」，改變了國人視小說為「小道」的舊觀念，提高了小說的社會地位，為此期的小說繁榮奠定了思想基礎。晚清的留學運動同樣受到愛國主義的鼓動。二十世紀初，中國出現了出國留學的熱潮。當時出遊人員眾多，動機複雜，既有懷抱救國之志的，也有為個人謀求生計的，但驅動留學熱潮的主要原因是青年學子們的報國之心。湖南留日學生創辦的《遊學譯編》刊有《勸同鄉父老遣子弟航洋遊學書》一文，作者懷著熾烈的愛國激情闡述了出國留學的重要意義，聲稱：「今日吾國滅亡之風潮誠達於極頂，歐美之白人曰奴滅我，地跨歐亞二洲黃白兩界之俄人曰奴滅我，並同洲同文種源大陸之區區日本人亦敢隱計曰奴滅我。無非以吾國錮守舊學，國勢日減而民氣不伸，一切大計皆任政府之因循以坐就漸滅，因是而輕蔑我，因是而訾詬我。……而自今日觀之，中國之種禍固如何巨如何急乎？且中國有何種學問運用於目前，而能救我四萬萬同胞急切之大禍也？某今又決言曰：唯遊學外洋者，為今日救吾國唯一之方針。」[13]把留學外洋稱為「今日救吾國唯一之方針」者，不僅有湖南人，還有其他各省的有識之士，是為國人的一種共識。許多政治家都把救國的希望寄託於留學生身上。孫中山在一九〇五年八月曾經勉勵在東京的中國留學生說：「中國從前之不變，因人皆不知改革之幸福，以為我中國的文明極盛，如斯已足，他何所求。於今因遊學志士見各國種種的文明，漸覺得自己的太舊了，故改革的風潮日烈，思想日高，文明的進步日速」；「所以鄙人無他，惟願諸君將振興中國之責任，置之於自身之肩上。」[14]

---

12 《飲冰室合集》文集之十，6頁。
13 《遊學譯編》，第六期，1903 年四月。
14 孫中山：《在東京中國留學生歡迎大會的演說》，《孫中山全集》第一卷，279、283 頁，北京，中華書局，1981。

晚清社會特殊的歷史環境決定了愛國主義成為社會發展潮流的主旋律，而變化了的時代又給中國傳統愛國主義賦予了新的時代精神。晚清文化以救亡圖存為其基本精神，深刻地反映了愛國主義的時代精神，而愛國主義作為一種精神力量又推動了晚清文化各個領域的發展變化，給它打上鮮明的時代烙印。

第二節·
向西方尋求
救國真理

　　由於清政府實行了閉關鎖國政策，給清朝初年以後的中國文化帶上一定的封閉性。「天朝上國」的文化意識支配著絕大多數中國人的思想。這種觀念認為，中國「居天地之中」，是天下文明的典範，中國以外的國家是「化外之邦」，中國對於外國無所需求，亦無須向外國學習。基於這種認識，清朝統治者以「天朝上國」自居，不僅把周邊鄰國視為「番邦蠻族」，而且把東來的英、法、美等西方資本主義國家也看成「化外蠢愚」，一概拒之門外。尤其在清代雍正、乾隆以後，閉關政策得到嚴格的推行，中外文化交流愈受限制，幾近停滯狀態，致使中國人對西方及世界的認識出現了大倒退。在明末清初，徐光啟、梅文鼎、王錫闡等開明士大夫對西學抱著歡迎的態度，認為：「法有可採，何論東西，理所當

明，何分新舊」，[15]主張「去中西之見」，吸收西學之長。而時隔百餘年後，士大夫們談西學則如隔靴搔癢，茫然無知。嘉道年間的大學士阮元妄斥哥白尼日心地動說為「上下易位，動靜倒置」，「離經叛道，不可為訓」[16]。無怪乎在鴉片戰爭中，當英國殖民者的大砲在天朝國土上呼嘯的時候，道光帝還不知道所遇對手來自何方，因何開戰。閉關鎖國阻礙了中外文化交流，阻礙了中國社會的進步，導致落後挨打的嚴重後果。

　　一八四〇年爆發的鴉片戰爭，一方面把中國推入了半殖民地半封建社會的深淵，另一方面也打開了中國的閉關大門。這種變化迫使中國開始與外界接觸，從而為中國傳統文化的發展變化帶來新的契機。抵抗外敵戰爭的一次次失敗，民族危機的一步步加深，中西文明碰撞後表現出的巨大反差，刺激和震動了中國人，迫使他們對自己固有的文化和外來文化進行新的反思。如何看待鴉片戰爭以後出現的大變局？如何認識中國傳統文化和西方文化？中國要不要走向世界，學習西方先進的文化？這些就是百餘年間國人最為關注的問題。為了挽救民族危機，重振中國文化，先進的中國人對此作了明確的回答，這就是要求打破封閉、保守的心態，睜眼看世界，學習和吸收世界各國先進的文化成就，以更新本民族的文化傳統。用毛澤東同志的話來說是「向西方國家尋找真理」。向西方尋求救國真理，不僅是中國近代歷史發展的一種進步潮流，也是包括晚清文化在內的中國近代文化所表現出的一種時代精神。它深刻地影響了鴉片戰爭以後中國社會和文化的面貌與進程。毛澤東同志曾對中國人民在鴉片戰爭後向西方尋求救國真理的歷程作過精闢的說明，指出：

　　自從一八四〇年鴉片戰爭失敗那時起，先進的中國人，經過千辛萬苦，向西方國家尋找真理。洪秀全、康有為、嚴復和孫中山，代表了在中國共產黨出世以前向西方尋找真理的一派人物。那時，求進步的中國人，只要是西方的新道理，什麼書也看。向日本、英國、美國、法國、德國派遣留學生之多，達到了驚人的

---

15 梅文鼎：《塹堵測量》，引自杜石然等編著：《中國科學技術史稿》下冊，217 頁，北京，科學出版社，1982。
16 阮元：《疇人傳》卷四十六，「西洋十九」，光緒八年海鹽常惺齋張氏刻本。

程度。國內廢科舉，興學校，好像雨後春筍，努力學習西方。[17]

從本質上講，鴉片戰爭以後形成的向西方尋求救國真理的文化精神，是中國傳統文化固有的開放性和兼容性在新的歷史條件下的發揚光大。

中國傳統文化本來是一個開放的文化體系，在它以往成長的過程中，曾經吸收了大量外來文化的因素。漢以後對佛教文化的吸收，明末清初對西學的接納，都是顯示中國傳統文化兼容性的重要例證。鴉片戰爭以後，中國人逐步意識到自己固有文化的落後，越來越多地把目光移向西學，學習和吸收西方先進的東西。而這種學習既不同於明末清初時國人對西方文化的吸收，又不同於漢代以後東土對佛教的汲取，具有自己的歷史特點。作為一種文化精神，晚清國人向西方尋求真理，不僅追求執著，而且還表現出一種開放的廣闊胸懷和不甘落後、趕超世界先進的民族自信心。

鴉片戰爭以後，無數仁人志士不怕挫折，不畏艱辛，上下求索，學習他人之長，既不是為了滿足好奇心，也不是為了單純求知，而是為了救亡圖存，為了使自己的祖國擺脫貧困受侮的境地，使她強大起來，自立於世界民族之林。正是由於抱著這個崇高的理想，晚清國人在向西方尋求真理的過程中表現出不屈不撓、執著追求的精神。正是在這種精神的鼓舞下，晚清國人不斷把向西方尋求真理的探索推向深入，對西方文明的認識逐步深化。陳獨秀在談到近代國人對西方文明的認識過程時作過這樣的概括：

自西洋文明輸入吾國，最初促吾人之覺悟者為學術，相形見絀，舉國所知矣；其次為政治，年來政象所證明，已有不克守缺抱殘之勢。繼今以往，國人所懷疑莫決者，當為倫理問題。[18]

在他看來，中國人接受西洋文明最初是以西方自然科學為主體的學術，其次是西方國家的政治制度，最後是倫理道德。這種表述大體符合近代中國歷史發展

---

17 毛澤東：《論人民民主專政》，《毛澤東選集》第四卷，1469 頁。
18 陳獨秀：《吾人最後之覺悟》，《陳獨秀文章選編》上冊，108-109 頁，北京，三聯書店，1984。

的實際情況。

近代中國學習西方的先驅是鴉片戰爭時期的林則徐和魏源。他們首先提出了「師夷長技以制夷」的口號。這一口號不僅肯定了西方「長技」的優越性，而且明確了學習西方「長技」的目的是為了「制夷」，即抵制外來侵略，帶有進步性。馮桂芬在《校邠廬抗議》中主張「採西學」、「制洋器」，重申了「師夷制夷」的思想。後來的先進中國人學習西方大體上是沿著這個方向前進的。不過在從鴉片戰爭到中日甲午戰爭以前的半個多世紀中，中國人對西方文明的認識還

陳天華像

停留在物質層面，輸入和吸收的內容主要是自然科學和經濟技術，而對西方國家的政治制度、倫理道德及社會科學則比較隔膜。「師夷制夷」、「中體西用」、洋務運動的種種措施等，大致反映出這個時期中國人學習西方的實際水平。

中日甲午戰爭以後，隨著戊戌維新運動和辛亥革命的開展，中國人向西方學習的歷程進入了一個新的階段。以康有為、嚴復、孫中山為代表的先進中國人，不僅主張發展近代資本主義經濟，而且主張吸收西方的進化論、民權說及君主立憲、民主共和等政治體制，把中國人對西方文明的認識提高到一個新的境界。在這個問題上，資產階級革命派更清醒、更理智一些。他們不僅主張用民主共和取代君主專制，而且還看到學習西方國家的長處和抵制西方列強侵略之間的辯證關係。陳天華在《警世鐘》一文中對此作過精彩的論述，他說：

須知要拒外人，需要先學外人的長處。於今的人，都說西洋各國，富強得很，卻不知道他怎麼樣富強的，所以雖是恨他，他的長處，倒不可以不去學他。譬如與我有仇的人家，他辦的事體很好，卻因為有仇，不肯學他，這仇怎麼能報呢？他若是好，我要比他更好，然後才可以報得仇呢。……他們（按：指西方人）最大的長處，大約是人人有學問（把沒有學問的不當人），有公德（待同種卻有公德，待外種卻全無公德），知愛國（愛自己的國，絕不愛他人的國），一切陸軍、海軍（各國的將官，都在學堂讀書二三十年，天文地理兵法武藝無一不

精，軍人亦很有學問）、政治、工藝無不美益求美，精益求精。這些事體，中國哪一項不應該學呢？俗語道：「天下無難事，只怕有心人。」若有心肯學，也很容易的。越恨他，越要學他；越學他，越能報他，不學斷不能報。[19]

應該說，近代中國人學習西方始終處於矛盾之中，即中國要反對、抵制的敵人——西方資本主義列強，又是在社會發展水平方面高於自己的先進國家。它們的「長技」正是中國發展所亟須的條件。既要反對西方列強的侵略，又要學習西方國家的「長技」，這是一個處理難度很大的問題。陳天華提出的「要拒外人，需要先學外人的長處」，可稱為一種明智的選擇，對解決這一問題作了明確的回答。

晚清時期國人向西方尋求救國真理還表現出一種胸懷廣闊的開放精神。中國傳統文化本來具有相當強烈的開放性，但到封建社會後期，由於受到封建專制主義的束縛，變得越來越保守、僵化，最終走上閉關的道路。鴉片戰爭以後，這種守舊觀念仍然束縛著人們的思想和眼界，成為國人向西方尋求真理的障礙。誠如鄭觀應所說：「今之自命正人者，動以不談洋務為高，見有講求西學者，則斥之曰名教罪人，士林敗類。」[20]然而，晚清時期的仁人志士衝破了這種舊觀念的束縛，對墨守成規、反對學習外國的思想提出大膽的批評。魏源斥責反對「師夷」的謬見時說：「今日之事，苟有議徵用西洋兵舶者，則必曰藉助外夷，恐示弱，及一旦示弱數倍於此，則甘心而不辭。使有議置造船械，師夷長技者，則曰糜費，及一旦糜費十倍於此，則又謂權宜救急而不足惜。苟有議夷書，刺夷事者，則必曰多事，則一旦有事，則或詢英夷國都，與俄羅斯國都相去遠近，或詢英夷何路可通回部，甚至廓夷效順，請攻印度而拒之，佛蘭西、彌利堅願助戰艦，願代請款而疑之。以通市二百年之國，竟莫知其方向，莫悉其離合，尚可謂留心邊事者乎？」[21]他主張，國人儘快擺脫這種封閉、保守的觀念束縛，譯「夷書」，探「夷情」，「師夷長技以制夷」。魏源的上述議論隨著歷史的發展，成為力主學

19 《辛亥革命》第二冊，131-133 頁。
20 鄭觀應：《盛世危言‧西學》，《鄭觀應集》上冊，272 頁。
21 魏源：《海國圖志‧籌海篇三》，引自《鴉片戰爭》（中國近代史資料叢刊）第五冊，566-567 頁，上海，神州國光社，1954。

習西方的先進分子的共識。伴隨著開明士人對封閉、保守觀念的衝擊，中國文化中固有的開放精神逐步得到了恢復和發揚。這種開放精神在中國士人中有著強烈的反映。如王韜在給丁日昌的信中說：「要當亟為舉行者，一曰肄習舟師館，一曰譯西書館。……而專設一館，以西人為師，使聰明壯健之俊秀少年，日夕肄習。……上海製造局中所譯之書，無所不備，實足以開風氣之先聲，而變儒生之積習。……故譯一端，人或視為不急之務，而不知收效之遠，著功之廣，足以轉移人心，實有不可少緩者也。」[22] 與民間開明之士的聲音相呼應，統治階級上層也有不少人主張翻譯西書，表現出明顯的開放意識。曾國藩在一八六八年就主張在江南製造局內設立翻譯館，譯介西學。張之洞在《勸學篇》中也提出派人出國留學，翻譯西書。可見，開放意識在晚清社會上具有相當的廣泛性。晚清時期的開放精神還表現在全方位地吸收世界各國的文明方面。用梁啟超的話來說，「謂須將世界學說為無限制的盡量輸入」。[23]「無限制的盡量輸入」便是對全方位地吸收世界各國文明的最好注解。在中日甲午戰前，中國人學習外國的注意力主要集中在歐美國家，西方文明是他們孜孜以求的目標。梁啟超編輯的《西學書目表》收錄了從鴉片戰爭後至一八九六年間出版的西學書籍目錄，主要是出版於中日甲午戰爭以前的各種西書。內錄書目三百五十三種，全部都是譯自歐美西方國家的各種圖書，反映出十九世紀九〇年代中期以前中國開放的程度。而在中日甲午戰爭後，中國人在向歐美學習的同時，掀起向日本學習的熱潮，進一步打開了學習外國的眼界。在社會上，甚至出現了日譯書籍超過西譯書籍的情況。《譯書經眼錄》收錄了一九〇一年至一九〇四年間出版的譯書，共計 533 種，其中譯自英、美、法、德、俄者依次為 55 種、32 種、15 種、25 種、4 種，而譯自日本者多達 321 種，分別是以上五國的 5.8、10、21.4、12.8、80.3 倍，比上述五國譯著總數 131 種還多 2.5 倍。所以梁啟超稱此期的譯書為：「以東文為主，而輔以西文，以政學為先，而次以藝學。」[24] 譯自日本的書籍儘管有不少都是在講西學，但大多是談日本人理解的西學，實際上是日本資本主義改革後形成的民族文化。

---

22 王韜：《上丁中丞書》，《弢園尺牘》，123-124 頁，北京，中華書局，1959。

23 梁啟超：《清代學術概論》，《飲冰室合集》專集之三十四，65 頁。

24 梁啟超：《大同譯書局敘例》，張靜廬編：《中國近代出版史料補編》，53 頁，北京，中華書局，1957。

從歷史上看，中日文化的交流是雙向進行的，但在古代時期，中國向日本進行的文化輸出較多，而到近代，則來了個大顛倒，日本反倒成為中國學習的對象。這從另一個角度反映了近代國人的世界眼光更為開闊。

晚清國人向西方探求真理還體現出一種不甘落後、趕超世界先進的民族自信心。趕超世界先進國家的思想，在鴉片戰爭時期中國學習西方潮流勃發之初已經出現了。魏源在《海國圖志》中論證「師夷長技」的道理時就已經提出了這種主張。他認為，西方的先進工藝技術絕非深不可測，可以學到手，「盡轉外國之長技，為中國之長技」；中華民族絕不劣於其他民族，將來一旦「風氣日開，智慧日出」，中國一定能夠趕上或超過西方，「方見東海之民，猶西海之民」。[25]表現出晚清愛國志士不甘於國家落後，要轉弱為強的豪情壯志。馮桂芬在《校邠廬抗議》中，一方面正視中國落後於西方的事實，承認中國有「四不如夷」，即「人無棄材不如夷，地無遺利不如夷，君民不隔不如夷，名實必符不如夷」；另一方面又指出中國人的智慧並不比外國人差，經過努力超趕可以「駕而上之」。他說：「中華之聰明智巧，必在諸夷之上，往時特不之用耳！上好下甚，風行響應，當有黨尤異敏出新意於西洋之外者，始則師而法之，繼則比而齊之，終則駕而上之。自強之道，實在乎是。」[26]他還認為，中國落後於西方國家，「非天賦人以不如也，人自不如耳」，即落後的原因不是先天的，而是後天人為努力不夠造成的。他說：「天賦人以不如，可恥也，可恥而無可為也。人自不如，尤可恥也，然可恥而有可為也。如恥之，莫如自強。夫所謂不如，實不如也，忌嫉之無益，文飾之不能，勉強之無庸。……彼何以小而強，我何以大而弱，必求所以如之，仍亦存乎人而已矣。」[27]馮桂芬特別強調了中國在落後的情況下，要想趕超西方國家，必須發揮人的主觀能動作用，比起魏源的主張更有現實性和可行性。

魏源、馮桂芬等人的趕超世界強國的精神同樣為康有為、梁啟超等維新派所繼承發揚。康有為等人堅信，中國只要認真地向西方學習，效仿日本明治維新和

25 魏源：《海國圖志·籌海篇三》，《鴉片戰爭》第五冊，571 頁。
26 馮桂芬：《校邠廬抗議·制洋器議》，《戊戌變法》第一冊，31 頁。
27 同上書，29 頁。

俄國彼得大帝實行改革，少則三五年，多則十年，中國一定能夠很快強盛起來，成為世界強國。康有為在《請飭各省改書院淫祠為學堂摺》中指出：「泰西變法三百年而強，日本變法三十年而強，我中國之地大民眾，若能大變法，三年而立。」[28]也就是說，中國只要「大變法」，在三年內就能實現西方國家三百年、日本三十年變法所達到的目標。中國變法而強的速度超過西方和日本。在《上清帝第四書》中，康有為又提出「三年規模已成，十年治化大定」的思想。他說：「若果能滌除積習，別立堂基，竊為皇上計之，三年則規模已成，十年則治化大定，然後恢復舊壤，大雪仇恥……於以鞭笞四夷，為政地球而有餘矣。」[29]在這裡，康有為又把中國趕超西方強國的時間說成十年。誠然，無論三年也罷，還是十年也罷，這在當時的歷史條件下是難以達到的，也反映出維新派思想主張具有不成熟的一面。然而，問題在於康有為等把學習、趕超西方與改革、變法聯繫起來，向世人昭示了一個重要的道理：發展落後的國家和民族在列強侵逼的條件下，並不是注定只有亡國滅種一條道路，只要認真學習他國的長處，樹立趕超世界先進的雄心壯志，努力改革，就一定會後來居上。誠如康有為所說：「今若百度更新，以二萬里之地，四萬萬之人，二十六萬之物產，力圖自強，此真日本之所大患，畢士麻克之所深忌，而歐羅巴洲諸國所竊憂也。」[30]

晚清時期，中國人民發憤為雄，趕超世界先進的精神在以孫中山為代表的資產階級革命派的身上得到新的昇華。如果說康有為的趕超思想建立在循序漸進的改良主義理論基礎之上，那麼孫中山的趕超思想則充滿了革命進化論的精神。其主張反對在別人後面亦步亦趨地爬行，主張通過革命式的躍進，在較短的時間裡走完別國數十年、上百年走過的道路。孫中山論證共和制在中國勢在必行時，批評了康有為等人的「循序漸進」說，指出：「又有說歐米共和的政治，我們中國此時尚不能合用的。蓋由野蠻而專制，由專制而立憲，由立憲而共和，這是天然的順序，不可躁進的；我們中國的改革最宜於君主立憲，萬不能共和。殊不知此說大謬。我們中國的前途如修鐵路，然此時若修鐵路，還是用最初發明的汽車，

---

28 《戊戌變法》第二冊，210 頁。
29 同上書，178 頁。
30 康有為：《上清帝第四書》，《戊戌變法》第二冊，153 頁。

還是用近日改良最利便之汽車，此雖婦孺亦明其利鈍。」[31]在他看來，中國社會發展雖然起步遲，但可以吸收世界先進國家最好的建設經驗、最新的文明成就，走自己發展的捷徑。他說：中國的改革不僅要「事事取法於人」，而且還要「取法乎上」，「我們絕不要隨天演的變更，定要為人事的變更，其進步方速」。[32]又說：「吾國治民生主義者，發達最先，睹其禍害於未萌，誠可舉政治革命、社會革命畢其功於一役。還視歐美，彼且瞠乎後也。」[33]這種精神貫徹於孫中山提出的一系列改革主張中。在他主張的民權主義中，「五權憲法」占著很重要的位置。孫中山的「五權憲法」思想最初受西方社會「三權分立」（立法、行政、司法三權分立制約）政治制度的啟發，但並沒有原封不動地照搬，而是作了新的改進。他在深入考察了西方資本主義政治體制在選舉、任官等方面存在的弊端和中國歷史上的一些行之有效的政治制度之後，便分別把監督權、考試權從立法權和行政權中分立出來，與原來的三權，即立法權、行政權、司法權並列，成為「五權分立」的局面，從而建立起了獨特的「五權憲法」的理論。孫氏的「五權憲法」理論雖源於西方人提出的思想，但又與之有很大不同，體現了孫中山在向西方學習的過程中，不墨守成規，勇於後來居上，大膽趕超世界先進的進取精神。

晚清時期，國人積極開展學習西方的活動，不斷把世界各國的先進文化輸入祖國，開闊了人們的眼界，豐富了本民族的文化構成，尤其對更新傳統文化，建設近代新文化起到極大的促進作用。從這個意義上講，晚清國人向西方尋求救國真理有著不可磨滅的歷史功績。然而，由於歷史和階級的局限性，晚清時期的學習西方運動也存在著一定的缺陷。一是帶有囫圇吞棗，疏於比較鑑別的缺點。引進的西方文化固然有不少精華，但也有大量糟粕被搬了進來，在社會上產生了不良影響。二是進化論和資產階級共和國方案是晚清國人向西方尋找救國真理的積極成果，也給中國社會及文化發展帶來重大變化，但並未最終解決中國面臨的危機和問題，在與帝國主義和封建主義的對陣中打了敗仗。這種失敗再次教育了中國人民，促使他們作新的探索，終於在一九一七年十月革命後找到了新的救國真

31 孫中山：《在東京中國留學生歡迎大會的演說》，《孫中山全集》第一集，280 頁。
32 同上書，281-282 頁。
33 孫中山：《民報發刊詞》，《孫中山全集》第一集，289 頁。

理——馬克思列寧主義。

第三節 ·
救亡與
啟蒙的統一

　　鴉片戰爭以後，中國面臨著日益嚴重的民族危機，愛國救亡成為擺在中國人民面前頭等重要的歷史課題，這是毫無疑問的。然而，當時的中國社會還面臨著擺脫封建統治，從中世紀走向近代的問題。因此，啟蒙的任務也同時提了出來。何謂啟蒙？簡單說來是啟發人們的矇昧意識。而在晚清封建統治存在的條件下，啟蒙則是指用近代資本主義的思想文化啟迪、教育廣大民眾，使他們擺脫封建主義束縛，接受近代的文明意識和精神。晚清時期資本主義思想文化的核心內容則是科學和民主，所以提倡科學和民主是近代中國思想啟蒙的基本內容。救亡與啟蒙儘管是兩個意義不同的歷史課題，但在晚清特殊的歷史環境中卻有著密不可分的聯繫。二者相輔相成，並存統一，構成了晚清文化的一個重要特色。

　　在鴉片戰爭中，英國殖民主義者憑藉堅船利炮打敗了中國，把一系列不平等條約強加到中國人民頭上，給中華民族帶來奇恥大辱。從此以後，中國出現了民族危機，且這種危機步步加深。民族危機的出現和加深激發了國人的憂患意識和民族危機感，促使人們尋找解救危機的辦法，重新認識中國和世界，對中國傳統文化和西方文化進行新的反思，這就導致了對西方新知的追求。如魏源在寫《海國圖志》時就明確指出：「是書何以作？曰：為以夷攻夷而作，為以夷款夷而

作，為師夷長技以制夷而作。」[34]反映出他為禦敵雪恥而主張洞悉外情、「師夷長技」的強烈要求。他強調說：「夷之長技三：一戰艦，二火器，三養兵練兵之法」。[35]也就是說，西方先進的軍事技術首先得到中國人的承認。從視外國為「夷狄」，強調「嚴夷夏之大防」，到表示「師夷之長技」，學習西方先進物質文明，正是中國人在民族危機刺激下文化意識方面的一個進步。然而，由於守舊勢力的阻撓，在第一次鴉片戰爭後的近二十年間，「師夷長技」的主張僅停留在議論階段，並未見諸實際行動。

第二次鴉片戰爭以後，西方列強把自己的侵略觸角從東南沿海伸向中國的內地和北方，大大加深了中國的民族危機。陷於內外交困中的清王朝為了自救，不得不舉辦洋務事項，包括開辦近代軍用、民用企業，創設新式學堂，翻譯西書，訓練新式海軍，把「師夷長技」的主張付諸行動。伴隨著這類行動的是「器惟其新，道惟其舊」的指導思想，後來有人把這種思想概括為「中學為體，西學為用」。從儒學一統說到「中體西用」，這是中國傳統文化在晚清發生的一個重要變化。在「中體西用」的文化結構中，作為傳統文化的「中學」雖然處於「體」的地位，起著主導和支配性的作用，但這個「體」並不排斥作為「用」的「西學」，而給「西學」以一席之地，這就為西方文化在中國的植根提供了思想理論依據。洋務運動時期對西方科技知識的吸收，反映了中國傳統文化在表層發生的新變化，中西文化在較低的層次開始進行融合。在「西學為用」的影響下，西方自然科學和技術的引進漸成潮流，也對社會緩慢地發生了作用，尤其對傳統文化造成了衝擊。隨著洋務運動的開展，中國內部出現了資本主義生產關係及新興資產階級，為中國傳統文化的深層變化和中西文化的進一步融合準備了內在的條件。然而，在封建主義統治下的中國弊端纍纍，積重難返，絕不是僅習西方技藝就可包治百病的。在此期間，民族危機進一步加深，英、俄覬覦邊疆，日本侵略臺灣，然後是中法戰爭、中日戰爭。這一切迫使國人作更為深刻的反思，開始認識到改變封建制度的必要性，從而把啟蒙推進到一個新階段。

---

34 魏源：《海國圖志敍》，《魏源集》上冊，207 頁，北京，中華書局，1976。
35 魏源：《海國圖志・籌海篇三》，《鴉片戰爭》第五冊，567 頁。

中日甲午戰爭以後，在帝國主義列強掀起瓜分中國狂潮的刺激下，維新派發起了變法運動。這一運動不僅是近代中國資產階級政治鬥爭的起點，也是晚清文化發展的重要轉折點。維新志士不再把追求西學的目光停留在聲光化電等西方物質文明方面，而是要吸收西方的進化論、民權思想和政治制度等較深層次的內容，並以此為武器來批判君主專制和綱常名教，觸及封建傳統文化主體部分。與此同時，維新派在早期改良思想家王韜、鄭觀應等人主張實行君主立憲制度的基礎上，積極鼓吹政治體制的改革，把對國人的思想啟蒙從倡導物質文明變革階段提高到制度文明變革階段。宣傳民權思想是維新派進行思想啟蒙的主要內容。梁啟超說：「君權日益尊，民權日益衰，為中國政弱之根源」；[36]「民權興則國權立，民權滅則國權亡。」[37] 嚴復則稱：「以自由為體，以民主為用。」[38] 這些主張都發前人所未發。按照維新派的理解，「民權」是指以資產階級為主體的人民大眾參政議政之權，並不排除君權的存在，可與君權並存。他們所以執著地追求君主立憲政治理想就源於這種「民權」理論的支配。從嚴格的意義上講，維新派的民權思想只是不徹底的民主思想。儘管如此，維新派關於民權思想的宣傳，有力地推動了民主思想的傳播，為後來資產階級革命派鼓吹民主共和作了一定的思想準備。

辛亥革命時期，以孫中山為首的資產階級革命派提出了徹底推翻清王朝，建立民主共和制度的政治主張，把近代國人長期以來追求的民主思想提到一個新的高度。孫中山等人旗幟鮮明地贊同西方的民主共和制，並以美國、法國等民主國家的政治體制為模式，規劃了在中國建立民主共和制度的方案，並批駁了康有為等改良派鼓吹的中國「民智未開」，不能倡言革命，實行共和，「只可行君主立憲，不能行共和革命」[39]的觀點，不僅發展了民主思想，而且擴大了民主思想的影響。「民主」一詞在海內廣泛流行，正是始於辛亥革命時期，反映了晚清時期思想啟蒙運動的深入開展。

---

36 梁啟超：《西學書目表後序》，《飲冰室合集》文集之一，128 頁。
37 梁啟超：《愛國論》，《飲冰室合集》文集之三，73 頁。
38 嚴復：《原強》，《嚴復集》第一冊，23 頁，北京，中華書局，1986。
39 康有為：《布告為七十餘埠保皇會眾》，《中國維新報》（紐約），1906-12-08。

總之，晚清時期的啟蒙運動經歷了從學習西方物質文明到學習西方制度文明兩個階段。而在後一個階段又有資產階級維新派和革命派在主張上的不同。前一階段的內容主要指自然科學，後一階段的內容主要指制度民主。這就為民國初年興起的五四新文化運動的發展奠定了重要的基礎，其意義的重要不言而喻。然而，無論是科學也好，還是民主也好，它們的出現都與國人進行的愛國救亡運動緊密聯繫在一起。救亡推動了啟蒙，啟蒙又促進了救亡。二者之間的相互驅動構成了晚清時期資產階級新文化的重要特徵。

第三章

新舊、中西之爭

　　自十九世紀中葉至二十世紀初期是中國社會變動極為劇烈的時期，也是中西文化全面衝突、碰撞和融合極其活躍的時代。晚清時期的文化論爭即反映了這一時期中西文化撞擊與融合的歷史內容，其中既包含著新文化與舊文化、新觀念與舊觀念之爭，同時也包含著中國傳統文化與西方外來文化之爭。近代中國人對傳統文化與外來文化及其相互關係的認識水平，無論是排斥還是接納，漠視還是認同，都能在這一論爭過程中找到痕跡，其思想文化內涵極其豐富。

第一節·

「師夷」乎？
「拒夷」乎？

　　鴉片戰爭的失敗在中國社會產生了很大的震動，促使國人從思想上進行積極的反思。林則徐、魏源等開明士人敢於面對現實，探索域外新知，提出「師夷長技以制夷」的主張。這標誌著傳統的「夷夏之辨」觀念開始受到挑戰，一種新的文化觀念，即「師夷」思想已經形成。繼林、魏後，姚瑩的《康輶紀行》、徐繼畬的《瀛環志略》、夏燮的《中西紀事》、洪仁玕的《資政新篇》、馮桂芬的《校邠廬抗議》等，都體現出不同程度的「開眼看世界」的傾向，對「師夷」思想作了進一步闡發。但是在十九世紀六〇年代以前，中國社會及思想界中占統治地位的是夜郎自大、盲目排外的守舊勢力及守舊觀念，「師夷」思想的影響甚微，再加上當時中國的內憂外患已經嚴重，意識形態上的爭論一時還提不到議事日程上來。中西文化問題上的新舊矛盾暫時被掩蓋著。

　　第二次鴉片戰爭之後，清政府發動了洋務運動，統治階級內部圍繞著辦洋務的問題形成了洋務派和頑固派。洋務派主要由朝廷中主張對外和好的王公官僚奕訢、文祥等人及鼓吹「借師助剿」的曾國藩、左宗棠、李鴻章以及後來的張之洞等地方督撫組成。他們從維護清王朝統治的需要出發，主張學習西方資本主義的軍事、經濟等「長技」，以達到「富國強兵」的目的。這在一定程度上繼續了形成於第一次鴉片戰爭時期的「師夷」主張。與洋務派相對立的是頑固派。大學士

倭仁、李鴻藻、徐桐等是這一派的代表人物。朝廷中一大批御史言官，或以僚屬之身分，或以門生之名目投奔到他們的門下，形成一股聲勢頗為顯赫的政治勢力。慈禧太后為了平衡統治集團中的各派力量，抑制洋務派的膨脹，經常給頑固派打氣，使他們心高氣傲，攻訐對手不遺餘力。

第二次鴉片戰爭後，洋務派與頑固派的分化，洋務思想與頑固思想的對立，成為這個時期中西文化論爭的特定的政治背景和思想基礎，並由此而引發了洋務運動期間的中西文化論爭。其主要論爭有：六〇年代後期的京師同文館開設天文算學館之爭、八〇年代初期的修築鐵路之爭及同期的派遣留學生之爭。

一、京師同文館之爭

京師同文館是中國近代教育史上最先出現的一所洋務學堂，成立於一八六二年。當時成立的主要目的是挑選一些八旗子弟學習外國語言文字，培養外語人才，為著解決「與外國交涉事件」中「語言不通，文字難辨」的問題。懂得了要培養外語人才，這也算是一樁開風氣的事體。不過由於清朝當局創辦同文館，僅僅是出於外交實用的考慮，在它開辦之初，學生所學的西學知識非常有限。

隨著洋務運動的發展，技術人才匱乏的問題日益嚴重。關於此問題馮桂芬在《採西學議》中講得非常清楚。他提出「採西學」的一條主要措施，就是建議在廣東、上海設立「翻譯公所」，即教授西學的新式學校。他寫道：「今欲採西學，宜於廣東、上海設一翻譯公所，選近郡十五歲以下穎悟文童，倍其廩餼，住院肄業，聘西人課以諸國語言文字，又聘內地名師課以經史等學，兼習算學。」他並且主張翻譯西方學術著作，擴大教學範圍，「由是而歷算之術，而格致之理，而製器尚象之法，兼綜條貫」[1]。馮桂芬的建議得到李鴻章的支持。李鴻章也多次向總理衙門建議改進科舉，選用中國自己的掌握機器製造技術的人才。顯然他們

1　馮桂芬：《採西學議》，《戊戌變法》第一冊，27 頁。

提倡實行自然科學和製造技術為內容的西學教學，是為了適應建立以軍用工業為主的機器製造之急需。晚清時期最早的中西學之爭就是在這種背景下展開的。導火線是恭親王奕訢請在同文館中開辦天文算學館。

奕訢於一八六六年十二月十一日上奏朝廷，建議在同文館內增設天文算學館，以便培養懂得「製造輪船、機器諸法」的技術人才。招生對象從過去只限招收十三四歲以下的八旗子弟，擴大到具有科舉功名及正途出身的五品以下京外各官。奕訢在奏摺中強調的理由是：「因思洋人製造機器、火器等件，以及行船行軍，無一不自天文算學中來……若不從根本上用著實功夫，即習學皮毛，仍無裨於實用。……現擬添設一館……延聘西人在館教習，務期天文算學，均能洞徹根源。斯道成於上，即藝成於下。數年以來，必有成效。」進而泛論到引進西學對於國家自強的決定意義：「華人之智巧聰明，不在西人以下，舉凡推算學格致之理，製器尚象之法，鉤河摘洛之方，儻能專精務實，盡得其妙，則中國自強之道在此矣！」[2]這一新方案的提出，標誌著清朝中央當權的洋務派對於西方文化態度的一次重要變化，表明洋務派已正式採納了「采西學」的文化政策。這種做法，對於恪守傳統的舊文化營壘，自然是一次異乎尋常的震動，遂引起軒然大波。於是應不應該採用西學，終於成為文化觀念大論辯的公開主題。

頑固派對開設天文算學館大加反對，說什麼「此舉為不急之務」，是「捨中法而從西人」。[3]次年一月二十八日，奕訢上奏新訂同文館學習天文算學章程六條，再次申訴了學習天文算學的理由，對頑固派的反對言論進行了辯駁。頑固派一貫視洋器、西學為邪術外道，對設立同文館本來就耿耿於懷，現在看到又要讓有功名、有身分的人來入館學習「夷學」，當然不能容忍。於是，近代中國首次中西文化問題的論爭便發生了。

一八六七年三月五日，山東道御史張盛藻上奏，指責奕訢的建議是「重名利而輕氣節」，如果讓科甲正途人員去習西學，就會敗壞「士習人心」，動搖國本。

2　《洋務運動》第二冊，22-23 頁。
3　同上書，24 頁。

清朝最高當權者慈禧太后需要依靠奕訢一派人來鞏固自己的統治地位，肯定了奕訢的建議，駁回了張盛藻的反對意見。但是，頑固派並不甘心。三月二十日大學士倭仁上摺再陳反對意見。倭仁（1804-1871），字艮峰，蒙古正紅旗人，進士出身。道光年間曾從理學家唐鑑攻程朱之學，成為同治朝的理學大師。歷任工部尚書、大學士等職，兼同治帝師傅，不僅是三朝元老，而且是朝廷的理論權威。僅就這些情況來看，倭仁奏摺的分量輕重是可想而知的。倭仁在奏摺中指出，「立國之道，尚禮義不尚權謀；根本之圖，在人心不在技藝」，以為天文算學、西學西藝不過是「一技之末」，學不學無關大局，即使需要學習，也不必「師事夷人」，否則就會「驅中國之眾咸歸於夷」。[4]清廷將倭仁的奏摺發交廷臣討論。這種做法，起到鼓勵頑固派的作用。一時間，反對學習西學的言論甚囂塵上。

京師同文館（舊址）

為了遏制頑固派掀起的反對浪潮，奕訢等人在四月六日上摺，再次陳述開設

天文算學館的重要性，並質問道：倭仁既然反對設立天文算學館，自必另有良策，果真如此，「臣等自當追隨該大學士之後，竭其樞昧，悉心商辦」，如果別無良策，「僅以忠信為甲冑，禮義為干櫓等詞，謂可折衝樽俎，足以制敵之命，臣等實未敢信」。[5]六天以後，即四月十二日，倭仁第二次上摺辯解，堅持反對立場，抨擊學習西學是「上虧國體，下失人心」，講了一番嚴「夷夏之大防」的空洞道理。在這道奏摺中，他除了重操舊調外，已經擺不出更新的理由來了。

奕訢等人在四月二十三日繼續上摺反駁，指出倭仁散布的反對言論已經造成嚴重的後果。奕訢提出，既然倭仁一再強調「天下之大不患無才」，那麼就請他「酌保數員，各即請擇地另設一館，由倭仁督飭，以觀厥成」[6]。這無疑是將了對手一軍。同日清廷下達上諭，一方面督促總理衙門抓緊同文館招生事宜，另一方面令倭仁酌保數員，投地設館，「與同文館招考各員互相砥礪，共收實效」[7]。其實倭仁在其奏摺中只會放言高論，根本沒有任何行之有效的育才良策。四月二十五日，他連忙上奏，承認自己並無精於天文算學的人選，不敢妄保，尷尬地收回了自己的意見。清廷在當天發布的上諭，要他「仍著隨時留心，一俟咨訪有人，即行保奏」。[8]顯然，這是為保全倭仁的面子而給他的一個臺階。

然而，事情並未到此而止。同年五六月間，通政使於凌辰、候選直隸州知州楊廷熙等守舊官僚繼續上摺陳述反對意見，再度掀起波瀾。楊廷熙官職卑微，其奏摺是通過左都御史靈桂代呈的，內容尤其荒謬可笑。他拒不承認中國已經落後於西方的事實，盲目地認為中國不僅在政體道德方面優於西人，而且在天文算學方面也駕於西人之上。為了反對同文館的開設，他絞盡腦汁杜撰出十大責難理由，從「其事、其理、其言、其心」等方面大加詆毀，斷言設立同文館「不當於天理，不洽於人心，不合於眾論，而必欲潰夷夏之防，為亂階之倡」。在他的筆下，同文館簡直成了萬惡之源，甚至連當年京畿一帶發生的旱災和風災也被說成是因設同文館而招致的「天象示警」。他請求清廷撤銷同文館，「以杜亂萌」，至

5　《洋務運動》第二冊，33 頁。
6　同上書，37 頁。
7　同上。
8　同上書，39 頁。

少也要取消允許科甲正途人員報考的規定。楊廷熙的奏摺還對總理衙門進行抨擊，說「西教本不行於中國，而總理衙門請皇上導之使行」，總理衙門「專擅挾持，啟皇上以拒諫飾非之漸」。[9] 這些言詞直接涉及清朝最高統治者，如果再不制止，有可能引起更大的政爭。六月三十日清廷發布上諭，以嚴厲的語氣申飭了楊廷熙，並連帶責備了倭仁之非，而對奕訢一派不得不來一番好言撫慰。這場論爭至此告一段落。

二、修築鐵路之爭

早在十九世紀七〇年代初，洋務派就提出修築鐵路的問題，但遇到極大的阻力。一八七四年李鴻章提議修鐵路時，受到不少京官的「痛詆」。當他向恭親王奕訢面陳修鐵路的好處時，奕訢雖然表示贊同，但又認為阻力太大，「無人敢主持」，甚至連兩宮太后也不能確定此事。修鐵路的議論不了了之。一八八〇年十二月，淮系將領、前直隸提督劉銘傳應召進京，修築鐵路之議再被提起。劉銘傳在奏摺中以很大篇幅論證了鐵路的優越性，如可以破除閉塞狀態，便利各地交往，提高軍隊調動的機動性，裁兵節餉，增強禦外能力等理由。他認為，具體實施，可先修南北兩路：南路宜修兩條，一條由清江至北京，一條由漢口至北京；北路是從北京至盛京（今瀋陽）一線。經費不足，可以通過舉借「洋債」來解決。在他看來，修鐵路是關係到國家盛衰安危的大計，勢在必行。出乎意料的是，他的建議招來一場軒然大波，引發了洋務派與頑固派的又一次激烈論爭。

頑固派方面首先出面反對的是翰林院侍讀學士張家驤。同年十二月二十二日，他在奏摺中提出修鐵路有「三弊」：一是招來更多的外國人，埋下肇禍的隱患；二是毀壞大量田畝、房屋、墳墓、橋梁，傷人敗物，滋擾民間；三是虛糜錢財，賠累無窮，加劇國家財政危機。[10] 附和張家驤觀點的，還有順天府府丞王家

9　同上書，50-51 頁。
10　《洋務運動》第六冊，141 頁。

璧、翰林院侍讀周德潤、通政司參議劉錫鴻等守舊官員。其中影響最惡劣的是劉錫鴻。劉錫鴻一度擔任中國駐英副使，對西方文明有過親身體驗，但這並沒有改變他那牢不可破的守舊觀念。繼張家驤上奏之後，劉錫鴻於一八八一年二月十四日向清廷呈遞一摺，以知情者的身分大談中國不宜修鐵路的理由二十五條，即「不可行者八，無利者八，有害者九」[11]，諸如財政拮据，經費難籌；技術複雜，難於管理；取代驛站河運，奪民生計；車速太快，易生事故；洋貨擴散，損害民業；洋人通行內地，混淆華夷界限；開山毀墳，破壞風水民俗，等等。而且聲稱鐵路之害他在西洋已經耳聞目睹，件件確鑿無疑。劉錫鴻是當時頑固派官僚中唯一涉足西洋的人物，這一點連不少洋務派也自認不如，這使他的言論具有頗大的鼓動性和迷惑性。

支持劉銘傳建議的，有直隸總督李鴻章、兩江總督劉坤一等洋務派地方大員。一八八○年十二月一日，李鴻章上奏摺針鋒相對地反駁了張家驤的觀點。他指出「人心由拙而巧，器用由粗而精，風尚由分而合，此天地自然之勢」，修鐵路有「九大利」，絕不是「用夷變夏」的壞事，而是「利國利民，可大可久」的富國強兵之道，並贊同劉銘傳奏摺提出的具體實施辦法。[12]劉坤一在奏摺中也表示贊同劉銘傳修鐵路的建議，但他又擔心鐵路修成後會「有妨民間生計」，減少釐金收入，建議清廷詳審劉銘傳的奏摺，權衡利弊，謹慎行事。可見，修鐵路一事在洋務派內部也還沒有完全形成統一的看法。在頑固派反對輿論的影響下，一八八一年二月十四日，清廷下達上諭否定了劉銘傳的奏議。

洋務派儘管在論爭中受挫，但是中國自造鐵路的事業也正是在十九世紀八○年代揭開了序幕。開平煤礦投產後，產量逐年增長，為了解決運輸問題，清政府在一八八○年建成從唐山到胥各莊長十五里的鐵路，次年六月後開始用機車曳引，這是中國自辦的第一條鐵路。中法戰爭以後的若干年內，主持海軍衙門的醇親王奕譞、李鴻章以及臺灣巡撫劉銘傳先後提出延修唐胥鐵路和在臺灣修建鐵路的主張。頑固派聞訊紛紛出面反對，積極參與者有左都御史奎潤、漕運總督崧

---

11 同上書，154頁。
12 《洋務運動》第六冊，141頁。

駿、戶部尚書翁同龢、國子監祭酒盛昱、倉場侍郎游百川、御史文海、張廷燎、汪正泰、何福堃等。由於他們的反對，延修唐胥鐵路的工程進展十分緩慢，到一八八六年才展至蘆臺附近的閆莊，全長約八十五里。一八八八年十月，該路通至大沽和天津。主持大計的奕譞打算繼續修築天津至通州一段，儘管獲得了清廷的批准，但由於受到頑固派的抵制，致使這一計劃流產。從中法戰爭到中日戰爭（1884-1894）的十年期間，中國鐵路事業幾乎處於停滯狀態，全國建成的鐵路合計不過三百六十四公里。[13]

三、遣派留學生之爭

從一八七二年至一八七五年，清政府每年派三十名幼童，由陳蘭彬、容閎為正副領隊率領赴美留學，四年共派出一百二十名，學習西方的軍政、船政、步操、製造等技術。這是近代中國向國外派留學生的開端。八〇年代初，留學生領隊官員之間發生意見分歧。在領隊官員中，正領隊官、後任駐美公使的陳蘭彬和學務監督吳嘉善都是「極頑固之舊學派」，對派遣留學之事早就心懷不滿。副領隊官、駐美副使容閎是中國近代最早的留美畢業生之一，思想開明，積極提倡和支持留學事業。由於思想傾向、志趣、政見的不同，以陳、吳為一方，以容閎為另一方，在留學生的問題上發生了矛盾。他們的主要分歧是：

管理學生指導思想上的分歧。陳蘭彬等人雖然參與主持留學生工作，但其內心「視中國學生之留學外洋，素目為離經叛道之舉」。[14]因此，他們管理留學生的宗旨是約束言行，防範不軌，因而對留學生的言行做了種種限制：不許隨房東作祈禱，不許假日赴教堂觀光，不許改穿洋裝，甚至對平日的遊戲、運動也要進行苛求。對此，容閎並不以為然。他認為，入鄉隨俗，人之常情，一些人受到外洋習俗的影響是很自然的事，「不足為學生責也」。領隊官員不應該在這些枝節

---

13 參見張國輝：《洋務運動與中國近代企業》，268 頁，北京，中國社會科學出版社，1979。

14 容閎：《西學東漸記》，101 頁，長沙，湖南人民出版社，1981。

問題上吹毛求疵，過多指責。每當學生與陳蘭彬等人的苛求發生衝突時，容閎往往替學生辯解說情，結果陳蘭彬埋怨容閎偏袒學生，兩人之間的意見分歧更加嚴重。

對學生學習內容的分歧。為了使留學生不忘君親大義，不為「異學」所惑，清政府規定留美學生要「肄習西學仍兼講中學」，並規定，「每遇房、虛、昴、星等日，正副二委員傳集各童宣講聖諭廣訓，示以尊君親上之義」。[15]陳、吳以此為據，大加發揮，增加誦讀儒經的時間和內容，對容閎安排的教育計劃，包括學生的業務學習內容「處處吹毛求疵，苛求其短」[16]，並且中傷容閎「偏重西學，致幼童中學荒疏」[17]。容閎則反對陳、吳增加過多的中學內容，認為幼童赴美應該「學成種種專門學術，畢業歸來，能為祖國儘力」[18]。他所說的專門學術，是指各種自然科學和技術知識。

對留學生在美國表現的不同估價。陳蘭彬、吳嘉善認為，由於容閎的放縱，留學生們已經沾染了「惡習」，中了「洋毒」。吳嘉善向國內散播說，幼童在美國學業廢弛，整日遊樂，參與秘密社會，行為不軌，不敬師，不守法，甚至斷言：「此等學生，若更令其久居美國，必致全失其愛國之心。他日縱能學成回國，非特無益於國家，亦且有害於社會」。[19]容閎則反對這種看法。認為中美兩國國情不同，因生活環境的差異而引起學生習性的改變完全是正常的現象，不必大驚小怪。幼童來到美國不僅沒有變壞，反而受益匪淺。其進步主要表現在卸去了精神負擔，思想開化，眼界開闊，不再像國內那樣「安行矩步」，而是變得開朗、活潑了。

陳蘭彬等人除了在美國處處與容閎為難之外，還不斷向朝廷及李鴻章報告容閎及留學生們的「越軌」行為。一八七八年，清廷以留學事務「廢弛」，飭令李

---

15 《洋務運動》第六冊，158 頁。
16 容閎：《西學東漸記》，103 頁。
17 《洋務運動》第六冊，178 頁。
18 容閎：《西學東漸記》，100 頁。
19 同上書，104 頁。

鴻章、劉坤一及陳蘭彬等嚴加整頓，對留學生加緊控制，「如有私自入教者，即行撤回」。不久，容閎被派往舊金山領事館充當譯員，吳嘉善掌握了「整頓」留學事務的大權。經過一番整頓，吳嘉善得出這樣的結論：「外洋風俗，流弊多端，各學生腹少儒書，德性未堅，尚未究彼技能，實易沾其惡習，即使竭力整飭，亦覺防範難周，極應將局（指駐洋肄業局）裁撤。」[20] 一八八一年三月五日，擔任出使美日等國大臣的陳蘭彬在遞呈朝廷的奏摺中完全同意吳的結論。六月十九日，總理衙門奏請將出洋肄業幼童全行撤回，獲得批准。同年七月，清政府解散駐洋肄業局，開始撤回留學生。一百二十名留美學生除因事早已返回及病故外洋的二十六名外，其餘九十四名均於年內分三批回國。剛剛起步的留學事業，因頑固派的反對阻撓而夭折了。

以上三場論爭，都是圍繞著在辦洋務過程中遇到的具體問題而展開的，但論爭的實質是要不要學習西學（這裡的西學僅限於自然科學範圍），反映出兩派對西方文化的不同態度。洋務派與頑固派都來自清王朝封建統治營壘，在階級屬性上並無本質差別，他們的目的都是為了封建專制統治。其差別或不同就在於用什麼手段、通過什麼途徑維護封建統治的問題。洋務派能夠面對現實，承認西方科學技術的優越性，主張通過學習「西用」來增強國力，維護封建統治；而頑固派卻無視西方科學技術的先進性在兩次鴉片戰爭中顯現出來的事實，也不承認中國在這方面的落後，依然用早已過時的「夷夏之辨」觀點來看待西方，看待西方文化，反對學習西方的任何舉動。因此否認二者的區別，或誇大二者的對立都是不符合歷史實際的。

從近代思想發展的角度看，這個時期洋務派和頑固派的論爭具有一定的積極意義。第一，衝擊了傳統的「夷夏之辨」觀念，陳腐的「夷夏」觀被否定，等於拆除了橫亙在中西方文化之間的一道屏障。第二，為西學在中國的傳播製造了輿論。在論爭中，洋務派以鮮明的態度肯定了西學的優越性和必要性，提高了西學在中國的地位。儘管頑固派在論爭中氣勢洶洶地興師問罪，但西學在中國的傳播非但沒有因此而中止，反而愈發受到人們的重視。

---

20 《洋務運動》第二冊，165 頁。

新學與
舊學之爭

中日甲午戰爭以後,出現了帝國主義列強瓜分中國的狂潮,中國民族危機空前加劇。在民族危機的刺激下,代表新興資產階級利益的維新派發動了變法運動,在文化思想領域中展開了對守舊勢力的鬥爭,其中就涉及新舊文化鬥爭的問題。在維新運動期間,維新派與守舊派圍繞著新學與舊學的問題進行了尖銳激烈的論爭,把中西文化的論爭提到一個新的水平。

一、維新派的文化觀

以康有為、梁啟超為代表的維新派與洋務派不相同,是由一批具有強烈愛國意識和初步資本主義思想觀念的新型知識分子組成的進步政治派別。他們的文化觀既不同於鴉片戰爭時期地主階級改革派的觀點,也有別於洋務派的主張,糅進了更多的西方社會政治思想的因素,如進化論、天賦人權論、民主自由學說等。維新派的文化觀集中地體現在他們當時大力鼓吹的「新學」思潮上。維新派宣揚的「新學」思潮具有以下幾個方面的特徵:一是用西學改造中學與用傳統語言和思維表述西學互為一體;二是倡導今文經學,反對古文經學,藉以否定封建意識形態的正統性和神聖性;三是復活明清之際的經世致用精神,用新學學說為維新

變法服務；四是超越洋務派的「體用」界限，主張不僅要學習西方的「用」，更要學習西方的「體」，強調制度層面及社會文化層面的改革。

「新學」思潮的一個重要思想淵源，是傳入中國的歐美近代資本主義思想文化。康有為、梁啟超、嚴復、譚嗣同等維新派代表人物都通過各自不同的途徑，接受了西方近代思想文化，突破封建守舊思想的藩籬，形成了帶有時代特色的維新派文化觀。維新派用進化論解釋社會歷史的發展過程，認為人類的文化不是凝固不變的，而是在不斷的變化中逐步積累起來的。基於進化論的觀點，他們承認中國傳統文化已經落後於西方文化的事實，具有對傳統文化強烈的批判意識。維新派對清王朝提倡的以漢學、宋學、科舉八股為基本內容的官方文化極為不滿，強烈要求打破封建傳統文化的舊框架，通過兼採中西、融會古今的途徑，建立起一個來源廣泛、內涵豐富的新文化體系。在對西方文化的認識上，他們承認西方文化體系中，不僅包括聲光化電等物質文明，還應包括其制度文明和精神文明。至此，中國人對西方文化開始有了較完整的認識。概言之，資產階級維新派的文化觀與封建士大夫的文化觀有著本質的區別。他們突破了傳統儒學的狹隘眼界，吸收了西方的科學、民主思想，建立起一種以變革封建君主專制為中心內容、會通中西的文化觀念，為中國近代思想文化的發展提供了一個新的起點。

中日甲午戰爭後，由於新興資產階級登上政治舞臺和維新派文化思想的形成，改變了戊戌維新時期新舊勢力營壘的內在構成。如果說洋務派及其思想觀念在中日甲午戰爭以前還有抵制頑固派阻撓洋務改革的積極作用的話，那麼，在維新思潮衝擊「中體」的情況下，他們便和頑固派一起，反對維新變法，維護封建君主專制和綱常名教。因此，戊戌維新時期中西文化論爭是在維新派與由頑固派加洋務派組成的守舊勢力構成的「舊學」營壘之間展開。他們之間的鬥爭是新興資產階級與腐朽的封建地主階級之間的階級鬥爭在思想文化領域的反映，其激烈程度是以往各次論爭所無法比擬的。

「公車上書」之後，以康有為為首的維新志士通過報刊、學會、學堂等渠道大張旗鼓地宣傳自己的主張，使中國思想界出現了新氣象。守舊勢力敏感地察覺出維新思想對「聖道」、「聖學」的危害性，便在「翼教」、「護聖」的旗幟下集

結起來，對維新思潮進行「圍剿」。他們的代表人物有洋務官僚張之洞，前國子監祭酒、長沙岳麓書院山長王先謙及其弟子蘇輿，湖南紳士葉德輝、曾廉等。蘇輿編的《翼教叢編》和張之洞撰寫的《勸學篇》是集中反映守舊派思想觀點的兩部代表作，在對維新思想的「圍剿」中所起的作用尤其顯著。新舊勢力鬥爭最激烈的地區是湖南。一八九七年十月，維新派在長沙開辦了時務學堂，聘請梁啟超擔任中文總教習，作為傳播變法改制主張的基地。湖南的守舊勢力對此極為忌恨，他們攻擊時務學堂散布「異端邪說」、「圖謀不軌」，要求當局整頓學堂，辭退梁啟超等人。在湖南邵陽，維新志士樊錐竟被鄉紳誣為「亂民」，驅逐出境。至於上書上奏要求清朝當局治罪維新派的事件更是層出不窮。從雙方論爭的內容來看，維新派與守舊派已經就文化的深層問題展開論辯。這些問題可以歸納為以下兩個方面：一是君主立憲與君主專制之爭，二是民權說與三綱五常之爭。通過對這些問題的考察，我們可以得知中國近代文化思想從學習「西藝」到探求「西政」轉進的軌跡。

二、君主立憲與君主專制之爭

中日甲午戰爭以後，康有為、梁啟超等維新志士為救亡圖存而奔走呼號，大聲疾呼要「變法自強」。維新派的「變法」是要變革延續了兩千年之久的封建專制政治體制，在中國建立起類似英國、日本那樣的君主立憲制度。康有為在許多著述中進一步闡述了實現君主立憲的政治主張，為維新運動定下了政治基調。康有為早在有名的《上清帝第二書》中就提出君主專制導致的上下隔絕、民情不通的「壅塞」病症，建議在全國每十萬戶公舉「議郎」一名，參與國家「內外興革大政，籌餉事宜」，建立起「君民同體，情宜交孚，中國一家，休戚與共」[21]的政治局面。他在《上清帝第七書》中也同樣認為現在的君主專制弊病太多，需要改革，說：「考中國敗弱之由，百弊叢積，皆由體制尊隔之故。」[22]他認為中國最

---

21 《康有為政論集》上冊，134 頁，北京，中華書局，1981。
22 《康有為政論集》上冊，220 頁。

理想的政體是仿照西歐三權分立的君主立憲制。隨著維新運動的深入發展，康有為的這種政體改革思想得到許多開明知識分子的擁護，影響越來越大。維新派掌握的輿論工具《時務報》、《湘報》、《國聞報》等報紙，不斷刊登鼓吹設議院、變政體的文章，如梁啟超的《古議院考》、《變法通議》、《論中國積弱由於防弊》、《論君政民政相嬗之理》，唐才常的《各國政教公理總論》，嚴復的《闢韓》、《原強》等文章，都是闡述政體改革和民權政治的重要作品。

在封建皇權時代，皇帝、君主是神聖不可侵犯的政治權威，對他們的任何不恭都是「大逆不道」的犯罪行為，更不要說抨擊、否定君主專制了。維新派用君主立憲取代君主專制的主張自然引起守舊勢力的恐懼和仇恨，遭到他們的群起圍攻。守舊派或者上告當局，或者撰述文章，攻擊維新派的「變政」主張，維護搖搖欲墜的封建君權。由於新舊雙方的政治立場截然不同，他們在思想上的對立也水火不相容，使論爭顯得格外激烈。下面是梁啟超和葉德輝的一段精彩對陣。任長沙時務學堂教習的梁啟超在學生課藝的批語中發表了一些抨擊時政、宣傳民權的議論，葉德輝獲得後逐條批駁，字裡行間表現出新舊勢力間的尖銳衝突：

梁啟超認為變法應從皇帝降尊始，廢除跪拜之禮。葉德輝批駁道：「此言竟欲易中國跪拜之禮為西人鞠躬，居然請天子降尊，悖妄已極。」

梁啟超認為《春秋》包含了六經中論述民權的材料。葉德輝批駁道：「民有權，上無權矣。欲附會六經，六經安有此說？」

梁說：「臣佐君為義」是令人甘為奴隸。葉批駁道：「此教人不必盡忠。無人心至此。」

梁對英、美等國設議院制約國王、總統的權力表示讚賞。葉批駁道：「如此則中國幸不設議院耳。設議院而廢君，大逆不道之事更多矣。」

梁認為中國只有興民權才不會滅亡。葉批駁說：「興民權只速亂耳，安得不亡。」

梁主張：「今日變政所以必先改律例。」葉批駁說：「如此言直欲廢中律，

用西律耳，是之謂賊民。」

梁認為「聖人」在「據亂世」是從不平等中求平等。葉批駁道：「梁啟超來主時務學堂，於是人人言平等，至有皮孝廉（指皮錫瑞）父子之謬論。謹厚者如此，其他可知，傷風敗俗，莫此為甚。」

梁寫道：「臣也者，與君同協民事者也。如開一鋪子，君則其鋪之總管，臣則其鋪之掌櫃等也。」葉批駁道：「三尺童子習聞此類謬說，湘中風俗人心之壞，恐有不可問之日矣。」[23]

雙方觀點，針鋒相對，一方反對君主專制，一方維護皇帝獨斷；一方興民權，一方尊君權；一方盛讚西方政治制度，一方則視其為洪水猛獸。彼此都採取了毫不相讓的堅決態度。

在與守舊派的論爭中，維新派突破早期維新思想家就事論事的思想局限，用西方資產階級「天賦人權」、「三權分立」等政治思想理論為武器，批判了君主專制的腐朽性、反動性，闡述了君主立憲的基本主張及其實行的必要性。千百年來，封建統治者不僅實行君主專制，而且還製造了一套為君權辯護的理論，把君主稱為「真龍天子」，稱為上天意志的代表者和體現者，把它打扮成一位超凡脫俗的「神」。君主擁有無限權力，可以支配一切、主宰一切。君臣、臣民之間的尊卑服從關係，被看做是天然秩序，永遠不能動搖和顛倒。針對這種「君權神授」的謬論，維新派用「天賦人權」說痛加批駁。譚嗣同從人類社會進化的歷史來說明君主、君權是人類社會發展的產物，認為人類最初是沒有君主的，只是後來為了解決群體生活中出現的糾紛，才選出君主為自己辦事，並賦予他權力。所以人民才是國家和社會的真正主人，而君主及其臣屬不過是人民的僕人。他說：「君主者，為民辦事者也；臣也者，助民辦事者也。」人民為「本」，君主為「末」。這就把被封建統治者顛倒了的「君」「民」關係重新顛倒過來，從理論上否定了君主專制的合理性。

---

23 《賓鳳陽等上王益吾院長書》，《翼教叢編》卷五，7—10 頁，光緒二十四年武昌重刻本。

維新派對君主專制的腐朽性和反動性予以無情揭露，鞭撻了這種制度給中國社會和人民帶來的深重災難，至高無上的歷代帝王，更被他們斥之為「大盜」、「獨夫民賊」。在批判君主專制的同時，維新派以熾熱的感情宣傳西方國家的政治制度，尤其稱讚君主立憲的優越性。他們通過比較中西不同的社會制度認識到：西方君主立憲的優越性在於國家設有議院和憲法，使君主的權力得到有效的制約，避免產生暴君的禍患，從根本上消除了君主專製造成的種種弊端。梁啟超指出「議院者，民賊所最不利也」，就是說的這一點。維新派對於君主立憲取代君主專制的社會變革有著更加自覺的認識。梁啟超所著《論君政民政相嬗之理》等文，即用進化論理論為實行資產階級立憲提供了理論上的支持。

　　與維新派相反，守舊派堅持陳腐的「天不變，道亦不變」的形而上學世界觀和君權論，把君主專制說成是萬古不易的大經大法，把君主主宰一切稱為天經地義的不易之理。他們認為，中國的君主專制是開天闢地以來最完美無缺的制度，遠比西方的制度優越。在他們看來，西方國家的政體，無論是君主立憲也罷，還是民主共和也罷，無一不是弊端纍纍，混亂不堪，毫無優越性可言。守舊官僚王仁俊就認為：西方國家是「夫婦同權，君相易位」。他危言聳聽地說：中國如果實行了西方的政治制度，「不十年而二十三行省變為盜賊淵藪」，「不十年而四萬萬之種夷於禽獸矣」。並斷言：「民主萬不可設，民權萬不可重，議院萬不可變通。」[24]

　　關於君主立憲與君主專制之爭，最受新舊雙方的重視，都盡力對壘。維新派用犀利的筆鋒對君主專制的種種罪惡進行了空前深刻的揭露和批判，從理論上否定了傳統的君權論，從而動搖了君主專制賴以存在的思想基礎。而守舊派思想陳腐，論說蒼白無力，拿不出像樣的思想觀點，表現出封建地主階級在意識形態上已經處於山窮水盡的地步。這場論爭使西方的「天賦人權」、三權分立、民權學說等政治觀念得到肯定和傳播，推動了中國近代思想解放潮流的進一步發展。

---

24 王仁俊：《實學平議》，《翼教叢編》卷三，16 頁。

三、民主平等與綱常名教之爭

戊戌維新運動在衝擊君主專制的同時，也展開了對封建三綱五倫等綱常名教的批判。它集中地反映了這一時期中西道德觀念層面的衝突。

綱常名教是維護中國封建君主專制的倫理道德理論，集中地體現為「三綱」、「五倫」。所謂「三綱」是指「君為臣綱，父為子綱，夫為妻綱」，「五倫」是指「君臣義，父子孝，夫婦別，長幼序、朋友信」這五種人際關係準則。三綱五倫作為在封建時代占統治地位的意識形態，其基本精神是維護人與人之間的上下、尊卑、貴賤、長幼、親疏有別的等級關係，片面強調人們對尊者、長者、聖者的絕對服從和義務，並把這種不合理的道德要求神聖化、法律化，推廣到社會生活的各個方面，成為規範人們言行思想的清規戒律。守舊派堅持形而上學的唯心論宇宙觀，把封建主義的綱常名教說成是支配一切，決定一切的精神力量，具有萬古不變的永恆性。無論是洋務派還是頑固派，都把三綱五倫看成是封建制度的命根子，極力加以維護，生怕因封建道德的動搖而引起君主專制的崩潰。他們一再表示：「孔子之制在三綱五常，而亦堯舜以來相傳之治道也。三代雖有損益，百世不可變更。」[25] 可見綱常名教在他們心目中的崇高地位。他們甚至斷言：如果沒有綱常名教，不講等級尊卑，人類將不成其為人類，中國將不成其為中國。他們對維新派所宣傳的自由平等思想極端仇視，罵維新派是「亂臣賊子」、「無君無父」的名教敗類，認為維新派所宣傳的西方思想是敗壞綱常的禍根。曾廉在給朝廷上的一道奏摺中說：「今天下之患，莫大於以西學亂聖人之道，墮忠孝之常經。」[26] 他們十分清楚，一旦「民權之說」興起，三綱五倫動搖，就會引起封建秩序的大亂，中國就要「夷於禽獸」了。所以把抵制民權平等思想的傳播，看做維護封建統治的當務之急。正如張之洞所說：「故知君臣之綱，則民權之說不可行也；知父子之綱，則父子同罪、免喪廢祀之說不可行也；知夫婦之綱，則男女平權之說不可行也。」[27]

---

25 葉德輝：《讀西學書法書後》，《翼教叢編》卷四，69 頁。

26 曾廉：《應詔上封事》，《戊戌變法》第二冊，493 頁。

27 張之洞：《勸學篇・明綱第三》，《張文襄公全集》第四冊，552 頁。

維新派認為天下萬物無不處於新舊更替的變化之中，這種變化也包括倫理道德的變化。中國的「民德」處於危機狀態，主要是由於君主專制的戕害和綱常名教的壓抑，因此破除三綱造成的等級關係，提倡平等，創立平等學說，是「新民德」的前提。維新派還借用西方資產階級的自由

張之洞撰寫的《勸學篇》

平等學說為武器，批駁了守舊派的綱常名教永恆論，認為三綱五倫、等級尊卑並不是人類生來就有的，恰恰相反，追求平等、自由則是人的本性所致。為此，湖南維新志士皮嘉系統地發揮並闡述了平等思想。[28]嚴復在痛斥封建舊道德的同時，提出了「自由為體，民主為用」的主張。他認為民主是指爭取政治權力而言，包括改革舊政體，實行議院和憲法，允許人民參與政治；自由是指在社會倫理、道德、風俗等方面保障人的尊嚴與權利，範圍比民主更廣泛。對中國來說，爭取自由權利是極其重要的問題，是「體」。他在《原強》、《論救亡之亟》等文章中指出的自由權利，包括言論自由、人人平等、人身不受侵犯、保護私有財產等方面。譚嗣同對自由平等也有許多論述，他在批駁「父為子綱」時指出：「父」與「子」都是「天之子」，每個男人既為「父」，又為「子」，集二任於一身，父子之間完全是平等的關係，講「父為子綱」正是違背了天理。他認為「夫為妻綱」尤其荒唐，男女關係同樣應該建立在平等原則基礎上。男女通婚應該本著「兩情相願」的原則。他從內心深處發出「衝決君主之羅網」，「衝決倫常之羅網」的呼喚，成為維新派批判封建主義的時代最強音。

維新派與守舊派圍繞民主自由與綱常名教的論爭，反映出兩種不同的人生觀、道德觀的對立。在論爭中，維新派不僅用資產階級的道德觀對綱常名教進行了淋漓盡致的揭露和批判，而且提出和闡明了以民主、自由、平等為核心的資產階級新道德觀念，動搖了封建意識形態的理論基礎。

28 皮嘉：《平等說》，《湘報》，第 58 號，1898。

辛亥革命時期
的文化論爭

一、資產階級革命派的文化選擇

　　從一九〇一年到一九一一年的十年間，是辛亥革命的準備時期。這一時期中國的階級矛盾和民族矛盾空前激化。清王朝對內橫施暴虐，對外搖尾乞憐的醜惡行徑，充分證明它已經腐敗透頂，完全墮落為「洋人的朝廷」。帝國主義列強對中國的侵略更加肆無忌憚，任意在中國駐紮軍隊，強租土地，掠奪資源，乃至直接出兵在中國的領土上互相廝殺。日益嚴重的民族危機喚醒了人民，激勵了人民反帝反封建的決心，同時也為中國人在這個時期對文化出路的探索添加了新的動力。戊戌維新運動的失敗，清王朝的腐敗墮落，使許多一度相信過改良主義的人從夢幻中驚醒，轉向資產階級民主革命一邊。以孫中山為首的資產階級革命派，樹起推翻清王朝、建立資產階級共和國的旗幟，在政治、軍事和思想文化戰線上展開了不屈不撓的鬥爭，領導了這個時期的歷史潮流。因此，資產階級民主革命潮流，是二十世紀最初十年間中國社會歷史發展的主流。

　　這一時期資產階級的壯大和新型知識分子群體的崛起，又為資產階級民主革命提供了新的社會力量。許多進步知識分子通過報刊、學堂、譯書等途徑，把歐美、日本等國的新知識、新理論、新學派輸入國內，形成近代史上西學傳播的一個高峰。引進的內容不僅有大量的自然科學，而且還有各種人文科學，而西方的

各種社會思潮，從柏拉圖、亞里士多德的古典哲學到十九世紀末二十世紀初在西方流行的各種主義，都被介紹進來。西學的大量輸入大大開闊了人們的視野，給國人深入探討中西文化問題提供了新的理論視角和思維方法。西學思潮又與劇烈動盪的社會相呼應，形成了各種不同的文化觀念。「歐化」論有之，「國粹」論有之，守舊與維新、改良與革命……各種觀點紛紛登場，相互衝撞，呈現出一幅斑斕駁雜、紛紜多變的歷史畫卷。思想觀點儘管形形色色，但所討論的問題依然沒有脫離中國傳統文化和西方文化這兩種不同文明之間的相撞相融問題。正如《浙江潮》刊登的一篇文章所說：「十九世紀者，東西文明之牴觸之時代也。物質之文明由歐而入亞，靈性之文明自亞而之歐。兩大潮流相擊相觸，發為雄聲奇彩，以震眩此世界。……此二十世紀，將融合渾化而生一光被全球之大文明歟！」[29]辛亥革命時期的文化論爭，就是這兩大文明「相擊相觸」而迸發出的耀眼火花。

這個時期資產階級革命派的主流文化觀主要以孫中山和章太炎等人的主張為代表。孫中山的三民主義既是資產階級革命派政治主張的理論表現，也是這個派別進步文化觀念的集中反映。孫中山不僅從政治上徹底否定了封建帝制，批判了帝王思想，具有強烈的反封建的戰鬥性，同時他還努力地保流傳統文化中的合理因素，如傳統文化中的民族思想、愛國主義及大同理想都被他繼承下來，成為自己思想體系中的重要成分。孫中山還用積極進取的態度對待西方文化，力求吸取其中一切有益的東西。他不僅接受了西方資產階級的進化論、天賦人權論和共和國政治方案，而且還吸收了社會主義學說的一些觀點。孫中山自己曾說：「余之謀中國革命，其所持主義，有因襲吾國固有之思想者，有規撫歐洲之學說事蹟者，有吾創獲而獨見者。」[30]這段話明確地表白了他自己文化觀的思想來源。在他的主張中既處處洋溢著資產階級民主理論的光彩，又留下不少與傳統文化妥協的痕跡。資產階級革命派的另一位代表人物章太炎則是位具有深厚經學根柢的思想家。他推崇「國粹」，主張「用國粹激動種姓，增進愛國的熱腸」。他雖提倡

---

29 無月關：《十九世紀時歐西之泰東思想》，《浙江潮》，第 9 期。
30 《孫中山全集》第七卷，60 頁，北京，中華書局，1981。

民權平等，但卻反對「委心向西」，而立意於弘揚「佛學」。他所夢寐以求的，是在繼承祖國優秀文化傳統的基礎上，創造出一種能夠抵制西方資本主義思想侵蝕的民族文化，推動正在艱難前進的民族解放事業。這就是他的文化觀的本質。

在革命派文化觀中，除了有孫中山、章太炎代表的正統文化觀外，還有以《新世紀》派為代表的激進的「歐化」派文化觀、以《國粹學報》派為代表的「國粹」派文化觀，從而使這一時期的文化論爭，既有革命派與改良派之間要不要實行民主共和的論爭，又有革命派內部激進派與保守派之間圍繞著「歐化」與「國粹」問題進行的論爭。

二、革命派與改良派的文化論爭

革命派與改良派是十九世紀末二十世紀初中國資產階級的兩大政治派別。革命派的形成和發展，與偉大的民主革命家孫中山的革命活動緊密地聯繫在一起。一八九四年十一月，孫中山在檀香山創立了興中會，提出了「驅除韃虜，恢復中華，創立合眾政府」的綱領。在實現民主共和的旗幟下，中國形成了最早的資產階級革命派。一九〇五年孫中山把幾個主要的革命團體統一起來，在日本東京成立了中國同盟會，成為革命派的核心組織。改良派的前身是戊戌變法時期的維新派，康有為是該派的領袖。戊戌變法失敗後，康有為流亡海外。他並沒有從失敗中接受教訓，仍然寄希望於光緒皇帝重掌大權，堅持已經破了產的改良主義道路。康有為在戊戌維新時期曾經是充滿革新銳氣的維新領袖，但在資產階級民主革命已經成為不可逆轉的歷史潮流的情況下，仍然堅持已經過時的君主立憲政治主張，這就落後於時代了。為了實現自己的政治主張，他不僅拒絕與革命派合作，而且公開與革命派為敵，散布保皇復辟、反對革命的種種論調，竭力美化和吹捧封建舊文化和舊制度，成為民主革命潮流發展的絆腳石。為了在思想上澄清改良派造成的混亂，以孫中山為首的革命派不得不對改良派的思想觀點進行清算，揭開了雙方論爭的序幕。

在一九〇五年以前，革命派與改良派圍繞著要不要進行民主革命的問題進行

了多次辯論。到一九〇五年夏秋之際，同盟會成立及其機關刊物《民報》創刊後，雙方論戰全面展開，進入高潮。其規模之大、時間之長、涉及問題之多、鬥爭之激烈，是中國舊民主主義革命史上罕見的場景。據不完全統計，雙方投入這場論爭的報刊多達二十餘種。革命派的主要輿論工具是《民報》，參與論戰的主要撰稿人有孫中山、章太炎、陳天華、宋教仁、朱執信等。改良派的主要輿論陣地是《新民叢報》，在論戰中真正起作用的是康有為、梁啟超。雙方論辯的問題很多，其中一個主要問題就是關於民主共和與君主立憲的論爭。

革命派認為，共和制是近代政治制度中最理想的制度。陳天華說：「近世言政治比較者，自非有國拘流梏之見存，則莫不曰：共和善，共和善。」中國「而求乎最美最宜之政體，亦莫共和若」。[31] 在他們看來，僅僅實行推翻滿洲貴族壓迫的民族革命是不夠的，還不能改變君主專制政體，從根本上解決中國的問題，只有實行以民主共和為綱領的民主革命才能達到這個目的。因為民主共和制度真正體現了「天賦人權」、平等、自由、博愛的精神，能夠恢復國民固有的人權，全面體現「民意」。實行「三權分立」的民主政體可以「除專制政治之壓制」，「摧破專制政體」，「把我們中國造起一個二十世紀頭等的共和國」[32]。

以康有為為首的改良派始終堅持過了時的君主立憲舊調，竭力反對革命派選擇的民主共和道路。梁啟超在《清議報》發表《立憲法議》一文，極力讚美君主立憲，說：「君主立憲者，政體之最良者也」，「為永絕亂萌之政體也」。康有為在《法國革命史論》一文中，也以史論的形式盛讚歐洲的君主立憲國家，稱讚他們「為民之仁政，備舉周悉，法

《民報》書影

律明備，政治修飭，彬彬喬喬，光明妙嚴」。而對民主革命和共和制度則大加醜化。他把法國資產階級大革命說成是「妄行殺戮，慘無天日」的「恐怖之世」，把法國大革命領導人稱為「酷毒民賊」、「屠伯悍賊」。在他看來，民主制、民權

31 陳天華：《論中國宜改創民主政體》，《民報》，第一期。
32 汪兆銘：《駁〈新民叢報〉最近之非革命論》，《民報》，第四期。

論簡直就是罪惡之源，「故自由革命民主自立之說，皆毒溺中國之藥也，其萬不可從，不待言也」[33]。

改良派對資產階級共和國方案能否在中國實行持否定意見。康有為認為：「人權平等」、「主權在民」、「普通人有權選舉」固然很好，但是在中國則行不通。因為處於君主專制時代的中國，只能經過君主立憲才能達到民主共和制的時代，斷言君主立憲是中國社會發展不可踰越的歷史階段，既不能阻止，也不能超越，只能循序漸進，「斷難等」。他還藉口實現民主共和必須經過革命的途徑，大肆渲染革命的危害，說「夫經革命之後，全國散漫，控御無方，內亂並起，而外侮乘之，中國之亡益速耳」，建立民主共和不過是「妄引法國夙昔野蠻之俗」，「安平無憂而服鴆自毒，強健無病而引刀自割」[34]。與其冒革命流血之險，不如「合舉國之力」推倒慈禧太后，使光緒帝復辟，推行君主立憲更為穩妥可靠。梁啟超在這個問題上甚至認為，中國不僅不能實行民主制度，而且連實行君主立憲的條件也不存在，只能實行「開明專制」。他認為共和制不能在中國實行的原因是中國人尚不具備享受共和制的「資格」。這種「資格」包括兩個方面：一是「人民程度未及格」，指中國人思想文化水準低下，參政、議政、行政能力尚很「幼稚」，不能履行共和制所要求的權利和義務；二是「施政機關未整備」，指中國沒有實行共和制所必須的各種制度、規章、組織等社會條件。認為如果人民不具備這些參政資格，而「強欲效顰」，最後的結果只能是「徒增擾亂」。因此，他的結論是：「與其共和，不如君主立憲，與其君主立憲，又不如開明專制。」[35]從主張君主立憲到提出「開明專制」，是他退步落伍的一個縮影。

與此相對，革命派則對中國實行民主共和制的現實性抱著樂觀的態度。他們認為共和制度及民主思想不是西方國家的專利品，其在中國的歷史傳統和民族精神中同樣具備。孫中山認為「三代之治」，實行的就是「共和之神髓」[36]，汪兆銘也認為自由、平等、博愛三者對於人類具有普遍意義，因而也適用於中國。既

33 康有為：《法國革命史論》，《新民叢報》，第 87 期。
34 同上。
35 《開明專制論》，《飲冰室合集》文集之十七，53 頁。
36 《孫逸仙與白浪滔天之革命談》，《黃帝魂》，1904。

然在中國的歷史文化傳統中存在共和制和民主自由精神的因素，那麼在現實中實現這些東西就有足夠的理由。革命派並不否認在文化教育落後、民智未開的情況下實行民主制的艱巨性，但他們認為這種情況可以通過發展近代教育，進行文化啟蒙的辦法來解決：「教育者，於革命之前、革命之時、革命之後，皆一日不可缺者也。」[37]為了使民主共和制度更適合於中國的國情，孫中山把同盟會綱領的實現分成三個時期來實施，即軍法之治、約法之治和憲法之治，逐步掃除專制時代遺留下的積弊。其中包括興教育、厲風俗，培養人民的民主法制觀念，以「循序以進，養成自由平等之資格」。[38]從而為民主共和制的實行設計了一條可行的道路。

革命派和改良派的文化思想都屬於資產階級的性質，在對許多問題的看法上有不少相通之處，但他們之間確實存在著新與舊、進步與保守的差別。這場論爭以民主共和否定君主立憲而告終，掃除了革命鬥爭道路上的思想障礙，為辛亥革命的勝利奠定了思想基礎。

三、「國粹主義」與「醉心歐化」

「歐化」派觀點和「國粹」派觀點，都是新型知識分子在當時的歷史條件下對中國出路問題及中西文化關係問題進行的探索。「歐化」派以吳稚暉、李石曾等《新世紀》派為代表。《新世紀》週刊於一九〇七年六月創設於法國巴黎，是革命派內部一個宣傳無政府主義的刊物。其同人倡言「三綱革命」、「孔丘之革命」、「祖宗革命」，對封建舊文化進行猛烈批判，頗有振聾發聵之聲勢。但該派有全盤否定中國歷史與文化的民族虛無主義傾向。近代中國的國粹主義思潮萌芽於十九世紀末，形成於二十世紀初。一九〇五年初，曾經主編過《政藝通報》的廣東學人鄧實在上海主持成立了旨在「研究國學，保存國粹」的國學保存會。同

---

37 汪兆銘：《駁〈新民叢報〉最近之非革命論》，《民報》，第四期。
38 孫中山：《中國同盟會革命方略》，《孫中山全集》第一卷，298 頁。

年二月該會創辦了《國粹學報》，公開亮出了國粹派的思想旗幟。這份報紙既是國學保存會的機關報，也是國粹思潮的主要論壇。從此，國粹派作為中國近代思想文化領域中的一個派別正式形成了。國粹派的思想主流主要是資產階級的民族主義和民主主義。關於提倡「國粹」的宗旨，章太炎講得很清楚：「為甚提倡國粹？不是要人尊信孔教，只是要人愛惜我們漢種的歷史。這個歷史就是廣義說的，其中可以分為三項：一是語言文字，二是典章制度，三是人物事蹟。」[39]從《國粹學報》發表的文章來看，這個派別討論的問題相當廣泛，排滿光復、政治改革、復興古學、歷史考據、詩文辭賦，無一不在他們關心的範圍之內。然而，對中國傳統文化前途的思考及糾正歐化論的偏頗則是他們始終關注的核心問題。

　　如何評價中國傳統文化，兩派觀點明顯相異。國粹派對中國傳統文化評價很高，稱之為中華民族的靈魂，中國的立國之本，應該得到繼承和發揚。在他們看來，中國傳統文化的精華就是所謂「國學」，即包括孔孟儒學和諸子百家之學在內的中國傳統學術。國粹派讚美傳統並不意味著他們一概排斥西方文化，他們在一定程度上還是承認和肯定西方文化價值和作用的，並且在不少的思想主張中已經包含了西方文化的內容。一九〇五年八月出版的《國粹學

《國粹學報》封面

報》第七期刊登了許守微的一篇題為《論國粹無阻於歐化》一文，談到了保存國粹與實行歐化的關係。作者一方面認為歐化是「救中夏之道」，「固吾人所禱祀以求者也」；另一方面又強調歐化離不開國粹的發揚。他認為中國開關數十年輸入西學「莫收其效」，原因在於沒有注意發揮自己的內在因素。中國的內在因素就是培養「民德」，發揚國粹，即用本國的歷史學術教育人民，煥發他們的愛國主義、民族主義精神。他以古代埃及、希臘、印度為例，說明這些國家「皆以失其國粹，或亡或滅，或弱或微」。而近代歐洲則因復興古學而強盛起來，「今日歐洲文明，由中世紀倡古學之復興。」中國應以歐洲為榜樣，「急起直追，力自

39 章太炎：《演說錄》，《民報》，第六期。

振拔」。國粹與歐化在這裡得到統一，用他的話來說就是：「國粹也者，助歐化而愈彰，非敵歐化以自防，實為愛國者須臾不可離也云爾。」歐化必須在堅持中國文化主體的前提下來進行，這種觀點在國粹派中是帶有普遍性的。

與國粹論者相反，歐化論者則把西方文化讚譽為「近代文明之春雷」，是「度越前古、凌駕東亞」的「新文明」，是推動人類社會發展的「原動力」和拯救中國於水深火熱之中的「寶方良藥」。西方文化在一切方面都優越於中國文化，中國必須以西方文明為榜樣，實行「歐化主義」才有出路。歐美諸國被他們視為最理想的文明導師和榜樣。「歐美者，文明之導師也；日本者，文明之後進也。……歐美者，文明之出產地也，欲求實學，必於歐美。」[40]在政治上，他們嚮往美國、法國等實行資產階級共和制的國家。有人撰文說：「今世之人，不必援英吉利、德意志、日本為比例，須步法蘭西、美利堅後塵也。」[41]在思想文化上，他們把西方近代資產階級意識形態看做振興中國學界的靈丹妙藥，大聲疾呼：「非灌輸路索（盧梭）、孟德斯鳩、達爾文、斯賓塞諸儒之學說以淘洗之，茫茫大陸將隨學界長淪於黑暗之中矣。」[42]有人甚至主張廢除漢字，改用西方文字：「中國文字野蠻，歐洲文字較良」，提出「棄吾中國之野蠻文字，改習萬國新語之較良文字，直如脫敗絮而服輕裘，固無所用其更計較」。[43]在近代時期，中國傳統文化落後於西方文化是眾所周知的事實，國家實行開放，引進西方文明正是中國文化振興的重要轉機。歐化論者的言論反映了這一歷史發展的要求，從總體上來說是正確的，無可厚非的，但是，不少持歐化論者都過分貶低了傳統文化的價值，這又是它的不足。

總之，在對待中西文化問題上，國粹論與歐化論都各執一端，或者固守本國傳統，漠視西方文化，或者完全醉心歐化，鄙棄本國文化。儘管都有其存在的合理性，但從總體上看都不是正確的態度，反映出辛亥時期文化選擇的急迫性和多元性，也為民國初年的文化論戰埋下了伏筆。

---

40 《與同志書》，《遊學譯編》，第七期。
41 《美國憲法》，《民心》，第三期。
42 李書城：《學生之競爭》，《湖北學生報》，第二期。
43 轉引自倪海曙編：《清末漢語拼音運動編年史》，185 頁，上海，上海人民出版社，1959。

第四節 ·

晚清文化
論爭透視

　　鴉片戰爭後，清王朝被迫打開閉關鎖國的大門，從此西方文化如潮水般地湧入中國。歷史的巨變，使近代中西文化交匯、衝撞及緣此而起的文化論爭展現了全新的歷史場景。洋務運動時期的「師夷」與「拒夷」之爭；戊戌變法時期的「君主立憲」與「君主專制」、民主平等與綱常名教之爭；辛亥革命時期的「民主共和」與「君主立憲」之爭、「歐化」與「國粹」之爭等大致反映了晚清時期文化論爭的基本內容。無論是魏源主張「師夷長技以制夷」，洋務派的「中學為體，西學為用」，康有為維新派主張的「君主立憲」，還是孫中山革命黨人主張的「民主共和」，都可以看成是中國近代社會不同階級、不同集團對中國前途命運的選擇，具體地體現為資產階級新文化反對封建舊文化這條主線。因此，文化論爭中所呈現出的紛繁複雜和激烈都是前所未有的。這種文化選擇過程由於處於時間高度濃縮的社會巨變的時代條件下，致使文化選擇主體所表現出的階段性和時代性都極其鮮明。例如「師夷之長技」對於不思變通的「夷夏之辨」觀來說具有進步性，但是當著社會進步需要進行制度層面的改革之時，「師夷長技」所維持的封建綱常名教與君主專制又明顯地落後於自由平等與君主立憲的文化選擇了。而在辛亥革命時期，主張保留清王朝而提倡君主立憲的落後性與主張推翻清王朝而提倡民主共和的進步性也是不言自明的。潮流奔騰、大浪淘沙，推陳出新，近代中西文化論爭不斷演進的過程，既生動地反映了近代先進人物為尋找救

國真理所走過的漫長曲折的道路，同時也體現了近代中國人思想解放的歷程。

洋務運動時期關於「夷夏之辨」與「師夷長技」之間的論爭涉及「拒夷」還是「師夷」的選擇問題。持「夷夏之辨」文化觀的頑固派和持「師夷長技」文化觀的洋務派，都是封建統治集團營壘中的成員，他們之間的分歧主要表現在用什麼方式維護封建專制統治的問題。洋務派能夠正視兩次鴉片戰爭之後中國所處的國際地位，從維護清王朝統治的需要出發，主張以變通的方式學習西方資本主義的軍事、經濟「長技」達到富國強兵的目的；與此相對，頑固派卻無視近代中國在西方列強堅船利炮下所處的劣勢，堅持用傳統的「夷夏之辨」觀念看待已經變化了的中外形勢，把西方各國仍視為歷史上的「夷狄」，不承認它們有什麼先進文明，排斥西方一切有益的東西。雖然他們的本意也是出於維持封建統治的目的，但卻無力阻止西方勢力對專制政體的任何衝擊，更不能起到維護並長久延續封建統治的目的。由此可見，維護封建專制制度的目的相同，但由於採取不同的文化選擇觀，卻產生截然不同的文化後果，這在文化史上卻是一個饒有興味的問題。而洋務派文化選擇所發生的客觀後果也是他們所始料不及的，即他們出於維護和鞏固清王朝統治所採取的開辦軍事企業、民用企業，辦洋務學堂，派留學生出國學習等措施，是近代中國向西方學習過程中邁出的一步，為新式知識群體的崛起創造了滋生的土壤和溫床。

從中日甲午戰爭後的戊戌維新運動起，中西文化論爭已經深入到文化的制度層面和精神層面，這是這個階段論爭的一個特點。當時的維新派和守舊派雖然論爭了許多問題，但中心問題是要不要用君主立憲制度取代君主專制制度、要不要用民主平等改造綱常名教的問題。同時這一時期的論爭主體與洋務時期的論爭主要發生在統治階級內部完全不同，論爭主體的組成結構發生了新的變化。維新派作為論爭主體的重要一方，已經脫離了舊式士大夫階層，是中國歷史上最早的一批資產階級知識分子。由於歷史條件的限制，他們中的多數人雖不是出自近代學堂，但都通過不同途徑接受了西學，具備了近代知識結構，並積極參與近代文化事業，帶有近代知識分子的基本特徵。從論爭主體的另一方看，這時期洋務派也加入頑固派的陣營中來。前面已經談到，儘管洋務派在對待西學的問題上與頑固派發生了論爭，但兩者維護封建統治的目的是一致的，它不會也不允許有任何觸

動或威脅傳統封建體制及其意識形態的舉動。因此在維新思潮衝擊「中體」的情況下，他們便和頑固派一起，反對維新變法，維護封建專制和綱常名教。總之，由於新式知識分子的崛起並介入，使戊戌維新時期的文化論爭帶上了階級鬥爭的性質。從而使論爭無論從深度上還是廣度上都比以前有了質的變化。

在論爭中，維新派突破「中體西用」的藩籬，用近代的眼光評價西學的價值，在肯定西方物質文明的同時，也對西方的制度及精神文明作出積極的評價，對西方文化有較完整的理解，標誌著中國人在向西方尋找救國真理的道路上又邁出重要的一步。維新派還積極宣傳救亡圖存、維新變法思想，用西方資產階級的思想武器猛烈地抨擊了守舊派的種種奇談怪論，有力地衝擊了封建文化、傳播了近代科學文化，動搖了君主專制賴以存在的理論基礎，啟動了近代中國思想解放的閘門。這些思想鬥爭不僅給當時的變法運動造了輿論，產生了重大的社會震動，而且對後來的辛亥革命、五四新文化運動也產生了積極的影響。

二十世紀初期是中國社會劇烈震盪的年代，這時期民主革命風起雲湧，推翻清王朝已成為時代潮流所趨，因此這一時期的文化論爭主要體現為：在制度文化選擇上是實行君主立憲還是實行民主共和？在精神文化層面選擇上是「歐化」還是「國粹」？文化論爭的主體主要發生在資產階級內部，既有改良派與革命派就制度選擇上的論爭，又有革命派內部「歐化」派與「國粹」派就文化主導性趨向的論爭。辛亥革命時期，由於資產階級民主運動的風起雲湧和新型知識分子群體的發展壯大，封建守舊派維護君主專制的陳詞濫調已經成為征帆側畔的沉舟，無法左右社會思潮的發展趨勢，而活躍一時的新型知識分子便充當了晚清思想界歷史舞臺的主角。在文化論爭中，最有生氣的場面正是在他們中間揭開的。從總體上看，辛亥時期的論爭與戊戌時期相比，大致處於同一層次，討論的主要問題仍然是制度選擇的問題，也就是選擇君主立憲還是選擇民主共和的問題。

作為改良派的前身維新派儘管提出了資產階級新的文化思想，把中西文化論爭推進到一個新的階段，但是由於時代和階級的局限性，他們雖對君主專制和綱常名教進行了大膽的抨擊，但是在思想上仍保留了較多的封建因素，在對待西方文化的態度上，改良派雖然提出用君主立憲取代君主專制，但對西方的民主共和

制度卻採取敵視的態度。他們一方面敏銳地看到了西方文化的種種缺陷，批評盲目崇拜「歐化」的主張；另一方面又不敢用積極的態度去正視這些問題，而且企圖通過向傳統文化的復歸來回避這些矛盾，以致出現了排拒西方文化中的合理成分，袒護中國傳統文化中的落後成分的偏差。與革命派相比，他們的政治主張、文化思想已經明顯地落後於時代。而革命派的思想較少受封建意識的影響，在對待中國傳統文化和西方文化的問題上採取了積極進取的態度，因此，他們提出的主張帶有時代感，順應了社會歷史發展的潮流。雙方論爭的結果，民主共和戰勝了君主立憲，更多的中國人選擇了資產階級共和國的方案。這不僅是革命進程中的飛躍，也是中國人在文化觀念上的進步。

至於國粹派與歐化派的論爭主要是革命黨人內部的文化論爭。他們各執一端，或者固守本國傳統，漠視西方文化；或者完全醉心歐化，鄙棄本國文化，分別走向兩個錯誤的極端，都是不正確的態度。針對這兩種偏頗，資產階級革命派中的一些有識之士提出了批評，認為「二家之見，所謂楚則失矣，齊亦未為得也」。他們看到，無論是中國傳統文化，還是西方文化，都存在利弊相形，良莠並存的情況，不能用簡單化的態度對待，而要作具體分析，「然則對於中國固有之學，不可一概菲薄，當思有以發明而光輝之。對於外國輸入之學，不可一概拒絕，當思開戶以歡迎之」，從而提出了採取「吸食與保存兩主義」並行的原則，對中西文化都要採取「拾其菁英，棄其糟粕」。[44]這種觀點反映出革命派中的一部分人在文化選擇問題上的理智態度。

辛亥革命時期的文化論爭雖然深化了中國人對於文化發展規律的認識，推動了近代新文化的發展，並對資產階級民主革命產生了積極影響，但是，由於中國資產階級的形成不僅缺乏堅實的物質基礎，而且也缺乏必要的理論準備，當這個階級登上政治鬥爭舞臺的時候，激烈的政治鬥爭與尖銳複雜的思想鬥爭同時擺在他們的面前，使他們常常處於倉促應戰的境地。即推翻清王朝、建立資產階級共和國的政治鬥爭成為壓倒一切的任務，思想文化領域的問題只能服從政治鬥爭的

44　《學術沿革之概論》，《醒獅》，第一期。

需要，降到次要地位。這就使人們在文化探討中提出的許多重要問題未能深入展開討論，有的稍論即止，有的只給出了題目，給民國初年的新文化運動中的文化問題論戰埋下了伏筆。

第四章

中西文化和國內
各民族文化交流

　　文化交流是文化發展進程中的一種極為普遍的現象，也是一種文化得以存在延續的必要條件。
中華文化之所以源遠流長，生命力旺盛，其中的一個重要原因就在於它在與諸多異質文化交流的過
程中，獲得了大量新的營養，使自身肌體得到充實。從某種意義上講，中國文化史也是一部中外文
化碰撞、交流、相互融合的歷史。縱觀中國文化發展的歷程，晚清時期的中外文化交流顯得格外活
躍，在歷史上占有重要的地位。需要強調的是，人們在談到晚清的文化交流時，往往較多注意西學
東漸，而對中外文化的另一方面——中國文化的外傳則注意不夠。其實這是片面的。鴉片戰爭以
後，西學東漸固然是中外文化交流的主要方面，但中國文化的外傳也是不可忽視的事實，只有同時
注重對這兩個方面的考察，才能對晚清文化乃至整個中國文化的評價得出正確的結論。本章側重從
這兩個方面，對晚清時期的中外文化交流及國內主要民族文化交流作一概述。

西方文化在
中國的傳播

　　一八四○年鴉片戰爭以後，西方文化隨著歐美殖民主義的砲艦、鴉片湧入中國，其聲勢和規模則遠遠超過明末清初時西學東漸的水平。晚清的西方文化輸入，就其知識性的內容而言，可以戊戌維新運動為界，分成前後兩個時期。前一個時期主要輸入西方自然科學及技術知識；在後一時期，新派知識分子開始注意介紹西方的哲學和社會政治學說，使西學傳播別開生面，從而把晚清西學東漸推向了新的高潮。

一、西學東漸的新態勢

　　從嚴格的意義上講，最初的西學東漸應該從明末清初算起。在當時，以利瑪竇、湯若望等人為代表的耶穌教傳教士來到中國，在傳播宗教的同時也介紹了一些西方自然科學的內容。然而，從總體上看，此期西學傳播的規模、影響都非常有限。傳播渠道主要通過譯書來進行，而譯書的主動權基本上操於外國傳教士之手。可以說在明末清初的西學東漸中，中國處於被動狀態。鴉片戰爭以後，隨著中國社會性質發生根本性的轉變，西學東漸的形勢也發生了重大變化。近代化報刊的出現、新式學堂的創辦、翻譯出版機構的設立，大大拓寬了西學傳播的渠

道。由於晚清社會結構發生了新的變動，一批初步受過近代教育，具有新式知識構成，並懂得外文的新型知識分子群體成長起來，充當了譯介西學的主要力量，打破了外國傳教士對譯書的壟斷。從譯介內容上來看，傳入中國的西學經歷了從片面介紹西方科技知識，到全面介紹自然科學和人文科學的轉變。這一切都說明，晚清的西學東漸基本上改變了過去由外國傳教士控制的被動局面，形成了全方位輸入的新態勢。

（一）西學傳播途徑的拓寬

晚清以前，包括明末清初，西學在華傳播頗受限制，其傳播渠道只有譯書一途。晚清以後情況大變，出現了報刊、學堂、譯書出版及人員交往等多種途徑並舉的傳播態勢。

報刊傳播是晚清西學東漸的重要途徑。中國的近代化報刊最初是由來華的外國傳教士創辦的。一八一五年英國傳教士馬禮遜在南洋馬來半島西岸的馬六甲出版了一種名叫《察世俗每月統計傳》的報紙。這是東來的西方人創辦的以中國人為讀者的第一份中文報刊。然而，從此時到鴉片戰爭以前，外國傳教士不僅數量少，而且活動區域有限，創辦報刊為數不多。鴉片戰爭以後，西方國家打開了中國的大門，不斷派遣教會組織及傳教士來華，進行宗教和文化方面的滲透。為了擴大教會勢力的影響，來華傳教士在上海、廣州、漢口、天津等城市創辦了一系列報刊。大致而言，在十九世紀四〇年代至九〇年代的半個世紀時間裡，外國人在中國先後創辦了近一百七十種中、外文報刊，約占同期中國報刊總數的 百分之九十五，其中大部分是由教會或傳教士個人創辦的。[1]由外國傳教士掌握的報刊儘管以宣傳宗教為宗旨，但不少教會傳教都以「以學證教」為原則，在傳教的同時也附帶介紹一些科學技術知識，這就使掌握在傳教士手中的報刊成為傳播西學知識的媒介。中日甲午戰爭後，隨著資產階級政治運動的開展（戊戌變法、辛亥革命），出現了華人辦報的熱潮，使中國擁有的報刊數量大增。尤其在晚清最

1　參見方漢奇：《中國近代報刊史》上冊，18 頁。

後十年，全國許多城市都創辦了報刊。上海、北京、廣州等政治中心城市及東南大都市自不待言，就連潮州、無錫、鎮江、贛州、營口等中小城市也有報刊發行。這些報刊，無論是官辦的，還是民辦的，也無論是何種性質，它們的一個共同目的就是介紹各種世界新知，開啟民智。在傳播和介紹西學方面產生過較大影響的報刊主要有以下幾種：

《遐邇貫珍》，一八五三年九月由馬禮遜教育會創辦，中文月刊，一八五六年五月停刊，共出三十三期。初由麥都思主編，後奚禮爾、理雅各又先後主持。所刊內容有論說、新聞、通訊、寓言、圖片等，其中有大量介紹西學及世界大勢的文章。

《格致彙編》，由英國傳教士傅蘭雅於一八七六年二月創辦，月刊（改季刊），為晚清最早的科學雜志。創刊後，旋辦旋停，一八九二年冬出至第七年第四卷終刊，共計出六十卷。受聘於江南製造局翻譯館的傅蘭雅，從自己譯介西學的工作中感到，要使「格致之學」在中國「盛行」，首先必須對民眾進行科普教育，「急宜先從淺近者起手，漸及而至見聞廣遠，自能融會貫通矣」。[2]為此，他創辦了《格致彙編》。該刊主要介紹近代自然科學和工藝技術知識，涉及的內容相當廣泛，大凡天文、地理、數學、物理、化學、生物學、醫學、藥物學，以及紡織、冶煉、製造、運輸等生產技術及水雷、火炮等軍事技術，幾乎無所不包。《格致彙編》創刊後頗受讀者歡迎，銷路暢達，發行量每期在三四千冊以上，在社會上產生了積極影響。

《萬國公報》，原名《教會新報》，一八六八年九月由基督教會創辦於上海，美國傳教士林樂知為主編，週刊。從第三○一卷（1874 年 9 月）起更名《萬國公報》，成為以時事為主的綜合性刊物。一八八三年七月出至第七百五十期停刊，一八八九年二月復刊，改月刊，期數另立，成為外國教會機構廣學會的主要輿論工具。一九○七年停刊。改名後，該刊在每期扉頁附印一行說明：「本刊是為推廣與泰西各國有關的地理、歷史、文明、政治、宗教、科學、藝術、工業及

---

2 徐壽：《格致彙編序》，《格致彙編》第一卷，1876。

一般進步知識的期刊」，表明它比一般刊物更注重對各種知識的宣傳介紹。《萬國公報》因其知識性強，發行時間長，而在社會上產生重要影響。發行量從最初的每期兩三千份增加到五點四萬份（1903 年）。

《新民叢報》，資產階級改良派的重要刊物，保皇會主要輿論機關。一九〇二年二月在日本橫濱創刊。半月刊。梁啟超、蔣觀云先後主編。撰稿人有韓文舉、歐矩甲、馬君武、麥孟華、徐勤、徐佛蘇等。一九〇七年冬停刊，共出九十六期。該刊在創刊號宣布了三條辦報宗旨，即「維新吾民」、「養國家思想」、「導中國進步」。其基本精神就是用近代的新思想、新知識對廣大民眾進行思想啟蒙。基於這種宗旨，該刊十分注重對域外新知的宣傳介紹，所設欄目有：論說、學說、政治、短評、中國

傅蘭雅像

近事、海外匯報、史傳、地理、教育、學術、兵事、宗教、名家談叢、輿論一斑、雜俎、小說、文苑、新著介紹、問答、餘錄等。第一年共辟二十四個欄目，以後各期經常保持的欄目在十個以上。從欄目的設置可反映出該刊所載內容的豐富多彩。《新民叢報》對西學的介紹，既有自然科學，又有社會科學。尤其對後者的介紹成就卓著。涉及哲學、政治、法律、文學、教育、歷史等方面，近代人文科學的主要領域，大都包羅在內。《新民叢報》宣傳的這些內容，適應了當時的中國人對西學的強烈追求，受到廣大讀者的歡迎。該刊也成為當時最暢銷的刊物之一，發行量高達萬份上下，有時每期再版或輾轉翻印達十餘次之多。

《科學世界》是近代中國人創辦的關於自然科學的專門雜志，由上海科學儀器館主辦。創刊於一九〇三年三月，一九〇四年年底停刊，發行了十二期。後於一九二一年復刊，發行了五期旋停。主要撰稿人有虞和欽、王本祥、虞輝祖、杜亞泉、徐宗彥等，多為自然科學的專家和愛好者。該刊宗旨：「發明科學基礎實業，使吾民之知識技能日益增進」，[3] 即以宣傳實業救國，對民眾進行科學啟蒙為

3　《〈科學世界〉簡章》，《科學世界》，第一期，1903 年三月。

己任。該刊所載內容較為廣泛，其「簡章」中擬定的欄目有：圖畫、論說、原理、實習、拔萃、傳記、教科、學事匯報、小說等。通過這些欄目，該刊登載了大量介紹自然科學的文章。為了更形象地宣傳科學知識，該刊還登載科學小說。日本木村小舟寫的科學小說《蝴蝶書生漫遊記》，由日人茂原鞏江、王本祥合譯，在該刊連載。科學小說寓科學知識於故事情節之中，很能吸引讀者，能夠收到一般科學論著所不能有的宣傳效果。

新式學堂也是晚清西學傳播的重要途徑。在晚清，由於中國傳統社會發生了深刻的變化，引起了教育領域的變革。新式學堂的出現就是這種變化的重要表現。晚清出現的新式學堂主要有三種類型：第一類是由外國教會創辦的學堂，它們出現最早；第二類是由清政府開設的近代學堂；第三類是由資產階級改良派、革命派及各種民間團體創辦的新式學堂。

早在第一次鴉片戰爭以後，來華的外國傳教士就開始在中國創辦學堂，不過為數很少。第二次鴉片戰爭之後，外國教會取得更多的傳教特權，興起了辦學熱潮，教會學校數量與日俱增，辦學水平也有提高，不僅興辦了一些中學，而且還出現了少數大學。教會學校的宗旨是「使學生能成為社會上和教會裡有勢力的人物，成為一般人民的先生和領袖」[4]，以便用基督教征服整個中國。基於此種目的，教會學校便把宗教、科學知識、四書五經及英語當成基本教學內容。

清政府興辦新式學堂是從一八六二年創設京師同文館開始的。在洋務運動期間，清政府共舉辦了這類學堂二十餘所，以培養外語人才、軍事人才和技術人才。這些學堂雖然還沒有完全擺脫封建傳統教育的窠臼，但都程度不同地採取了西方近代學校的某些體制教法，開設了一些自然科學、外語之類的課程，傳播了一些域外新知。一九〇一年「新政」以後，清朝教育制度發生根本性變化。隨著科舉制的廢除，近代教育體制逐步建立起來，新式學堂在全國各地普遍設立。清末的新式學堂，既不同於舊式私塾，又不同於中日甲午戰前的洋務學堂，近代色彩更加鮮明。清政府在一九〇二年頒發的《欽定中學堂章程》對所開課程作了這

4　《基督教在華傳教士大會記錄，1890 年》，引自顧長聲：《傳教士與近代中國》，233 頁。

樣的規定：「修身第一，讀經第二，算學第三，辭章第四，中外史學第五，中外輿地第六，外國文第七，圖畫第八，博物第九，物理第十，化學第十一，體操第十二。」[5]儘管此期的清朝官方教育以「中體西用」為宗旨，但近代學科知識的比重大大增加了，官方學堂亦是傳播西學的重要途徑。

　　創辦新式學堂是中日甲午戰爭後新興資產階級所從事的一項重要活動。改良派和革命派對此都很重視，並付出了實際努力。這些機構在介紹西學、傳播維新變法思想方面，起了重大作用。維新派在湖南長沙設立的時務學堂，採取中西學並重的方針，分經學、子學、史學和西學幾科，不僅教授自然科學，而且還宣傳了西方的進化論、民權說，培養出蔡鍔、林圭等人才。辛亥革命期間，革命派也辦了許多學校，以培養「革命之健兒」、「建國之豪傑」。愛國學社、愛國女校、大通師範學堂等便是其中的著名者。這類學堂辦學宗旨比較開明，沒有官方學堂的種種限制，「重精神教育以自由獨立為主」，在教學內容上，西學重於中學；成為培養革命人才的重要場所。

上海廣學會

5　舒新城編：《中國近代教育史資料》中冊，498 頁，北京，人民教育出版社，1983。

除了報刊、學堂之外，晚清西學東漸的途徑還有翻譯出版機構。鴉片戰爭時期，林則徐、魏源等有識之士就提出「訪夷情」、「譯西書」的主張。林則徐為了翻譯西方書刊，聘請梁進德、袁德輝等為譯員，從事翻譯工作；把部分內容輯成《華事夷言》，開晚清譯書之先河。然而最早出現在中國的近代翻譯出版機構則是外國傳教士在十九世紀四〇年代創辦的墨海書館（1843）、華花聖經書房（1845），翻譯出版了一批晚清較早的西學書籍。六〇年代以後，由外國人掌握的出版機構有美華書館、益智書會和廣學會等。其中具有代表性的是廣學會。廣學會，初名同文書會，一八八七年成立於上海，後改名廣學會。其成員主要是寓滬的外國人，有傳教士、外交官、租界官員及在華的外籍知名人士。英人赫德是它第一位會長。廣學會是在宗教旗號下從事文化活動的社團，以編譯西書為主要工作。據統計，一八八七至一九〇〇年，廣學會共出版書籍約一百七十六種，到一九一一年，共出版四百六十一種。[6]其中非宗教性書籍占一多半以上，涉及哲學、法律、政治、教育、實業、天文、地理、博物、理化等十幾個方面。同時還發行多種刊物，主要有《萬國公報》、《孩提畫報》、《訓蒙畫報》、《大同報》、《中西教會報》、《女鐸》等。書報發行點遍布全國，一八九八年有二十八處，到次年增至三十五處。廣學會是清末編譯西書、介紹西學最多的出版機構之一。

從十九世紀六〇年代起，清政府開始有組織、有計劃地翻譯西書，並成立了相應的翻譯出版機構。最重要的機構就是創設於一八六八年的江南製造局翻譯館。京師同文館也兼有譯書的職能。江南製造局翻譯館成立後，聘用徐壽、李善蘭、華蘅芳、趙元益等中國學者及偉烈亞力、傅蘭雅、林樂知等外國傳教士為譯員，有組織、有計劃地編譯西方科技類圖書，較系統地介紹了近代數學、天文學、物理學、化學、生物學及各種技術知識。僅到一八八〇年為止，該館譯成西書共一百四十三部，已經出版者達九十八部。京師同文館也設有印書處，館內師生不斷譯印科技書籍，到一八八八年強學書局成立前，編譯西書二十餘種[7]，為西學的傳播作出了積極的貢獻。

6　王樹槐：《清季的廣學會》，《「中央研究院」近代史研究所集刊》（臺灣）第四期，上冊，1973 年五月。
7　呂景林：《同文館述評》，《東嶽論叢》，1985 年第一期。

中日甲午戰爭後，在資產階級政治鬥爭的影響下，中國的近代出版業有了長足的發展，各種譯書機構雨後春筍般地建立起來。比較重要的有：商務印書館編譯所（1897，上海）、大同譯書局（1897，上海）、譯書公會（1897，上海）、譯書彙編社（1900，日本東京，在上海設有總發行所）、廣智書局（1901，上海）、江楚編譯局（1901，南京）、教育世界出版社（1901，上海）、文明書局（1902，上海）、中國圖書公司（1906）、中國醫學會（1909，上海）等。此期的翻譯出版機構不僅數量多，而且情況複雜，有官辦的，也有民辦的；有

華蘅芳像

設在國內的，還有設在國外的。出版的書籍除了有科技類外，還有大量人文科學類，而且後者比重越來越大，構成此期西學引進的主要內容。流行於歐美國家的進化論、政治學、社會學、經濟學、教育學及文學藝術等學科、門類，大都得到系統的介紹。值得提出的是，此期的國內學者把求學目光轉向日本，以致在中國出現了日文西書翻譯熱。他們認為，日本在明治維新後學習西方，富國強兵，取得成功的經驗，可資中國借鑑；另外，中日文字相近，譯日文較譯西文更易，是學西方的捷徑。十九世紀末二十世紀初，翻譯出版的日文書籍大量增加。據譚汝謙主編的《中國譯日本書綜合目錄》統計，一八九六至一九一一年的十餘年間，中國翻譯日文書籍計九百五十八種[8]。這個統計並不全面，實際數字要在一千種以上。日文書籍的翻譯出版，豐富了引進外來文化的內容。

人員往來也是晚清西學東漸的一種形式。晚清以前，中外人員往來主要表現為外人來華的單向流動，中國人很少出國。鴉片戰爭以後，中外人員往來不僅人數增多，次數頻繁，而且出現了多向發展的情況，既有大量外國人來華，又有不少中國人出國。許多出國的中國人或者考察異域風情，或者學習別國新知，並通過日記、遊記、文章、著作等形式，把外國文化源源不斷地介紹到國內，為國人

8　譚汝謙主編：《中國譯日本書綜合目錄》，香港，香港中文大學出版社，1980。

了解域外大勢開闢了新的途徑。

晚清時期，由於中國閉關的大門被列強打開，外國人大量湧入中國，形成了自明末清初以來外國人來華的一個新的高潮。僅以來華的外國傳教士而言，在明末清初的百餘年間，來華的外國傳教士只有數百人，而在晚清，到十九世紀末，來華天主教各修會的傳教士共約八百人[9]，基督教傳教士則達一千五百人[10]。如果算上經濟、政治、外交、文化等方面的外來人員，那會是一個龐大的數字。《近代來華外國人名辭典》彙輯了一八四〇至一九四九年間來華外國人名錄二千餘人，這些僅是來華外國人中部分有影響、有地位的人物。他們包括參贊以上的外交官，重要口岸的領事官，海關、鹽務及郵政主管職員，租借地行政長官，政府顧問，著名傳教士，軍官，漢學家，新聞記者，商人，科學家及其他與中國近代史事有關的外國人。其中不少人都參與了當時的文化交流工作，或者通過各種方式介紹西學，或者向海外介紹中國文化，自覺不自覺地充當了近代中外文化交流的工具。

晚清時期，中國人出洋日益增多，改變了從前的封閉狀況。出洋華人數量之多，成分之廣泛，都創下以往歷史的最高紀錄。出洋華人大致有以下幾類人員：

1. **出洋勞工**　出洋勞工是指那些被生活所迫而到海外謀生的勞動者。他們中的許多人是被西方殖民者當作「豬仔」拐賣到海外的，與奴隸無異。據估計，一八〇一至一八五〇年，被掠賣出國的華工總數約三十二萬人。自一八五〇年以後的二十五年間，出口華工猛增到二百二十八萬人。這些華工有被販往南北美洲和英屬西印度群島，也有販往東南亞地區的。他們在海外受盡非人的折磨，境遇十分悲慘。

2. **使外及出國遊歷官員**　為了應付鴉片戰爭以後的變局，清政府不得不改變閉關時代的一些做法，從第二次鴉片戰爭後陸續派官員出國，或者充當駐外官員，或者遊歷考察，不斷向國內傳送世界各地的信息。一八六六年，總稅務司赫

9　顧長聲：《傳教士與近代中國》，108 頁。
10 同上書，117 頁。

德告假返回英國，建議總理衙門派同文館學生隨同赴泰西遊歷。清政府遂派前知縣斌椿與同文館學生鳳儀、張德彝、彥慧等隨赫德前往，先後考察了英、法、瑞典、俄國、普魯士、比利時等國。這是清政府在晚清向西方國家派出的第一批官方考察人員。斌椿此行寫下《乘槎筆記》、《海國勝遊草》（詩稿）、《天外歸帆草》（詩稿）等作品，記載了遊歷中的所見所聞及觀感。張德彝也寫了《航海述奇》。一八六八年，清政府向西方國家派出了第一個外交使團，領隊是受清政府聘用的美國人蒲安臣，成員有總理衙門官員志剛、孫家谷等。志剛寫下《初使泰西記》，記述了這次出訪經過。到十九世紀七〇年代中期，清政府開始派出駐外使節。一八七六年郭嵩燾被任命為駐英公使，後又兼使法國。一八七七年清政府任命胡璇澤為駐新加坡領事，是為中國設置駐外領事之始。至清末，清政府先後向十六個國家派出公使，向四十五個國家和地區派出領事[11]。為了了解域外大勢，清政府在一八七七年十二月發出一道上諭，命令出使各國大臣隨時呈送日記，內稱：「凡有關係交涉事件，及各國風土人情，該使臣皆當詳細記載，隨事咨報。數年以後，各國事機，中國人員可以洞悉，不至漫無把握。況日記並無一定體裁，辦理此等事件，自當盡心竭力，以期有益於國。」[12]根據這條諭旨的要求，許多駐外使領官員及出國隨員都寫出了風格不同的出國日記、遊記及其他著作，如郭嵩燾（駐英法使臣）的《使西紀程》、曾紀澤（駐英、法、兼使俄使臣）的《出使英法日記》、何如璋（駐日使臣）的《使東述略》、李鳳苞（駐德使臣）的《使德日記》、陳蘭彬（駐美使臣）的《使美紀略》、薛福成（駐英、法、意、比使臣）的《出使四國日記》、蔡鈞（駐日使臣）的《出使瑣記》、劉錫鴻（駐英副使）的《英軺日記》、錢恂（駐荷蘭使臣）的《中外交涉類要表》、崔國因（駐美、日、秘使臣）的《出使美日秘國日記》、黃遵憲（駐日使館參贊）的《日本國志》、姚文棟（駐英使館隨員）的《雲南勘界籌邊記》等。

從斌椿、志剛以後，清政府陸續派出官員出國考察。一八八七年清政府通過考試選拔出傅雲龍等十二人分赴東西洋遊歷。傅雲龍等被派往日本、美國、祕

11 參見故宮博物院明清檔案部、福建師範大學歷史系合編：《清季中外使領年表》，北京，中華書局，1985。
12 引自薛福成：《出使四國日記》，1 頁，長沙，湖南人民出版社，1981。

魯、巴西等國，歷時兩年。在此期間，傅氏編纂了遊歷各國圖經八十六卷，對各國情況作了系統介紹。再如，一九〇五年清政府迫於國內各界立憲的要求，派載澤、戴鴻慈等五大臣出洋考察憲政。載澤、李盛鐸、尚其亨前往日本、英國、法國、比利時等國；戴鴻慈、端方前往美國、德國、意大利等國考察，得西書數百種，並輯成《列國政要》一百三十二卷、《歐美政治要義》十八卷，呈請清政府作為實行君主立憲的依據。派如此眾多的官員出國，是鴉片戰爭以前不曾有過的，也是晚清中外人員往來日趨頻繁的一個證明。

3. 出國留學生　留學運動的興起和發展，不僅是晚清教育發生的重要變革，也是中外人員交往的重要體現。十九世紀末以前，中國學生出國留學數量不多，自費者更是寥若晨星。二十世紀初，由於科舉制度的衰敗和資產階級政治運動的影響，許多青年學子爭相負笈海外，形成了出國留學熱潮。出國留學者既有去歐美的，也有去日本的，而赴日留學一度成為留學浪潮中的主流。留學生們除了學習各國的科技知識、人文學科，還創辦報刊，翻譯書籍，向國內人民介紹域外新知，成為近代中國輸入外來文化的一支活躍的力量。

此外，還有大量因經濟、政治等各種原因離開祖國，移居或避居海外的人員。據張振勳估計，到光緒後期，「瀕海各省之民，散出外洋各埠者……統計不下五百餘萬」。[13]在這些出洋者當中，對西學東漸作出積極貢獻的是使外及出國遊歷官員、出洋留學生及各種出洋的知識分子等。

總之，晚清時期由於中國社會發生了新的變化，出現了資本主義的經濟、政治因素，對西學及西方文化的追求，成為中國社會的內在需要，這就使晚清時期的西學東漸有了新的歷史背景，也決定了西學在中國傳播的新態勢。沒有中國近代社會的演變，也就不會出現近代報刊、學堂、譯書機構。沒有開放的局面，大規模的中外人員交往就是一句空話。這就是晚清時期西學傳播出現新變化的根本原因。

---

13 張振勳：《奏陳振興商務條議》，李文治編：《中國近代農業史資料》第一輯，942 頁。

（二）西學傳播主體的轉換

西學傳播在晚清出現新態勢的另一個標誌，是傳播主體發生了根本性的變化。大致來講，以中日甲午戰爭後興起的戊戌維新運動為界，在此以前，西學傳播的主動權仍掌握在外國傳教士手中，西學東漸尚未突破明末清初的舊格局；而在中日甲午戰爭後，資產階級知識分子迅速崛起，以積極的姿態向國人介紹域外新知，做思想啟蒙的工作，從而使西學東漸進入了一個新的階段。

在從鴉片戰爭到中日甲午戰爭的半個多世紀中，外國傳教士一直在譯書中起著主導地位。中國譯者均為治經史出身的舊式士人，而新一代的翻譯人才正在醞釀形成的過程中，尚未獨立擔當此任。此期的西學翻譯方式仍與明末清初一樣，採取西人譯，中國學者述，由中西譯者合作完成。其做法為：由西方譯者口譯，中國譯者筆述、潤色。傅蘭雅在介紹江南製造局翻譯館的譯書狀況時對此作過詳細說明：「至於館內譯書之法，必將所欲譯者，西人先熟覽胸中而書理已明，則與華士同譯，乃以西書之義，逐句讀成華語，華士以筆述之：若有難言處，則與華士斟酌何法可明；若華士有不明處，則講明之。譯後，華人將初稿改正潤色，令合於中國文法。有數要書，臨刊時華士與西人核對；而平常書多不必對，皆賴華士改正。」[14]這種譯書方式是中西文化早期接觸的歷史產物。從傅蘭雅的敘述中可以看出，當時的西學輸入，對譯本的選擇、內容的理解、西文中譯等譯書環節，都取決於外籍譯者。所以此期出版的西書，多連署中西譯者之名，西士在前，華士在後。如《代微積拾級》（英人偉烈亞力譯，李善蘭述）、《談天》（偉烈亞力譯，李善蘭述）、《數學理》（英人傅蘭雅譯，趙元益述）、《化學鑑原》（傅蘭雅譯，徐壽述）、《聲學》（傅蘭雅譯，徐建寅述）、《地學淺釋》（美人瑪高溫譯，華蘅芳述）、《繪地法原》（美人金楷理譯，王德鈞述）等。梁啟超作於戊戌維新運動期間的《西學書目表》[15]所錄書目絕大部分是出版於中日甲午戰前的，亦能說明當時西學傳播的狀況。該書目表中除去所錄的幾種報刊外，均為刊行的

---

14 〔英〕傅蘭雅：《江南製造總局翻譯西書事略》，《中國近代出版史料初編》，18 頁，北京，中華書局，1957。
15 梁啟超：《西學書目表》，光緒二十三年刻本。

西書。其作者情況如下：中西學者合譯者一百二十三部，外國人譯著者一百三十九部，中國學者譯著者三十八部。可見，絕大多數譯著成於外國人之手，而參與譯書的中國學者大多不懂外文，主要從事譯文的轉述和潤色工作，在翻譯過程中只起輔助性作用。然而，這種狀況僅是暫時的，中日甲午戰爭後，尤其在庚子事變之後，中國譯界發生了重大變化。在中日甲午戰爭至清朝滅亡的十餘年間，中國譯界格外活躍，經過資產階級政治運動洗禮的新型知識分子成為輸入西學的主體。正如梁啟超所說：「戊戌政變，繼以庚子拳禍，清室衰微益暴露。青年學子，相率求學海外，而日本以接境故，赴者尤眾。壬寅、癸卯間（按：1902 年、1903 年間），譯述之業特盛，定期出版之雜志不下數十種。日本每一新書出，譯者動數家。新思想之輸入，如火如荼矣。」[16]西學傳播主體的轉換可以從此期出版的西書譯著者的情況反映出來。在反映辛亥革命時期西學傳播的《譯書經眼錄》[17]中，中國學者譯著者四百一十五部，中外學者合譯者三十三部，外國人翻譯者三十五部。中國學者參與完成的譯著遠遠超過同期外國人的譯著。這一情況與梁啟超在《西學書目表》中所反映的狀況相比，來了一個大顛倒。由此可見，此期的西學東漸中國人已經掌握了傳播西學、吸收外來文化的主動權，充當了輸入西學的主體力量。在此以前，中國譯者不唯數量稀少，而且在思想水平、翻譯能力等方面都很有限。而此期的中國譯者在數量和質量上都有了很大提高。《譯書經眼錄》中提到的中國譯者共有近三百名，其身分有學生（包括留學生）、教師、編輯、記者、醫生、科技工作者、職業政治家、政府官員等，遍及知識界各個階層。如嚴復、林紓、馬君武、王國維、梁啟超、章太炎、丁福保、范迪吉、杜亞泉、張相文、樊炳清、趙必振、戢翼翬、楊廷棟、麥鼎華、章宗祥等，就是其中的活躍人物。他們大都受過較系統的近代科學文化教育，具有新的知識結構和一定的外語水平，能夠獨立地從事翻譯工作。其中不少人還是資產階級政治運動的參加者和同情者，在思想水平和文化素質方面都勝過其前輩。由於他們的努力，在較短的時間裡向國人介紹了西方和日本在幾百年、幾十年中所形成的學術成就和文化積累，克服了從前西學輸入的片面性和被動

---

16 《清代學術概論》第 29 章，《飲冰室合集》專集之三十四，71 頁。
17 顧燮光輯：《譯書經眼錄》，民國十六年刊本。

性，使西學東漸出現了新的形勢。

二、西學傳播的主要內容

晚清西學東漸的新態勢還表現在輸入內容方面。由於西學傳播途徑的拓寬，傳播主體的轉換，再加上社會發生了深刻的變革，國人對西學需求的日益迫切，這就使西學以前所未有的規模大量湧入中國，成為晚清文化發展進程中的一大景觀。此期輸入的西學，不僅有自然科學和技術知識，而且還包括哲學及社會科學，可謂全方位的引進。大致說來，從鴉片戰爭至中日甲午戰爭的半個多世紀，輸入的西學主要是自然科學和技術知識，形成了晚清西學東漸的第一個高潮。從戊戌維新運動至清朝垮臺，隨著新興資產階級登上政治鬥爭舞臺，西方哲學、社會科學受到國人關注，並大量輸入，從而出現了西學傳播的第二個高潮。

（一）西方科技知識的傳播

早在十九世紀四五十年代，西方的數學、醫學就被介紹進來。李善蘭和偉烈亞力合譯的《幾何原本》後九卷、《代微積拾級》等書，英國傳教醫師合信編寫的《全體新論》、《西醫略論》等書，分別介紹了這兩門學科的基本知識。此外，對天文學、物理學也有零星的介紹。不過，總的來看，在十九世紀六〇年代以前，西學介紹處於相當落後的狀態。從六〇年代的洋務運動興起以後，這種狀況發生了很大變化，引進學科的門類大大增多。在基礎學科方面包括數學、天文學、物理學、化學、生物學、地質學、地理學、醫學等，涉及當時西方自然科學的絕大部分領域。應用科學的引進也很齊全，諸如冶煉、造船、化工、開採、紡織、駕駛、軍械、製造等，都先後傳入中國。這些內容成為晚清西學東漸第一個高潮的重要特徵。以下對輸入的一些主要自然科學作概要的介紹。

1. **數學** 西方數學是傳入中國較早的一門科學。早在明末清初，西方數學的一些知識，如歐幾里得幾何學、算術筆算法、對數和三角學，就通過《幾何原

本》（希臘歐幾里得著，利瑪竇譯、徐光啟述）、《同文算指》（利瑪竇、李之藻合作編譯）、《三角算法》（穆尼閣、薛鳳祚編譯）等譯著傳入中國，受到中國學者的重視。晚清時期，西方數學的輸入在明末清初的基礎上又有了新的發展，不僅介紹了初等數學，而且還介紹了高等數學。主要譯著有：

《幾何原本》後九卷，一八五七年出版。《幾何原本》為古希臘數學家歐幾里得所著，共十五卷。前六卷由利瑪竇與徐光啟在明末譯出。後九卷由英國傳教士偉烈亞力和李善蘭合作據英譯本譯出。《幾何原本》是論述平面幾何基本原理的經典著作。經過二百餘年的漫長歲月，這部古希臘的數學名著至此才完整地傳進中國。該書初版曾毀於咸同年間的戰火。一八六五年在曾國藩的資助下，李善蘭將前後兩部並歸一處，重新出版。

李善蘭像

《代數學》，分十三卷，原書係英國數學家棣麼甘（1806-1871）所著，涉及一元一次方程、一元二次方程、函數、級數和對數等初等代數問題。由偉烈亞力和李善蘭合譯。一八五九年上海墨海書館出版。該書對初等數學作了系統介紹，並第一次向中國介紹了虛數。對有些西方數學運算符號仍用中國數學傳統表示方式，如「＋」、「－」號用「⊥」、「丅」代替：X、Y 等變量符號用「天」、「地」等代替；已知數符號 a、b 用甲、乙代替；阿拉伯數字 1、2、3⋯⋯仍用中文一、二、三⋯⋯表示。該書還把西方運算符號直接引入，如×、÷、＝、√等。

《代微積拾級》，原著者是美國數學家羅密士（Elias Loomis，1811—1889），原書名為《解析幾何與微積分初步》，共十八卷，一八五〇年出版。李善蘭與偉烈亞力合譯，譯本於一八五九年出版。該書依次介紹了代數、幾何、微分學、積分學，從初等數學到高等數學都有涉及，是晚清輸入中國的第一部高等數學的譯著，對中國近代數學的發展起到重要的作用。

《微積溯源》，原著名《微積分》（*Fluxions*），英國華里司輯，載於《大英百

科全書》第八版。由傅蘭雅、華蘅芳合譯，凡八卷，一八七四年江南製造局出版。前四卷講微分術，後四卷講積分術，內容不僅比《代微積拾級》更全面、系統，可補其未備，而且對前者編譯中的錯誤作了修正。時人在評價這兩部書時指出：「前偉烈氏譯《代微積拾級》，但具微分之梗概，又甚覺難讀，例又未備，此書（按：指《微積溯源》）足以明其所晦，補其未備。」[18]

《決疑數學》，譯自伽羅威寫的《概率論》，原著載於《大英百科全書》第八版。傅蘭雅、華蘅芳合譯，共十卷，譯成後於一八八〇年出版。這是第一本傳入中國的概率論著作。但該書在「總引」中稱，原著為英人棣麼甘所作。有人曾以譯書與棣麼甘原著校對，內容不相符合。

2. 天文學　鴉片戰爭以前，西方天文學知識，包括哥白尼的日心說已經傳入中國，但影響不大。鴉片戰爭以後，西方近代天文學知識得到較為全面的介紹。主要譯著有《談天》（偉烈亞力、李善蘭合譯，墨海書館印行出版）、《天文啟蒙》（林樂知、鄭昌棪譯述，江南製造局出版）、《天文須知》（傅蘭雅譯，格致須知本）、《測候叢談》（金楷理、華蘅芳譯述，江南製造局本）、《西國天學源流》（偉烈亞力、王韜合譯，墨海書館印行）等。其中介紹西方天文學知識較為系統全面的是《談天》。《談天》，原名《天文學綱要》，是英國著名天文學家侯失勒的著作。所譯原書一八五一年版。譯著於一八五九年在上海出版，以後，徐建寅又對其作了補充，把到一八七一年止的最新天文學成果作了反映，由江南製造局出版。《談天》介紹的內容主要有：萬有引力定律、光行差、太陽黑子理論、行星攝動理論、彗星軌道理論等方面，對恆星系，如雙星、變星、星團、星雲等天象亦有涉及。這樣，從哥白尼到牛頓、刻卜勒等人的天文學理論學說，較為系統地引進中國，對晚清中國天文學的發展產生了積極的影響。

3. 地理地質學　鴉片戰爭以後，國人迫切要求了解世界大勢，介紹外國地理的譯著不斷告世。這些著作既有中國人編譯的，也有外國人翻譯撰著的。鴉片戰爭期間，林則徐主持編譯成《四洲志》，魏源又在《四洲志》的基礎上，增補了

---

18 徐維則、顧燮光：《增版東西學書錄》，「算學第十二」，9頁。

大量外國有關資料，編寫出《海國圖志》，是為介紹世界歷史地理的開端。此後，徐繼畬的《瀛寰志略》、何秋濤的《朔方備乘》、張穆的《蒙古游牧記》等，都從不同角度介紹了世界地理知識，對國人了解外情起到很大作用。外國人編譯的地理學著作亦為數不少，如英國傳教士慕維廉寫的《地理全志》和《大英國志》，卜舫濟寫的《地理初桄》、戴德江寫的《地理略說》、傅蘭雅譯編的《地理須知》、《地表須知》、《海道圖說》（與王德均合譯）、《測地繪圖》（與徐壽合譯）等著作，不僅介紹了世界地理形勢，而且還介紹了近代地理學的一系列基本原理、基本知識。如慕維廉的《地理全志》介紹的地理知識涉及地球形勢概論、水陸分界論、洲島論、山原論、平原論、海洋論等。在地質學方面，美國傳教士瑪高溫和華蘅芳合譯的《地學淺釋》最有名氣。該書譯自英國地質學家賴爾的名著《地質學原理》。一八三〇年賴爾寫成此書後，多次再版，風行學界，影響頗大。恩格斯曾評價說：「最初把理性帶進地質學的是賴爾，因為他以地球的緩慢的變化這樣一些漸進的作用，取代了由於造物主的一時興起而引起的突然變革。」[19]《地學淺釋》譯成後於一八七三年出版，共三十八卷，配有大量繪製精細的插圖。其主要內容有：岩石的四大類，水成岩中的生物遺跡，有機遺體在水下沉積物中的埋藏，新舊岩石的差別，不同化石種類確定不同岩層的形成時期，物種的滅亡，人類的起源與地理分布，自然界與生物界變化的一致性等，均貫穿著自然進化思想。這部著作的引進對後來進化論在中國的傳播產生了較大的影響。

　　4. 物理學　十八、十九世紀，西方物理學取得較大的發展，力學、電學、光學、聲學、熱學等分支學科無論在基礎理論的研究，還是在實際應用方面，都呈現出一派興盛的局面。相對而言，中國在物理學方面則處於落後狀態。鴉片戰爭以後，西方近代物理學，包括上述提到的各門分支學科先後輸入中國，備受國內學人的重視。

　　力學最初譯稱「重學」，主要譯著有：《重學》（艾約瑟與李善蘭合譯，1859年刊行）、《重學圖說》（傅蘭雅譯，1885年刊行）、《力學須知》（傅蘭雅譯，

---

19 恩格斯：《自然辯證法》，《馬克思恩格斯選集》第四卷，268 頁。

1889 年刊行）、《重學器》（傅蘭雅譯，1890 年刊行）、《力學入門》（丁韙良譯）、《力學測算》（丁韙良譯）等。其中李善蘭等合譯的《重學》較有影響。原書為英國物理學家胡威立（1795-1866）所著，系統敘述了西方近代力學的基本內容。譯著只節選了其中的部分內容，包括剛體力學、流體力學、靜力學、動力學、運動學等方面。牛頓力學三大定律亦在其中，並首次通過此譯著介紹到中國來。這部譯著被學術界認為「深切著明，實為善本」[20]，廣為流傳。

光學方面的譯著，刊行較早的有艾約瑟與張福喜合譯的《光論》，一八五三年刊行，較系統地敘述了許多光學知識，如光的反射、折射、照度、色度、光譜等。此後出版的光學譯著還有《光學》（金楷理、趙元益合譯，1876 年江南製造局刊本）、《光學圖說》（傅蘭雅譯，1890 年益智書會刊本）、《光學揭要》（赫士、朱葆琛合譯，1890 年益智書會刊本）、《光學須知》（傅蘭雅譯，1895 年益智書會刊本）、《量光力器圖說》（傅蘭雅、趙元益合譯，1884 年格致彙編本）、《通物電光》（傅蘭雅、王季烈合譯，1899 年江南製造局刊行）等。《通物電光》是美國莫爾登和漢莫爾同撰，一八九六年在紐約出版。「通物電光」即 X 射線，一八九五年由德國科學家倫琴所發現。該書的最後一卷介紹了 X 射線在醫學方面的應用。一九〇三年十月，魯迅發表《說》[21]一文，對居里夫人發現鐳（1898）和提取鐳成功均作了介紹。對 X 射線和鐳的介紹，都是在它們發現不久後進行的，對這些知識的引進算是及時的。

在電學方面，主要的譯著有：《電學入門》（丁韙良譯撰）、《電學測算》（丁韙良譯撰）、《電學》（傅蘭雅、徐建寅合譯，江南製造局 1879 年出版）、《電學圖說》（傅蘭雅譯，益智書會 1887 年出版）、《電學總覽》（傅恆理譯，益智書會本）、《電學綱目》（傅蘭雅、周郇譯述，江南製造局 1894 年出版）、《無線電報》（范熙庸譯，1900 年出版）等。這些譯著不僅介紹了有關電學的基本知識，還介紹了大量電氣應用知識，如電報、電線、電鐘、電燈及電工技術等內容，頗受國人歡迎。

---

20 徐維則、顧燮光：《增版東西學書錄》，「重學第十三」。
21 本篇發表於 1903 年十月《浙江潮》月刊第八期，署名自樹。金日，現定名鐳。

5. 化學　近代化學是晚清引進中國的較為系統的一門科學。最早介紹化學知識的是英國傳教醫士合信編著的《博物新編》（1855 年出版）。化學知識的大規模介紹是在十九世紀六〇年代以後。出版的化學類譯著，以江南製造局和同文館所刊行者頗有影響。其中徐壽、徐建寅父子和傅蘭雅共合譯各類化學譯著近二十種，對近代化學作了系統全面的引進，成就卓著。主要譯著有《化學鑑原》（傅蘭雅、徐壽合譯，英國韋爾司原著，1871 年江南製造局出版）、《化學鑑原續編》（傅蘭雅、徐壽合譯，英國化學家蒲陸山原著，1875 年江南製造局

徐壽像

出版）、《化學鑑原補編》（傅蘭雅、徐壽合譯，1879 年江南製造局出版）、《化學分原》（傅蘭雅、徐建寅合譯，英國包曼原著，1871 年江南製造局出版）、《化學考質》（傅蘭雅、徐壽合譯，德國富里西尼烏司原著，1883 年江南製造局出版）、《化學求數》（傅蘭雅、徐壽合譯，1876 年江南製造局出版）等。這些譯著概述了化學基本原理和各種重要元素的性質，對有機化學、無機化學、定性化學分析、定量化學分析，以及分析儀器的製作和使用方法等，都作了詳細的介紹。特別是《化學鑑原》首次提出了沿用至今的給化學元素確定中文名稱的原則。其方法是以羅馬字母名稱的主要音節的譯音，再加偏旁，以確定元素的中文名稱。《化學鑑原》提到的六十四種元素名稱，有四十四種為後來化學界所沿用，如鉛、鉀、鈉、鎂等，有十種經改造而被通用，如「養」改為「氧」，「淡」改為「氮」，「輕」改為「氫」，「弗」改為「氟」等。這對中國近代化學的確立起到奠基的作用。

6. 生物學　中國古代學者曾對動植物作過大量的觀察、研究，積累了豐富的資料，寫下不少著作，但這些成果主要屬實用性範疇，與近代意義上的動植物學有很大不同，並未形成系統的科學理論體系。鴉片戰爭以後，西方近代動植物學傳入中國，主要譯著有：《植物學》（韋廉臣、艾約瑟、李善蘭合譯，1859 年出版）、《百鳥圖說》（韋門道譯，1882 年出版）、《百獸圖說》（韋門道譯，1882

年出版）、《蟲學論略》（傅蘭雅譯，1890 年出版）、《植物圖說》（傅蘭雅譯，1895 年出版）、《動物學新編》（潘雅麗譯，1893 年出版）、《西國名菜嘉花論》（傅蘭雅譯，1893 年出版）等。這些書多為科普性讀物，其內容不出西方一般學校教科書範圍，涉及的問題多是動植物學的一些基本知識，如物種的分布、分類、特性、演變等。也有一些實用性的譯著，包括種植（養桑、選種、茶、林、果）、飼養（養牛、養蜂、養魚、養羊）等。韋廉臣、李善蘭等合譯的《植物學》是中國最早介紹近代植物學的譯著。原書為英國植物學家林德利寫的《植物學基礎》，凡八卷。卷一為總論，論述植物學研究對象、範圍、意義及動植物區別、植物分布等；卷二至卷六「論內體」、「論外體」，介紹了根、莖、花、葉、果等組織結構。其中提到的只有在顯微鏡下才能觀察到的細胞組織，對中國人來說是前所未聞的新知識。卷七、卷八敘述植物研究方法。此書的譯介首次把近代植物學的基本知識系統地展現在國人面前，對中國植物學的發展產生了重大影響。後來，日本學者把中譯本的《植物學》轉譯成日文出版，受到日本科學界的高度重視。

7. 醫學　西方醫學知識早在明末清初就已經傳入中國。十九世紀前後，西方醫學隨著近代科技的飛速發展取得長足進步。一些新的醫學成就在鴉片戰爭後得到廣泛的介紹。十九世紀五〇年代，英國傳教醫師合信出版了幾種西醫譯著：《全體新論》、《西醫論略》、《內科新說》、《婦嬰新說》等，對人體解剖學、內科、外科、婦科、兒科作了介紹。他還編纂過一本《英漢醫學詞彙》，這是目前所知國內最早的一部英漢醫學詞典。繼合信之後，來華的美國傳教醫師嘉約翰在廣州行醫譯書，介紹西方醫學。其譯著有《西醫內科全書》、《西醫略釋》、《體用十章》、《眼科撮要》、《割症全書》、《裹紮新編》、《內科闡微》、《皮膚新編》、《西藥略釋》、《花柳指迷》、《體質窮源》等十餘種。與此同時，江南製造局翻譯館等單位也出版了一些西醫譯著，著名者有：《儒門醫學》（傅蘭雅、趙元益合譯，1876 年刊行）、《西藥大成》（傅蘭雅、趙元益合譯，1876 年刊行）、《內科理法》（舒高第、趙元益合譯，1884 年刊行）、《法律醫學》（傅蘭雅、徐壽、趙元益合譯，1899 年出版）、《保全生命論》（秀耀春、趙元益合譯）、《濟急法》（秀耀春、趙元益合譯）、《臨陣傷科捷要》（舒高第、鄭昌棪合譯）、《婦科》（舒

高第、鄭昌棪合譯）等。《儒門醫學》，原名 *The Medical Handbook*，直譯為「醫藥手冊」，英國海得蘭撰，共上中下三卷，附表一卷。上卷介紹西醫的養生之道，中卷敘述西醫治病的方法，下卷列舉西醫處方和藥物的性能。內容通俗易懂，實用性強，便於家庭日用。《內科理法》，英國虎伯撰，共二十二卷，全面介紹西醫內科學。附卷列出的西藥達三十三類，還列舉了三百〇一種西藥藥方。這是十九世紀中國介紹西醫內科內容最豐富、篇幅最大的著作。《法律醫學》是英國著名法醫學家惠連的代表作，也是英國法醫學界的權威著作。這些譯著都是當時引進西方醫學中的上乘之作。梁啟超在《讀西學方法》中說：「譯出醫書以《內科理法》、《西藥大成》為最備，《儒門醫學》上卷論養生之理，猶不可不讀」。[22]

8. 工藝技術　隨著近代工業在中國的形成，與工業製造直接相關的應用技術知識，如冶煉、造船、化工、開採、紡織、駕駛、軍工等，得到廣泛介紹。如：《汽機發軔》（偉烈亞力、徐壽合譯，1871 年刊印）、《兵船汽機》（傅蘭雅、華備鈺合譯）、《營造之法》（傅蘭雅、徐壽合譯，1877 年刊印）、《克虜伯炮說》（金楷理、李鳳苞合譯，1872 年刊印）、《水雷秘要》（舒高第、鄭昌棪合譯）、《開煤要法》（傅蘭雅、王德均合譯，1871 年刊印）、《礦石圖說》（傅蘭雅譯，1884年）、《硫強水法》（傅蘭雅、徐壽合譯，1877 年刊印）、《製肥皂法》（林樂知、鄭昌棪合譯，1879 年刊印）、《照像器》（傅蘭雅譯，1890 年刊印）、《西國煉鋼說》（傅蘭雅譯編）、《西國造橋略論》（傅蘭雅譯編）等。出版的應用技術類譯著。在數量上並不亞於基礎科學類，但在介紹的系統性上卻稍遜之。

十九世紀六〇年代至九〇年代是晚清西學東漸的一個重要階段。此間，西學傳播途徑已多樣化了，中國有了自己的文化傳播機構，開始有組織、有計劃地大量引進西學。由於受到洋務運動和「中體西用」思想的影響，中國人對西學的接納還局限在自然科學和應用技術方面，因此，在引進的內容裡，自然科學占了突出的地位。引進的科技知識與生產實踐相結合，使知識形態的自然科學轉化為直接生產力，導致中國傳統社會經濟領域的變化。更重要的是科學打開了人們的眼

---

22 《時務報》第七冊，時務報館石印本，1896。

界，衝擊和動搖了封建傳統思想，形成了近代唯物主義自然觀等新觀念，為後來的戊戌維新運動準備了必要的思想條件。

（二）西方哲學社會科學的輸入

中日甲午戰爭後，在資產階級政治運動的推動下，西學在華傳播的形勢出現了新的局面。就傳播的內容而言，西方近代的哲學、社會科學占了主要地位，自然科學退居其次。注重譯介西方的哲學、社會科學成為此期西學東漸的主要特徵。此期引進的西方社會科學門類多，內容廣，以學科計有哲學、政治學、經濟學、倫理學、社會學、法學、美學、邏輯學等；以思潮計，包括了上溯古希臘時代的主要學派、文藝復興時期的諸家思潮，下至十九世紀歐美流行的資產階級、小資產階級的各色主張，及包括馬克思主義在內的各派社會主義思潮；以人物計，既有柏拉圖、亞里士多德等歐洲古代思想家，又有培根、笛卡兒、盧梭、孟德斯鳩等近代啟蒙大師，以及康德、黑格爾、亞當·斯密、達爾文、斯賓塞、巴枯寧、馬克思等名家名流，可謂包羅萬象，五彩繽紛。其內容之豐富，範圍之廣泛，學科之繁多實為前所未有。以下就幾個主要方面略作敘述。

1. **哲學**　中日甲午戰爭前，中國人對西方哲學知之甚少，甚至還弄不清哲學與科學、神學的界限。二十世紀初，「哲學」一詞從日本傳入，國人使用頻率漸多，最後固定下來，沿用至今。《浙江潮》第四期刊登了一篇題為《希臘古代哲學史概論》的文章，給「哲學」下了這樣的定義：

哲學二字，譯西語之 Philosophy 而成，自語學上言之則愛賢智之義也。畢達哥拉士所下之定義，以為哲者因愛智識而求智識之學也；亞里士多德亦以為求智識之學；而斯多噶學派以為窮道德之學；伊壁鳩魯學派以為求幸福之學。哲學之定義如此紛紛不一，雖然，希臘人哲學之定義，則以相當之法研究包舉宇宙與根本智識之原理之學也，約言之，則哲學可稱原理之學。

所謂「原理之學」就是探求事物一般規律之學。這與今人對哲學的解釋極為相近。當時對西方哲學的譯介主要有兩個方面：一是介紹西方哲學的原理、體

系，二是介紹西方哲學的重要流派和代表人物。王學來譯日本井上圓了著的《哲學原理》（1903 年日本閨學會印）、師孔寫的《哲學綱領》（載於《浙江潮》）等書，對近代哲學的定義、研究對象、基本原理和範疇、研究方法、哲學與其他學科的關係等問題，作了深入淺出的敘述。一九〇三年國民叢書社譯日本文學士寫的《哲學十大家》，介紹了蘇格拉底、柏拉圖、亞里士多德、培根、牛頓、孟德斯鳩、亞當·斯密、邊沁、達爾文、斯賓塞等十位西方著名學者的生平和思想。他們中的多數人是哲學家。同年，馬君武撰《唯新（心）派鉅子黑格兒學說》，對黑格爾的客觀唯心論作了介紹。梁啟超在一九〇一年至一九〇三年間，在《新民叢報》發表大量文章，介紹了霍布斯、斯賓諾莎、康德、培根、達爾文等眾多的西方哲學家，對其中的許多人都是第一次系統性介紹。一九〇六年，張東蓀、蘭公武等在日本東京《教育》雜志創刊號上刊登了詹姆士的《心理學原理》，同時發表了一些介紹實驗主義哲學的文章。一九〇七年，署名「楞公」的作者編輯的《萬國名儒學案》一書，介紹了歐洲從古代至近世的主要哲學流派及其代表人物。

在晚清，對中國思想界影響最大的西方學說是進化論，以致使中國近代哲學一度被稱為「進化哲學」。還在十九世紀七〇年代，中文讀物就介紹過達爾文的作品。一八七三年八月二十一日的《申報》刊登了一則《西博士新著〈人本〉一書》的書訊，介紹說：「英國有博士名大蘊者，撰著名書，大顯於世。近世新作則又有《人本》一書。蓋以探其夫宇內之人，凡屬性情血氣，是否皆出於一本也。」文章中的「大蘊」即達爾文。《人本》一書，即達爾文發表於一八七一年的《人類起源及性的選擇》。進化論真正在中國產生影響，是從嚴復的介紹開始的。一八九五年，嚴復在《原強》一文中介紹並稱讚達爾文及其學說。一八九八年，他翻譯的

《天演論》封面

《天演論》出版，達爾文進化論始被系統地作了介紹。《天演論》譯自英國生物

學家赫胥黎的《進化論與倫理學》一書，這是一部宣傳達爾文主義的著作，嚴復只翻譯了前半部分，加了按語和註釋。一九〇一年至一九〇二年，留日學生馬君武把達爾文所著《物種起源》中的第三章「生存競爭」和第四章「自然選擇」譯出，分別以《達爾文物競篇》和《達爾文天擇篇》的名稱出版，成為達爾文原著最早的中文譯本。進化論經嚴復等人的介紹傳入中國後，成為一種新的哲學世界觀和方法論，在中國思想界引起轟動。以康有為為代表的維新派和以孫中山為代表的革命派，都接受了這種學說，形成了各自的哲學思想。前者提出了庸俗進化論，後者提出了革命進化論。

2. 政治學　西方資產階級政治學說，包括「天賦人權」、「社會契約」、「三權分立」、「自由、平等、博愛」等在內的民主思想理論體系，是由英國洛克和法國盧梭、孟德斯鳩等思想家所創立，曾在西方資產階級反對封建制度的鬥爭中發揮過重要的進步作用。在近代中國，對西方政治學說的介紹稍後於對西方政治制度的宣傳。早在十九世紀四〇年代，魏源、徐繼畬等在他們的著作中就介紹過西方政治制度。其後，早期改良思想家王韜、鄭觀應等對西方國家作了考察，並主張在中國實行英國式的君主立憲制度。至於國人對西方政治理論的關注與介紹，則是在中日甲午戰爭後。如盧梭的《民約論》，一八九八年上海同文譯書局出版了日本右江篤介的中文譯本第一章，稱為《民約通義》，是為此書最早的中文譯本。一九〇〇年年底到一九〇一年年初，留日學生楊廷棟據日譯本轉譯此書的一部分，在《譯書彙編》上連載。一九〇二年上海文明書局印刷了楊廷棟的全譯本，書名《路索民約論》。這使國人對《民約論》始有全面性的了解。孟德斯鳩寫的《論法的精神》，一九〇三年上海文明書局出版了張相文據日文本轉譯的本子，取名《萬法精理》。原著三十一章，該書只譯了前二十章。著名翻譯家嚴復從一九〇〇年始據英文本翻譯此書，取名《法意》，於一九〇四年至一九〇九年由商務印書館陸續出版。英國思想家約翰·穆勒的《自由論》，是十九世紀資產階級政治學說中的重要著作。嚴復在庚子事件前著手翻譯此書，於一九〇三年交付商務印書館出版，取名《群己權界論》。同年，譯書彙編社也出版了馬君武的該書譯本，封面題名《彌勒約翰自由原理》。英國學者甄克思的《社會進化簡史》是闡述其關於國家政治進化的一部著作，並於一九〇〇年出版。嚴復將該書

譯出，予名《社會通詮》。該書從原書出版到譯本告世，僅用了四年時間，譯介相當及時。至於約翰‧穆勒的《代議政體論》、德國政治學者伯倫知理的《國家學綱領》等，都被譯成中文本刊行。

3. **經濟學** 中日甲午戰前出版的介紹西方經濟問題的譯著只有《富國策》、《保富述要》、《列國歲計政要》等少數幾種，且多一般性的讀物。甲午戰爭後這類譯著多了起來，出現了系統介紹西方經濟學的新局面。歸納起來，這類譯著大致可以分為五類：第一類是講經濟學理論的，如《原富》（英國亞當‧斯密著，嚴復譯）、《節本原富》（亞當‧斯密著，張鵬一撰）、《經濟通論》（日本東邦協會著）、《最新經濟學》（作新社編譯）、《經濟原論》（美國麥咯梵著，朱寶綬譯）等；第二類是經濟發展史、學說史方面的，主要有《萬國商業史》（日本小林丑三郎著，羅普譯）、《日本貨幣史》（日本信夫淳平著，新民譯）、《生計學說沿革小史》（梁啟超撰）、《經濟學之起源及其沿革》（日本和田垣謙三著）等；第三類是財政方面的，如《國債論》（日本土子金四郎著，王季點譯）、《歐洲各國比較財政及組織》（德國海開路著，譯書彙編社譯）、《財政概論》（亞粹編）、《預算制度概說》（明永編）；第四類是講商業的，如《商學》（張相文編譯）、《商務教程》（日本田崗佐代治譯）、《世界各國商業比較略說》（《江南商務報》第 19 期刊登）等；第五類是講金融的，如《實用銀行簿記》（日本米田喜作著，奉天編譯處譯）、《紙幣論》（日本杉榮三郎講授，唐宗愈述）、《格里森貨幣原則說略》（雙濤編，刊登於《國風報》1910 年第三期）等。這些譯著從經濟學研究的歷史到現狀，從經濟理論到各國實行的經濟制度，都作了詳細的介紹。尤其關於西方經濟理論、經濟思想的譯著占了較大比重，說明中國人對西方經濟學的認識正在向較高的層次發展。

4. **社會學** 早在十九世紀八〇年代前後，西方社會學的片斷信息已經見諸《申報》、《萬國公報》等報刊。對社會學系統介紹是在戊戌維新運動興起之後。一八九五年嚴復在《原強》一文中，扼要地介紹了達爾文進化論和斯賓塞的社會學，並稱社會學為「群學」。這是他最初涉及社會學的文字。而中國學者最早使用「社會學」一詞，則是譚嗣同。他在《仁學》中說：「凡為仁學者」，需通曉

包括「算學、格致、社會學之書」在內的中外各種書籍[23]。但他只使用了「社會學」一詞，並未對其內容作具體闡述。最早系統譯介西方社會學著作的是章太炎和嚴復。一九〇二年章太炎翻譯的《社會學》由上海廣智書局出版。該書原作者是日本學者岸本能武太，譯本分上下卷，較系統地介紹了西方社會學家孔德、斯賓塞、葛通哥斯等人的學說思想。次年，嚴復翻譯的《群學肄言》由上海文明編譯書局出版。該書譯自斯賓塞的《社會學研究法》。這是斯氏代表作《社會學原理》的緒論，是學習社會學的入門之作。嚴復早在十九世紀八〇年代初就讀過此書，大為傾服，一八九七年為《國聞報》翻譯前兩篇，到一九〇三年始將全書十六篇全部譯出。此期刊行的其他社會學著作還有：馬君武譯的《社會學原理》（斯賓塞著）、吳建常譯的《社會學理論》（美國吉丁斯著，一譯葛通哥斯）、金鳴鑾譯的《社會學》（日本　江保著）、林紓與魏易同合譯的《民種學》（德國哈伯蘭著）、東文譯書社出版的《人與猿》（日本寺田寬二著）等。十九世紀末二十世紀初，西方社會學是頗受國內學者關注的學科，介紹和引進都比較及時。

　　5. 邏輯學　中日甲午戰前，西方邏輯學的片斷知識已經傳入國內，人們稱之為「辨學」、「名學」、「論理學」。對邏輯學的系統引進是在中日甲午戰爭後，嚴復為介紹西方邏輯學作出獨特的貢獻。一九〇〇年嚴復在上海開「名學會」，講授邏輯學，並翻譯西方邏輯學著作。他譯出的邏輯學著作有兩部，即《穆勒名學》和《名學淺說》。《穆勒名學》，原名 Logit，直譯為《邏輯體系》，英國學者約翰・穆勒撰著，出版於一八四三年，是形式邏輯的一部名著，以研究歸納法為主，但由於作者以經驗論為宗旨，對歸納法作用有所誇大。嚴復在一九〇〇年至一九〇二年翻譯了該書前半部，交付南京金粟齋於一九〇五年出版。後半部始終未譯出。《名學淺說》，原名 Primer of Logic，直譯為《邏輯入門》，英國學者耶芳斯撰著，是一本邏輯學的通俗讀物，一八七六年出版。嚴復在談該書譯述經過時說：「戊申（1908 年）孟秋，浪跡津沽。有女學生旌德呂氏（碧城），諄求授以此學。因取耶芳斯《淺說》，排日譯示講解，經兩月成書。中間義怡，則承用

23　《譚嗣同全集》下冊，293 頁。

原書，而所引喻設譬，則多用己意更易。」[24]這兩部譯著對於國人了解西方近代邏輯學起到重要的啟蒙作用，從而也確立了嚴復作為中國近代邏輯學奠基人的地位。時人評論說：「自嚴先生譯此二書，論理學始風行國內，一方學校設為課程，一方學者用為致學方法。」[25]在此期，更多的邏輯學譯著還是由留日學生譯成的，如《論理學達恉》（日本清野勉著，林同祖譯）、《論理學綱要》（日本十時彌著，田吳照譯）、《論理學問答》（日本富山房編，范迪吉等譯）、《論理學教科書》（日本高島平三著，金太仁作譯）等。它們中的多數是講形式邏輯的基本知識，這對剛開始接觸這門學科的中國人來說還是深淺適宜的。田吳照譯的《論理學綱要》與嚴復譯的上述兩書比起來，頗具特色。嚴復譯著側重講歸納法，而田氏譯著則偏重介紹了演繹法，彌補了在邏輯學介紹中出現的偏差。另外，它還在翻譯上使用的名詞術語方面比嚴譯著書更通俗一些，便於初學者學習。正因為如此，該書出版後頗受學界歡迎，多次再版而仍供不應求，直到民國初年出版的一些邏輯學教科書，還是以它為底本來編寫的。

6. 倫理學 鴉片戰爭後，西方倫理思想陸續傳入中國，為中國近代倫理學的形成提供了又一新的思想來源。尤其在十九世紀末二十世紀初，西方倫理學著作得到大量翻譯。嚴復在甲午戰爭後翻譯的《天演論》，原名為《進化論與倫理學》，前半部講自然規律，後半部講人類社會倫理關係，涉及倫理道德起源等問題。自嚴復以後，刊行的此類譯著主要有：《道德進化論》（日本戶水寬人著）、《倫理學原理》（德國保爾孫著，蔡元培譯）、《倫理學》（日本元良勇次郎著，麥鼎華譯）、《新世界倫理學》（日本乙竹巖造著，趙必振譯）、《泰西倫理學變遷之大勢》（黃國康撰，載於《新民叢報》第四年第 21 號）等。這些譯著涉及的內容包括介紹近代倫理學的基本原理、主要學派、起源沿革及研究方法等問題。蔡元培翻譯的《倫理學原理》一書，原書作者是德國倫理學家保爾孫（又譯泡爾生），學術思想上屬於康德一派，在倫理學上主張「調和動機論、功利論兩派之學說」[26]。該書較全面地反映了西方資產階級倫理學的成果，在中國社會產生了

---

24 嚴復：《〈名學淺說〉序》，《嚴復集》第二冊，265-266 頁。
25 郭湛波：《近五十年中國思想史》，246 頁，北平，人文書店，1936。
26 《蔡元培全集》第一卷，412 頁，北京，中華書局，1984。

一定的影響。毛澤東在青年時代曾經研讀過這部著作，並在書的空白處寫了上萬字的批語。[27]

除了上述提到的學科外，西方的教育學、美學、史學、文學、藝術等學科亦得到廣泛的介紹，因限於篇幅，不再一一敘述。

中日甲午戰爭後的西學傳播以更大的規模、更豐富的內容，衝擊著神州大地，深刻地影響了中國傳統社會和文化。由於西學知識的廣泛介紹，使中國知識分子的眼界豁然大開，開始從更高的層次、更新的角度反省中國的前途和命運，形成了具有鮮明時代感和歷史責任感的近代文化意識。此期的進步人士反對以往那種對西方文明的片面認識，把西方的物質文明和精神文明視為一個有機聯繫的整體。在他們看來，文化的發達與否是衡量一個民族或國家是否先進的重要標誌。進步人士把鮮明的文化意識與救國救民的歷史責任感結合在一起，沿著這個思路探討西方國家強大和中國落後的原因。有人撰文指出：文化學術是世界文明進步的巨大動力，「泰西何以強？有學也，學術有用，精益求精也。中國何以弱？失學也，學皆無用，雖有亦無也」。[28]有人還提出「學戰」的口號，認為世界各國競爭不僅表現在軍事上、經濟上，而且還表現在文化學術上。中國要救亡圖存，必須在開展「兵戰」、「商戰」的同時，開展「學戰」。所謂「學戰」乃是晚清時期仁人志士要求振興中國民族文化的口號。他們認為，不懂得「學戰」，「兵戰」、「商戰」都將不得要領。誠如張繼煦所說：「今日言兵戰，言商戰，而不歸之於學戰，是謂導水不自其本源，必終處於不勝之勢。」[29]

新的文化觀念啟迪了創造新文化的實踐活動。中日甲午戰爭後這種工作主要表現在兩個方面，即批判封建主義的舊文化和建立資產階級近代新文化。當時進步的人士吸收了西學中的民主思想，對封建專制思想體系發起猛烈的批判，要求衝破封建傳統思想的束縛，擺脫綱常名教的牢籠。刊登在《新世紀》的《排孔征

---

27 余邦秋：《毛澤東早期哲學思想及其世界觀的轉變》，《復旦學報》，1985 年第一期。
28 貫公：《振興女學說》，《開智錄》，1901-03-05。
29 張繼煦：《湖北學生界敘論》，《辛亥革命前十年間時論選集》第一卷，上冊，436 頁。

言》一文竟然提出「孔丘之革命」[30]的主張。這在當時確是大膽之論。在批判封建傳統文化的同時，進步知識分子從事近代文化事業的建設。他們從豐富的西學中汲取營養，把西方的民主精神當作中國近代新文化的內質和改造中國的良方妙藥。青年革命家鄒容在《革命軍》中大聲疾呼：「吾幸夫吾同胞之得盧梭民約論、孟得斯鳩萬法精理、彌勒約翰自由之理、法國革命史、美國獨立檄文等書譯而讀之也。……夫盧梭諸大哲之微言大義，為起死回生之靈藥，返魄還魂之寶方。……我祖國今日病矣，死矣，豈不欲食靈藥投寶方而生乎？苟其欲之，則吾請執盧梭諸大哲之幡寶，以拓展於我神州土。」[31]中國近代文化的許多方面都從輸入的西學中汲取了營養，如思想觀念、自然科學、社會科學、教育、文藝、文字改革、社會風俗等，都在外來文化（包括西學）的影響下發生了程度不同的變化，或局部性地，或根本性地改變著中國傳統文化的面貌。

第二節·
中國文化
的外播[32]

　　任何文化交流總是雙向進行的，文化的傳播也是在雙向對流中發展，中華文

---

30 絕聖：《排孔征言》，《辛亥革命前十年間時論選集》第三卷，206 頁。

31 《辛亥革命》第一冊，335 頁。

32 本節所述參考了莫東寅著《漢學發達史》、宋伯年主編《中國古典文學在國外》、王曉平著《近代中日文學交流史稿》、張國剛著《德國的漢學研究》等著作的有關內容。

化亦不例外。在中華文化形成的初期，我們的先民因社會生產水平和交通條件的限制，很難踰越峻嶺荒漠、大海汪洋等地理屏障，與其他民族文化廣泛地接觸和交流。然而當社會文明發展到一定程度的時候，各種文化之間便開始互通信息，發生直接的接觸。中華文化在它發生期基本完成的時候，便與外部文化發生越來越頻繁的聯繫和交往。在這種聯繫和交往中，相互滲透，相互影響，相互融合，取長補短，促進了中外文化的共同繁榮。從歷史上看，中華文化一方面吸收了大量外來文明的積極成果，補充、豐富和發展自己，體現出兼容萬方，吞吐百川的博大胸懷；另一方面也把它的文明成果通過各種交流途徑向域外傳播，對域外各民族文化的發展產生了積極的影響，顯示出它走向世界的開闊品格。在古代，中華文明曾經以一種高勢能文化或優勢文化不斷向域外地區和民族傳播，深刻地影響了朝鮮、日本、越南等國家，形成了「中華文化圈」。鴉片戰爭以後，中外文化交流的形勢發生了重大變化。在西方近代資本主義文明興起之後，中華傳統文化在總體上落了伍，因此在晚清時期的中外文化交流中，從中國方面來說文化上的吸收多於外播，以往論者多強調前者，而忽視後者。然而，既講文化交流，就必須從吸收與外播兩個方面進行考察，忽視了哪個方面都是片面性的。其實，晚清時期中華文化的外播亦很活躍。鴉片戰爭以後由於國家被迫開關，華人出洋一度形成潮流，東南亞、南北美洲乃至歐洲、非洲的許多國家和地區，都有華人活動的足跡。中國傳統文化，諸如語言文字、學術信仰、風俗習慣等，也被帶到世界各地，傳播著中華文化的文明成就，在新的歷史條件下繼續譜寫著弘揚中華文化的新篇章。

一、域外漢學研究及其對中國典籍的介紹

　　鴉片戰爭以前，歐美國家已經有不少人員來過中國，或多或少地帶回一些關於中國的信息和資料，對中國民族及文化的介紹便在一些國家中開展起來。如法國巴黎法蘭西學院早在一八一五年（嘉慶二十年）就開設了漢學講座，漢學家雷慕沙（1788-1832）為首任教授，講授「歐羅巴中國語研究之起源進步及效用」。此外，荷蘭的休爾紐斯、德國的克拉勃羅德（1788-1830）、俄國的夏真特

（1770-1853）等，都是歐洲十八、十九世紀頗著聲名的漢學家。介紹中國的著述亦不斷問世。在十七至十八世紀間，影響較大者有三部，即《海外傳教士書簡集》（共 34 卷，1702-1776 年在法國巴黎陸續出版，其中第 16-26 卷是關於中國的）、《中華帝國全志》（共四卷，1735 年在巴黎出版）、《北京傳教士關於中國人的歷史、學術、藝術、風俗習慣等論叢》（共 16 卷，1776-1814 年在巴黎陸續出版）。這些著作的出版，曾在法國及歐洲引起轟動。然而，就總體情況而言，鴉片戰爭以前域外關於中國的介紹不僅數量少，內容淺，而且漢學研究力量薄弱，成果有限。鴉片戰爭以後，中國閉關大門被打開，與世界各國發生廣泛聯繫。各國的殖民者、冒險家、傳教士、商人、旅行者等紛紛來華，以不同的途徑獲取了更多的資料，為歐美國家的漢學研究創造了前所未有的便利條件。法、英、德、俄、美等國家的官方和民間，為了現實政治和商業利益的需要，逐步加強了對中國的關注及對中國文化傳統的研究，使漢學研究和教學工作得到長足的開展。

法國是歐洲開展漢學研究最早的國家之一，鴉片戰爭以後，該國的漢學研究亦有新的發展。初時，巴黎法蘭西學院於一八一五年創設漢學講座。一八一八年，法、德漢學家又在巴黎成立了亞細亞協會。法國漢學家雷慕沙對這兩個機構的創設起了重大作用。鴉片戰爭後，法國在國內外又成立了一些新的漢學機構，分布在法國內外。國內有東方現代語學校、中央亞細亞歷史地理考古學講座。國外的機構主要設在遠東地區，在中國有以上海徐家匯、河北獻縣為中心的天主教組織，在越南則有河內遠東法蘭西學校。前者收集漢學資料，從事漢籍之研究及譯述，後者亦為法國東方學研究之重要機關。繼雷慕沙之後，法國影響較大的漢學家有儒蓮、沙畹、顧賽芬等。儒蓮（Stanislas Julien，1797-1873），巴黎法蘭西學院漢學講座教授，研究中國文化數十年，著述頗豐。王韜稱其：「在國中譯習我邦之語言文字，將四十年。於經史子集，靡不窮搜遍覽……所譯《太上感應篇》、《蠶桑輯要》、《老子道德經》、《景德鎮陶錄》，鉤疑抉要，襞績條分，駸駸乎登大雅之堂，述作之林矣。癸申以來，……潛心內典，考索禪宗，所譯如《大慈恩寺三藏大法師傳》、《大唐西域記》，精深詳博，殆罕比倫。於書中所載

諸地，咸能細參梵語，證以近今地名，明其沿革。」[33]沙畹（Emmanuel Edward Chavannes，1865-1918），法國里昂人，曾於一八八九年來華，任使館譯官，訪興京、清陵等地，考探史實，歸國後任巴黎法蘭西學院漢學講座教授，一九○三年主辦《漢學雜志通報》。他的代表作是《司馬遷史記》，這是《史記》西文譯本較好的一種，一時成為歐洲漢學界的名作。書分五冊，譯至「孔子世家」而止。譯文既正確詳盡，且有豐富之底注，創見頗多。他還著有《兩漢時代之石畫像》、《北華訪古錄》、《泰山志》、《中國摩尼教考》、《大唐西域求法高僧傳譯註》、《中國佛藏中五百故事選》等。後人評價他「著述教授，巋然為歐洲漢學泰斗」[34]。顧賽芬（Seraphan Couvreur，1839-1919），一八五三年入耶穌會。一八七○年來華，為直隸河間天主教會神甫。他嗜古典，能文章，究心於漢學。曾編《法華字彙》、《漢法大字典》，法譯中國詔令、奏議、公文等。最重要的是把《四書》、《詩經》、《禮記》、《春秋左氏傳》、《儀禮》等儒家經典譯成法文。

英國的漢學研究稍遲於法國，但在鴉片戰爭以後發展較快。牛津大學自一八七六年始設中國語文講座。十二年後，劍橋大學亦設漢學講座。倫敦大學也附設東方語言學校，曼徹斯特大學有專門講授中國歷史的教授。在倫敦則成立了英國皇家亞細亞學會，並發行學會會報，刊登研究漢學之論文、講稿、雜記等。其研究者主要來自兩個方面：一是傳教士，如理雅各、蘇熙洵等；一是外交官，如威妥瑪、翟理斯等。理雅各（James Legge，1815-1897），蘇格蘭人，畢業於阿伯丁學院，1837年後始習華語。一八三九年開始海外傳教生涯，先在馬六甲居住，任倫敦會在該地辦的英華書院院長，一八四三年隨書院遷至香港。十九世紀七○年代回國，在華時間長達三十餘年。歸國後在牛津大學任教，任該校中國語文講座的首任教授。作

王韜像

33 王韜：《與法國儒蓮學士》，《弢園尺牘》，94頁。
34 莫東寅：《漢學發達史》，97頁，北平，北平文化出版社，1949。

為一名傳教士出身的漢學家，理雅各的主要貢獻是中國古代典籍之英譯。從十九世紀四〇年代中期起，理雅各開始研究和英譯中國古代典籍的工作。從一八六一年出版《四書》的第一卷起，在此後二十五年間，陸續翻譯出版的典籍有《論語》、《大學》、《中庸》、《孟子》、《書經》、《春秋》、《禮記》、《孝經》、《易經》、《詩經》、《道德經》、《莊子》等名著，取名為《中國經典》。其中有的刊於香港，有的刊於歐洲。曾經參與走私鴉片的英商顛地及其他在華外商出錢資助這些譯著的出版。需要指出的是，這些中國典籍的順利翻譯刊行，與中國學者王韜的大力協助密不可分。一八六二年王韜避難於香港，與理雅各結識。當時理氏欲將「中國經籍之精微通之於西國」[35]，正著手英譯典籍，《四書》英文本作為《中國經典》的一卷、二卷已經在港出版，其他各經籍的翻譯工作進展得艱巨而緩慢。王韜經學功底深厚，非一般傳教士漢學家能望其項背。更何況他在上海墨海書館有十幾年與傳教士合作譯書的經歷。這樣，有王韜的加盟，使理雅各主持的譯書工作進度大大加快。經過兩人近三年的努力，至一八六五年七月，《書經》譯述宣告完竣，作為《中國經典》第三卷刊刻行世。隨後，《詩經》英譯本《中國經典》第四卷於一八七一年、《春秋》和《左傳》譯本《中國經典》第五卷於一八七二年相繼發行。與其他中國古代典籍的譯本相比，理雅各、王韜合作譯成的《中國經典》，內容相對齊全，翻譯水平較高，譯文準確，文辭雅達。兩位譯者都是具有較高文化素養的學者。理雅各是當時西方著名的漢學家，通曉漢文和儒經。王韜稱他「學識高邃，經術湛深，每承講論，皆有啟發，於漢、唐、宋諸儒皆能辨別其門徑，抉擇其瑕瑜」[36]。王韜則「少承庭訓，自九歲迄成童，畢讀群經，旁涉諸史，維說無不該貫」，[37]時稱「人中之龍，文中之虎」。[38]他們所具備的這些主觀條件，堪稱一流，從而確保了這套譯書的質量和價值。正由於此，這套譯書出版後受到西方漢學界的高度評價，以至在一百多年後的今天仍在歐洲被視作中國古代典籍的標準譯本。理雅各、王韜對中國文化在海外傳播作出了積極貢獻。繼王韜之後，辜鴻銘在一八九八年出版英譯《論語》，一九〇六年出版英譯《中

---

35 王韜：《弢園文錄外編》，218 頁，北京，中華書局，1959。
36 王韜：《與英國理雅各學士》，《弢園尺牘》，76 頁。
37 王韜：《弢園老民自傳》，《弢園文錄外編》，331 頁。
38 林昌彝：《王仲弢文集序》，《林昌彝詩文集》，292 頁。

庸》，也在海外產生了一定的影響。威妥瑪（Thomas Francis Wade，1818-1895）是英國外交官兼漢學家，曾擔任英國駐華公使，參與過對中國的侵略活動。他的政治活動不足為訓，但他在漢學研究方面的工作則應予重視。他是劍橋大學漢學講座的教授（1888 年），著有《尋津錄》、《語言自邇集》，編有《英漢字典》。所創漢字羅馬字拼音方法，至今仍為研究漢學的外國人所使用。

在德國，東方學雖然有著悠久的學術傳統，但是東方學中的漢學發展薄弱，只是東方學者所兼任的一個副業，以致有人把德國漢學稱為「業餘愛好者的漢學」[39]。這種情況一直保持到德國統一以前。統一以前的德國漢學處於從「兼習副業」到成為獨立學科的過渡之中。較有影響的人物有威廉・碩特、G・嘎伯冷茲。威廉・碩特（Wilhelm Schott，1807-1889）早年在哈勒學習神學和東方語言，尤嗜漢學。一八二六年，他寫成論文《論中國語言的特點》，並取得博士學位。一八三二年，碩特出任柏林大學滿文、阿爾泰語、芬蘭語教授，兼授漢學。一八四〇年，他翻譯出版了《御書房滿漢書廣錄》，附加德文解釋。此後，他還出版了《中國文學述稿》、《哈拉契丹——西遼》等著作。他以這些成果被譽為「德國學術性漢學的奠基人」。[40]G・嘎伯冷茲（Georg Von der Gabelentz，1840-1893）也是十九世紀德國的著名漢學家。一八七六年他以翻譯和研究中文和滿文本的《太極圖說》而獲得博士學位，曾在萊比錫大學任東亞語言講座的教授。《中國文言語法》是他的代表作，第一次對古漢語語法作了初步研究，開西方漢學界研究中文語法的先河。德國統一後，加緊了對東方的擴張，漢學研究也受到官方和民間的高度重視。一八八七年十月，柏林大學成立了東方語言研究所，為外交部和商界培養人才。從一八八七年到一九一二年，大約培養出四百八十多名掌握中文的人才。一九〇九年漢堡殖民學院設立東亞語言和歷史講座，著名漢學家福蘭閣出任教授。儘管如此，在一九一二年以前，德國學術性的漢學學科還是人們要求實現的一種願望，並未從東方學中獨立出來。一九一二年柏林大學設立漢學講座，成立了漢學研究所，這標誌著關於中國學的教學和研究從普通東方

---

39 張國剛：《德國的漢學研究》，23 頁，北京，中華書局，1994。
40 張國剛：《德國的漢學研究》，24 頁，北京，中華書局，1994。

學、亞洲學及普通語言學中分離出來，成為一門獨立的學科。荷蘭學者、萊頓大學高延受聘為首任教授兼所長。

俄國是與中國接壤的國家，很早便與中國建立了外交上的聯繫。隨著沙俄勢力的東擴，俄國對漢學的研究也開展起來。鴉片戰爭以前，俄國的漢學研究以在華傳道團為中心。一八二八年在莫斯科附近的喀山大學設蒙古語講座，以後又設漢語文講座。未久，蒙漢文講座遷移到彼得堡。一八九九年又在海參崴創設東方語學校，一九〇二年增設東亞學院，作為研究和培養人才的重要機構。十九世紀下半葉，俄國漢學界最有名的學者是瓦西里耶夫（Pavlovitch Vasilev，1818-1900）。瓦西里耶夫畢業於喀山大學，初治佛學。一八四〇年隨第十二屆東正教傳道團來華，一八五一年返國。翌年任喀山大學滿語及漢語教授。一八五五年任彼得堡大學東方學系教授，一八八六年當選為俄國科學院院士。瓦西里耶夫通曉多種東方語言，如漢文、滿文、蒙文、藏文及梵文、朝鮮語、日語等，著述頗豐，主要有：《十至十三世紀中亞細亞東部的歷史和古蹟》（1859）、《元明兩代的滿洲》（1863）、《中國的穆斯林運動》（1867）、《清初對蒙古人的征服》（1868）、《東方的宗教：儒、釋、道》（1873）、《中國文學概要》（1880）、《亞洲的現狀‧中國的進步》（1883）、《中國的發明》（1900）等。此外，他還編有第一部華俄辭典《漢字檢字法》。瓦西里耶夫對中國文化有獨到的見解。他一方面高度評價了中國文化，說：「可以確信，中國具有達到思想進步、工業進步和政治進步的最高點的一切能力。」[41]另一方面，他也看到傳統儒學存在的消極的一面：「當儒家優秀的書籍從研究課題變成祭祀和盲目崇拜對象的時候，就成為有害的了。」[42]此外，伊凡諾夫斯基（A.O.Ivanovshii，1863-1903）也是俄國漢學界有影響的人物。他於一八八五年畢業於聖彼得堡大學東語系，通曉漢、滿、蒙、藏文字，任教於彼得堡大學。一八八九年至一八九一年曾到中國東北作過調查，對中國滿族頗有研究，編著有《滿洲文獻選編》、《滿洲研究》等書。

---

41 〔蘇〕B.JI.瓦西里耶夫：《中國的發明》，引自史革新譯，章景琪校：《俄國和蘇聯關於中國文化的研究》，《史學選譯》，總第 15 期，219 頁。

42 同上。

美國是後起的資本主義國家，其注意中國及漢學，較歐人為晚。十九世紀前半期，僅有一些來華的傳教士如衛三畏等，收集了一些關於中國的文字資料，輯成《中國總論》，對中國作了概要的介紹。南北戰爭以後，美國的漢學研究有了長足發展，成立了研究機構，羅織研究人才，形成後來居上之勢。如在哥倫比亞大學、加利福尼亞大學、耶魯大學、芝加哥大學等高等學府，都開設了遠東語文科，或中國學課程，聘請國內及國外的漢學家、東方學家執掌教席。如哥倫比亞首任漢學教授為德國學者夏德。與夏德同時在該校講授東方學的還有德國學者勞佛爾。加利福尼亞大學則於一八九六年聘請英國傳教士、翻譯家傅蘭雅到該校任教。傅氏開設的課程有：中國史、日本史、中日語言、文學、政治及社會狀況，中國和日本對外貿易，中國和日本的宗教和哲學，中國古典文學，中國文言文和官話等。借材於域外是美國漢學研究後來居上的一個重要原因。上述學者的主要研究成果：夏德著有《中國和羅馬人的東方》（1885）、《古代的瓷器》（1888）、《論中國藝術的外來影響》（1896）、《中國的銅鏡》（1907）、《周朝末年以前的中國古代史》（1908）等。勞佛爾著有《漢朝的中國陶器》（1909）、《中國耶教藝術》（1910）、《中國古玉考》（1912）等。《中國古玉考》蒐羅中國古玉，旁徵博引，以考古方法尋繹古今玉之演進，以玉器為中心資料說明中國古代文明與禮教發展，頗有創獲。

除了以上提到的國家外，在瑞典、荷蘭、奧地利、匈牙利等國，也都存在著一些漢學研究機構及講授漢學的學校，集中了一些中國學的專家學者，也是不可忽視的研究介紹中國文化的域外基地。

鴉片戰爭以後，由於中外關係發生的深刻變化，歐美各國普遍加強了對中國民族及文化的研究，研究隊伍的擴大，研究機構的增多以及研究成果的不斷告世，使域外漢學有了較快的發展。從發表的研究成果來看，涉及的範圍相當廣泛，包括了中國的政治、經濟、學術、宗教、文藝、語言文字、風俗習慣及少數民族等，既有歷史的考察，又有現狀的分析，在研究的深度和廣度上遠遠超過鴉片戰爭以前的狀況。毋庸置疑，域外的漢學研究機構是晚清中國文化外傳的重要途徑。然而，需要指出的是，鴉片戰爭後的域外漢學機構，主要是屬於歐美列強者，大都服務於各國列強的殖民主義侵華政策。它們的研究成果有的能夠比較客

觀地介紹中國的歷史和現狀，有的則受「歐洲中心」論、種族優劣論的影響，帶有深刻的種族偏見。再加上歐美各國的漢學機構、漢學及東方學的刊物數量極少，介紹中國的作品只在少數人範圍內流行，中國文化在這些國家的影響極為有限。

二、中國古典文學在海外

晚清時期，中國傳統文學發展進入了一個從古代向近代轉變的關鍵時期，中外文學交流空前活躍。在此期間，一方面中國引進了大量歐美及日本的翻譯小說，開闊了國人的眼界；另一方面中國的古典文學作品及晚清時期的作品，不斷被人介紹到海外，在歐美、日本、朝鮮等國家和地區廣為流傳，向世界各民族展示著中華文化優秀成果的無窮魅力。

（一）中國古典文學在日本的傳播

明治維新以前的日本十分注重對中國傳統文化的學習。中國的古典文學，如詩詞、散文、小說尤其受到日本人的歡迎。十七世紀末到十八世紀初，僅傳入日本的中國明清小說就有《三國演義》、《水滸傳》、「三言」、「二拍」等多種，在儒者、町人中流傳。近代開關以後，儘管歐風美雨湧入日本，但不少日本人對中國古典文學的興趣並未減弱。明治初年，江戶時代翻刻過的中國小說，仍在繼續再版。不少書屋都在經營銷售中國書籍。據有關記載表明，從一八六九年到一八八六年間日本訓點翻刻的中國小說有：

《小說粹言》二冊，奚澤主人（澤田一齋）譯風月堂版的再刻，須原屋茂兵衛版（1869）。

《勸懲繡像奇談》第一編二冊，服部撫松纂評，九春社版。服部撫松從《今

古奇觀》中選出《三孝廉讓產立高名》、《杜十娘怒沉百寶箱》、《李公窮邸遇俠客》、《王嬌鸞百年長恨》四篇附上訓點印行（1883）。

《妖怪府》一冊，加藤鐵太郎譯，駿駿堂版，《牡丹燈記》等篇訓點本（1885）。

《通俗演義三國志》八冊，永井德鄰和解，須原屋茂兵衛版（1878）。

《第五才子書水滸傳》十七冊，成島柳北閱，怡悅堂銅版（1883 年）。

《原本譯解金瓶梅》三冊，松村操翻譯，望月誠版，依讀本體意譯（1882）。

《儒林外史》一冊，高田義甫訓點，同人版（1880）。

《評點五色石》四冊，服部誠一評點，有鄰堂版（1885）。

《情史鈔》三冊，田中正彝抄錄，內藤傳右衛門版，錄自《情史類略》（1879）。

《豔情笑史》一冊，真島與敬編，赤澤政吉版；從《情史類略》中選出《南都妓》、《江情》等篇。

《豔情奇觀》一冊，鹿又堂編，小泉堂版，收《美人譜》、《鴛鴦牒》、《黛史》、《十眉謠》、《豔體聯珠》等。

此外還有《肉蒲團》、《唐土名妓傳》、《虞初新志》等江戶刊本的再刻[43]。

至於《紅樓夢》的影響，在明治時代也進一步擴大了。日本流行的《紅樓夢》最早的刊本是一七九一年刻成的「程甲本」。「程甲本」刊行兩年後的一七九三年（清乾隆五十六年，日本寬政三年）冬，有九部「程甲本」的《紅樓夢》由貿易商從南京運到日本長崎。這是現在所見《紅樓夢》流傳到日本的最早記錄，也是《紅樓夢》流傳到國外的最早記載。隨著《紅樓夢》早期刻本的東

---

43 王曉平：《近代中日文學交流史稿》，48-50 頁，長沙，湖南文藝出版社，1987。

渡，日本的文人學者開始閱讀和研究這部中國文學名著。明治時代，《紅樓夢》在日本的影響進一步擴大。自從一八七七年在日本東京開設了清朝公使館，東京的外國語學校放棄了過去以中國南京官話為中心的教育方針，開始重視北京官話，而把《紅樓夢》用作教材，擴大了這部名著的讀者範圍。像大河內輝聲、森槐南等與中國駐日外交官有交往的文人，都是《紅樓夢》一書的熱心讀者。一八七八年（清光緒四年，日本明治十一年），黃遵憲曾與大河內輝聲等日本文人有過一次筆談，談論過關於《紅樓夢》的問題。黃遵憲說：「《紅樓夢》乃開天闢地，從古到今第一部好小說，當與日月爭光，為萬古不磨者。恨貴邦人不通中語，不能盡得其妙也。」日人黍園說：「《紅樓夢》寫盡閨閣兒女性情，而才人之能事盡矣。讀之可以悟道，可以參禪，至世情之變幻，人事之盛衰，皆形容至於其極。欲談經濟者，於此可領略於其中。」大河內輝聲說：「敝邦呼《源氏物語》者，其作意能相似。他說榮國府、寧國府閨閣，我寫九重禁庭之情，其作者亦係才女子紫式部者，於此一事而使曹氏驚悸。」[44]由上可見，儘管《紅樓夢》傳入日本要比《三國演義》、《水滸傳》等書晚，但受到日本士人的高度重視，並得到好的評價。一八九二年十一月，森槐南在《早稻田文學》第二十七號上發表了《紅樓夢論評》，標誌著日本紅學研究的開端。這是晚清中國文學在日本流傳取得的一項重要成果。

（二）中國古典文學在歐美的傳播

晚清以前，中國古典文學已經傳入西方國家，如《詩經》、《趙氏孤兒》、《灰闌記》等作品被譯成西文，流行於歐洲國家，但數量不多。鴉片戰爭以後更多的文學作品被譯為西文，西漸歐美。像《紅樓夢》、《水滸傳》、《西遊記》、《金瓶梅》、《聊齋志異》等著名古典小說，都是在這時傳入西方國家的。

俄國是《紅樓夢》傳入最早的歐洲國家。《紅樓夢》早期的一個抄本在

44 鄭子瑜、實藤惠秀編校：《黃遵憲與日本友人筆談遺稿》，引自宋柏年主編：《中國古典文學在國外》，529頁，北京，北京語言學院出版社，1994。

一八三二年被一位名叫帕維爾・庫爾梁德采夫的俄國人帶回俄國。庫爾梁德采夫在一八三聊齊志異年作為大學生隨第十一次俄國東正教使團來到中國，兩年後因病離開北京。他帶回的《紅樓夢》抄本，是俄國，大概也是歐洲的第一部曹雪芹抄本了，意義非同尋常。這個抄本題名《石頭記》，全書共六十回，無署名，據蘇聯漢學家孟列夫、李福清研究初步確認：「此抄本接近於現存抄本中最早的一個抄本——一七五四年的抄本。這一事實也有利於我們的設想，這樣就不排除此抄本是在十八世紀七〇至九〇年代之間抄寫的可能性。」[45]它收藏於蘇聯科學院東方研究所列寧格勒分所，一九六二年為李福清所發現。一九八五年中國學者與蘇聯學者對這一抄本作了共同研究，並在一九八六年兩國共同影印出版這一稀世珍本，這是紅學界的一件大事。十九世紀四〇年代，《紅樓夢》開始被譯成俄文。一八四三年俄國出版的《祖國紀事》雜志第二十六期曾刊載《紅樓夢》第一回的片斷譯文，譯者是柯萬科。但俄文全譯本直到一九五八年才由帕納秀克完成，這已是百餘年以後的事了。

《紅樓夢》最早被譯成英文是在一八四六年。是年，寧波出版的《官話彙編》登載了《紅樓夢》第六回的片斷英文譯文，譯者是英國駐中國寧波領事館領事羅伯特・湯姆（Robert Thom，1807-1846）。較早系統英譯《紅樓夢》的也是一位名叫喬利（H.Bencraft Joly，？-1898）的英國外交官。曾經出使英國駐澳門領事館副領事的喬利把《紅樓夢》前五十六回譯成英文，於一八九二至一八九三年由香港出版。這個譯文並不出色的譯本是《紅樓夢》最早的較系統的西文譯本。在德國，最早介紹、研究《紅樓夢》的是柏林大學東方語言教授威廉・格魯貝（Wilhelm Grwbe，1855-1908）。這位德國著名漢學家曾在一八九七至一八九九年間在北京從事研究工作。一九〇二年他撰寫的《中國文學史》出版，介紹了包括《紅樓夢》在內的一系列中國古典小說。他寫道：「《紅樓夢》是十七世紀出現的一部小說，它的作者是某個叫曹雪芹的人。這部小說無疑是中國小說文學中最重要的作品之一，它是一部充滿美妙細節的長篇愛情故事。小說篇幅十分龐大，即

---

45 〔蘇〕孟列夫、李福清：《長篇小說〈紅樓夢〉的無名抄本》，引自宋柏年主編：《中國古典文學在國外》，547頁。

使概要地敘述它的內容，也會超過這一節的字數限制。」[46]然而，作者卻把《紅樓夢》等名作放在該書最後一章，列出的標題卻是「戲劇與散文」。這表明作者並未真正理解和認識《紅樓夢》等中國小說的價值。一般說來，德國人對《紅樓夢》的研究與介紹落後於英、美。直到衛禮賢（德國漢學家）的《中國文學》在一九二六年出版後，德國人對《紅樓夢》的研究才提高了一大步。對《紅樓夢》的翻譯也是在二十世紀二〇年代末才開始的。一九二九年，法蘭克福出版的《中國學》雜誌發表了署名 W.Y.J 節譯的《紅樓夢》第二十一、二十二兩回。這是《紅樓夢》最早的德文片斷譯文。

《水滸》在西方國家流傳也始於鴉片戰爭以後，先是在法國、德國，其次是英、美等國。最先翻譯《水滸》的西人是法國漢學家安托尼·巴贊（Antoine Bazin，1799-1863）。一八五〇至一八五一年他節譯了《水滸》前六回中魯智深的故事和第二十三至三十一回武松的故事。一八五三年他又在自己編著的《現代中國》一書中收錄了三節譯文：一節是金聖歎託名施耐庵寫的序，另兩節是有關九紋龍史進和魯智深大鬧五臺山的譯文。但在很長的時間裡，法文全譯本的《水滸》一直沒有譯出及出版。直到一百二十多年後，即一九七八年，《水滸》的法譯全本才由法國葛利瑪七星出版社出版發行。《水滸》開始在德國流傳也是在晚清時期。威廉·格魯貝所著的《中國文學史》及愛德華特·艾爾克斯的《中國文學》等書，都簡要地介紹、評論過這部名著。衛禮賢的《中國文學》一書有專門關於《水滸》的介紹，指出：「在本質上，《水滸傳》是一部道德反叛的古典作品。全書的主題是，政府的腐敗是盜賊蜂起的根源，一個善良的強盜比一個凶惡的官員要好。通過這一主題，全書閃爍著中國人民群眾的精神風貌和他們反抗一切不公正及壓迫的光芒。這是這部作品巨大成就的基礎。」[47]作者的這種評論基本上是正確的。德文譯本的《水滸》出現於二十世紀二〇年代以後，比法文譯本的出現遲到七十餘年。《水滸》的英文譯本也出現在二十世紀二〇年代。一九二三年英國漢學家翟理斯譯著的《中國文學史》中，錄有《水滸》片斷譯

---

46 〔德〕威廉·格魯貝：《中國文學史》，引自宋柏年主編：《中國古典文學在國外》，542 頁。
47 〔德〕衛禮賢：《中國文學》，引自宋柏年主編：《中國古典文學在國外》，404 頁。

文，內容取自「魯智深大鬧五臺山」。三〇年代美國女作家賽珍珠譯成《水滸》全書七十回，取名《四海之內皆兄弟》，於一九三三年在紐約出版。

　　《西遊記》是中國影響最大的神話小說，備受西方人士的關注，譯介較為及時。十九世紀中葉，法國漢學家泰奧多・帕維把《西遊記》中的第九回（「陳光蕊赴任逢災，江流僧復仇報本」）和第十回（「游地府太宗還魂，進瓜果劉全續配」）譯成法文。第九回譯文題目為《三藏和尚江中得救》，第十回譯文取題為《龍王的傳說：佛教的故事》。譯文皆刊於巴黎出版的《亞洲雜志》（亦稱《亞洲學報》，由亞細亞學會主辦）。一九一二年法國學者莫朗編譯的《中國文學選》一書出版，收錄了《西遊記》第十、十一、十二三回的譯文。12 年後，即 1924 年，莫朗譯成《西遊記》百回選譯本，取名《猴與豬：神魔歷險記》，當年在巴黎出版。這是出現最早的較為系統的《西遊記》法文譯本。

　　《西遊記》同樣在英美得到傳播。一八九五年上海北華捷報社出版了塞繆爾・伊塞特・伍德布里奇（Samuel I.Woodbridge，1856-1926）翻譯的《西遊記》片斷，取名《金角龍王・皇帝游地府》，內容選自該書通行本「老龍王拙計犯天條」回和「游地府太宗還魂」回。一九〇〇年倫敦威廉海涅曼出版社發行的翟理斯的《中國文學史》一書，有《西遊記》第九十八回的一段譯文。一九〇五年《亞東雜志》第四卷刊登了題為《中國的仙境》的譯文，內容取自《西遊記》的兩段情節。譯者署名為詹姆斯・韋爾。大致來講，晚清時期傳入歐美各國的《西遊記》譯文多是一些情節片斷，該書系統的翻譯是在二十世紀二〇年代以後。

　　有中國「四大奇書」之一稱譽的《金瓶梅》也是在晚清時期被介紹到歐美國家的。一八五三年法國巴黎出版了漢學家巴讚的《現代中國》一書，其中有一篇題為《武松與金蓮的故事》一文，譯自《金瓶梅》第一回。這是目前發現最早的《金瓶梅》的西文節譯本。一九一二年法國巴黎夏龐蒂埃與法斯凱爾出版社出版了由莫朗翻譯的《金瓶梅》法文節譯本。全書二百九十四頁，這是該書最早的西文節譯本。德國漢學家大都重視對《金瓶梅》的研究。格魯貝、福爾開、衛禮賢等學者所著的中國文學史、中國文明史中都介紹過《金瓶梅》。《金瓶梅》德文全譯本出版於一九三〇年。譯者是弗朗茲・庫恩，由德國伊澤爾出版社出版。出

版後即被轉譯成英、法、荷蘭、芬蘭、意大利、瑞典、捷克、匈牙利等國文字，在歐美各地廣為流傳。

《聊齋志異》是在西方國家流行較早的一部中國古典文學名著。鴉片戰爭後，單篇的英、法、俄文《聊齋志異》先後告世。一八四八年，美國傳教士衛三畏編輯的《中國總論》第一卷，收錄了《種梨》和《罵鴨》兩篇英譯文。這是《聊齋志異》最早的英文單篇譯文。一八六七年英人邁耶斯（William Freelerick Mayers，1831-1878）也發表了《聊齋志異》的單篇譯文《酒友》。他還翻譯過《嫦娥》、《織女》等篇章。曾當過英國領事官的艾倫（Clement Francis Romilly Allen，1844-1920）編譯《聊齋志異故事選》，錄有《宋燾成神》、《狐嫁女》、《勞山道士》等，在十九世紀七〇年代香港出版的《中國評論》上連載。翻譯《聊齋志異》篇目較多的是英國人翟理斯。他編譯的《聊齋志異選》共收錄了一百六十四篇作品，內有《勞山道士》、《瞳人語》、《陸判》等篇目，於一八八〇年由倫敦 T·德拉律公司出版。翟氏所譯是彙輯篇目較多的一個英文譯本。

最早的法文《聊齋志異》單篇譯文是法國學者阿里（Huart）翻譯的《種梨》，刊登在一八八〇年巴黎出版的《亞洲雜志》（第 117 期）上。此外，中國駐法國公使館參贊陳季同也翻譯了《辛十四娘》、《青梅》、《香玉》等二十六篇作品，譯輯為《中國故事集》，由巴黎卡爾曼出版社一八八九年出版。出版後，頗受法國讀者歡迎，當年就重印了第二版、第三版。施萊爾博士專門為這個譯本寫了介紹文章，刊登在《通報》第一期（1890 年四月）。一八九五年河間府天主教會印刷所出版了法國傳教士戴遂良（Leon Wieger，1856-1933 年）編譯的《漢語入門》第五卷，內有數十篇《聊齋志異》的譯文。該書是為外國人學習漢語而編寫的法漢對照課本。《聊齋志異》中的許多篇章都作為該課本的教材內容，如書中第三十七課為《趙城虎》，第四十九課為《考城隍》，第五十一課為《勞山道士》，第五十二課為《狐嫁女》等。一九〇三年該書再版。民國以後，出版的法文《聊齋志異》節譯本逐漸增多，主要有巴蘭譯的《中國故事》，內有《聊齋》故事二十三篇；路易·拉盧瓦譯的《魔怪集——蒲松齡小說選》，收錄作品二十篇；賀敬瞻譯的《聊齋志異》單篇法譯文，內有十九篇；阿爾方編譯《中國短篇小說集》，收有《聊齋志異》作品十六篇；皮埃爾·道丹編譯的《中國故事

集——聊齋志異選》，內有作品五十篇，是此書法文譯本篇目最多的一種。

《聊齋志異》同樣引起俄國學者的興趣，早在十九世紀後期就被譯成俄文。較早的有蒙納斯蒂廖夫譯的《水莽草》，登載在一八七八年出版的《新作》雜志上。一八八三年俄國著名漢學家瓦西里耶夫又翻譯了《阿寶》、《庚娘》、《毛狐》等作品。《聊齋志異》的大規模俄譯是在十月革命之後，蘇聯著名漢學家阿列克謝耶夫為此作出的貢獻尤為突出。他從一九二二年至一九三七年共出版了四本《聊齋志異選》，選譯的作品共一百五十五篇。這部選輯也是選譯篇目較多的西文譯本。

除了以上提到的著作外，晚清時期被介紹到海外的中國小說還有《好逑傳》、《鏡花緣》、《十二樓》、《兒女英雄傳》等。關於唐詩、宋詞、元曲的海外翻譯介紹，也在此期取得不少成就，有的對外介紹並不亞於對小說的介紹。

總之，鴉片戰爭以後，中國古典文學的海外傳播有了較大的進展。不僅傳播數量有了明顯的增多，而且傳播的內容也大大豐富了。以小說外播為例，鴉片戰爭以前介紹到海外的中國小說數量稀少，戰後則不然，《紅樓夢》、《三國演義》、《水滸》、《西遊記》等傳世名作都先後被譯成多種外文，介紹到東西方各國。儘管此期介紹的水平不是很高，多數作品只有節譯本，但這畢竟初步展示了中國傳統文化的精華與瑰寶，為世界各國人民了解中國民族及其文化提供了一個重要的窗口，並為後來的中華文化繼續外播開闢了航道。其積極意義是不容抹殺的。其實中國古典文學外播的意義遠不止此，更重要的是它還以無窮的藝術魅力，獨特的藝術特色，積極地影響了域外一些國家和民族的文學藝術。如明治維新以後的日本，儘管西方思潮如洪水氾濫般地衝擊了社會，但在文壇上卻一度出現漢詩文興盛的局面。僅在一八七一年至一八七九年出版的漢詩選本著名者有：《明治三十八家絕句》、《東京才人絕句》、《明治十家絕句》、《今世名家詩鈔》、《舊雨詩鈔》等。日本學人正岡子規感慨地說：「今日之文壇，若就歌（按：和歌）、俳（按：俳句）、詩（按：漢詩）三者，比較其進步程度，則詩為第一，俳為第

二，歌為第三。」[48]「和歌下落，漢詩騰貴」是對當時日本文壇狀況的一種寫照。中國文化的積極影響在西方國家有反映。二十世紀初期（大約 1910-1920）在英美詩壇上曾流行過意象派。意象派是現代英美詩歌的一個流派，從藝術淵源上說，它的形成曾受到中國古典詩歌的影響。美國詩人埃茲拉·龐德（Ezra Pound）是這個流派的首倡人。面對西方詩壇的重重積弊，龐德立志進行詩歌改革。他從漢學家費諾羅薩收集、註釋的上百首中國古典詩歌中受到深刻的啟迪，形成了新的詩歌創作觀念，並創作出第一本意象派詩集《意象派選集》，於一九一四年出版。在龐德的六首作品中，有四首取材於中國的古典詩歌：《仿屈原》，靈感來自於《九歌》中的《山鬼》；《劉徹》是對漢武帝「落葉哀蟬」的改寫；《秋扇怨》是班婕仔《怨歌行》的模仿；最後一首尚未考證出其原詩。一九一五年，龐德經過對費諾羅薩遺留的中國古詩筆記的整理及再創作，出版了由十八首短詩組成的《神州集》（又譯作《漢詩譯卷》、《古中國集》）。該書的出版一度在美國詩壇引起了轟動，《神州集》不脛而走，它所帶有的中國詩風受到人們的普遍讚揚，在美國詩壇掀起了「中國熱」，意象派在詩壇的地位亦被確立。

當然，應該看到此期的中國古典文學外播存在的不足，主要表現為兩點：一是此期向域外介紹中國文學的主要是外國人。他們或者是漢學家，或者是外交官，或者是其他方面的學者。由於國度、民族、身分及看問題的立場、方法、角度上的不同，他們對中國文化的認識、理解、介紹及解釋亦大不相同，眾說紛紜，片面性與民族偏見摻雜其中。這不僅不利於中外文化的交流，而且給各國人民正確認識中國造成障礙。二是介紹的內容亦不完全，如中國古典小說的西文譯本節譯多，全譯少，便是證明。可見，此期的中國古典文學外播固然取得可觀的成績，但也不應作過高的估價。

---

48 〔日〕正岡子規所作隨筆，引自王曉平：《近代中日文學交流史稿》，125 頁。

第三節 ·
國內各民族
的文化交流

　　鴉片戰爭以後，國內各民族文化的交流有了新的進展。帝國主義列強侵略中國邊疆領土造成的危機形勢，使加強邊疆少數民族地區和內地之間的文化聯繫成為極為迫切的問題。晚清時期中國各民族間的文化交流具有團結各族人民抗禦帝國主義入侵、鞏固邊防的性質。

　　十九世紀後期，帝國主義列強加緊侵略中國西藏地區，嚴重地威脅著中國邊疆領土。而藏族地區與內地的聯繫還存在不少薄弱環節。僅就文化而言，不僅存在著語言、文字的隔膜，而且文化教育發展也不平衡。許多有識之士對此深表憂慮。清朝駐藏大臣聯豫指出：「藏中漢番人數，雖屬不少，然漢人之能解藏文者，奴才衙門中不過一二人；藏人之能識漢字者，則猶未一見。」[49]他的後任張蔭棠也看到這個問題的嚴重性，指出：「語言、文字為祖國與屬地聯絡樞紐，西藏內屬三百年，語文不通，相視如秦越」；「辦事致形隔膜。」[50]鑒於此情，清政府決定在川邊藏區興辦文教。四川總督兼駐藏大臣趙爾豐說：川藏地區「所難行者，文字不知，語言未習……如欲去此扞格，非先從語言文字入手，不易為功。此學務之興，所以萬不可緩」。[51]在當地民眾的支持下，川邊藏區的文化教育作為清末「新政」的一個重要內容開展起來。

---

49 吳豐培輯：《聯豫駐藏奏稿》，引自《藏族史論文集》，164 頁，成都，四川民族出版社，1988。
50 何藻翔：《藏語》，張蔭棠擬電外（務部），131 頁，引自《藏族史論文集》，164 頁。
51 吳豐培編：《趙爾豐川邊奏牘》，97 頁，成都，四川人民出版社，1984。

一九〇七年，趙爾豐在巴塘設立關外學務局，任命度支部主事吳嘉謨為總辦，聘請四川學人張卜沖等人為教習。學務局本著「開草昧而輸以文明」[52]的宗旨，採取了一系列有利於漢藏文化發展的措施，如制定勸學與優待學生條例、廣設漢語漢文學堂、培訓師資、編印白話課本、設印刷局等。在藏民地區推行官話、漢話是川邊藏區興學的一項重要任務。為此，他們編寫了一些通俗易懂的白話文課本。如《勵志歌》寫道：「陰陽強弱無今古，女皇煉石天可補。不見魏木蘭，從軍替阿父；不見秦良玉，為國戡強虜。莫言巾幗無英雄，多少男兒不如女。」這類篇章思想內容積極向上，既使藏族地區人民了解了祖國的歷史傳統，又推動了官話漢話的普及，促進了川邊藏區文化教育的發展，在清末的幾年間，該地區創辦學堂一百八十餘所，學生多達四千餘名。除開辦普通學校外，還在巴安、康定分設師範學校，雅江縣創設蠶桑學校，鄧科縣設游牧改良所等[53]，使川邊少數民族地區的文化教育有了一定的發展，為藏族人民學習、吸收內地文化奠定了基礎。趙爾豐曾考察巴塘地區辦學情況，該地「男女學生等先學漢語，繼學漢文，甫經三年，初等小學堂男女學生，竟能作數百言文字，餘皆演試白話，解釋字義。尤可嘉者，八九齡學生見人皆彬彬有禮，問以義務，皆知以忠君愛國為主。女學生更高自位置，以禮自持，不輕與人言笑」[54]。

回族是中國民族大家庭中的重要成員。回族文化在形成和發展過程中體現出伊斯蘭文化與漢族傳統文化的互相交往與融合。如北京的牛街禮拜寺、西安化覺巷清真寺、濟寧西大寺、寧夏同心清真大寺等建築，都把伊斯蘭文化藝術與漢族傳統的建築風格巧妙地融為一體，是中國民族文化之間交融的結晶。可以說，中國回族形成發展的歷史貫穿著回族文化與漢族及其他民族文化的交往。這種交往在晚清時期同樣表現出來。

中國的回族形成以後，隨著社會生活條件的改變，開始棄武行文，接受和學習漢語漢文，加之受歷代封建王朝推行儒學的影響，在回族中湧現出不少精通儒

52 《清末川滇邊務檔案資料》卷六，引自《藏族史論文集》，160頁。
53 吳豐培編：《趙爾豐川邊奏牘》，97頁。
54 同上書，101頁。

學、用漢語漢文進行創作的學者文人。蔣湘南便是其中的佼佼者。蔣湘南（1795-1854），字子瀟，河南固始人，「先世本回部」。自幼勤學不倦，於「賈、董、馬、鄭之學，濂、洛、關、閩之理，道藏梵筴之書，毗婆屍佛之教，分析其支派源流而窮其精奧」，[55] 並與陳奐、俞正燮、龔自珍、魏源等名士交遊，長於經學、詩文，並對天文、地理、算術、曆法、水利、農田等靡不深究。在學術上，他反對標榜門戶，主張漢宋合流，並提出「周學」的概念以調和當時盛行學界的漢宋之爭。他說：「儒者讀孔子書。孔子，周人也。周之學，春秋禮樂，冬夏詩書，謂之四術。孔子益以易與春秋，謂之六藝。六藝皆周禮也。韓宣子聘魯見易象，春秋曰周禮在魯，是易與春秋之二藝，禮樂詩書之四藝，皆周公之禮明矣。……可知孔門之學但宜名為禮學，不宜稱為理學。孔子沒而微言絕，七十子喪而大義乖，孟、荀為再傳弟子，僅百年而詩書已待辨正，況漢儒去孔子二百餘年，宋儒去孔子二千餘年乎！漢學宋學之爭皆無與周學者也。吾為周學而已。」[56] 他的詩作集中反映在《春暉閣詩選》、《七經樓文鈔》、《游世錄》等書中。其作品題材廣泛，詩體剛健蒼勁，寫景、詠史均能情韻兼備，別具一格。以詩聞名的回族士人還有薩龍回（著《湖南吟草》）、薩大文（著《荔影堂詩鈔》）、薩大年（著《白華樓詩箋注》）等，三人均為道光年間舉人。他們的詩作亦風格清新，備受同仁讚譽。

作為中國武術中的重要組成部分，回族武術在它形成的過程中既保持了自己的特點，又吸收了漢族傳統武術的精華，自成體系。如回族武術中傳統項目教門彈腿、八極拳、通臂劈掛拳、查拳等，都糅進了許多中國傳統武術的招式打法。晚清著名的回族武術家有：買壯圖（1829-1892）、王正誼（1854-1900）等。王正誼即有名的京師大俠——「大刀王五」，字子斌，河北人，對各種拳術、諸般器械無不精通，尤以雙鉤及大刀為絕技，被時人稱為「雙鉤王五」、「大刀王五」。他一生行俠仗義，與維新志士譚嗣同交誼篤厚，後在義和團運動中抵抗八國聯軍英勇就義。

---

55 夏寅官：《蔣湘南傳》，《清代碑傳全集》下冊，1553 頁，上海，上海古籍出版社，1987。
56 同上書，1554 頁。

蒙古族文化也是中華文化寶庫中的一顆璀璨的明珠。清代時期，由於文化教育的發展，各種文字的優秀作品紛紛譯成蒙古文，如《三國演義》、《水滸傳》、《紅樓夢》、《今古奇觀》、《封神演義》、《施公案》、《玉匣記》等，有的從漢文直接譯為蒙文，有的由滿文轉譯為蒙文，在蒙古族人中流傳。哈斯寶的《新譯紅樓夢回批》頗具代表性。哈斯寶是清代蒙古人，生平不詳。據記載，他曾於一八一九年秋到過承德府。其生活的年代大約在嘉慶、道光、咸豐三朝，主要著述活動是在道光年間。他的《新譯紅樓夢回批》為節譯本，共四十回，包括譯者撰寫的序言、讀法、回批、總錄和插圖。除了譯文本身，尤其可貴的是附在每回譯文後面的四十篇回批。這些精短的回批，從思想藝術等多方面地表明了譯者對《紅樓夢》的見解，又兼及許多重要的文學理論、繪畫理論的問題。正如有的論者所言：「哈斯寶的《新譯紅樓夢》蒙古文手抄本及其回批被發現並進行整理出版，是源遠流長的蒙漢文化交流的一個新的有力佐證。」[57]

　　中國傳統思想觀念對蒙古學者亦有深刻影響。尹湛納希（1837-1892），漢名寶衡山，字潤庭，土默特左翼旗（在今遼寧朝陽縣東北）人，蒙古族文學家。著有《一層樓》、《泣紅亭》、《大元勃興青史演義》等。他所著的《青史演義》雖以敘述成吉思汗建國以來的歷史故事為基本內容，但貫穿著中原文化中的陰陽五行、承天啟運、權變其間的思想觀念。他說：「此宇宙者，從天地日月乃至萬物，皆起源於陰陽二氣，因緣於五行法則，故充滿世界，繁衍萬物。」[58]同治朝大學士倭仁（1804-1871），蒙古正紅旗人。烏齊格里氏，字艮峰。師從理學家唐鑑，為晚清著名的理學大師，對程朱理學道德論多有闡發。這些都是傳統儒學文化對蒙古族影響的證明。

---

57 蔡志純等編：《蒙古族文化》，83頁，北京，中國社會科學出版社，1993。
58 《青史演義》，引自蔡志純等編：《蒙古族文化》，48頁。

第五章

語言文字的改革

　　語言文字是人類文化的象徵符號，人類文明就是靠語言文字而得以保存、積累和發展提高的。在中國歷史上，語言文字學被稱為「小學」，是人們學習文化的基本功。而小學通常由文字之學、音韻之學、訓詁之學三部分所構成。中國人對語言文字學的認識研究一直從古代延續到晚清。這種觀唸到了晚清時期發生了重大變化。一九〇六年章太炎在《國粹學報》第二十四、第二十五期上發表了題為《論語言文字之學》一文，認為文字、音韻、訓詁三者之間不是三足鼎立的關係，而是三位一體的關係，稱之為「小學」意義不當，「其實當名『語言文字之學』，方為確切」。章太炎提出以「語言文字之學」取代傳統「小學」的主張，反映出晚清時期中國語言文字學經歷著從古代向近代的歷史轉變。綜觀晚清時期的中國語言文字發展的歷史，可以十九世紀九〇年代為界分為前後兩個時期。在前一時期，中國語言文字之學仍然保持著傳統的風貌，學者們繼續走著乾嘉考據學的老路，在舊有的小學領域中鉤稽耙梳，多有成果。在後一時期，中國社會變化的浪潮波及語言文字領域，引起中國語言文字學發生深刻變化。漢語拼音的提倡、簡化字的興起、新式語法研究的開展、新語彙的大量湧現，成為這個時期中國語言文字變革的幾個重要標誌。

第一節 ·
傳統文字學研究
的新成就

在清代，文字學（小學）作為經學的附庸而存在，是學習儒家經典的入門功夫，尤為士人所看重。清代的小學，特別在乾嘉年間，備受學者青睞，呈現出人才輩出、著述如林的興盛局面。王念孫的《廣雅疏證》，王引之的《經義述聞》、《經傳釋詞》，段玉裁的《說文解字注》，阮元的《經籍詁》等書，都是當時語言文字學研究的代表作。它們的問世把傳統小學研究提到一個新的水平。晚清漢學家的小學研究從總體上說沒有超過乾嘉時代，但在許多方面仍然多有開掘，取得可觀成就，不容忽視。

在文字學方面，王筠、朱駿聲等人在《說文解字》研究方面取得了新成果。王筠（1784-1854），字貫山，號籙友，山東安丘人，道光舉人，曾官知縣。長於小學，以治《說文解字》著稱。他治《說文》能另闢蹊徑，獨樹一幟，不僅繼承了前人的成就，而且敢於指出前人的不足。段玉裁的《說文解字注》是清代研究《說文解字》的權威性著作，王筠對之並不盲從，而是實事求是地評價它的優點與不足。他指出：「段氏書體大思精，所謂通例又前人所未知，唯是武斷支離，時或不免，則其蔽也。」[1]他所寫的《說文釋例》、《說文句讀》等著作，就貫徹

_____

1 王筠：《說文釋例自序》，同治四年刊本。

了這種不盲從迷信，獨立思考的精神，用他自己的話說是：「無由沿襲前人，為吾一家之言而已。」[2]《說文釋例》一書不僅對「六書」及《說文解字》作了詳盡闡述，而且訂正了許慎、段玉裁著述中的許多錯誤。該書各卷之後往往用金石古文補正《說文解字》的形體和說解，使內容更加確切。這在甲骨文未發現之前可稱為創獲。《說文句讀》一書，博採段玉裁、桂馥、嚴可均等人有關《說文解字》的著作，博觀約取，刪繁舉要，訂補諸家之缺。作者自稱：「余輯是書，別有注意之端，與段氏不盡同者凡五事。」[3]這五項不同是：「一曰刪篆」，「二曰一貫」，「三曰反經」，「四曰正雅」，「五曰特識」，為治小學者指示了簡便的門徑，從而體現出了這部書的特點。朱駿聲的《說文通訓定聲》也是晚清研究《說文解字》的一部力作。朱駿聲（1788-1858），字豐芑，號允倩，江蘇吳縣人，道光舉人。幼攻經史，尤精小學，著述甚豐。《說文通訓定聲》是他的代表作。該書對小學的闡發在於用聲韻學原理闡釋《說文解字》，開闢了《說文》研究的新領域。漢代許慎《說文解字》的主要特點是通過分析字形、考求字源來研究文字。朱氏此書則拆散了許氏《說文》中的五百四十部首，從原存九百多字及增附的七千多字中分析出一千一百二千七形聲聲符，依古韻歸併為十八部，按古韻及形聲聲符排比。對文字不僅考明字形結構，而且從「轉注」、「假借」、「聲訓」、「古韻」等方面進行辨析。他強調音韻的重要性，說：「不知假借者，不可與讀古書；不明古音者，不足以識假借。此《說文通訓定聲》一書所為記也。」[4]以聲為經、以形為緯來研究文字並非朱駿聲的首創。在他之前戚學標註《漢學諧聲》已有先例，但無論在深度上，還是在廣度上都遠遜於朱氏之作的水平。一八五一年朱駿聲曾把這部書及《古今韻準》、《說雅》等書進呈朝廷，受到朝廷的褒獎，並被賜為國子監博士銜。朱駿聲的著述除以上提到的三種外，還有《說文通訓定聲補遺》、《小學識餘》、《六書假借經微》、《尚書古注便讀》等。在文字學方面有成就的還有苗夔、鄭珍等人。苗夔所著匯刻為《苗氏說文四種》。鄭珍著有《說文逸字考》等。

2　同上。

3　王筠：《說文解字句讀自序》，四川尊經書局，光緒八年刊本。

4　朱駿聲：《說文通訓定聲自序》，上海積山書局，光緒十三年（1887）石印本。

音韻學是傳統小學的重要內容。晚清時期的音韻學研究以江有誥的成果最具代表性。江有誥（？-1851），字晉三，安徽歙縣人。其代表作是《音學十書》，包括《詩經韻讀》、《群經韻讀》、《楚辭韻讀》、《先秦韻讀》、《漢魏韻讀》、《廿一部韻譜》、《諧聲表》、《入聲表》、《四聲韻譜》、《唐韻四聲正》等，對古韻學的發展作出重要貢獻。古音分部作為音韻學的一個重要研究領域始於宋代的鄭庠。鄭氏在原來《廣韻》的基礎上，把二百〇六韻的部目歸併成古韻六部。明末清初，顧炎武以三十年之功著《音學五種》，離析唐韻韻部，變通其入聲分配，在鄭庠六部的基礎上列出古韻十部。他的研究成果使古韻學粗具規模，顧氏也成為清代此學的奠基人。繼顧氏之後，古韻學研究大進，韻部離析愈加細密。在江有誥以前比較有代表性的古韻韻部劃分觀點主要有以下幾家：江永的十三部說、戴震的十八部說、段玉裁的十七部說、孔廣森的十九部說、王念孫的二十一部說等。江有誥在《音學十書》中提出二十一部說，與王念孫的觀點不謀而合。這二十一部是：一之、二幽、三宵、四侯、五魚、六歌、七支、八脂、九祭、十元、十一文、十二真、十三耕、十四陽、十五東、十六中、十七蒸、十八侵、十九談、二十葉、二十一輯。其中只有幾部與王念孫有異。江有誥的觀點與他人暗合，但並非蹈襲，而且分部更為合理。後來安徽學者夏炘在江有誥研究的基礎上，增加了王念孫的「至」部，定古韻為二十二部，得到學界的公認。王國維在談到清代古韻學時指出：「古韻之學，自崑山顧氏、而婺源江氏、而休寧戴氏、而金壇段氏、而曲阜孔氏、而高郵王氏、而歙縣江氏，作者不過七人，然古音二十二部之目，遂令後世無可增損。故訓故名物文字之學，有待於將來者甚多；至古韻之學，謂之前無古人，後無來者，可也。」[5]他把江有誥稱為對古韻學作出傑出貢獻的「七賢」之一，體現了對江氏學術成就的高度評價。

　　在訓詁學方面較有影響的是俞樾寫的《古書疑義舉例》。俞樾（1821-1907），字蔭甫，號曲園，浙江德清人，崇漢學，通經史，著述宏富。他學宗高郵王念孫父子，仿王念孫《讀書雜志》的體裁，寫成《諸子平議》，仿王引之《經義述聞》的體裁，寫成《群經平議》，闡述了自己對經學、諸子學的一些獨到見

5　王國維：《周代金石文韻讀序》，《觀堂集林》卷八，394頁，北京，中華書局，1984。

解，深受晚清學界推重。他在小學方面的代表作是《古書疑義舉例》。先秦兩漢之書，造句用詞多與後世不同。俞氏此書摘取九經諸子各書中若干較為典型的例句，如上下文異字同義例；以一字作兩讀例；舉此以見彼例；因此以及彼例；語詞疊用例；一字讀為二字例等，共八十八條，對古書中用字造句及文字、篇章的錯亂、辨缺等問題，逐一闡明，使讀者習知其例，從而舉一反三，觸類旁通，有助於古書的研讀。胡樸安評價說：「其所舉之佐證，極為豐富……學者讀其書而自求之，必能得古人造句之法。」[6]章太炎稱讚說：「及為《古書疑義舉例》，軼察觸理，疏紾比昔，牙角纖見，紬為科條，五寸之架，極巧以旺，盡天下之方，視《經傳釋詞》益恢郭矣。」[7]

由上可見，晚清時期的傳統小學家仍然繼續著乾嘉諸儒的學術事業，並在某些方面有新的開掘和突破，取得一些突出的成就。但就總體而言，晚清時期的傳統小學日趨衰落，多數學者的研究範圍、治學思路和治學方法都沒有超過乾嘉宿儒的框框，未能及時反映變化了的時代精神，固有的缺陷與弊端日益暴露。隨著中國社會近代化因素的不斷發展，傳統語言文字的變革必然會尖銳地提到日程上來。

6　胡樸安：《中國訓詁學史》，328 頁，北京，中國書店，1987。
7　章太炎：《俞先生傳》，《章太炎全集》第四冊，211 頁，上海，上海人民出版社，1985。

第二節·
晚清語言文字
改革的倡導

晚清時期，尤其在十九世紀九〇年代以後，中國出現了語言文字改革的新形勢。晚清語言文字改革局面的形成不僅是當時中國社會變革的產物，而且也是歷史上中國語言文字改革傳統的繼續。

中國語言文字儘管源遠流長，豐富多彩，但也有著筆畫繁、讀音雜的不足，不如拼音文字簡易好學。這個問題很早就被有識之士所認識。顧炎武《日知錄》記載：「外國之巧，在文書簡，簡故速；中國之患，在文書繁，繁故遲。」[8]明清之際，來華的西方傳教士為了克服語言文字上的障礙，開始用羅馬字母拼注漢字讀音。他們的這種做法引起了當時及後來一些學者的注意。方以智、楊選杞、劉獻廷等人都因受他們的啟發而先後提出改革漢字的主張。

一八四〇年鴉片戰爭以後，中國傳統社會受到西方資本主義勢力的衝擊，開始發生新的變化。在新的社會變革面前，傳統文化的許多方面已經暴露出它們的落後性，不能再適應新變局的需要，提出了變革的要求。語言文字改革就是在這種情況下出現的。

---

8 黃汝成集釋：《日知錄集釋》下冊，1300頁，石家莊，花山文藝出版社，1990。

早在鴉片戰爭前後，一些有識之士就提出文字改革的問題。龔自珍在《擬上今方言表》中寫道：「旁採字母翻切之旨，欲撮舉一言，可以一行省音貫十八省音，可以納十八省音於一省也。」[9] 這是晚清較早提出的用新法給漢字注音的主張。他還打算蒐羅中國各省方言及滿洲、高麗、蒙古及喀爾喀等語言，編纂《今方言》一書。書雖未編成，但卻提出了以拼音改革文字，並經由拼音來統一語言的思想。

太平天國出於反清鬥爭和宣傳宗教的需要，也進行了一定範圍內的文字改革。如自造文字；行文加標點；行文中加入白話、俗語、土話、隱語；廢除古典等。這些改革一掃清代文壇追求形式、浮華不實的腐朽士習，為太平天國推行文化政策起到積極作用。但是，太平天國的文字改革受到其所奉宗教的影響。如拜上帝教教義有「脫鬼成人」說，便把「鬼」字改為「人」字，於是規定：凡寫魁、魂、魄、魏等字均從人，寫作「𠑷」、「𠑶」、「𠑴」、「𡧰」等字樣。所造之字儘管比原字結構簡單，但其改造的動因出於宗教信仰，並非由於現實生活的需要。《萬國來朝及敬避字樣詔》說：「上帝聖諱爺火華，中華等字一直加，避稱炎燒夥伙字，全敬上帝滅妖邪。天兄基督諱耶穌，基督尊號僭稱差，耶避稱也乎哉字，穌避稱蘇甦亦嘉。幼主名洪天貴福，見福加點錦添花，桂福省改桂福省，普天一體共爺媽。」[10] 這條材料具體反映出太平天國出於宗教和政治的需要而行文字避諱，更改一些文字的情況。這種做法因缺乏群眾基礎，未被社會所接受。隨著太平天國的失敗，這些新造的文字隨即銷聲匿跡，未能產生任何影響。

鴉片戰爭以後來華的西方人士，或者為了在華傳教，或者為了開闢在華的貿易、外交、經營及其他事業，也在摸索、創製漢語注音方法，以掃除語言障礙。一八六七年，英國駐華使館參贊威妥瑪出版了他的《語言自邇集》。這是一本京音官話課本，起初只用做使館人員學習漢語的注音工具，後來成為音譯中國人名、地名和事物名稱的通用拼法，直至今天仍為研究漢學的外國人所使用。西方人創製漢語拼音，並不是幫助中國進行文字改革，而是為其對華文化滲透服務，

9　《龔自珍全集》下冊，309 頁。
10　太平天國歷史博物館編：《太平天國文書彙編》，61 頁，北京，中華書局，1979。

但在客觀上卻使一些中國人認識到，漢語也可以用拼音文字來書寫記憶，從而啟迪了漢字改革的新途徑。

從鴉片戰爭至十九世紀九〇年代以前是晚清漢字改革的準備階段。從士大夫、下層民眾及來華外國人等幾個不同的社會集團，都發出漢字改革的呼聲或信息。這是中國語言文字改革必然性的反映。不過這種呼聲和信息在當時是零星的、微弱的，沒有成為一種社會性的行動。

從十九世紀九〇年代至清王朝垮臺是晚清文字改革的興起、發展和高潮階段。一八九二年（光緒十八年）盧戇章在廈門出版了《一目了然初階》。這是晚清時期第一種切音字方案和第一本切音字著作，標誌著語言文字改革的正式展開。中日甲午戰爭後，中國民族危機空前加深，資產階級維新變法運動蓬勃興起，變法成為全國性的政治要求。在這種形勢的推動下，語言文字改革迅速走向高潮，很快形成了全面性改革的新局面。此期的漢語改革不僅表現為改革呼聲日益高漲，而且還表現在許多改革方案的具體實施上；不僅有民間的積極活動，而且也得到官方的響應。改革涉及到的內容也相當廣泛，包括推行「切音字」，用新法識記漢字，簡化漢字，完善漢語語法和標點，採用新詞彙，推行「官話」，統一語言等方面。這些改革較為深刻地觸動了傳統漢語的舊結構，以新的原則和內容為古老的漢語注入活力，推動了中國語言文字向近代化的方向轉變。

晚清時期中國語言文字改革的一個重要特點就是文字改革與社會變革緊密地結合在一起。語言文字的改革不是孤立存在，單獨開展，而是和「文界革命」、教育革命、乃至整個資產階級新文化運動同步展開，形成相輔相成之勢，成為晚清資產階級社會改革的重要組成部分。社會變革為語言文字的改革開闢了道路，創造了前提；語言文字的改革反過來深化了社會變革的內容。

中日甲午戰爭後，國人改革語言文字的要求日益強烈，改革的宗旨和思路也愈顯明確。許多有識之士把文字改革與挽救民族危機、實現國家富強的歷史使命聯繫起來考慮，反思傳統漢語利弊，痛陳漢語改革的重要性，為漢語改革的推行大造輿論。維新志士康有為、梁啟超、宋恕、譚嗣同、沈學、馬建忠、王炳耀、黃遵憲等人，都是戊戌維新運動時期語言文字改革的積極倡導者、鼓吹者。

主張語言文字改革的有識之士從愛國主義的高度來認識文字改革問題，認為文字改革與國家富強息息相關。沈學指出：「既文事凌夷，外患蠢動，當此痛巨創深之際，莫不欲自強為計。……竊謂自強陳跡有三：一、歐洲列國之強……有羅馬之切音也，人易於讀書，則易於明理；理明，利弊分析，上下同心，講求富強。二、美洲之強……亦切音字為之；切音字易達彼此衷曲，上下無隔膜。三、俄國日本之強……其勢由上借本國切音字，翻譯泰西富強書，令民誦讀者也。三者莫不以切音字為富強之源。」[11]他用歐美各國、日本為例，強調了文字改革對於國家富強至關重要，言辭不免誇大，但其良苦用心則赤誠可見。基於這種認識，沈學把文字改革視為當時中國所有改革事業「最先」要「變」者。他說：「今日之議時事者，非周禮復古，即西學更新：所說如異，所志則一，莫不以變通為懷：如官方、兵法、農政、商務、製造、開礦、學校；余則以變通文字為最先。文字者，智器也，載古今言語心思者也。文字之難易，智愚強弱之所由分也。」[12]梁啟超亦大聲疾呼：「國惡乎強？民智斯國強矣；民惡乎智？盡天下人而讀書，而識字，斯民智矣。德美二國，其民百人中識字者，殆九十六七人，歐西諸國稱是。日本百人中識字者，亦八十餘人。中國以文明號於五洲，而百人中識字者，不及二十人。雖曰學校未昌，亦何遽懸絕如是乎？」[13]這些主張與沈學的觀點完全一致。

文字改革的倡導者用新時代的理念對傳統漢字進行反思，揭露弊端，痛陳改革的必要性與迫切性。他們認為，中國文字的突出弊端就是過於繁難，言文分離，難學難記，不切實用。蔡錫勇指出：「嘗念中國文字，最為美備，亦最繁難；倉史以降，孳乳日多；字典所收，四萬餘字；士人讀書，畢生不能盡識。……童子束髮入塾，欲竟其業，慧者亦須歷十餘年；如止讀數年，改操他業，識字有限，類不能文；在婦女更無論矣。緣文字與語言個別，識字讀書，兼習其文：記誦之功，多稽時日也。」[14]有的論者把中國文字的衰敝與八股取士、

---

11 沈學：《盛世元音自序》，倪海曙：《清末漢語拼音運動編年史》，43 頁。
12 同上書，42 頁。
13 梁啟超：《沈氏音書序》，《飲冰室合集》文集之二，1 頁。
14 蔡錫勇：《傳音快字自序》，倪海曙：《清末漢語拼音運動編年史》，34-35 頁。

繁瑣考據聯繫起來進行批評，試圖揭示漢語衰敝的深層原因。溫灝指出：「中國之文字……泊乎秦漢以後，經生家務為考據，於是字學諸書，浩如淵海，士有至皓首窮經，而未能盡明其字義者。至唐宋以詩賦論才，有明以八股取士，文愈繁則治亦愈衰。」[15]王炳堃也批評說：「國朝功令，以文字取士；鄉會二場，取以文；殿試朝考，取以字；有因一點之誤，半畫之訛，竟遭勒帛。以字學之難也，士窮一生之力，在於文字，何暇及他學哉！」他感慨說：「文網之密，字學之繁，實為致弱之基。」[16]這些批評都十分切中時弊。

在反思古代漢語的基礎上，有識之士提出了實行改革的宗旨和原則。其宗旨就是實現「言文一致」和「統一語言」，遵循的原則便是「易繁為簡」。語言與文字分離是古代漢語的一大特點，也是它的一個缺陷，尤其到了近代，這一缺陷帶來的弊病更為突出，實現「言文合一」自然成為漢語改革的首要目標。梁啟超說：「吾鄉黃君公度之言曰：語言與文字離，則通文者少；語言與文字合，則通文者多。……稽古今之所由變，識離合之所由興，審中外之異，識強弱之原；於是通人志士，汲汲焉以諧聲增文為世界一大事。」[17]語言統一也是

章太炎像

清末漢語改革面臨的一大問題。對此譚嗣同主張「盡改象形字為諧聲」來實現語言的統一。他說：「又其不易合一之故，由語言文字，萬有不齊，越國即不相通，愚賤尤難遍曉。更苦中國之象形字，尤為之梗也。故盡改象形為諧聲，各用土語，互譯其意，朝授而夕解，彼作而此述，則地球之學，可合而為一。」[18]這些主張成為當時主張文字改革同仁們的共識。

二十世紀初，即辛亥革命期間，中國的語言文字改革向縱深發展，各種改革

---

15 溫灝：《拼音字譜序》，倪海曙：《清末漢語拼音運動編年史》，61 頁。
16 王炳堃：《拼音字譜序》，倪海曙：《清末漢語拼音運動編年史》，62 頁。
17 梁啟超：《沈氏音書序》，《飲冰室合集》文集之二，1-2 頁。
18 譚嗣同：《仁學》，《譚嗣同全集》下冊，352 頁。

方案紛紛出臺。積極鼓吹文字改革的除了上述提到的諸人外，還有王照、吳汝綸、劉師培、章太炎、盧戇章（方案一）、吳稚暉、陳虹、勞乃宣等。他們不僅廣泛地討論了文字改革的問題，而且還就一些重要問題展開爭論。如關於文字改革還要不要漢字的問題，人們的看法就不一致。有人主張在保存現有漢字的基礎上，吸收西方語言文字的積極因素進行改革，有人則主張廢除漢字，直接搬用「萬國新語」。

劉師培、章太炎等人持前一看法。劉師培在《中國文字流弊論》、《論中土文字有益於世界》等文章中闡述了自己關於文字改革的主張。他首先肯定了改革文字的必要性，認為中國文字存在五大弊端：即「一、字形遞變而舊意不可考也」；「二、一字數義而丐詞生也」；「三、假借多而本意失也」；「四、由數字一義也」；「五、由點畫之繁也。」漢字因有「五弊」而造成詞義模糊，結構複雜，學習困難，阻礙了文化教育的普及，亟待改革。他提出兩條改革辦法：「一曰宜用俗語也」，即提倡、推廣大眾化的白話文。他說：「中國之文士則孰非蹈此弊者乎？致弊之原因在於崇拜古人。凡古人之事，無不以為勝於今人，即言語文字亦然。而評文者每以行文之雅俗定文詞之工拙。此固中國數千年積習使然，而不可驟革者也。欲救此弊，宜仿杭州白話報之例，詞取達意而止，使文體平易近人，智愚悉解。其策一也。」「二曰造新字也」，即創造能夠準確反映新時代、新事物內容的字詞。他說：「今者中外大通，泰西之物多吾中國所本無，而中國乃以本有之字借名之，丐詞之生從此始矣。此侯官嚴氏所以謂中國名新物無一不誤也。今欲矯此弊，莫若於中國文字之外，別創新字以名之，循名責實，使丐詞之弊不生。其策二也。」[19] 積極提倡切音字和官話的盧戇章、王照等人只把拼音字母視為輔助學習漢字的工具，不主張以之取代漢字。盧戇章在《一目了然初階》一書中指出：切音字與漢字的關係是：「以切音字與漢字並列。」[20] 王照等人編輯出版的字母書實際上是漢字拼音讀物，用切音字來輔助漢字。如他所說：「百家姓、三字經、千字文、四書、五經，全是漢字旁邊音著字母，藉著字母，

---

19 劉師培：《中國文字流弊論》，《左外集》卷六，《劉申叔先生遺書》第 46 冊，2-4 頁，寧武南氏校印本，1936。
20 盧戇章：《中國第一快切音新字原序》，《清末文字改革文集》，2 頁，北京，文字改革出版社，1958。

就認得漢字，日子多了，就可以多認漢字，以至連那無有字母的書，也都可以會看了。」[21]

　　陳蚪、吳稚暉等人則主張廢除漢字，即刻以拼音文字取代之。還在戊戌維新運動時期，譚嗣同就主張「盡改象形字為諧聲（即拼音文字）」，成為這種激進觀點的先導。一九○二年，陳蚪斥漢字為「沒有用場的文字」。他在「新字甌文學堂開學演說」中指出：「吾們中國那裡夠得上呢，地方既沒有這許多學堂，字又著實難識得很。每字既有許多音哪，每音又有許多字呢，而且筆畫忒多，通扯起來每字總有八九筆，多者四五十筆不等。……那人這麼肯費了多少工夫，花了多少銀錢，去學這沒有用場的文字。識字人少，自然讀書明理的不多，所以西洋從前尚稱吾們為半教的國家，近來竟呼吾為野蠻呢。」[22]這種觀點發展到極端，便是《新世紀》提出的廢除漢字的主張。一九○八年行的《新世紀》第四十號引用署名「前行」的文章《中國新語凡例》說：「中國現有之文字不適於用，遲早必廢，稍有翻譯閱歷者，無不能言之矣。既廢現有文字，則必用最佳最易之萬國新語。」[23]所謂「萬國新語」就是世界語。不久，「前行」又發表文章，認為中國文字改革有三種辦法：（1）採用一種歐文；（2）用羅馬字母反切中國語音；（3）用萬國新語。作者主張用第三種辦法。另有一位「新語會會員」也反對另造「中國新語」，主張直接學萬國新語。還有一位自稱「篤信子」的意見更為偏激，竟然說：「中國文字為野蠻，歐洲文字較良；萬國新語淘汰歐洲文字之未盡善者而去之，則為尤較良。棄吾中國之野蠻文字，改習萬國新語之尤較良文字，直如脫敗絮而服輕裘，固無所用其更計較。」[24]對於上述觀點，吳稚暉在《新語問題之雜答》（發表於《新世紀》）中均表示贊成，尤其認為「篤信子」的建議「最為簡便易行」。

　　以上廢除漢字的言論，受到章太炎、劉師培等人的反對。章太炎在一九○八年《國粹學報》四十一、四十二期上發表了題為《駁中國改用萬國新語說》，反

21 王照：《出字母書的緣故》，《清末文字改革文集》，33 頁。
22 陳蚪：《新字甌文學堂開學演說》，《清末文字改革文集》，41-42 頁。
23 吳稚暉：《評前行君之〈中國新語凡例〉》，《清末漢語拼音運動編年史》，185 頁。
24 引自倪海曙：《清末漢語拼音運動編年史》，189 頁。

對廢除漢字的觀點，提出了自己的文字改革主張。他首先旗幟鮮明地反對《新世紀》報作者堅持的「中國改用萬國新語」說，認為這種言論是「季世學者好尚奇觚，震懾於白人侈大之言，外務名譽，不暇問其中失所在」。他也不贊成實行拼音文字，認為文化的發達與否，教育普及與否，均與是否實行拼音文字無關。漢語是單音節語言，只能使用漢字。他說：「且漢字所以獨用象形，不用合音者，慮亦有故。原其名言符號，皆以一音成立，故音義殊者眾；若用合音之字，將茫昧不是以為別。」所以他對當時流行的各種漢字筆畫式拼音方案都不贊成，提出了自己「取古文籀篆徑省之形」確定的改良反切方案，即三十六「紐文」（聲母）和二十二「韻文」。[25] 當時一般主張文字改革者儘管不贊成廢除漢字，但大都認為拼音以後也可以成為一種文字，至少是一種初級文字，具有注識漢字的作用，甚至在一定程度上代替漢字。章太炎則認為拼音不可能成為文字，與主張實行拼音論者的觀點明顯不同。劉師培同樣反對廢除漢字和實行拼音字母，批評說：「今人不察，於中土文字，欲妄造音母，以冀遠行」。[26] 他認為，中國文字，「以形為綱，察其偏旁，而往古民群之狀況，昭然畢呈……用以證明社會學，則言皆有物，迥異蹈虛。此則中土學術之有益於世者也」。他不僅反對借鑑西方語言文字的方法改造漢字，而且主張「擴中土文字之用」，把《說文解字》譯成世界語推廣於世界。他說：「今欲擴中土文字之用，莫若取《說文》一書譯以 Esperanto（即中國人所謂世界語）之文。其譯述之例，則首列篆文之形，或並列古文籀文二體，切以 Esperanto 相當之音，擬以 Esperanto 相當之義，並用彼之文詳加解釋，使世界人民均克援中土篆籀之文，窮其造字之形義，以考社會之起源。」[27]

「前行」、吳稚暉等人的主張完全是脫離實際的主觀空想，是對民族語言文字採取的虛無主義態度。他們把文字和語言混為一談，通過對漢字及漢語拼音字母的否定，進而否定了漢語，甚至稱漢語是「野蠻之符號」。這是完全錯誤的和幼稚可笑的。他們的主張集中反映了清末語言文字改革中較為激進一派人士的觀點。章太炎、劉師培雖然主張實行文字改革，但反對在拼音文字上進行嘗試，認

---

25 章太炎：《駁中國用萬國新語說》，《章太炎全集》第四冊，337-346 頁。
26 劉師培：《論中土文字有益於世界》，《左盫外集》卷六，《劉申叔先生遺書》第 46 冊，1 頁。
27 劉師培：《論中土文字有益於世界》，《左盫外集》卷六，《劉申叔先生遺書》第 46 冊，2-3 頁。

為漢語是單音節語就只能使用漢字，也是片面性的。他們的主張代表了漢字改革中保守一派人士的觀點。無論哪種觀點，都是當時社會改革的產物，有著它產生和發展的必然性，反映著晚清文字改革所經歷的曲折歷程。

第三節 ·
漢語拼音運動

漢語拼音運動是晚清語言文字改革的重要內容之一。在當時，人們把拼音字母稱為「切音字」，又稱切音字運動。它的基本內容就是吸收西方語言字母拼音的方法，改進中國文字傳統拼音法——反切法，把「難於辨、難於解、難於用」的漢語改革成易認、易記、易讀、易寫的語言體系。

反切法又稱「翻切」，是中國傳統的文字拼音法。其方法是用兩個字的音來決定第三個字的音。古人用這種方法給文獻上難讀的文字注音，使讀者通過認識的字讀出不認識的字來。然而，到了近代以後，這種古老的文字拼音方法暴露出它的落後性，成為中國語言文字發展的一大障礙，亟待改革。它的突出缺點是拼音不甚準確，方法繁瑣，使用不便。劉孟揚指出：中國語言文字之「窮」，「非窮於義，蓋窮於音也。」人們「所以不能盡識者，以其非音標字耳」。因為文字皆「由音生義，音辨而義自明」，而中國語言「一字或兼數音，一音或兼數義，

絕不能專以求音」。[28]這些話道出了改革舊拼音法的必要性。既然舊拼音法已難適用，就必須創立新的拼音方法，於是從十九世紀九〇年代起，改革中國文字拼音方法的漢語拼音運動蓬勃興起。一八九二年盧戇章出版了《一目了然初階》，這是第一本切音字著作，也是近代出現的第一個漢語拼音改革方案。在此後的二十年間，各地人士提出的漢字拼音方案多達二十八個，[29]詳見以下圖表：

清末漢語拼音方案一覽表

方案	產生年代	著作名稱	字母形體	拼音標準	拼寫方法	推行情況
盧戇章方案（一）	1892 年	《一目了然初階》、《新字初階》	拉丁字母及其變體	廈門音、漳州音、泉州音	雙拼制	個人推行，比較廣泛
吳敬恆方案	1895 年	《豆芽字母》	漢字筆畫（獨體篆文及自創簡筆）	不詳	不詳	不詳
蔡錫勇方案	1896 年	《傳音快字》	速記符號	官話音	雙拼制	個人推行
沈學方案	1896 年	《盛世元音》	速記符號	吳音	雙拼制	個人推行
力捷三方案（一）	1896 年	《閩腔快字》	速記符號	福州音	雙拼制	林輅存奏摺中曾提及
康有為方案	1896 年（？）	不詳	不詳	不詳	不詳	原稿未見，事見於梁啟超《沈氏音書序》
王炳耀方案	1897 年	《拼音字譜》	速記符號（有拉丁字母對音方案）	以粵音為主，兼拼其他各省語音	雙拼制	個人推行。林輅存奏摺中曾提及

28 劉孟揚：《中國音標字書弁言》，《清末文字改革文集》，84 頁。
29 參考倪海曙：《清末漢語拼音運動編年史》，9—12 頁。

王照方案	1900 年	《官話合聲字母》	漢字筆畫（偏旁）	官話音	雙拼制	推行十年，遍及十三省，出版書刊六萬冊，成立有團體、學堂、義塾、書報社等
田廷俊方案（一）	1901 年	《數目代字訣》	數碼	湖北音	音節制	個人推行
力捷三方案（二）	1902 年	《無師自通切音官話字書》	速記符號	官話音	雙拼制	無
陳虬方案	1903 年	《新字甌文七音鐸》、《甌文音匯》	漢字筆畫（近似蝌蚪文）	溫州音	雙拼制	個人推行，辦有學堂
李元勛方案	1904 年	《代聲術》	漢字筆畫	不詳	不詳	無
劉孟揚方案（一）	1904 年	《天籟痕》	漢字筆畫	官話音	不詳	無

續表

方案	產生年代	著作名稱	字母形體	拼音標準	拼寫方法	推行情況
勞乃宣方案	1905、1906 年	《增訂合聲簡字譜》、《重訂合聲簡字譜》、《簡字全譜》、《簡字叢錄》	漢字筆畫	寧音、吳音、閩廣音	雙拼制	在南方推行五六年，辦有學堂，後來與王照方案合稱「官話簡字」，擬一同爭取清政府的政權力量推行，沒有成功
楊瓊、李文治方案	1906 年	《形聲通》	漢字筆畫	韻書（？）	雙拼制	無

方案	年代	著作	字母形式	語音基礎	拼法	推行情況
盧戇章方案（二）	1906 年	《中國字母北京切音教科書》、《中國字母北京切音合訂》	漢字筆畫（有拉丁字母的對音方案）	官話音、泉州音、漳州音、福州音、廣州音	雙拼制	先爭取官方力量推行，未成功，後在本鄉個人推行
朱文熊方案	1906 年	《江蘇新字母》	拉丁字母（有五個倒字母和一個橫字母）	吳音（後另定官話音方案）	音素制	無
田廷俊方案（二）	1906 年	《拼音代字訣》、《正音新法》	漢字筆畫（有拉丁字母對音方案）	湖北音	三拼制（保留部分雙拼制）	個人推行
沈韶和方案	1906 年	《新編簡字特別課本》	數碼	韻書（？）	雙拼制	無
江亢虎方案	1908 年	《通字》	拉丁字母（純粹二十六字母）	不詳	音素制	無
劉孟揚方案（二）	1908 年	《中國音標字書》	拉丁字母（有四個字母加雙點）	官話音	音素制	無
馬體乾方案	1908 年	《串音字標》	漢字筆畫（近似甲骨文）	官話音	雙拼制	個人推行，有出版物多種
章太炎方案	1908 年	《駁中國改用萬國新語說》	漢字筆畫（獨體古字）	韻書（？）	雙拼制	無
宋恕方案	1909 年	《宋平子新字》	漢字筆畫（完全模仿日本假名）	不詳	不詳	無
劉世恩方案	1909 年	《音韻記號》	自造符號	官話音	雙拼制	無

黃虛白方案（一）	1909 年	《漢文音和簡易識字法》	漢字筆畫	官話音	雙拼制	無
黃虛白方案（二）	1909 年	《拉丁文臆解》	拉丁字母（純粹二十六字母）	官話音	音素制	無
鄭東湖方案	1910 年	《切音字說明書》	漢字筆畫	韻書（？）	雙拼制	無

　　如果從採用字母形體的角度來看，可以把上述二十八種方案分成以下四類：

　　第一類屬於採用拉丁字母的方案。盧戇章方案（一）、朱文熊、江亢虎、劉孟揚、黃虛白等人提出的方案即屬於這一類。盧戇章（1854-1928），字雪樵，福建同安人。早年科舉落第後在書塾教讀，信基督教，曾去新加坡攻英文，自二十八歲始研究切音字。《一目了然初階》是其研究拼音字的代表作。他創造的切音新字共有五十五個字母，因有的字母既表聲母，又表韻母，所以實際上字母形體只有三十六個。其中採用拉丁字母小寫體的有十五個，採用拉丁字母大寫體的有三個，創造拉丁字母變體的有十七個，採用希臘字母的有一個。從字母形體來看，這個方案可稱為「准拉丁字母派」，或「拉丁字母及其變體派」。在拼音方法上，它則屬於「兩字合切成音」的雙拼制。《一目了然初階》出版以後，在廈門一帶風行一時，影響頗大。朱文熊（1882-？），江蘇崑山人，附生格致舉人。一九〇六年他在日本東京高等師範學堂理化科讀書。鑒於「中國言與文相離，故教育不能普及，而國不能強盛」[30]，又受到國內拼音運動的影響，朱文熊認為改革漢字勢在必須，用他的話來說：「余以為與其造世界未有之新字，不如採用世界所通行之字母。」[31]基於這種指導思想，他於是年出版了《江蘇新字母》一書，提出了自己的拼音方案。該方案用於拼蘇州話，共有三十二個字母，即包括原來二十六個拉丁字母，再加上五個倒字母和一個橫字母。他提出的方案比盧

30 朱文熊：《江蘇新字母自序》，倪海曙：《清末漢語拼音運動編年史》，150 頁。
31 同上。

戀章的拉丁字母及其變體方案向前跨了一大步，書中的字母表已經有大楷、小楷、大草、小草四體，多少帶有「文字」的意味了。一九〇八年，劉孟揚的《中國音標字書》出版，形成了晚清又一個拉丁字母方案。該方案基本上採用二十六個拉丁字母，只是在四個字母頂端加雙點，成為 ğ（zh，j）、š（sh，x）、ř（z）、ü（ü）。方案用於拼北方官話，採取雙拼制。它的一個創造性的特點，就是用 b、d、g 這三個濁音字母來表示北方官話中的清音聲母「撥」、「得」、「革」。北方官話中沒有濁音聲母，但是劉氏以前的方案拘泥於西洋的字母使用習慣，都不敢把這三個字母用來適應北方官話的語音特點。劉孟揚是進行大膽嘗試的第一人。他的這一嘗試為後人所肯定。

第二類屬於採用速記符號的方案。提出此類方案者有蔡錫勇、沈學、力捷三、王炳耀等人。蔡錫勇是提出此類方案的第一人。蔡錫勇，字毅若，福建龍溪人，早年入同文館，通外文，後隨陳蘭彬出使美國、祕魯等國，當過參贊。在美國時，他對西人速記術發生興趣，使用它來擬制漢語的拼音方案，經多年潛心研究，寫成《傳音快字》一書，提出了自己的文字改革方案。蔡氏的方案是用西洋的速記符號來作為拼音字母，故稱為「快字」。其中包括二十四個聲母（他稱為「聲」）、三十二個韻母（他稱為「韻」），共計五十六個符號。聲母用的是橫、直、斜、正、粗、細的「矢」（直線），韻母用的是「小弧、小點、小畫」，拼音方法是一聲一韻，兩筆相連，切成一音，屬於雙拼制，用於拼讀、拼寫北方語音。在清末各種切音字方案中，拼北方語音和拼寫北方話的，這是第一種。王炳耀提出的拼音方案也頗具特色。一八九七年王炳耀寫的《拼音字譜》在香港出版。該書雖然採用速記符號，但是另外還用拉丁字母對音，等於還有一套拉丁字母的方案。拼音符號的構造是「以一畫開天地為音母，或豎之，橫之，斜之，折之，或拼合變化之，成韻母字；運一成象為太極，或直判，橫判，十字判，為快筆聲母」[32]。在晚清拼音改革方案中，最早使用「聲母」、「韻母」這兩個名稱的要算王氏的這本書了。

---

32 轉引自倪海曙：《清末漢語拼音運動編年史》，55 頁。

第三類屬於採用漢字筆畫的方案。這類方案的提出者主要有吳敬恆、王照、陳虯、李元勛、劉孟揚（方案一）、勞乃宣、楊瓊、田廷俊、盧戇章（方案二）、馬體乾、章太炎、宋恕、黃虛白（方案一）、鄭東湖等人，共提出十四個方案，在清末二十八個漢語拼音改革方案中占了整整一半，是拼音改革中影響最大的一類方案。這類方案既吸收了西文拼音方法的優點，又照顧到漢字的傳統表現習慣和約定俗成的特點，群眾基礎較為廣泛。在這類方案中，王照和勞乃宣提出的方案比較具有代表性。

王照（1859-1933），字小航，號水東，直隸寧河（今屬河北省）人。光緒進士，由庶吉士改官禮部主事，贊同維新變法。一八九八年「百日維新」期間，上疏彈劾禮部堂官懷塔布等阻遏新政，大膽抨擊封建頑固派。銳意變法的光緒帝以懷塔布等首違詔旨，阻格言路，將禮部六堂官革職，並表彰王照不畏強禦，賞給三品頂戴。戊戌政變後，王照被革職通緝，流亡日本。王照在日本受到日文假名字母的啟發，開始考慮中國的文字改革問題。未久，王照潛回國內，在嚴修的幫助下寫成《官話合聲字母》，於一九〇一年在日本東京出版。王照的拼音方案強調以「官話」為標準音。所謂「官話」是指舊時期漢語中流行較廣的北方話，特別是北京話，北方話諸方言也稱「官話」。王照強調以「官話」為標準音著眼於全國語言的統一，用意頗深。他說：「語言必歸畫一，宜取京話。因北至黑龍江，西逾太行宛洛，南距揚子江，東傅於海；縱橫數千里之土語，與京語略通；外此諸省之語，則各不相通。是以京話推廣最便，故曰『官話』。余謂官者公也，官話者公用之話，自宜擇其占幅人數多者。」[33]就他的方案特點來看，採用漢字偏旁作為字母，而字母是在假借舊字基礎上改造而成，被稱為「漢字筆畫式」或「偏旁式」，也有叫「假名式」的。方案初稿原有十五個「喉音」（即韻母），四十九個「字母」（即聲母），後來改為十二個「喉音」，五十個「字母」。其具體表示法如下（括號中是今天的漢語拼音方案）：

「喉音」（韻母）：

---

33 王照：《官話合聲字母・凡例》，倪海曙：《清末漢語拼音運動編年史》，81 頁。

了（a）　乚（o）　乀（ê）

一（ai）　フ（ei）　ㄱ（ao）　/（ou）

ㄣ（an）　乚（en）　乙（ang）　𠃌（eng）

儿（er）

「字母」（聲母）：

匕（bi）　攵（pi）　十（mi）

卜（bu）　扌（pu）　才（mu）　扌（fu）

忄（d）　牜（t）　亻（n）　レ（I）

乁（di）　匚（ti）　厶（li）

𠂇（du）　土（tu）　又（nu）　七（lu）

ロ（lü）

弋（g）　ㄐ（k）　扌（h）

彡（gu）　刂（ku）　勹（hu）

丄（ji）　卄（qi）　匕（　）　乂（xi）

尸（ju）　屮（qu）　女（　）　丬（xu）

〈（zh）　巛（ch）　寸（sh）　θ（r）

亍（zhu）　刀（chu）　卩（shu）　入（ru）

乙（z）　扌（c）　幺（s）

二（zu）　厂（cu）　夕（su）

〈（i）　丘（u）　于（ü）

從此時起，王照便全力從事漢語拼音改革和推廣普及的工作。一九〇三年，他在北京設立「官話字母義塾」，開始在民間推行，並創辦了拼音官話書報社，出版《拼音官話報》，刊行《初學拼音官話書》多種。這一舉動得到各地的響應，保定、大名、南京、天津、熱河、成都、漢口、溫州等地，也都相繼出現這類學堂和報刊。王照還積極運動官方，試圖求得上層的支持。一九〇一年他到北

京去見李鴻章，「合肥託病不見，委其最親信之幕僚於式枚代見」。[34]此後，又通過吳汝綸、王璞等上書管學大臣張百熙，呈請奏准推廣《官話字母》。直隸大學堂學生何鳳華等人也聯名上書袁世凱，請求奏明頒行官話字母。張百熙和袁世凱都在這個問題上採取了積極的態度，使得王照的「官話字母」得到較順利的推行。

勞乃宣（1843-1921），字季瑄，號玉初，晚號韌叟，浙江桐鄉人。同治進士。曾任南皮、吳橋等地知縣、浙江大學堂監督、江寧提學使等職。勞乃宣在政治上雖然保守，但卻長於音韻學和算學，是當時的知名學者。一九〇五年，他寫成《增訂合聲簡字譜》和《重訂合聲簡字譜》，前者為寧音譜，後者為吳音譜，以在南方推行「官話字母」。這兩個方案均在王照方案基礎上寫成。他在《增訂合聲簡字譜》序中說：「寧河王氏，於前年撰《官話合聲字母》……顧其書專用京音，南方有不盡相同之處，然所差無幾，略加增改，即能相通。」這道出了他的方案與王氏「官話字母」之間的承續關係。其具體為：「於其原定五十音母（聲母）加六字為五十六母；於其原定十二喉音（韻母）加三字為十五韻；於其點發四聲，加一入聲之號，則寧屬各府州縣，及皖屬各處語音相近之處，皆可通行。若再加七母、三韻、一濁音之號，則蘇屬及浙省等處皆可通行矣。」[35]勞乃宣著重強調了兩個問題：一是方言拼音與語言統一的關係，一是切音字與反切的關係。他認為，學了方言拼音再學官話拼音就比較容易，指出：「學南音，非但不與北音相反，而且相成，何也？南方語言，既可以簡字拼之，由是而覽北方之書報，不覺恍然大悟曰：『此一字吾讀某音，今北方則讀某音；此一音吾所有，今北音則無之；僅須一轉移之功，而北音全解，北音全解而國語全通矣，所謂相反而適相成也。』」[36]這種看法頗具見地，道出了今天通過方言語音與普通話語音的對應規律來學習普通話的方法。這種觀點的提出有助於正確處理方言拼音與共同語之間的關係問題。在拼音文字與反切法的關係上，勞乃宣主張「簡字即反切之捷法」，強調二者的一致性。他說：「今通簡字後，則凡有反切之書，皆迎刃而

34 王照：《小航文存》，轉引自倪海曙：《清末漢語拼音運動編年史》，84頁。
35 勞乃宣：《增訂合聲簡字譜序》，《清末文字改革文集》，51頁。
36 勞乃宣：《江寧簡字半日學堂師範班開學演說文》，《清末文字改革文集》，56頁。

解。然則簡字者，非惟不足湮古學，而且可以羽翼古學，光輝古學，昌明古學。」[37]拼音改革不是完全用外國的辦法取代中國傳統舊法，而是對古代拼音方法的承繼和發展。勞乃宣的觀點是正確的。他還為推行自己的方案積極奔走，呈請當道在南京開辦「簡字半日學堂」師範班，培養普及「官話字母」的骨幹。

第四類屬於採用數碼及自造其他符號的方案。採用數碼的有田廷俊方案、沈韶和方案，自造符號的有劉世恩方案。

上述四類方案，速記符號和數碼及自造符號兩類方案存在的時間很短暫，影響不大。拉丁字母類方案儘管占有一定的數量，擁有一批擁護者，但在當時影響仍然有限，並未形成左右大局之勢，只是到了民國以後才顯示出它的積極意義。而在晚清時期影響最大的是漢字筆畫方案。經過王照、勞乃宣等人的努力，漢字筆畫方案，尤其是其中的「官話字母」，得到許多人的認同，推廣到許多省分，正如王照所說：「十年之中，堅忍進行，傳習至十三省境。拼音官話書報社先設於保定，後移北京，編印之初學修身、倫理、歷史、地理、地文、植物、動物、外交等拼音官話書，銷至六萬餘部。」[38]

然而，「官話字母」的推行並非一帆風順，也曾遇到挫折。一九一〇年，醇親王載灃攝政，因《拼音官話報》觸其忌諱，竟然下令各省禁止傳習官話字母，並飭北京巡警局封閉拼音官話書報社。清政府的查禁舉動引起了立憲派的強烈反彈。同年年底，議員江謙向資政院提出了一個說帖，對學部奏報的《分年籌備立憲事宜清單》中所列國語教育事項，舉出八點質問，其中包括「是否主用合聲字母拼合國語以收統一之效？或用形字而旁註合聲字以為範音之助？抑全不用音字，但抄襲近時白話報體例，效力有無，置之不顧？」國語教育的「編訂、頒布、傳習、推廣之期，是否亦須提前趕辦？」等問題。許鼎霖、嚴復、易宗夔、陶鎔、陸宗輿等三十二人連署這一說帖。實際上這是對清政府查禁舉措的一個反彈，是在為推廣「官話字母」向官方施加的輿論壓力。此外，呼籲推行「官話字

---

37 同上。
38 王照：《官話合聲字母》原序按語，轉引自倪海曙：《清末漢語拼音運動編年史》，213頁。

母」的說帖還有：直隸保定官話拼音教育會韓德銘等一百八十七人陳請資政院另辦官話簡字學堂，頒行官話簡字；北京「拼音官話書報社」編譯員慶福及各號「官話字母義塾」教員、教習、經理等一百一十一人陳請資政院頒行官話簡字；候選道度支部郎中韓印符等八人、江寧程先甲等四十五人、四川劉照藜及陶柟等均向資政院呈遞條陳，提出推廣拼音文字的各種建議。這些情況說明，經過十餘年的努力，漢語拼音運動已經有了一定的群眾基礎，成為中國文字改革的主流。社會守舊勢力的任何阻撓都無法改變它向前發展的潮流之勢。

第四節‧
漢語語法
與標點的改革

一、漢語語法的初步探索

　　語法是語言構成的法則，屬於一種特殊的文化現象。從歷史上看，漢語語法總是隨著社會的發展發生著緩慢的變化。上古時期的漢語形態不夠完備，中古以後逐漸趨向完善，形成一些語法法則。毋庸諱言，在中國古代時期，語言文字的研究取得了輝煌成就，然而，這些成就主要集中反映在文字、訓詁、音韻這三個方面，而對語法的研究則相對薄弱。清代文字學向稱發達，成就卓著，但涉及語法問題的只有《助字辨略》（劉淇著）、《經傳釋詞》（王引之著）等少數幾種。

語法研究的落後狀況成為中國古代漢語發展的一個障礙。

　　鴉片戰爭以後，西方文化湧入中國，開始了中西文化碰撞、交流的時代。包括語言文字在內的西方文化種種現象吸引了中國知識分子，引起了他們研究的興趣。在洋務運動時期的西學引進中，除了出版大量西方自然科學和生產工藝方面的書籍外，還有介紹西方文法的書籍。一八七七年北京同文館教習汪鳳藻翻譯出版了《英文舉隅》（English Grammar，又譯為《文法舉隅》，丁韙良鑑定），系統地介紹了英語語法。曾紀澤為之作序，稱其：「名目綱領，大致已備，亦急就之奇觚，啟蒙之要帙也。」在當時，「中外多聞強識之士，為合璧字典數十百種。或以典（點）畫多少為經，或以音韻為目，或以西洋字母為序，亦既詳且博矣。然而說字義者多，讀文法者少」。[39]《英文舉隅》的出版為國人了解西文語法提供了一個樣本。一八九六年出版的《盛世元音》（沈學著）在論述漢語拼音改革的時候提到詞類的劃分問題，指出：「泰西分字義為九類，餘並助語、補接、嘆息為『動作』一類（英文『浮勃』）：如與、及、在、於、籲、噫、吟、詠、飛、潛、游泳等活字。指名、等級、區類為『形容』一類（英文『阿及底胡』）：如爾、我、他、慢、彼、此、大、小、方、圓、紅、綠等虛字。『名號』自成一類：如中國、沈學、筆、墨等實字（英文『囊』）。」[40]儘管他沒有展開敘述，詞類劃分亦非完善，但卻較早地提出了這個問題。兩年後，馬建忠寫出了《馬氏文通》，對漢語詞類劃分乃至整個語法改革問題作了系統的闡述。

　　馬建忠（1845-1900），字眉叔，江蘇丹徒（今鎮江）人。幼年隨家遷徙，在上海讀書，學習英文、法文、拉丁文及外國史地、自然科學。一八七六年，他以郎中被清政府派赴法國留學，兼駐法公使郭嵩燾的翻譯。回國後，入李鴻章幕府，助辦洋務，曾去印度、朝鮮處理有關事務，擔任輪船招商局會辦、上海機器織布局總辦等職。由於他通曉多種西方語言，因此他對西方語言及語法改革等問題有著深入的思考。他說：西方語言「聲其心而形其意者，皆有一定不易之律」；「泰西童子入學，循序而進，未及志學之年，而觀書為文無不明習；而後視其性

39 曾紀澤：《文法舉隅序》，《使西日記》，21 頁，長沙，湖南人民出版社，1981。
40 沈學：《盛世元音》，轉引自倪海曙：《清末漢語拼音運動編年史》，44 頁。

之所近，肆力於數度、格致、法律、性理諸學而專精焉。……華文經籍雖亦有規矩隱寓其中，特無有為之比擬而揭示之。遂使結繩而後，積四千餘載之智慧材力，無不一一消磨於所以載道所以明理之文，而道無由載，理不暇明，以與夫達道明理之西人相角逐焉，其賢愚優劣自不待言矣」。[41]基於這種認識，他以十餘年的工夫，潛心研究漢語語法改革問題，「因西文已有之規矩，於經籍中求其所同所不同者，曲證繁引以確知華文義例之所在」，[42]寫成《馬氏文通》一書。

《馬氏文通》共十卷，一八九八年出版了前六卷，次年出版後四卷。各卷目錄為：卷首為「正名」，卷一為「名字」，卷二為「代字」，卷三為「名代之次」，卷四為「靜字」，卷五為「動字」，卷六為「狀字」，卷七為「介字」，卷八為「連字」，卷九為「助字、嘆字」，卷十為「句讀」。卷首「正名」是對全書所講的「字」、「詞」、「次」、「句」、「讀」等概念作出的定義和解釋。其餘十卷主要分為「字類」和「句讀」兩大部分，是全書的重點內容。馬建忠以印歐語系的幾種主要語言的語法為借鑑，吸收中國歷代學者研究漢語語法的成果，憑藉拉丁語法的框架，試圖建立新的漢語語法體系。在理論上，他主要依據當時在西歐盛行的波耳—瓦耶爾學派的語法理論，即以邏輯為語法研究的出發點的理論，以此來總結中國自先秦以來的文言文語法規律。在書中，馬建忠以中國古代語言文字學習慣用法，並參考西方語言詞類分類標準，把漢字分成「實字」、「虛字」兩大類，每一類又分為若干子類。他給「實字」、「虛字」下了定義，指出：「凡字有事理可解者，曰實字；無解而惟以助實字之情態者，曰虛字。」[43]實字有五類：「名字」、「代字」、「靜字」、「動字」、「狀字」；虛字有四類：「介字」、「連字」、「助字」、「嘆字」。「靜字」相當於今天的形容詞。這九類字的劃分大體上合理，直到現在，關於漢語詞彙分類的表述除把馬氏文中的「字」改為詞外，尚無大的變化。馬建忠的這種分類有繼承，有創新。在此以前，中國小學就有實字、虛字之說，但概念不甚確定，多從修辭的角度來理解。馬氏把「實字」、「虛字」兩術語運用於語法研究，結合西方語法規律法則，闡述得更為明確，發前人所未發。

---

41 馬建忠：《馬氏文通後序》，呂叔湘等編：《馬氏文通讀本》，7 頁，上海，上海教育出版社，1986。
42 同上。
43 馬建忠：《馬氏文通·緒論正名》，《馬氏文通讀本》，48 頁。

關於語句成分結構的各種術語，係為中國以前所未有，無法沿用，馬建忠便創造出七種新概念，即「起詞」（相當於現在的主語）、「語詞」（相當於謂語）、「止詞」（相當於賓語或賓語部分）、「表詞」（相當於謂語或賓語）、「司詞」（相當於介詞賓語）、「加詞」（相當於介詞短語或同位語）、「轉詞」（書中未專門界定，出現於句中連帶成分，與介詞關係密切）等。根據西方語法「格」的概念，馬建忠為漢語提出了「次」的名詞術語。他給「次」下的定義是：「凡名、代諸字在句讀中所序之位，曰『次』」。[44]可見，「次」不僅指名、代諸詞在句讀中的先後次序，也指它們間的彼此關係。這一概念是分析句子時所用的輔助性術語。馬氏在書中共設立了六個「次」，即「主次」、「賓次」、「偏次」、「正次」、「同次」、「前次」。以上內容是古代漢語在研究中所沒有注意或注意不夠的地方。

《馬氏文通》出版至今已經整整一個世紀了，在中國語言文字學的發展中具有劃時代的重要歷史地位。它最突出的意義就在於首先用西方語法理論系統地研究中國古代漢語，總結其語法規律，開闢了中國近代漢語語法研究的先河，為後來的語言研究奠定了重要的基礎。正如呂叔湘先生所說：《馬氏文通》「是中國最早的一部系統地講語法的書」。他還肯定了該書有三方面的優點：（1）廣搜例句，「《文通》收集了大量的古漢語例句，大約有七千到八千句，比它後出來的講古漢語語法的書好像還沒有一本裡邊的例句有它的多」；（2）尋求規律，「《文通》的作者不以分類和舉例為滿足，他要嘗試指出其中的規律」；（3）結合修辭，「《文通》的作者不願意把自己局限在嚴格意義的語法範圍之內，常常要涉及修辭」。[45]這些評價是符合歷史實際的。作為晚清最早的一部研究漢語語法的著作，《馬氏文通》也不可避免地存在缺陷和不足，對有些問題的論述過於拘泥於西方語言語法規則，簡單地把它照搬於中國語言體系內，顯得十分生硬、累贅，如他在「詞」之外，再立「次」的概念，就是模仿西文文法中的「格」，造成概念上的疊床架屋。此外，在字詞分類、闡釋上也多有不當之處，但這些欠缺遠遠不能與它的成就相比。

---

44 同上書，59 頁。
45 呂叔湘等編：《馬氏文通讀本・導言》，35-37 頁。

二十世紀初，中國學界湧現出更多關心、探討中國語法改革的學者。章太炎、劉師培、章士釗等人更不待言，就連職業革命家宋教仁亦熱衷於此道。

　　一九〇四年至一九〇七年，宋教仁旅居日本。他在從事革命活動之餘，始終關注著漢語改革問題。他在日本購買了大量關於語言文字方面的書籍，如《漢文典》、《馬氏文通》、《日本神字考》、《東語完璧》、《英文典》、《華英字典》、《漢和大字典》、《英語動詞活法要覽》、《東文漢洋軌範》、《英語發音之誤》、《音韻考》、《發音學講話》、《古今韻考》、《上海語文典》等，共計三十餘種，認真閱讀，潛心研究。他對中外語言進行比較，認為中國古代語言文字學的一個重要缺陷就是忽視對語法的研究，這種局面亟待改變。他說：「余思中國漢文向無文法書，即日本人稍有作者，亦多不盡詳細（大抵不解語言學比較之故也），須中國人自行研究作為此等之書方可。」關於漢語語法問題，宋教仁曾作過原則性的論述，指出：

　　中國文字原為一字一音、一義，故無所謂字母，惟以字為單位而已（外國文字以字母拼成，已拼成之後即為一詞，與中國之字不同，故外國文法無字之分類，唯有詞之分類），則文法上自當從字始，以為分類之單位（如動字、靜字之稱）。積字成詞，而後有詞之分類（如動詞、名詞之稱）。積詞成句，而後有句之分類（如動句、接續句之稱）。積句成語，而後有語之分類（如起語、承語之稱）。積語成文，積文成章，而文法之事完矣。詞之分類，現今各國文法已詳，漢文或稍有特別處，須另為改易，然大概已具矣。字之分類則各國皆無之，而獨為特別不同之法，句與語之分類則各國雖有之，而亦無精確相當之規，此皆當旁征中外，博引古今，而詳細撰定之者也。[46]

　　他還對漢語體系作了新的設計，具體構成如下[47]：

---

46 宋教仁：《我之歷史》，陳旭麓主編：《宋教仁集》下冊，689頁，北京，中華書局，1981。
47 同上書，703頁。

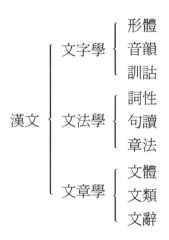

在他設計的這個語言結構中，語法占了相當重要的地位，糾正了古代漢語重文字訓詁、輕語法語規的偏頗。為了實現編纂新的漢語學專著的夙願，他從一九○七年初起著手編寫《漢文學講義》，[48]用新的觀點和體例系統論述漢語的文字學、文法學和文章學。寫完的部分有：第一章總論、第二章文字學中的三節，即第一節「形體之起源」、第二節「形體之構造」、第三節「音韻、音韻之分別、音韻之和諧」等。未久，他因回國參加反清革命，不得不罷筆停書，使該書成為永遠的待續之作。

　　幾乎與宋氏同時，章士釗在一九○七年出版了《中等國文典》，也討論了語法改革問題。章士釗（1881-1973），字行嚴，湖南長沙人，民主革命家、著名學者。先後留學日本、英國，辛亥革命後曾任北京大學、東北大學教授。章氏的《文典》主要吸收了《馬氏文通》的觀點與成果，但在詞的歸類及語法術語等方面作了一些修正。他也把詞分成九類，不過名稱與《馬氏文通》不同，即是：「名詞」、「代名詞」、「動詞」、「形容詞」、「副詞」、「介詞」、「接續詞」、「助詞」、「感嘆詞」，已與現在通行使用者無大差異。句子分類有四：「敘述句」、「疑

---

48 同上書，707 頁。

問句」、「命令句」、「感嘆句」等。宋教仁曾在日本看過此書書稿。他在一九〇六年十二月十五日寫道：「下午一時至章行嚴寓。行嚴編有《漢文典》一書，余索觀之，見其稿尚未成。……多取法於英文法云云。」[49] 較多地借鑑英文語法是這本書的一個特點。

大致來說，《馬氏文通》問世後，中國語法改革、語法學的建立，經歷了一個較長的模仿外國語法的時期。正如陳承澤在《國文法草創》中所批評的：「坊間通行之中國文法，大抵以外國文法為楷，而強以中國文法納之，所謂削足適履的文法。」[50] 這既是晚清時期漢語改革的一個特點，也是其中的不足。

二、標點改革

中國古代漢語對標點不甚講求，但不等於沒有。章太炎曾說：「世人多言古之典籍不施句度，然標識則有之。案《史通·點煩》云：『昔陶隱居〈本草〉，藥有冷熱味者，朱墨點其名；阮孝緒《七錄》，書有文德殿者，丹筆寫其字。由是區分有別，品類可知』。時俗譯書，於異邦人地侏離不者，則標識其右，亦因於陶氏也。」[51] 中國語言使用標點符號歷史悠久、種類繁多，如 △、□、＝、··、丨、◎◎◎、〇〇〇、…、｜、□、／、∟、（ ）等，不一而足。據統計，從先秦到清代古漢語中行使過的標點符號多達四十餘種。[52] 既然如此，為何古漢語中標點符號的發展不如文字發達，處於若存若亡的狀況呢？其原因是複雜的。呂思勉對此作過解釋，指出：「符號乃中國文言所固有。特當傳抄翻刻之時，所據者未必善本，從事者又多苟簡，古書符號遂至漸次亡失。後世用諸便蒙之本者，體例未能盡善，通人達士訾其陋而不敢用，遂變而為無符號。」[53]

49 宋教仁：《我之歷史》，《宋教仁集》下冊，698 頁。
50 引自王力：《中國語言學史》，179 頁，太原，山西人民出版社，1981。
51 章太炎：《文例雜論》，《章太炎全集》第四冊，49 頁。
52 參見《張滌華語文論叢》，129 頁。
53 呂思勉：《章句論》，引自《張滌華語文論叢》，130 頁。

鴉片戰爭以後，隨著西學書籍的刊行，西方標點符號開始在中國流傳，引起了人們的注意。同文館學生張德彝曾在日記中對西文標點作過介紹：「泰西各國書籍，其句讀勾勒，講解甚煩，如某句意已足，則記『．』；意未足則記『，』；意雖未足，而義與上句黏合，則記『；』；又意未足，另補一句，則記『：』；語之詫異歎賞者，則記『！』；問語則記『？』；引證典據，於句之前後記『「」』；另加註解，於句之前後記『（）』；又於兩段相連之處，則加一橫如『—』」。[54]大致在九〇年代以前，西文標點符號只零星地散見於少數書籍之中，漢語標點改革的問題還未引起人們的注意。

十九世紀九〇年代以後，中國文字改革出現新形勢，標點符號改革的問題也被提了出來。較早提倡新式標點符號者是王炳耀。王氏的《拼音字譜》一書不僅提出以速記符號為拼音字母的拼音改革方案，而且還主張採用新式標點符號。他創造出的標點符號共十種[55]：

，	一讀之號	．	一句之號
。	一節之號	＜	一段之號
：	句斷意連之號	—	接上續下之號
！	慨嘆之號	；	驚異之號
？	詰問之號	「」	釋明之號

這些符號的創立主要參考了西文標點符號而成。另外，劉孟揚的《中國音標定書》（1908）也提出了簡單的標點符號用法，規定「書寫時，凡一句，在句末加『．』；凡一讀，在句末加『，』」。[56]同時，他還贊成書寫採用左起橫寫的格式。與漢語拼音、語法改革比起來，晚清標點符號的改革處於滯後狀態，不僅缺乏權威性的改革方案，而且並未受到重視。儘管如此，在清末流行的西學譯著和新式教科書中，新式標點部分得到使用。如章太炎譯的《社會學》（日本岸本能武太著，1902年出版）一書使用了四種標點符號：斷句號「．」；引號「「」；地名

54 張德彝：《歐美環遊記（再述奇）》，197-198頁，長沙，湖南人民出版社，1981。
55 參見倪海曙：《清末漢語拼音運動編年史》，59頁。
56 劉孟揚：《中國音標字書》附例，轉引自倪海曙：《清末漢語拼音運動編年史》，182頁。

表示號「□」；人名表示號「──」。南潯方泐生寫的《蒙師箴言》（1906 年出版）除了使用以上標點外，還使用了感歎號「！」和問號「？」。這說明在晚清時西文中的標點符號已被人們所接受，並在行文中開始使用，只是這些新式標點與舊式標點混合在一起使用，處於新舊標點並存混用的階段。標點符號改革直到民國初年的新文化運動才出現新的轉機。一九一八年陳望道著《標點之革新》一文，主張把西文標點運用入漢語語系。這樣新式標點才逐步推廣開來，最終取代了舊式標點。

第五節 ·

新詞彙
的輸入

　　漢語是一個開放的體系。它在歷史上多次吸收外來語言中的詞彙，不斷得到豐富充實，增強了它的表達力，使它成為世界上最豐富多彩的語言之一。鴉片戰爭以前，漢語對外來語彙的吸收主要有兩次：一是漢代以後印度佛教傳入中國，大量佛教詞彙融入漢語之中，如「佛」、「魔」、「劫」、「禪」、「閻羅」、「菩薩」、「世界」、「袈裟」、「羅漢」、「莊嚴」、「法門」、「因緣」、「因果」、「因明」、「彼岸」、「懺悔」等詞彙，其影響超出了宗教的範圍，有的已經成為人們經常使用的語言。二是在明清之際的西學東漸中，利瑪竇、湯若望等西方傳教士在譯編西書時引進和創造出一批新詞彙。一些採取音譯的詞彙如「斐西加」（今譯物理）、「落日加」（今譯邏輯）、「斐錄所費亞」（今譯哲學）等，不易理解，未能沿用下

來；而另一些採用意譯的詞彙則得到保留，被人們所沿用，如「幾何」、「對數」、「地球」、「赤道」、「泰西」、「耶穌」、「自鳴鐘」、「天主教」、「南極」、「北極」、「遠鏡」、「比例」、「測量」、「曲線」、「西學」、「螺絲」、「天學」等[57]。這兩次對外來語彙的吸收對漢語的發展產生了很大影響，然而漢語對外來語彙更多的吸納還是在鴉片戰爭以後。

鴉片戰爭以後，中國被迫對外開放，世界各國的商品、宗教、堅船利炮、學術文化蜂擁而入。在這些五光十色的舶來品面前，傳統漢語語彙顯然不能全面、準確地反映社會現實發生的這些變化，難以適應變化了的新形勢，亟待引進和創造大量新詞彙來滿足人們社會交往、日常生活的需要。參與翻譯西書的美國傳教士林樂知就曾談到中國舊有詞彙不足應用的情況，指出：「今日而譯書仍不免有窒礙者。試觀英文之大字林，科學分門，合之其名詞不下二十萬，而中國之字，不過六萬有奇，是較少於英文十四萬也。譯書者適遇中國字繁富之一部分，或能敷用，偶有中國人素所未有之思想，其部分內之字必大缺乏，無從迻譯。」怎樣解決這個問題呢？他認為除了引進外來詞彙外，還需要創造新字詞。關於創造新字詞，他提出了三種方法：「一以相近之聲，模寫其音；一以相近之意，仿造其字；一以相近之□，撰合其文。然□者未經深究，即離晳者，以其非熟習也。然苟不依此三法以代之，□非中國之六萬字，彼西方尚有十四萬字，何從表見於中國之文中乎？故新名詞不能不撰。如化學、醫學、地質學、心理學等科，中國字缺之者更夥。」[58]劉師培也認為：「中國則不然，物日增而字不增，故所名之物無一確者。今者中外大通，泰西之物多吾中國所本無，而中國乃以本有之字借名之，丐詞之生從此始矣。」他主張：「今欲矯此弊，莫若於中國文字之外，別創新字以名之。」[59]這些論述反映出晚清社會對新詞彙的需求。

鴉片戰爭後成立的諸多翻譯出版機構、新學堂及服務於其中的中外學者，對於新詞彙的引進和創造作出重大貢獻。墨海書館、同文館、江南製造局翻譯館、

---

57 所舉詞例參見鄧玉函等譯《奇器圖說》、湯若望著《遠鏡說》、利瑪竇等譯《幾何原本》、畢方濟等編譯《天學略義》等書。

58 林樂知：《新名詞之辨惑》，《萬國公報》卷一八四，1904 年五月出版。引文中畫「□」者係為漏字。

59 劉師培：《中國文字流弊論》，《左盦外集》卷六，《劉申叔先生遺書》第 46 冊，3-4 頁。

廣學會、商務印書館等機構出版的西書彙集、使用了大量新名詞。李善蘭、徐壽、華蘅芳、嚴復、林紓、偉烈亞力、傅蘭雅、林樂知等中外學者都為新名詞的引進創造做出積極努力。晚清時期新詞彙的形成與外來學術文化的傳播、中國社會變化的程度有著密切的關係，前者要受後者的制約。大致而言，在中日甲午戰爭以前形成的新詞彙主要來源於歐美國家，反映的內容以自然科學、經濟技術和軍事術語為主，也有一些社會政治、日常生活方面的用語。中日甲午戰爭後由於大量日本書籍的翻譯，又從日本引進了一系列新詞彙，進一步充實了中國語言。

中日甲午戰爭前新詞彙的大量出現主要是在十九世紀六〇年代以後的洋務運動期間。當時，與中國打交道頻繁的主要是英、美、法、俄等歐美國家。清政府主要引進西方自然科學及軍事、經濟技術，此類詞彙的出現占了絕大多數，甚至在社會上產生了影響。有人談到此期上海方言時說：「乃自海通以來，不僅中國各地方之語，均集合於上海一隅，即外國語之混入中國語者，亦復不少。例如『剛白渡』之為『買辦』，『密司脫』之為『先生』，『引擎』、『馬達』之為電氣用品，『德律風』之為電話，或中國本有其名而習用外國語者，或無其名而不得不用外國語者，或無其名而新立一名，其效力仍不及外國原名者。」[60]江南製造局翻譯館、同文館、廣學會等文化機構都為新詞彙的形成作出不懈努力。僅江南製造局翻譯館在此期間出版的譯書中創造新字詞多達一萬以上[61]。歸納起來，此期出現的新詞彙主要有以下幾個方面[62]。

自然科學、經濟、軍事等方面的新詞彙：

代數學　微積分　數根（今譯素數）　平三角　弧三角　乘方　開方　對角線　斜方形　銳角　鈍角　重學　地心　吸力　通物電光（今譯 X 射線）　斜面壓力　活塞　電筒　電管　電堆　電圈　電池　電瓶　馬力　測電表　電氣　化

60 姚公鶴：《上海閒話》，19 頁，上海，上海古籍出版社，1989。
61 林樂知：《新名詞之辨惑》。
62 所舉詞例參見李善蘭譯著《代微積拾級》、《考數根法》、《談天》、《重學》，徐壽等譯《化學鑑原》、《化學考質》，傅蘭雅主編《格致彙編》，廣學會出版之《萬國公報》，鄭觀應著《盛世危言》，及郭嵩燾、張德彞、曾紀澤、薛福成等人的出使、游歷日記。

學　輕氣　養氣　炭氣　硫強水　金類　非金類　植物學　博物學　機器局　招
商局　剛白渡　船政局　鐵廠　織布局　織呢局　鑽鐵機　劈鐵機　水缸廠　打
鐵廠　鑄鐵廠　合攏鐵器廠　水力壓鋼機　發電廠　發電器　轉鋸廠　車床　企
業　洋秤　炸炮　鐵甲艦　來福槍　栗色火藥　鋼彈　洋槍藥　毛瑟槍子　沈雷
碰雷　格針（今譯撞針）　前膛開花凝鐵砲彈　火輪船　火車　火車棧　鑄字機
銀行　賽珍會　技藝館　洋行　星宿盤（今譯羅盤）　槓桿　齒輪　螺旋　顯微
鏡　鏹水　火油　鍍金器具

日常生活方面的新詞彙：

影戲　自來火　賽馬　跑馬場　攝影　皮酒（今譯啤酒）　德律風（今譯電
話）　電報　照相　苟苟（今譯可可）　彈故辣得（今譯巧克力）　保命之行（今
譯人壽保險）　弧光燈　白熱電燈　風雨表　寒暑表　洋車　螺絲釘　啟邏邁當
（公里）　道克德爾（博士）　立德（升）　邁當　美德（米、公尺）　密司脫（今
譯先生）　醫院　喀馬（克）　密斯（今譯小姐）

政治、文教及外國史地方面的新詞彙：

伯理璽天德（今譯總統）　議院　國會　君民共主　議員民政　國民　報館
新聞紙　日報　電線傳遞　民主　公法　息兵會　廓密尼士（今譯共產黨）　莎
舍爾德瑪噶里會（今譯社會民主黨）　希臘　雅典　塞爾維亞　斯巴達　葡萄牙
勞爾德士（又譯比爾士，即上議院議員）　高門士（即下議院議員）　嘎爾格達
（今譯加爾各答）　干白雷池（今譯劍橋）　密蘭諾（今譯米蘭）　寇倫（今譯科
隆）　雪梨（今譯悉尼）

在以上新詞彙中，一些詞彙存在的時間比較短暫，像「伯理璽天德」、「廓
密尼士」、「彈故辣得」、「勞爾德士」等名詞，如不加註解很難明白，不便於在
社會上使用，旋興旋滅，在所難免。這類詞彙以音譯者為多。還有一些詞彙，包
括某些音譯詞彙流行了一段時間，但由於又有了意義更確切、使用更方便的詞
彙，遂被取代，如「報紙」取代「新聞紙」、「火車」取代「火輪車」、「火柴」
取代「自來火」等，即是如此。「德律風」、「密司脫」、「密司」等詞皆屬音譯，

都曾在晚清長期流行。當然，經過歷史的過濾，也有大量新詞彙被保留下來，得到廣大民眾的認同，一直沿襲下來，最終匯入漢語中，成為中國語言中的重要組成部分。

中日甲午戰爭後，中國社會發生深刻變化，資產階級政治鬥爭蓬勃開展起來，與此同時，西學東漸也出現了新的高潮。這種新高潮的一個標誌就是反映西方哲學、社會政治學說等方面的書籍被大量譯介輸入，而相當多的內容是從日本轉譯而來的。與這種變化相適應，這一時期出現的新詞彙以反映近代中國及世界的政治、思想、學術、社會變革的內容為特色。茲舉例如下：

政治方面的新詞彙：

革命　維新　進步　改良　立憲　過渡時代　統一秩序　殖民　民權　人權女權　地權　國權　共和　自治民族主義　社會　獨立　政黨　主義　虛無黨平等　自由　階級　帝國主義　公理　社會主義　憲法　聯邦　強權　行政法民約論　政治學說

文化學術方面的新詞彙：

天演論　進化論　達爾文學說　生存競爭　優勝劣敗　物競天擇　群學　生計學　論理學　法學　新史學　哲學　文明　學戰　工業發達史　德育　名學邊沁　盧騷　孟德斯鳩　麥喀士（今譯馬克思）　科學　研究會　修身　教科書倫理學　霍布士　法蘭西革命　文明進化論　美國獨立戰史　意大利建國史　英國憲法史　美國獨立檄文　盧梭學案　亞丹斯密　華盛頓傳　彌勒約翰之學說

需要指出的是，這些新詞彙中的大多數都譯自日本書籍。當時的開明之士大多數人都以讀日本書、習日文相標榜。梁啟超為此專門寫了一篇題為《論學日本文之益》的文章，強調學習日文的重要性。他認為日本自明治維新以來，「所譯所著有用之書不下數千種，而尤詳於政治學、資生學（即理財學，日本謂之經濟學）、智學（日本謂之哲學）、群學（日本謂之社會學）等，皆開民智強國基之急務也」。而中國譯出的西書「偏重於兵學藝學，而政治資生等本原之學，幾無一書焉」，通曉日文後便可以閱讀這些「有用之書」。另外，日文與中文相近，

易懂易學。梁氏說：「日本文漢字居十之七八，其專用假名不用漢字者，唯脈絡詞及語助詞等耳」，因此，「學日本語者一年可成，作日本文者半年可成，學日本文者數日小成，數月大成」。[63]這種認識不僅反映了梁啟超個人的看法，也是當時中國多數開明知識分子的共識。隨著大量漢譯日本書籍的出版，眾多譯自日本的新詞彙源源不斷地被引進中國。這些新詞彙主要分兩種情況：一種是沿用中國固有語彙中的詞彙，但日本人在使用時賦予了新的意義；另一種是當中國無適當成語可用的時候，日本人組合不同的漢字來創造。

屬於前一種情況的詞彙有「經濟」、「革命」、「社會」、「思想」、「悲觀」、「文明」、「具體」、「文學」、「列車」、「政府」等。這些詞彙全都是中國語彙中的成語，流行既久，約定俗成，但日本人在近代使用時作了新的解釋，改變了原來的詞義，成為新詞彙。以下舉例說明：

經濟一詞，《文中子》：「皆有經濟之道」，原是「經世濟民」的意思，語義相當於現代漢語中的「政治」一詞。現代日語中「經濟」借用為 economy 的意譯語，指一個國家國民經濟的總稱，又作「節儉」理解。這些用法為中國所沿襲。

革命一詞最早見於《易經·革卦》：「湯武革命，應乎天而順乎人。」中國古代統治者認為帝王受命於天，王者易姓稱為「革命」，原詞僅限於界定改朝換代。日語擴大了該詞詞義範圍，凡事物由舊質態到新質態的變革，都稱為革命。

社會一詞在《世說新語》有「鄰里修社會」，原意指人們在社日裡集會，即每逢節日，里社之民集會，稱社會。這與西方學者所說的「社會」差異甚大。十九世紀末西方社會學傳入中國，西語「社會」最初被譯作「人群」、「群體」，「社會學」譯作「群學」。而日文中「社會」一詞的含義與西文一致。二十世紀初，「社會」一詞從日本傳入中國，國人才用這個詞彙來表示「群」及「群體」。

具體一詞在《孟子·公孫丑》中謂：「冉牛、閔子、顏淵則具體而微」，是四肢都具備的意思，即具有全部形體。後來的具體與抽象相對應，指個別的、實

---

63 梁啟超：《論學日本文之益》，《飲冰室合集》文集之四，80-81頁。

在的、有形的事物。

　　屬於後一種情況的詞彙非漢語所固有，是日本人利用漢字的組合來表達歐美的語詞，由漢字薈萃而成。其構詞法，有的是形容詞+名詞，如哲學、美學、背景、高潮、碩士、古典等，有的是動詞+賓語，如放射、進口、斷交、生產、動員等，有的採用復合語，如治外法權、最後通牒、生產關係、自由競爭等。

　　在晚清，到底有多少新詞彙從日本輸入，確難統計。如果人們翻開當時的出版物看閱，隨處都可以看到來自東洋的名詞術語。有的論者指出：「光緒甲午中國與日本拘釁，明年和議成，留學者咸趨其國，且其國文字迻譯較他國文字為便，於是日本文之譯本，遂充斥於市肆，推行於學校，幾使一時之學術，寢成風尚，而中國文體，亦遂因之稍稍變矣。」[64]由於日文新詞彙的流行，使不少以前輸入中國的時髦詞彙（主要是從歐美引進的新詞）逐漸被淘汰，茲舉例如下：

英文	中文原譯	日文翻譯
thermometer	寒暑表	溫度計
telephone	德律風	電話
cement	士敏土	水泥
x-ray	通物電光	X射線
Miss	密斯	小姐
Mister	密士特	先生
economist	計學家	經濟學家
Artificial selection	人擇	人為淘汰
Selection	天擇	天然淘汰
evolution	天演	進化
Struggle for existence	物競	生存競爭

---

64 諸宗元等：《譯書經眼錄序》，《中國近代出版史料二編》，95頁。

hereditism	種姓之說	遺傳學

　　晚清時期新詞彙中發生的這種更迭，反映出這部分日文詞彙具有易懂、準確的優點。它們最終成為漢語的一部分，有的進入基本詞彙的行列。當然，此期的日文新詞引進也存在著過於氾濫，簡單照搬的情況，引起有識之士的憂慮。一九一五年出版了一本題為《盲人瞎馬之新名詞》的書，作者署名「將來小律師」（彭文祖），尖銳地批評了日譯新名詞使用中出現的弊病，列舉詞例五十九個，其中包括「各各」、「偶素」、「手形」、「切手」、「引物」、「支那」、「讓渡」等佶屈聱牙的詞彙。這些詞彙的存在，與中國語言日益大眾化、通俗化的發展趨勢相違背，最終為廣大人民所拋棄。

第六章

從「變易」觀到進化論
——晚清哲學的演變

晚清時期，中國社會的哲學思想從總體上講是處於新陳代謝的變化中。在鴉片戰爭後較長的一段時期內，傳統的「天道」觀、「變易」觀仍有較大影響，但因社會思想的變遷而發生了一些新的變化。中日甲午戰爭後，國人把進化論介紹到國內，康有為等資產階級改良思想家首先把進化論攝入自己的思想內，提出了「公羊三世」說的進化理論，作為維新變法的思想武器。一時間，進化論風行國內，在思想界引起巨大震動。孫中山等資產階級革命派則進一步提出「革命進化論」，直接服務於推翻清王朝的革命鬥爭。自是時起，進化論成為先進中國人所信奉的世界觀，上升到哲學的高度，從而形成了在近代中國風靡一時的「進化哲學」。從傳統的「變易」觀到進化論，這是晚清哲學思想發生的最顯著的變化。正是由於這一變化，才使中國哲學發生了從古代形態向近代形態的轉變，使新興資產階級的哲學思想占有一席之地，並形成取代傳統「變易」觀、「天道」觀之勢。本章主要通過對龔自珍、魏源、嚴復、康有為、孫中山、章太炎等幾種不同哲學思潮代表人物主張的剖析，來反映晚清社會哲學領域出現的新舊更替狀況。

第一節 ·
「變易」觀
與「道器」觀

　　在古代，中國哲學思想是「天道」、「天理」的一統天下，「變易」思想貫穿始終。從「理」、「氣」之間的關係而言，首先是關於天道觀的問題，其次是變易觀的問題。從變易觀來看，中國古代哲學家達到了什麼水平呢？王夫之認為：「無其器則無其道」，「洪荒無揖讓之道，唐虞無吊伐之道，漢唐無今日之道，則今日無他年之道者多矣」[1]，可見歷史是發展變化的，不同的時期有不同的發展變化規律，所以人道也是發展變化的。在這裡，王夫之繼承並發揮了荀子、柳宗元的變易觀，認為不能用天命和自然現象的變異來解釋社會的治亂，而應從歷史本身來解釋歷史發展變化的規律。「勢因乎時，理因乎勢」，時代不同，歷史就有不同的發展趨勢，因而就有不同的歷史發展規律。那麼，歷史發展變化的規律究竟是什麼？歷史發展變化的原因到底是什麼？王夫之、黃宗羲以至章學誠都還不能作出科學的回答。迨至晚清，龔自珍、魏源等人力圖從傳統的「天道」觀中尋找答案，但都是從傳統到傳統，未能有更新的變化。說到「道器」觀方面的變化，只是在「器」中加入了西方科技的內容，但思維模式仍是舊的。晚清「道器」觀的變化在洋務時期非常明顯，主要體現在「中體西用」論，而「中體西

1　王夫之：《讀四書大全說·孟子離婁上篇》。

用」論則反映了傳統「變易」觀的發展變化，比較清楚地說明了王夫之等哲學家不能說明的問題。

在龔自珍的哲學體系中，最富生氣的就是他的「變」的思想。龔自珍認為，古往今來的一切客觀事物、典章制度、風俗習慣都是不斷變化的。他在《上大學士書》中說：「自古及今，法無不改，勢無不積，事例無不變遷，風氣無不移易。……如此，法改胡所弊？勢積胡所重？風氣移易胡所懲？事例變遷胡所懼？」[2]指出「法」、「勢」、「事例」、「風氣」都要隨著時勢的發展而改變，只有這樣，「法」才不弊，「勢」才不重，從而提出了「變法」的思想主張。以典章制度而言，前一朝代衰敗，新興朝代就要改變它，並起而代之，這是變化的必然結果。因此，龔自珍說：「一祖之法無不敝，千夫之議無不靡，與其贈來者，以勁改革，孰若自改革？抑思我祖所以興，豈非革前代之敗耶？前代所以興，又非革代之敗耶？」[3]可見，龔自珍提出了歷史在變革中不斷發展變化的思想，主張與其被他人所革，不如「自改革」，強調變革的必要性和必然性。

在龔自珍看來，社會歷史的發展是在不斷的變革中發展的。他根據「公羊三世說」的「據亂世」、「昇平世」、「太平世」，把社會歷史發展過程分為三個階段：「治世」、「亂世」、「衰世」，並指出：「通古今可以為三世，《春秋》首尾，亦為三世。太橈作甲子，一日亦用之，一歲亦用之，一章一部亦用之」[4]。這就是說，不僅春秋二百四十年分為三世，而且每天、每年、每一個時代都可以分為三世，整個歷史發展過程都可以分為三世，由此得出結論說：「萬物之數括於三」，一個瓜、一個棗、一個棗核都可以概括為「初、中、終」，認為「哀樂、愛憎相承，人之反也；寒暑、晝夜相承，天之反也。萬物一而立，再而反，三而如初」[5]。龔自珍的這一結論，包含著事物的變化是對立的展開的辯證法思想，而其中「三而如初」的說法卻是歷史循環論。在龔自珍看來，歷史表現為各個不同層次上的循環，都是「一而立，再而反，三而如初」，但總的趨勢卻是不斷地

---

2 龔自珍：《與大學士書》，《龔自珍全集》下冊，319 頁。
3 龔自珍：《乙丙之際著議第七》，《龔自珍全集》上冊，6 頁。
4 龔自珍：《五經大義始終答問八》，《龔自珍全集》上冊，48 頁。
5 龔自珍：《壬癸之際胎觀第五》，《龔自珍全集》上冊，16 頁。

變易，所以，他十分強調變易，但沒有認識到「變」是前進運動的。

龔自珍從「三世說」的歷史觀出發，認為當時的社會就是一個沒有黑白、沒有是非、沒有善惡的「衰世」，是一個扼殺聰明才智、箝制人們思想的腐敗黑暗的「衰世」，已經到了「將萎之華，慘於槁木」的時候，一個新的社會即將到來，他期望「九州生氣恃風雷，萬馬齊喑究可哀。我勸天公重抖擻，不拘一格降人才」。[6] 一個生機勃勃的新時代出現在中國的土地上。

然而，龔自珍所說的「變」，並不是觸及封建專制制度本身的質的變化，而是在有限的範圍內的「變法」，因此，他說：「體常靜，用常動」[7]。龔自珍所說的「體」，就是指事物的本質特徵，是決定事物性質的東西；「用」是指事物本質特徵的作用和表現。在龔自珍看來，作為封建制度本身的「體」是不能動搖的，而所能變化的只是「用」而已。所以，他認為，「變」只是一個單純數量增減的「漸變」，而不是根本性質的突變。他在《平均篇》中說：「可以更，不可以驟」[8]，又說「風氣之變之必以漸也」[9]。這就是說，任何事物作為一些變更的「漸變」是可以的、必要的，但「驟變」是不可以的。龔自珍由於否認了事物的突變，最終不可避免地陷入了循環論。

魏源和龔自珍一樣，認為歷史是不斷發展變化的。在魏源看來，「五帝不襲禮，三王不沿樂」[10]，中國歷史上的皇、帝、王、霸就好像春、夏、秋、冬是一個循環演變的過程，即使伏羲、黃帝復生，也不能「返於太古之淳」[11]。氣化日嬗，無一息不變，促使社會歷史由皇而帝、由王而霸，太古不能不演變為唐虞三代，唐虞三代不能不演變為春秋戰國，這種歷史不斷演變發展的趨勢是不能阻擋的。因為「勢則日變而不可復者也」[12]，並且，這種發展變化的趨勢總是後勝於

6　龔自珍：《己亥雜詩》，《龔自珍全集》下冊，521 頁。

7　龔自珍：《壬癸之際胎觀第七》，《龔自珍全集》上冊，19 頁。

8　龔自珍：《平均篇》，《龔自珍全集》上冊，79 頁。

9　龔自珍：《與人箋》，《龔自珍全集》下冊，344 頁。

10　魏源：《默觚下·治篇五》，《魏源集》上冊，48-49 頁，北京，中華書局，1976。

11　魏源：《默觚下·治篇二》，《魏源集》上冊，41 頁。

12　魏源：《默觚下·治篇五》，《魏源集》上冊，48 頁。

前、今勝於古。魏源認為，後世有三件大事勝於「三代」，第一是漢文帝廢肉刑，這表明三代殘酷，後世比較仁慈；第二是柳宗元寫《封建論》，說明三代實行分封制是私，後世改行郡縣制是公；第三是廢除世襲制，變為貢舉制，說明後世以貢舉來選拔官吏，比之三代的世襲制要好得多[13]。他認為這三大變化是不可以「復」的，並指出了「可復」與「不可復」的標準是看是否「便民」。他說：「變古愈盡，便民愈甚，……天下事，人情所不便者，變可復；人情所群便者，變則不可復。」[14]在魏源看來，「人情所群便者」就是勢、利、名三者，「人所聚而勢生焉，則所在而人聚焉，名義所禁遏而治亂生焉」[15]。同龔自珍一樣，魏源也認為

魏源像

歷史發展變化的「勢」是眾人所造成的，統治者應出於公心，「以勢、利、名公天下」，使「天下之庶人」都能得到利益，使「天下之君子」知所勸勉和禁遏，從而能讓眾人形成「勢」。這樣，就可以治天下，而「天子者，眾人所積而成」，「故天子自視為眾人中之一人，斯視天下為天下之天下」[16]。可見，魏源認為「勢」是社會發展變化的推動力，是一種必然趨勢。這種趨勢猶如長江大河流注於大海，是不可阻擋、不可逆轉的，而這種歷史發展變化的必然之「勢」是由人群造成的，聖賢英雄的作用就是善於掌握和利用這種「勢」。他說：「聖人乘天下之勢，猶蛟龍之乘雲霧，不崇朝雨天下而莫知誰尸其權」，如果違背這種「勢」，「強人之所不能，法必不立，禁人之所必犯，法必不行」[17]。在魏源的歷史變易觀中，他察覺到「眾人」的力量和作用，「人聚則強，人散則 ，人靜則

---

13 魏源：《默觚下‧治篇九》，《魏源集》上冊，60-61 頁。
14 魏源：《默觚下‧治篇五》，《魏源集》上冊，48 頁。
15 魏源：《默觚下‧治篇三》，《魏源集》上冊，44 頁。
16 同上。
17 魏源：《默觚下‧治篇三》，《魏源集》上冊，45 頁。

昌，人散則荒，人背而亡」[18]，把強弱興亡歸結於「人」的向背，這是難能可貴的。

魏源的歷史變易觀也是同「道器」之辨相聯繫的。他說：「人積人之謂治，治相嬗成今古，有污隆、有敝更之謂器與道」[19]，那麼，什麼叫「道之器？」「曰禮樂。……道形諸事，謂之治；以其事筆之方策，俾天下後世得以求道而制事，謂之經。」[20]在魏源看來，人類歷史就是「器」的推陳出新，體現了道有「污隆」，道不離器，即貫穿於禮樂、兵刑、食貨等事業中，而《六經》把它們記載下來，就在於使後人能由此「求道而制事」。由此，魏源指出：「氣化無一息不變者也，其不變者道而已」[21]，但器與道、變易與不變易是不可割裂的。他還把歷史比喻為「一大弈局」，「所謂世事理亂、愛惡、利害、情偽、吉凶、成敗之變，如弈變局，縱橫反覆，至百千萬局，而其變幾盡；而歷代君相深識遠慮之士，載在史冊者，弈譜固已詳矣。……故廢譜而師心，與泥譜而拘方，皆非善弈者也；有變易之易，而後為不易之易」[22]魏源反覆強調的是「道存乎實用」[23]，不能拘泥保守，首先要重視「變易之易」。

在魏源的變易觀中，還表現了他對矛盾的認識。魏源覺察到自然界和人類社會歷史都充滿著矛盾鬥爭，他說：「天地，是非之域也；身心，是非之舍也；智愚賢不肖，是非之果也；古往今來，是非之場壘也」，所有這些「是非」是「自相鬥戰」[24]。魏源把矛盾概括為「天下物無獨必有對」，「有對之中必有一主一輔，則對而不失為獨」[25]。一切事物都包含著互相矛盾的兩個方面，且矛盾的兩個方面又是分主和輔的。

---

18 同上書，44 頁。
19 魏源：《皇朝經世文編敘》，《魏源集》上冊，157 頁。
20 魏源：《默觚上·學篇九》，《魏源集》上冊，23 頁。
21 魏源：《默觚下·治篇五》，《魏源集》上冊，48 頁。
22 魏源：《默觚下·治篇十六》，《魏源集》上冊，79 頁。
23 魏源：《皇朝經世文編五例》，《魏源集》上冊，158 頁。
24 魏源：《默觚上·學篇十》，《魏源集》上冊，28 頁。
25 魏源：《默觚上·學篇十二》，《魏源集》上冊，26 頁。

魏源認識到事物是在矛盾鬥爭中發展變化的，並把這種矛盾鬥爭稱之為「逆」。他認為：「聖人逆情以復性，帝王逆氣運以撥亂反治，逆則生，順則夭矣；逆則聖，順則狂矣。草木不霜雪，則生意不固；人不憂患，則智慧不成。大哉，《易》之為逆數乎！五行不順生，相剋乃相成乎。」[26]事物經過矛盾鬥爭才能有所發展，事物發展到頂點就會向相反的方向轉化。魏源指出：「暑極不生暑而生寒，寒極不生寒而生暑。屈之甚者信必烈，伏之久者飛必決。故不如意之事，如意之所伏也；快意之事，忤意之所乘也。……消與長聚門，禍與福同根。」[27]並且魏源以晉文公稱霸和勾踐滅吳兩個歷史事件，具體說明了矛盾發生轉化的條件及其條件的成熟與否和掌握時機的重要性。在矛盾轉化的過程中，魏源認為人的主觀能動性有很大的作用，他說：「人定勝天，既可轉貴富壽為貧賤夭，則貧賤夭亦可轉為貴富壽。……造化自我，此造命之君子，豈天所拘者乎？」[28]在魏源看來，在人的一生中要「人定勝天」、「造化自我」，改變自己的命運，就必須打破「天命論」的桎梏。魏源這種關於矛盾轉化的條件分析和自我造命的思想是其辯證法中精彩的成分。

龔自珍、魏源的歷史變易觀對洋務派有很大影響，主要體現在「中體西用」思潮的形成和發展。在洋務運動時期，傳統的體用觀、道器觀發生了重要變化，其特點是道器之間總的關係——道決定器、體支配用——不變，但給「器」、「用」充實了新的內容，這些新的內容為後來突破傳統的天道觀作了準備。

在洋務時期，馮桂芬最早提出「中本西末」觀，他認為中國文化應「以中國之倫常名教為原本，輔以諸國富強之術」[29]，是為「中體西用」之雛形。王韜提出了「形而上者，中國也，以道勝；形而下者，西人也，以器勝」[30]，明確說明了道器之間的主次關係，指出「西學西法非不可用，但當與我相輔而行」，因而

26 魏源：《默觚下‧治篇二》，《魏源集》上冊，39 頁。
27 魏源：《默觚上‧學篇七》，《魏源集》上冊，18 頁。
28 魏源：《默觚上‧學篇八》，《魏源集》上冊，21 頁。
29 馮桂芬：《校邠廬抗議‧采西學議》，《戊戌變法》第一冊，28 頁。
30 王韜：《與周弢甫徵君》，《弢園尺牘》，30 頁。

提出在處理中西文化關係的總原則是「器則取諸西國，道則備自當躬」[31]。薛福成概括為一句話：「今誠取西人器數之學，以衛吾堯、舜、禹、湯、文、武、周孔之道。」[32]後來，鄭觀應更明確地說：「中學體也，本也，所謂不易者聖之經也；時中用也，末也，所謂變易者聖之權也」，「中學其本也，西學其末也，主以中學，輔以西學，知其緩急，審其變通，操縱剛柔，洞達政體，教學之效，其在茲乎」[33]。張之洞總結了前面諸人的「中體西用」觀，認為「中學為體，西學為用，既免迂陋無用之譏，亦杜離經叛道之弊」[34]，因而在《勸學篇》中對此作了系統的闡釋，用以規範中西文化關係。他在《勸學篇》中首先劃分了舊學、新學的範圍，以「四書五經、中國史事、政書、地圖為舊學，西政、西藝、西史為新學」；其次指出「今欲強中國、存中學，則不得不講西學」，若講西學，「必先通經，以明我中國先聖先師立教之旨，考史以識我中國曆代之治亂、九州之風土，涉獵子集，以通我中國之學術文章，然後擇西學之可以補吾闕者用之，西政之學可以起吾疾者取之，斯其有益而無害」[35]。由此可見，「中體西用」論中規定的道器關係、體用關係表明了傳統的道器觀、體用觀的變化，在規定以道為本、以體為本的前提下，為器、用增加了新內容。這一時期所增加的器、用的內容就是西方的科學技術和政治制度、西方史地。「中體西用」觀中的道器關係的變化，在一定程度上突破了華夏文化傳統的一元論，以「用」的形式給西學在中國的傳播找到了一個輔助性的角度，成為新、舊思想觀念轉換的契機，為後來徹底地突破傳統的道器觀、天道觀作了思想準備。

總之，龔自珍、魏源以及洋務派繼承並發揮了傳統的變易觀和道器論，在新的歷史條件下對此作出了自己的闡釋，指出了人類社會歷史發展變化的必然趨勢，說明了道和器、體和用之間的辯證關係，為後來洋務派的「自強」、「求富」運動提供了思想武器，並對維新變法思想的形成產生了重要影響。

---

31 王韜：《弢園文錄外篇》，297、321 頁。
32 薛福成：《籌洋芻議·變法》，《薛福成選集》，556 頁。
33 夏東元編：《鄭觀應集》上冊，274 頁。
34 張之洞：《兩湖、經心兩書院改照學堂辦法片》，《張文襄公全集》第一冊，847 頁。
35 張之洞：《勸學篇·循序第七》，《張文襄公全集》第四冊，559 頁。

第二節·

進化哲學：
維新變法的思想武器

　　中日甲午戰爭後，中國的民族危機進一步加劇，資產階級維新派掀起了救亡圖存、變法圖存的維新運動。維新派在繼承傳統哲學思想的基礎上，廣泛吸收了西方自然科學知識、哲學和社會政治學說，尤其是吸收了西方進化論作為其變法維新的思想武器。

　　以康有為、嚴復、譚嗣同為代表的維新派的進化觀，受到了龔自珍、魏源的「窮則變，變則通，通則久」的「變易」觀的影響。他們不僅繼承了龔自珍、魏源的變法的主張，而且進一步借鑑和吸收了西方的進化論，形成了自己的進化觀，將龔自珍、魏源的「變易」思想發展到新階段，構築起自己的哲學體系，並以此為基礎，用進化論抨擊傳統天道觀，批判封建專制制度，形成了一次資產階級的新文化運動和思想解放運動。

一、康有為的「以元為本」論

　　在康有為的哲學體系裡，「元」是最基本的、最高的範疇，是康有為哲學思想和學說的基石。在他看來，「道以元為體，以陰陽為用，理皆有陰陽，則氣之

有冷熱,力之有拒吸,質之有凝流,形之有方圓,光之有白黑,聲之有清濁,體之有雌雄,神之有魂魄,以此八統物理焉。以諸天界、諸星界、地界、身界、魂界、血輪界統世界焉」[36]。可見,康有為強調「元」是根本的,它是宇宙的本原,萬物的本體,而「陰陽」則是「元」這一本體的表現,明確指出了道是體、陰陽是用的關係。由此提出了「根元氣之混侖,推太平之世」的思想,從而構成了他的世界觀。

康有為的世界觀是在「元」的基礎上建立起來的,他根據《周易》的「大哉乾元乃統天」和《春秋》的「元年春五正月」的「元」的概念,提出了「元」是天地萬物產生的根源,是唯一的絕對本體的命題。他說:「易稱大乾元乃統天,天地之本皆運於氣。列子謂天地空中之細物,素問謂天為大氣舉之,何休謂元者氣也,易諱謂太初為氣之始,春秋緯太一,含元布精乃生陰陽,易太極生兩儀,孔子之道運本於元,以統天地。」[37]康有為繼承發展了漢代今文經學家董仲舒和何休關於《周易》和

康有為像

《春秋》中「元」的思想,把「元」與「氣」聯繫起來,指出「元者,氣之始也,無形以始,有形以生,造起天地萬物之始。元氣、知氣、精氣,皆理之至,蓋盈天下皆氣而已」[38]。所謂「元」就是「氣」,也就是「元氣」、「知氣」、「精氣」、「太極」或「太一」,在康有為看來這些概念都是一個意思,即它們都是天地萬物產生的根源,天地萬物是由「氣」派生的,先有「元」的存在,而後才有天地萬物。

康有為為了論證「元」是天地萬物的起源和本質,還以「繁果」和「群雞」為例加以具體說明,他說:「繁果之本於一族」,「群雞之本於一卵」,而繁果、

36 康有為:《康南海自編年譜》,《戊戌變法》第四冊,160 頁。
37 康有為:《春秋董氏學》卷六上,《康有為全集》第二冊,795 頁。
38 康有為:《孟子微·中庸注·禮運注》,40 頁,北京,中華書局,1987。

群雞「核、卵之本，尚有本」，這個「本」就是「萬物而貫於一」的「一」，所謂「一」就是「元」。同樣，康有為講的「合諸始而源其大」的「一」和「無臭無聲、至精至奧」的「元」也是指的同一個意思[39]，因此，世界萬物統一於「一」，也就是萬物統一於「元」，「一」即「元」，是天地萬物的根本之根本，所以，「元」比果核之「本」和雞卵之「本」更為根本，進一步說明了世界萬物的起源問題。

康有為一方面認為「元」是天地萬物的根本，另一方面也認為「元」是人類的根本。他指出：「元為萬物之本，人與天同本，於元猶波濤與漚同起於海，人與天實同起也。然天地自元而分別為有形象之物矣。人之性命雖變化於天道，實不知幾經百千萬變化而來，其神氣之本，由於元。溯其未分，則在天地之前矣。」[40] 在這裡，康有為非常明確地提出了天人同源於「元」的思想。康有為在《中庸注》中說：「萬物之生皆本於元氣，人於元氣中，但動物之一種耳」，把人看成是天地萬物之中的一個組成部分。這樣，天地萬物與人同「元」、同「氣」，從而說明了：「天地者，生之本，萬物分天地之氣出，人處萬物之中，得天地之分焉」，「凡眾生繁殖皆吾同氣也，必根仁而愛之，使一民一物得其所焉」。康有為在天地與人同源的基礎上，挖掘出其中的「仁」、「愛」的內涵，為他的思想體系構築起堅實的基礎。

在康有為看來，「元」不僅是宇宙萬物產生的本原，而且還是宇宙萬物發展變化的根源。他在《禮運注》中認為：「大一者，太極也，即元也，無形以起，有形以分，造起天地。天地之始，易所謂乾元統天者也，天地陰陽、四時鬼神，皆元之分轉變化、萬物資始也」，「萬物而統之元以立其一，又散元以為天地陰陽五行與人以之共十，而後萬物生焉」[41]。這就是說，天地萬物統歸於「元」，由於「散元」而產生天地萬物，即包括天地、陰陽、五行和人、鬼神，所有這些都是從「元」分轉變化而來的。

---

39 康有為：《春秋董氏學》卷六上，《康有為全集》第二冊，795 頁。
40 同上書，798 頁。
41 同上。

那麼，「元」又是怎樣分轉變化的呢？康有為認為，「一元」產生「二元」，即「一必有兩」，而「一元」就是「太極」，「太極」可分兩儀，故「元有陰陽，故氣有冷熱，力有動靜，勢有吸拒，質有凝流，形有方圓，數有奇偶，電有乾濕，光有黑白，聲有清濁，體有凸凹焉」。在康有為看來，「一元」分為「二元」，可以解釋天地萬物的分轉變化和天地萬物的分轉變化又有著統一的基礎，這既闡述了「一元」和「二元」的相互關係，又論證了物質世界的統一性和多樣性的關係，由此表明康有為對傳統哲學思想的繼承和發展。

在康有為的哲學體系裡，闡發了天人同源於「元」的思想，實際上，又賦予了「元」的人格意志。在他的心目中，「元」或「元氣」又是屬於精神的範疇，而不是物質的範疇。正是在這樣一個基礎上，康有為把「元」歸結於「仁」，把它看成是具有倫理道德屬性的「善」的抽象，這樣，「元」又成為主觀精神的自我表現。他在《中庸注》中指出：「仁從二從人，相偶之義也，元從二從兒，兒古人字，是亦仁也。……故言仁者，不可不知元，而其功用可極於元」，並且，「仁從二人，人道相偶，有吸引之意，即愛力也，實電力也，人具此愛力，故仁即人也。苟無此愛力，即不得為人矣」；「不忍人之心，仁也，電也，以太也，人人皆有之，故謂人性皆善」，所以，「仁」是「萬化之海，為一切根，為一切源。……人道之仁愛，人道之文明，人道之進化，至於太平大同，皆從此出」[42]。這就是說，「仁」作為萬事萬物的「根」和「源」，使其「以元為本」變化成了「以仁為本」。對於這一轉換變化，康有為在《中庸注》中解釋說：「仁者，在天為生生之理，在人為博愛之德」，故「天」就是「仁」，「天復育萬物，既化而生之，又養而成之，人取仁於天而仁也」。這就是說，人的「仁」是取自於天，天、人之間依靠「仁」來溝通，人一旦得到天的「仁」，就可以達到「物我一體」、「天人合一」的最高境界。這種境界就是「物即己，而己即物，天即人，而人即天。凡我知之所及，即我仁之所及，即我性道之所及，其知無界，其仁無界，其性亦無界」，「蓋仁與智皆吾性之德，則己與物皆性之體，物我一體無彼此之界，天人同氣無內外之分」，故「以元元為己，以天天為身，以萬物為

---

42 康有為：《孟子微·中庸注·禮運注》，9頁。

體」。在這裡，康有為把「元」變成了「我」，既然「元」是世界的本原，那麼，「我」也就變成了世界的本原，「山河大地皆吾遍觀，翠竹黃花皆我英華，遍滿虛空，渾淪合宙」。這同孟子所謂的「萬物皆備於我」、陸九淵的「宇宙便是吾心，吾心即是宇宙」、王陽明的「心外無物」的主觀唯物主義思想如出一轍。

總之，在康有為看來，「元」是一種有意志的精神實體，是宇宙萬物的本原，這是客觀唯心主義的自然觀；而一旦給它賦予「元」以「仁」的屬性，把「仁」也看做宇宙萬物的本原時，他的「以元為本」的客觀唯心主義就走向了「以仁為本」的主觀唯心主義。康有為這種「乾元統天」和「以仁為本」的唯心論給譚嗣同的《仁學》以深刻影響，康有為「以元為本」思想中提出的「元」是發展變化的觀點，為其維新變法提供了哲學上的理論依據，對於推動維新變法運動的發展起了十分重要的作用。

康有為在講「以元為本」之時，反覆強調物質的變化發展，宣揚「變」是自然界的規律，他不止一次地引用《易經》中的話，來論述天下萬物的變化性，強調「變」是天下萬物共有的特性。但是，康有為所講的「變」與傳統哲學思想裡所說的「變器不變道」的觀點完全不同，他認為萬物不僅變「器」，而且也變「道」，如他說：「蓋變者，天道也，天不能有晝而無夜，有寒而無暑，天以善變而能久，人自童幼而壯老，形體顏色氣貌無一不變，無刻不變。」[43] 從這種「變」的觀點出發，康有為看到了新生事物戰勝腐朽事物的必然性，指出「夫物新則壯，舊則老；新則鮮，舊則腐；新則活，舊則板；新則通，舊則滯；物之理也」[44]。他用這種新勝舊的進化觀點去觀察自然界和社會歷史，直接否認了「天不變，道亦不變」及崇古、復古的形而上學唯心主義世界觀。

康有為在對「以元為本」思想的闡述中，還初步認識到事物的變化發展源於其內部所包含的矛盾鬥爭。他用「陰陽」這一傳統哲學思想常用的概念，表達了許多關於事物對立統一、矛盾發展運動並矛盾的對立面相互轉化的思想。他說：

---

43 康有為：《進呈俄羅斯大彼得變政記考》，《戊戌變法》第三冊，1 頁。
44 康有為：《應詔統籌全局摺》，《戊戌變法》第二冊，198 頁。

「若就一物而言，一必有兩」，「知物必有兩，故以陰陽括天下之物理，未有能出其外者」，而「生物之始，一形一滋，陰陽並時而著」[45]。這裡面顯然包含著豐富的辯證法因素。

康有為在這樣一個基礎之上，構築了他獨特的「公羊三世說」的歷史進化論。他對今文經學中的「公羊三世說」重新作了解釋，將「據亂世」、「昇平世」、「太平世」比附為君主制時代、君主立憲制時代和民主制時代，它們循序漸進，形成世界歷史進化發展的必然過程。他說：「孔子撥亂昇平，托文王以行君主之仁政，尤注意太平，託堯、舜以行民主之太平」，並說這三種政治制度的更替，「特施行有序，始於麤糲而後致精華」[46]。由此論證了社會政治制度的進化發展是歷史發展的必然趨勢，從理論上支持、闡發了用資產階級君主立憲取代封建君主專制的合理性和歷史必然性，為資產階級維新變法運動提供了理論武器。

二、嚴復與《天演論》

嚴復是中國近代史上第一個系統地介紹資產階級社會政治學說的思想家。一八九五年他開始翻譯赫胥黎的《天演論》，介紹達爾文進化論。《天演論》的出版轟動了中國思想界，風行海內，產生了巨大影響。嚴復介紹《天演論》不是停留於生物進化的領域，而是把進化論提到哲學的高度，為國人提供了全新的世界觀和方法論。嚴復的哲學思想是在繼承了中國傳統哲學和西方哲學思想的養料，在接受西方十九世紀自然科學、尤其是達爾文生物進

嚴復像

45 康有為：《春秋董氏學》卷六上，《康有為全集》第二冊，795頁。
46 康有為：《孔子改制考》卷十二，《康有為全集》第三冊，333頁。

化論的基礎上形成的。縱觀嚴復的哲學體系，始終貫穿著進化論的唯物主義觀點。

嚴復譯述《天演論》是甲午戰爭後中國民族危機日趨深化的一種反映，是為啟迪民族精神、奮起救亡圖存而作。嚴復介紹了進化論中的「物競天擇」、「適者生存」兩個基本觀點，認為「天演之事將使能群者存，不群者滅，善群者存，不善群者滅」[47]，從而提出了「合群」的主張。嚴復還認為，事物都是在競爭中求生存、求發展的，人與動物不同之處就是「能群」和「善群」，由此提出了「與天爭勝」、「自強保種」的觀點。可見，在嚴復的心目中，進化論中「優勝劣敗、適者生存」的思想與中國所面臨的亡國滅種民族危機中救亡圖存、自強保種是如此的相契合，從而根據進化論提出了「合群」、「自強」的思想。進化論就這樣被嚴復融入了他的哲學體系中。

嚴復結合斯賓塞和達爾文的進化論提出了進化論的發展觀。他說：「達爾文者，英之講動植之學者也。……著一書曰《物種探源》（今譯《物種起源》），自書出，歐美二洲幾於家有其書，而泰西之學術政教一時裴變。論者謂達氏之學，其一新耳目，更革心思，甚於奈端氏之格致天算，殆非虛言」，其《物種起源》中一篇名「物競」，一篇名「天擇」，「物競者，物爭自存也；天擇者，存其宜種也」，這就是所謂「以天演之學言生物之道者也」[48]。接著他又介紹斯賓塞的庸俗進化論說，斯賓塞之進化論「宗天演之術，以大闡人倫治化之事」，「而於一國盛衰強弱之故，民德醇漓和散之由，則尤三致意焉」[49]。同時還介紹赫胥黎的《進化與倫理》說：「此書之旨本以救斯賓塞任天為治之末流，其中所論與吾古人有甚合者，且於自強保種之事反覆三致意焉。」[50]嚴復藉助達爾文生物進化學說、斯賓塞庸俗進化論及赫胥黎的社會進化論，著重闡發優勝劣敗、適者生存的觀點。他說：「劣者之種遂滅，而優者之種以傳，既傳焉則復於優者之中再爭，而尤優者狹傳焉，遞勝不已，則滅者日多，而留者日進，乃始有人。人者，今日

---

47 嚴復：《天演論·導言十三》，《嚴復集》第五冊，1347 頁。
48 嚴復：《原強》，《嚴復集》第一冊，5 頁。
49 同上書，6 頁。
50 嚴復：《譯〈天演論〉自序》，《嚴復集》第五冊，1321 頁。

有官中之至優者也，然他日則不可知矣。達氏之說今日學問政事之家咸奉以為宗，蓋爭存天擇之理，其說不可易矣。」[51]嚴復由此引發出中國在生存競爭日趨激烈的時代應該順應和運用進化發展的客觀規律，變法圖存。他還舉土生土長的生物為例，說明不能因為「土」就說它最宜生存，並指出外來新種也可能較之土種更宜生存；他又以澳洲無針蜂因有針蜂引入而滅種的例子，來說明土種不一定最宜生存。而外來新種也不一定不宜生存，並感嘆說：「嗟乎！豈惟動植而已，使必土著最宜，則彼美洲之紅人、澳洲之黑種，何以自交通以來歲有耗減？」[52]嚴復以進化論中「物競天擇、適者生存」的觀點，來警醒、激發中國人民奮發圖強、救亡圖存，其目的是顯而易見的。

嚴復是真正了解西方進化論的人，但他主要不是從生物科學的角度，而是從世界觀的高度介紹和闡發「天演之學」的。因此，嚴復首先就著重指出進化論給人類帶來的世界觀的變化。他說：「西人有言：十八期民智大進步，以知地為行星，而非居中恆靜，與天為配之大物，如古所云云者。十九期民智大進步，以知人道，為生類中天演之一境，而非篤生特造，中天地為三才，如古所云云者。」十八世紀由於哥白尼學說否定了地心說，破除了天地相配的舊說，促使民智大進；十九世紀由於有了達爾文進化學說，知道人是生物進化的一個階段，否定了「天地人三才」的舊說，又促使民智大進步。此兩種學說剛出來時，「為世人所大駭」，但因證據確鑿，其攻擊者「乃知如如之說，其不可撼如此也」[53]。這樣，「古者以人類為首出庶物，肖天而生，與萬物絕異。自達爾文出，知人為天演中一境，且演且進，來者方將，而教宗搏土之說，必不可信」[54]。就是說，在西方有了進化論，基督教上帝創造人的說法被推翻了；在中國把人看做是「肖天而生」、人性出於「天命」的舊說，也將因進化論的傳播而被推翻。

由此可見，嚴復已經認識到了科學的進步引起了世界觀的改變，而世界觀的改變必然要導致社會政治觀的改變。他說：「天演者，時進之義也……得此以與

---

51 嚴復：《保種餘義》，《嚴復集》第一冊，4頁。
52 嚴復：《天演論·導言四》按語，《嚴復集》第五冊，1333頁。
53 嚴復：《天演論·導言十二》按語，《嚴復集》第五冊，1345頁。
54 嚴復：《天演論導言一》按語，《嚴復集》第五冊，1325頁。

向之平等自由者合，故五洲人事一切皆主於謀新，而率舊之思少矣。嗚呼！世變之成，雖曰天運，豈非學術也哉！」[55]這就說明了進化論和自由平等之學說結合，致使世界政治、思想發生大變化，形成了棄舊謀新的世界潮流。可見嚴復介紹進化論的目的就是想通過學術思想和世界觀的變革來促進「世變」，使中國走上維新自強的道路。

嚴復介紹和倡導的進化論，在自然觀上是唯物主義的。他從進化論的觀點出發，認為世界是物質的，「天地元始，造化真宰，萬物本體是已」[56]；「大宇之內，質力相推，非質無以見力，非力無以呈質。」[57]整個宇宙之內，只有物質和物質的運動，雖然物體種類繁多，千差萬別，但歸根結底都是客觀存在的實體。在這裡，嚴復根據達爾文生物進化論把物質解釋為具有不同種類和不同形態而具有共同本質的東西，人類的社會運動也應包括在生物運動之內，與生物運動遵循著同樣的規律。

嚴復認為，儘管物質形形色色，但都可以統一於「氣」。他說：「通天地人禽獸昆蟲草木以為言，以求其會通之理，始於一氣，演成萬物。」[58]這就是說，世界萬物都是由「氣」構成的，萬物都可以歸結為「氣」，「氣」演化成萬物。在嚴復看來，「氣」不僅可以感覺、知覺，而且還可以度量。他還認為，無論任何物質，無論怎麼變化，最後都可以還原為幾種基本的氣。即淡（氮）、輕（氫）、養（氧）等三種氣體。嚴復把物質歸結於氣，實際上是把物質都歸結為最基本的化學元素。

在嚴復看來，「氣」是運動的，因而大至宇宙、小至沙粒也都不斷運動變化。他說：「一氣之行，物自為變，此近世學者所謂天演。」[59]這就是說，世界上一切客觀存在的東西都是「氣」的變化，而「氣」又是「物自為變」、「咸其自己」

---

55 嚴復：《政治講義自敘》，《嚴復集》第五冊，1241 頁。
56 嚴復：《天演論·論十》按語，《嚴復集》第五冊，1380 頁。
57 嚴復：《譯〈天演論〉自序》，《嚴復集》第五冊，1320 頁。
58 嚴復：《原強》，《嚴復集》第一冊，17 頁。
59 嚴復：《莊子評語·齊物論注》，《嚴復集》第四冊，1106 頁。

的原因。

嚴復認為，物質是由簡到繁、由純而雜的不斷變化發展的。他借用斯賓塞的話說：「天演者，翕以聚質，闢以散力，方其用事也，物由純而之雜，由流而之凝，由渾而之畫，質力雜糅，相劑為變者也」[60]。質點的相互吸引而凝成萬物，在凝結過程中散發出能量，產生熱、光、聲和運動，能量表現為物質，物質又表現為能量，相互作用，不斷變化，演進為各種現象。如太陽系開始階段為星雲，星雲的質點在運動中互相吸引逐漸凝成太陽和行星。不僅無生物如此，就是有生之物也是逐漸發展的。嚴復說：「知有生之物始於同，終於異，造物立其一本，以大力運之，而萬類之所以底於如是者，咸其自己而已，無所謂創造者也。」[61]這樣，生物由簡到繁的進化著，人類也不能例外，所以歸根到底，人是由生物發展進化而來的。

嚴復認為物質不僅是發展變化的，而且其運動的形式是多種多樣的，運動的情況是複雜的。他說：「成物之悠久，雜物之博大，與夫化物之蓄變也。」[62]儘管運動形式繁多而複雜，但最終，還是由簡單到複雜、由低級到高級進化著。

物質在運動變化發展的過程中，並非雜亂無章，而是有規律的。嚴復認為：「歷時而遞變，並呈者著為一局，遞變者衍為一宗，而一局一宗之中，皆有其井然不紛、秩然不紊者以為理，以為自然之律立。」[63]這種運動的規律是由什麼原因造成的呢？他認為：「日月之經天，江河之行地，寒暑之推遷，畫夜之相代，生此萬物以成毀生滅於此區區一丸之中，其來若無始，其去若無終，問彼真宰，何因若是，雖大聖不能答也。」[64]可見，物質自然界的生滅成毀在不停地變化，既沒有開始，也沒有終結，而是本著自身規律運動。嚴復承認規律的客觀性。

尤為可貴的是，嚴復已經認識到科學的任務就是探求客觀事物的規律性，而

---

60 嚴復：《天演論‧導言二》按語，《嚴復集》第五冊，1327頁。
61 嚴復：《天演論‧導言一》按語，《嚴復集》第五冊，1325頁。
62 嚴復：《原強》，《嚴復集》第一冊，17頁。
63 嚴復：《穆勒名學》篇三按語，《嚴復集》第四冊，1028頁。
64 嚴復：《莊子評語‧齊物論注》，《嚴復集》第四冊，1107頁。

且也只有科學和運用科學方法才能發現客觀規律。他指出：「自然律令者，不同地而皆然，不同時而皆合，此吾生學問之所以大可恃，而學明者術立，理得者功成也。」[65]實際上，學問就是「考自然之理，立必然之例」[66]，就是「即物而窮理」。因此，嚴復非常重視西方自然科學對認識規律的啟發作用，他認為：「夫西學之最為切實，而執其例可以御蕃變者，名、數、質、力四者之學是已。」[67]這就是說，邏輯、數學、化學、物理學是掌握天下萬物客觀規律的鑰匙，學會了它們，便有可能認識事物變化的規律性。

正因為嚴復對西學的重視及其對自然科學與認識規律關係的深刻理解，所以，他對西方的認識論和方法論、尤其是培根的認識論給予了很高評價，在宣傳和介紹培根的認識論過程中形成了自己的唯物主義認識論。

嚴復明確認為，認識是主觀對客觀的反映，沒有客觀對象就談不上主觀認識，客觀對像是產生認識的原因，而主觀觀念則是認識的結果。他說：「必有外因，始生內果。」[68]客觀對象儘管是認識產生的根源，但客觀對象只有通過主觀官能的作用，即「以心親物」，才能產生認識。在嚴復看來，認識必須具備認識的對象、認識的主體和健全的官能器官三個要素。顯然，這表明了嚴復的唯物主義反映論觀點。

嚴復依據當時自然科學所提供的資料描述了認識發生的過程。他說：「官與物塵相接，由涅伏（俗稱腦氣筋）以達腦成覺，即覺成思，因思起欲，由欲命動。」[69]人們的感覺器官受到物體的刺激，由神經傳入大腦而產生感性認識，然後形成某種思想產生欲念，成為行動。因而嚴復十分強調「閱歷」即實際經驗的作用，認為認識來源於閱歷，沒有閱歷也就沒有認識，也就沒有科學。天文、地理、化學、物理都是實際經驗的總結，即便是邏輯、數學也是從實際中來的。他

65 嚴復：《穆勒名學》篇三按語，《嚴復集》第四冊，1028 頁。
66 嚴復：《原強》，《嚴復集》第一冊，29 頁。
67 嚴復：《譯〈天演論〉自序》，《嚴復集》第五冊，1319 頁。
68 嚴復：《天演論·論九真幻》按語，《嚴復集》第五冊，1378 頁。
69 嚴復：《天演論·導言二》，《嚴復集》第五冊，1328 頁。

說：「智慧之生於一本，心體為白甘，而閱歷為采和，無所謂良知者矣，即至數學公例亦由閱歷，既非申詞之空言，而亦非皆誠而無所設事，言數固無所設，及物則必設也。」[70]這就是說，數學似乎遠離事物，其實它並非純屬良知的產物，數數時固然可以不和具體事物相聯繫，但數的觀念的產生卻是從物體的認識而來的。嚴復的這一看法無疑是正確的。

嚴復還認為，認識可以分為「元知」和「推知」，直接得之於感知事物者，即「徑而知者」，是智慧的來源和開始，為「元知」；而非直接由感知事物得來的，即「紆而知者」，為「推知」[71]。「元知」在認識過程中居於首位，無「元知」就談不上認識。「元知」雖為認識之本始，但認識不能停留在這個低級階段上，且「元知」有時並不能給人以真相，所以要了解事物的真相還有待於「推知」，有待於「待閱歷學問而後明」。[72]他借赫胥黎的話說：「心物之接由官覺相，而所覺相是意非物，意物之際常隔一塵，物因意果不得徑同。」[73]這就是說，認識主體和認識客體相接觸，通過感官得到意相，這個意相並不是物體的本身，被認識的客體和認識主體之間因常有隔膜而不能完全統一。因此，嚴復認為要認識「真實無妄之知」必須在「閱歷」中加以印證，只有經過反覆驗證才能證明其認識的真理性——「誠」。他說：「一理之明，一法之立，必驗之物物事事而皆然，而後定之為不易。」[74]這樣，嚴復進一步強調了認識來源於實踐及實踐的檢驗標準，這在認識論是十分正確的。

總之，嚴復在繼承中國傳統哲學和廣泛吸收西方哲學、社會學、政治學和自然科學的基礎上形成了自己的進化論的唯物主義思想體系，從思想上打開了人們的眼界，開創了向西方學習的新紀元。尤其是他所譯述的《天演論》震撼了中國人的心靈，具有廣泛而深刻的影響，在中國近代哲學史上占有極為重要的地位。

---

70 嚴復：《穆勒名學》篇六按語，《嚴復集》第四冊，1050 頁。
71 嚴復：《穆勒名學》引論，《嚴復集》第四冊，1028 頁。
72 嚴復：《穆勒名學》部首，《嚴復集》第四冊，1029 頁。
73 嚴復：《天演論·論九真幻》按語，《嚴復集》第五冊，1377 頁。
74 嚴復：《救亡決論》，《嚴復集》第一冊，45 頁。

三、譚嗣同與《仁學》

在譚嗣同的哲學體系裡，有「仁」和「以太」兩個中心
概念。「仁」是中國哲學史上的傳統概念，而「以太」則是
從西方哲學、物理學中借用來的概念。在譚嗣同的《仁學》
裡，對「仁」和「以太」的界說並不確定，有時他把「仁」
看成是世界的本質、把「以太」看成是體現「仁」的工具，
如說「仁以通為第一義，以太也，電也，心力也，皆指出所
以通之具也」[75]；有時他把「以太」看成是世界的本質，「仁」
成為「以太」的作用，如說「夫仁，以太之用，而天地萬物
由之以生，由之以通」[76]；有時他還把「仁」和「以太」等
同起來，把「仁」看成是「以太」的可等換的概念，如說：
「遍法界、虛空界、眾生界有至大至精微，無所不膠黏、不
貫恰、不絡而充滿之物焉，目不得而色，耳不得而聲，口鼻
不得而臭味，無以名之，名之曰以太」，「法界由是生，虛
空由是立」，「精而言之，夫亦曰仁而已矣」[77]。由此可見，
在譚嗣同那裡，「仁」和「以太」是兩個時而有別、時而等
同的中心概念。

譚嗣同像

譚嗣同以「以太」說為基礎的自然觀表現了唯物主義的傾向。譚嗣同先是繼
承和發揮了張載、王夫之的「氣一元」論的傳統，認為「元氣絪縕，以運為化生
者也，而地球又運於元氣之中，舟車又運於地球之中，人又運於舟車之中」[78]。
這樣，「天以其渾沌磅礴之氣，充塞固結而成質，質立而人物生焉」[79]。可知運
動不息的氣產生「質」以後配成萬物，萬物並不是靜止不變的，而是隨著氣的運
動而不斷地發生變化。這就說明譚嗣同已經承認了元氣是宇宙萬物的本質，承認

---

75 譚嗣同：《仁學》，《譚嗣同全集》（增訂本）下冊，291 頁。
76 同上書，297 頁。
77 譚嗣同：《以太說》，《譚嗣同全集》下冊，434 頁。
78 譚嗣同：《仁學》，《譚嗣同全集》下冊，247 頁。
79 同上書，248-249 頁。

了客觀世界的物質性。

　　後來隨著西方自然科學知識的傳入，譚嗣同吸收了自然科學的許多成果來豐富他的哲學思想。於是，他用「以太」代替了「氣」，作為新的哲學範疇，以用來解釋他的自然觀。譚嗣同認為，「以太」是一種「物」，「法界由是生，虛空由是立，眾生由是出」[80]。人身上的骨骼、肌肉、五臟六腑、頭足手等所以能聯結在一起，在於「以太」的作用；眼能視、耳能聽、鼻能聞，是「以太」在起作用；夫婦、父子、兄弟、朋友、家庭、國家、天下都由「以太」來聯結；地球由許多原質構成，由「以太」從中連接起來；地球與月亮間的相互吸引，金、木、水、火、土以及天王星、海王星之間的運行，都離不開「以太」。總而言之，「大千世界」的形成，如「世界海」、「世界種」、「華藏世界」都由「以太」來起作用。大至天體運行，小至「質點一小分」，甚至一滴水中的數不清的微生物，都由「以太」來決定。「以太」顯然是宇宙萬物之源，「天地萬物由之以生，由之以通」[81]。這樣，譚嗣同把世界統一在「以太」物質之上，並肯定「以太」是構成世界萬物的物質始基，說它「無形焉，而為萬物之麗；無心焉，而為萬心之所感」[82]，指出了「以太」不是脫離和超越物質世界的客體精神，而是存在於「萬物」、「萬心」之中的一種物質的微粒子的東西，是構成萬物不可缺的因素。這就承認了世界的物質統一性。

　　譚嗣同在肯定「以太」的物質功能之基礎上，斷定「以太」是「不生不滅」永恆存在的。譚嗣同相信物理學、化學中關於物體是由原質（即元素）構成的理論，在《仁學》中反覆說明七十三種原質之間的不同化合形成了不同的物體，物體的特性不同是由於原質的不同所決定的。他認為：「質點不出乎六十四種之原質，某原質與某原質化合則成一某物之性；即同數原質化合，而多寡主佐之少殊，又別成一某物之性。」物體的香臭、大腦的運動、筋血的功能皆由不同的原質來決定，而「原質之原，則一以太而已矣」。因此，水蒸發之後，其內含的氫

---

80 同上書，294 頁。
81 譚嗣同：《仁學》，《譚嗣同全集》下冊，297 頁。
82 同上書，121 頁。

氣、氧氣並未消滅；蠟燭燃燒後，其原質仍存；水、氣、冰、雹、雪，實際上是同類原質的不同變化；流星、隕石之變也不是說原質就此消滅；即便是人，也由物質構成，「皆用天地固有之質點黏合而成人」，人死後原質尚存，且會化合成他種物質。故「往返者，遠近也，非生滅也；有無者，聚散也，非生滅也」[83]。在他看來，世界萬物雖然在不斷地產生和滅亡，但歸根結柢，萬物是由原質構成，而原質的物質始基「以太」是不生不滅的，所以原質也是不生不滅的。這樣，譚嗣同有力地論證了物質存在的永恆性，同時也肯定了宇宙世界的無限性。

譚嗣同認為物質世界的「不生不滅」是由於「以太」的「微生滅」的不斷運動。他指出：「不生不滅烏乎出？曰出於微生滅」，這種「微生滅」是以太本身所自有的，「求之過去，生滅無始；求之未來，生滅無終；求之現在，生滅息息」，這樣此去而彼來，彼連而此斷，去者死，來者又生，連者生，斷者又死，旋生旋滅，即滅即生，由於「生與滅相授之際，微之又微，至於無可微。密之又密，至於無可密」，所以，「成乎不生不滅，而所以成之微生滅」[84]。在這裡，譚嗣同從「以太」的運動過程中力圖說明世界萬物的生滅變化，並非超自然的神祕力量所主宰，而是隨著物質始基「以太」的不斷運動和轉換而處於「日新」的狀態中，整個宇宙也就以此而永恆存在。

譚嗣同覺察到世界萬物的生滅變化，是有其一定的規律的，於是他從傳統哲學裡找到「仁」來與「以太」相配合，作為自然規律以解釋客觀世界的複雜現象。他多次指出：「夫仁，以太之用」；「其顯於用」者謂之「仁」、謂之「性」。可見「以太」是「仁」的本體，而「仁」是「以太」的作用。這就是說，作為物質性的「以太」是本體，是第一性的，而作為精神性的「仁」是派生的，第二性的。「以太」是「仁」的「所以通之具」，「仁」的作用只有依賴「以太」才可能體現出來，這表現了譚嗣同的唯物主義宇宙觀的光輝。

譚嗣同的哲學體系裡的自然觀不僅包括事物發展變化的思想，而且還包含了

---

83 同上書，306-308 頁。
84 譚嗣同：《仁學》，《譚嗣同全集》下冊，311-313 頁。

比較豐富的辯證法思想。譚嗣同看到事物的對立和統一的關係，指出：「天，陽也，未嘗無陰；地，陰也，未嘗無陽，陰陽一氣也，天地可離而二乎」[85]；「陰足以益陽，陽足以益陰，而偏則相妨也……有利必有害，有損必有益，相糾相尋，至於無盡」[86]；「故星有古有今無，古無今有者，無，其毀也，有，其成焉，有成有毀，地與萬物共之。」[87]可見，譚嗣同已覺察到「陰」與「陽」、「利」與「害」、「損」與「益」、「有」與「無」、「成」與「毀」都是相對存在的不可分割的對立統一體。

譚嗣同認為世界的任何事物都不是靜止的，而是處於不斷的運動變化之中。他說：「變化錯綜，蓋天地間，皆易也」[88]，以人類的體貌顏色而言，每天都在變化，故人無一日相同，可以這樣說，「日日生者，實日日死也。天曰生生，性曰存存，繼繼承承，運以不停」[89]。因此，譚嗣同所謂的今日即無今日之命題，也是指事物的生滅不息，所謂的「昨日之天地，物我據之以為生，今日則皆滅；今日之天地，物我據之以為生，明日則又滅。」[90]可見，客觀世界的任何事物都是在迅速發生變化，沒有一成不變的東西，且這種變化是由事物本身的持續運動體現出來，是物質生滅不息的一種有規律的運動，任何人若要違背這個規律，將「勢終處於不及」。

譚嗣同不僅承認世界事物的運動變化，而且還相信這種運動變化是向前發展的。他根據自然科學知識，說明世界萬物由於不斷運動變化，才一步步由簡單到複雜、由低級而進入高級，「人之聰秀，後亦勝前」。所以，在譚嗣同看來，世界萬事萬物每時每刻都處在「日新」的過程中。他指出：「天不新，何以生？地不新，何以運行？日月不新，何以光明？四時不新，何以寒暑發斂之迭更？草木不新，豐縟者歇矣；血氣不新，經絡者絕矣；以太不新，三界萬法皆滅矣」[91]，

85 同上書，246 頁。
86 同上書，247 頁。
87 同上書，248 頁。
88 同上。
89 同上書，315 頁。
90 同上書，314 頁。
91 譚嗣同：《仁學》，《譚嗣同全集》下冊，318 頁。

是故「日新」乃客觀世界之普遍規律，並且是事物發展不可遏止的必然趨勢。因為「日新」之本源在於「以太之動機」，「以太」是「日新」的原動力[92]，這樣，「以太之動機，以成乎日新之變化，夫固未有能遏之者也」[93]。他以雷電為例對日新的動力作了說明：雷在發生之前，「虛空洞杳，都無一物」，忽然雲聚雨生，「則含兩電，兩則有正有負，正負則有異有同，異則相攻，同則相取，而奔崩轟礉發焉」[94]。在這裡，「以太」的動機蘊藏在「以太」之中，它會自己發展出正負對立面，如雲雨生兩電，兩電相反相成而成雷。可見，譚嗣同已認識到事物的發展並不是平靜的，而是通過異同生克、異同攻取的矛盾鬥爭來推動的，任何事物只有通過矛盾鬥爭才能「日新」，萬物才能欣欣向榮。

譚嗣同的辯證法思想為其在政治上要求維新變法提供了理論依據，因而具有積極的意義。但他的辯證法思想只是初步的，儘管他認識到「意識斷則我相除，我相除則異同泯，異同泯則平等出，至於平等則洞徹彼此，一塵不隔，為通人我之極致」[95]，指出事物異同的差別是事物發展的動力，但他並未沿著這條路走下去，而是吸收了佛教哲學，把無差別當成最高境界，最後陷入形而上學循環論。他說：「循環無端，道通為一，凡誦吾書，皆可於斯二語領之矣」[96]，這是譚嗣同對其哲學思想的最好概括，這樣，他在承認事物「日新」的同時，其循環論思想也淹沒了他的辯證法思想。

譚嗣同的認識論雖然包含了某些唯物論因素，但由於其深受佛學神學的束縛，終於陷入到了唯心主義。在譚嗣同的哲學體系中，認識論是最為薄弱的部分。

譚嗣同對於中國哲學史上長期爭執的「名」「實」問題提出了自己的看法，指出：「古聖人正五色以養明，定六律以養聰，豈能憑虛無而創造哉？亦實有是

---

92 同上書，319 頁。
93 同上書，321 頁。
94 同上書，320 頁。
95 同上書，365 頁。
96 同上書，290 頁。

物而不容廢也。」[97]可見他認為古代聖人的「正五色」、「定六律」都是有實際的事物作依據的，從而肯定了「形生名」，承認必須有具體的事物（形），才會有反映這一事物屬性的概念（名）；承認作為物質性的「形」是第一性的，而作為精神性的「名」是第二性的，並借此批判了當時社會上存在的名實淆亂的情況，嚴厲斥責了封建統治者所提倡的「名教」，提出用「實」來統「名」，反對「名」瞀於「實」。他說：「又況名者，由人創造，上以制其下，而不能不奉之，則數千年來，三綱五倫之慘禍烈毒，由是酷焉矣。」[98]

譚嗣同覺察到人類認識的相對性和客觀真理的無窮無盡，認為人類只有不斷總結前人的經驗和成果，才能使認識不斷地加深，從而促進自然科學越來越發展。但是，遺憾的是，譚嗣同並未把自然科學作為自己認識論的重要依據堅持下去，而是被佛教神學所束縛，所以，他在肯定客觀事物的運動變化的同時，也否認了客觀事物的質的規定性，在認識論上把事物的變化看成是不可捉摸的東西，他說：「眼耳鼻舌身所及接者，曰色聲香味觸五而已。以法界虛空界眾生界之無量無邊，其間所有，必不止五也明矣。僅憑我所有之五，以妄度無量無邊，而臆斷其有無，奚可哉？」「鼻依香之逝，舌依味之逝，身依觸之逝，其不足恃，均也。」[99]在譚嗣同看來，感覺經驗之所以不可靠，其原因是世界無邊無際，而僅憑人的有限的五個感官去感受無限的世界是不可能的，並且感覺器官所感覺的僅僅是逝去的事物，「其真形實萬古不能見」，「其真聲實萬古不能聞也」，因而感覺經驗也是不可相信的，這就否定了直接經驗。

譚嗣同認為，在認識過程中只有拋棄感覺經驗，才能得到真理性的認識。他以「一多相容」、「三世一時」為例做了說明：「苟不以眼見，不以耳聞，不以鼻嗅，不以舌嘗，不以身觸，乃至不以心思，轉業識而成智慧，然後『一多相容、三世一時』之真理乃日見乎前。」[100]譚嗣同企圖拋開感性認識，以「轉業識而成智慧」，即達到認識真理的地步，這就滑入了唯心主義的泥潭。

---

97 譚嗣同：《石菊影廬筆識・思篇》，《譚嗣同全集》上冊，130 頁。
98 譚嗣同：《仁學》，《譚嗣同全集》下冊，299 頁。
99 同上書，317-318 頁。
100 同上書，318 頁。

總而言之，在譚嗣同的哲學體系中，他運用自然科學理論研究中所設想的「以太」論證了世界的物質性和統一性，承認物質是客觀世界的本體，認識到自然界和人類社會的一切現象都是「以太」來決定的，人的認識也是「以太」作用的結果。由此，譚嗣同以西方自然科學理論為依據闡明了自己具有唯物主義傾向的哲學觀點，並為其維新變法的理論基礎，在當時具有進步的作用。儘管其認識上存在著唯心主義的許多因素，但譚嗣同的哲學思想在中國近代哲學史上仍有著極為重要的意義。

第三節．

革命進化論：
革命派的世界觀

隨著十九世紀末資產階級改良派領導的戊戌維新變法運動的失敗，民族危機的更進一步深化，革命浪潮風起雲湧，以孫中山為首的革命派以革命進化論為武器批判以康有為為首的改良派主張的漸進論，抨擊傳統哲學思想中「天不變，道亦不變」的觀點，響亮地提出了「革天」的口號，主張以暴力革命推翻封建君主專制政體，建立資產階級共和國。資產階級革命派在同改良派的論戰中，宣揚自己的革命思想和政治主張，形成了革命的進化論思想，為辛亥革命推翻清朝專制政府提供了堅實的理論武器。

一、孫中山的革命進化論

孫中山不僅是中國近代史上的偉大的資產階級革命家，而且也是傑出的思想家。他的哲學思想同樣豐富多彩。與中國近代其他思想家一樣，孫中山的哲學思想主要是通過自己的社會政治思想曲折地反映出來的。一九一八年護法運動失敗後，孫中山在上海痛定思痛，總結革命的經驗教訓，寫成著名的《孫文學說》，系統地闡述了他的哲學思想。但這並不是說在此以前，尤其在晚清時期，孫中山就沒有形成自

孫中山像

己的哲學思想。恰恰相反，晚清時期孫中山的哲學思想相當豐富，只是其哲學觀點散見在各種政治性質的講演、論文中，沒有系統而集中地加以闡述而已。孫中山在晚清時期的哲學思想總的說來沒有超過進化論的水平，然而，他所主張的進化論擺脫了康有為、梁啟超等人的改良主義範圍，緊密地與革命世界觀結合在一起，成為一種新型的革命進化論，從而把當時中國哲學思想提高到一個新的境界。

孫中山早年曾經在檀香山、廣州、香港等地學習，較為系統地接受了西方資本主義的文化教育，對近代自然科學、西方社會的歷史、政治、經濟等學說都有一定的了解。正如他在《上李鴻章書》中所說：「幼嘗遊學外洋，於泰西之語言文字，政治禮俗，與夫天算地輿之學，格物化學之理，皆略有所窺；而尤留心於其富國強兵之道，化民成俗之規；至於時局變遷之故，睦鄰交際之宜，輒能洞其閫奧。」[101]這些知識對他哲學思想的形成產生了很大影響。

早年的孫中山基本上接受的是改良主義思想，希望通過實行社會改良達到改造中國的目的，並對清政府抱有一定的幻想。孫中山在日後談到自己思想轉變時回憶道：「予在澳門，始知有一種政治運動，其宗旨在改造中國，故可名之為少

---

101 孫中山：《上李鴻章書》，《孫中山全集》第一卷，8頁。

年中國黨。其黨有見於中國之政體不合於時勢之所需，故欲以和平之手段，漸進之方法，請願於朝廷，俾倡行新政。其最要者，則在改行立憲政體，以為專制及腐敗政治之代。予當時不禁深表同情，而投身為彼黨黨員，蓋自信固為國利民福計也。」[102] 一八九四年夏，孫中山曾赴天津，上書李鴻章，提出了自己的政治改革主張，指出：

> 竊嘗深維歐洲富強之本，不盡在於船堅炮利、壘固兵強，而在於人能盡其才，地能盡其利，物能盡其用，貨能暢其流──此四事者，富強之大經，治國之大本也。中國家欲恢擴宏圖，勤求遠略，仿行西法以籌自強，而不急於此四者，徒惟堅船利炮之是務，是捨本而圖末也。[103]

由此看出，他的思想主張顯然和當時的改良主義者的觀點如出一轍。身為朝廷重臣的李鴻章自然不會理會一個無名青年的建議。這使孫中山的上書毫無結果。經過這一挫折，再加上清政府在中日甲午戰爭中的慘敗，使孫中山看清了清王朝已經腐敗透頂，無可救藥，認識到要想救國，必須推翻清王朝的統治。用他的話來說是「知和平之法，無可復施。……積漸而知和平之手段不得不稍易以強迫」。[104]於是，孫中山拋棄了改良主義思想，堅定地走上民主革命的道路。他的這一轉變，不僅是政治立場、政治思想的重大變化，也是哲學思想上的重大轉折，即從漸變的進化論轉變為革命進化論。在從興中會成立，開始發動反清武裝起義時起，到一九一一年推翻清王朝的十餘年間，孫中山把主要精力都放在革命活動方面，無暇系統地構築自己的哲學思想理論，但他的哲學思想，即革命進化論，隨著民主革命實踐的發展而不斷深化，在中國的思想界，尤其在革命黨人中間產生了深遠的影響。在此期間，反映他哲學思想的文章主要有：《敬告同鄉書》、《駁保皇報書》、《支那問題真解》、《在東京中國留學生歡迎大會的演說》、《民報發刊詞》、《在東京〈民報〉創刊週年慶祝大會的演說》及《平實尚不肯認錯》等。

在孫中山的思想中，達爾文進化論占有十分重要的地位。孫氏自謂：

---

102 孫中山：《倫敦被難記》，《孫中山全集》第一卷，50頁。
103 孫中山：《上李鴻章書》，《孫中山全集》第一卷，8頁。
104 孫中山：《倫敦被難記》，《孫中山全集》第一卷，52頁。

文早歲志窺遠大，性慕新奇，故所學多博雜不純。於中學則獨好三代兩漢之文，於西學則雅癖達文之道（Darwinism）；而格致政事，亦常瀏覽。至於教則崇耶穌，於人則仰中華之湯武暨美國華盛頓焉。[105]

然而，晚清有不少講進化論者把自然之進化與社會之進化混為一談，尤其在改良派中更是大有人在。對此，孫中山作了理論上的澄清。他在駁斥平實的文章中指出：

爾云：「將人群家國之事，無不納於天演自然之中。」爾於天演下加多「自然」二字，以為爾之說可完，而不知「天演」二字之原文為 Evolution。此字有數意，兵式操演之「演」亦名曰 Evolution。譯者（案：指嚴復）乃海軍學生出身，慣於操演之事，先入為主，故譯 Evolution 為「天演」。而平實今欲文其錯，並加以「天演自然」四字為一名辭，以辨其「人事即天然為不錯」。其實，Evolution 在赫胥黎之書應譯為「進化」乃合，譯為「天演」則不合；以進化一學，有天然進化、人事進化之別也。若曰天然「天演」、人事「天演」則不合也，因人事進化與天然進化有相因的，亦有相反的也。[106]

在這裡，他不僅糾正了國人在翻譯介紹進化論中的不當之處，而且還指出人事進化與天然進化的區別，批評了對進化論的庸俗理解。「人事進化與天然進化」為什麼會有不同呢？孫中山論證道：

夫人之初生，穴居野處，飢食自然之果實，渴飲自然之泉源，此所謂自然人；今南洋之海島猶有存者。熙熙嗥嗥，無思無為，如中國古語所謂「無懷氏之民」、「葛天氏之民」也。此自然人之時代，固無所謂理亂興衰之時勢也。及其進化也，由獵而牧而耕而織，於是有夏葛而冬裘，暑扇而寒火，則人事進化矣。其進化之程度愈高，則離天然愈遠；及至歷史之時代，則人事漸繁，而理亂興衰之事畢現，然後乃有「時勢」之名稱。時勢者，人事變遷之態度，西名曰 Circumstanlce，日本人譯之為「周遭之情狀」，而自然則曰 Nature，二者固絕然

---

105 孫中山：《覆翟理斯函》，《孫中山全集》第一卷，48 頁。
106 孫中山：《平實尚不肯認錯》，《孫中山全集》第一卷，385 頁。

不同也。[107]

在他看來，人類社會愈發展，文明程度愈高，愈遠離自然狀態，而與自然界的區別也就愈大。自然界的進化規律決然不能應運到人類社會之中。他強調說：「時勢者非自然也，自然是自然，時勢是時勢，時勢者純乎人事之變遷也。」[108]「自然進化」與「人事進化」有何不同？孫中山認為，「自然進化」是消極的、被動的，動植物只能根據大自然的變化規律消極地適應自然環境，而「人事進化」則是積極的、主動的，人類可以通過自己的主觀努力改變自己的命運。孫中山說：「中國常語有曰：『人事補天工，人事奪天工』。天工者，自然也。如是時勢與自然之有區別，雖小學之生徒、常人之見識皆能知也。」[109]他還認為，「人事進化」中的最高表現形式便是「革命」。他以湯武伐夏桀、美國獨立戰爭為例，來說明社會革命是推動歷史進步的強大動力。湯武、華盛頓之所以「無敵於天下，為人民之歸心也」，就在於他們能夠順應民心，發動革命，推翻壓迫人民的統治者。他強調：「革命者，大聖人、大英雄能為，常人亦能為。」[110]他還認為，革命的合理性、不可避免性，是由人類社會發展的規律所決定的。因為任何一個社會或朝代，都有「由生而長，而全盛，而衰老，而死亡」的過程，新生必然取代衰朽，光明終究戰勝黑暗。當一個社會到了衰朽不堪的程度時，「必便更造文明之新政府以代其舊政府」。[111]實現這種取代的手段便是革命。可見革命是順天應人，適應時代潮流的正義之舉。

孫中山的革命進化論還包含著飛躍發展、後來居上、趕超世界先進的積極內容。

康有為、梁啟超鼓吹的進化論只承認事物的漸變、量變，而否認突變和質變，主張任何事物的發展都是循序漸進的。人類社會也是如此，只能按照君主制

---

107 孫中山：《平實尚不肯認錯》，《孫中山全集》第一卷，384 頁。
108 孫中山：《平實開口便錯》，《孫中山全集》第一卷，388 頁。
109 同上書，387 頁。
110 同上書，388 頁。
111 孫中山：《支那問題真解》，《孫中山全集》第一卷，247 頁。

→君主立憲制→民主共和制的邏輯發展。按照這種觀點，處於君主制歷史階段的中國只能爭取君主立憲制的前途，而不能爭取民主共和制度的實現，否則便是「躁進」和「等」。孫中山用革命進化論的思想批駁了這種觀點，闡發了後來居上的思想，發展了進化論學說。他指出：

> 又有說歐米共和的政治，我們中國此時尚不能合用的。蓋由野蠻而專制，由專制而立憲，由立憲而共和，這是天然的順序，不可躁進的；我們中國的改革最宜於君主立憲，萬不能共和。殊不知此說大謬。我們中國的前途如修鐵路，然此時若修鐵路，還是用最初發明的汽車，還是用近日改良最利便之汽車，此雖婦孺亦明其利鈍。[112]

他以日本、美國為例來說明社會進化後來居上的道理，稱：「日本不過我中國四川一省之大，至今一躍而為頭等強國」，「米人不過由四百年前哥侖布開闢以來，世人漸知有米國，而於今的文明，即歐洲列強亦不能及」。中國同樣如此，只要國人同心協力地努力奮鬥，「將來取法西人的文明而用之，亦不難轉弱為強，易舊為新」。孫中山滿懷信心地指出：

> 中國蓋實當老邁時代。中國從前之不變，因人皆不知改革之幸福，以為我中國的文明極盛，如斯已足，他所何求。於今因遊學志士見各國種種的文明，漸覺得自己的太舊了，故改革的風潮日烈，思想日高，文明的進步日速。如此看來，將來我中國的國力能凌駕全球，也是不可預料的。……倘若是中國人如此能將一切野蠻的法制改變起來，比米國還要強幾分的。[113]

他認為，中國要想後來居上，必須追求「人力的進步」、「人事的變更」，而不能等待「天然的進步」、「天演的變更」。他說：「我們絕不要隨天演的變更，定要為人事的變更，其進步方速。」[114]所謂「人事的變更」是指社會的革命性變化。基於這種認識，孫中山提出了學習外國「取法乎上」的原則，說：「若我們今日

---

112 孫中山：《在東京中國留學生歡迎大會的演說》，《孫中山全集》第一卷，280 頁。
113 同上書，278-279 頁。
114 同上書，281-282 頁。

改革的思想不取法乎上，則不過徒救一時，是萬不能永久太平的」；「兄弟願諸君救中國，要從高尚的下手，萬莫取法乎中，以貽我四萬萬同胞子子孫孫的後禍。」[115]

　　晚清時期，在中國哲學思想領域影響最大的哲學思想就是從西方傳入中國的進化論。最初，在中國宣傳進化論的是康有為等資產階級改良派。他們出於自己的政治需要，把進化論局限在改良主義的範圍內，只承認量變而不承認質變。這就不能不限制了進化論的積極意義。以孫中山為代表的革命派大膽地突破了改良派的局限，把進化論與革命論結合起來，形成了更為進步的革命進化論，在承認事物量變的同時，也承認質變。這就不僅使國人對進化論有全面的了解，而且為資產階級民主革命提供了有力的理論依據，為辛亥革命推翻清朝統治奠定了重要的思想基礎。孫中山在晚清時期儘管沒有寫出系統闡述革命進化論的著作，但他的進步哲學觀念已經在這時粗具規模，為他在辛亥革命後撰寫《孫文學說》作了先期準備。

二、章太炎的哲學思想

　　章太炎作為一個「有學問的革命家」，有著非常強烈的民族主義思想，他把推翻清王朝專制統治、建立資產階級民主共和國作為革命的最終目標。他在著名的《駁康有為論革命書》一文中提出了「競爭生智慧、革命開民智」的命題，明確地把革命的觀念包含在進化論之中，使他的哲學體系深深地打上了唯物主義進化論的烙印。

　　章太炎在論述對宇宙和自然界的變化過程中具有唯物主義的進化論思想。他在《訄書・天論》中提出了「視天」之說，後來在《儒術真論・視天論》中又加以發揮說：「昔余嘗持視天之說，以為遠望蒼然者，皆內蒙於空氣，外蒙於阿

---

115 孫中山：《在東京中國留學生歡迎大會的演說》，《孫中山全集》第一卷，281 頁。

第六章｜從「變易」觀到進化論 —— 晚清哲學的演變　｜　265

屯、以太而成是影，非果有包於各耀而成太圜之體者也。」在章太炎看來，天並不是有形質的實體，在無邊無際的宇宙中包含有無數的恆星，恆星之外又有行星圍繞著轉動，而這些星球都是由「阿屯、以太」構成的，蒼然的天則是由星雲聚合所致。這就好像太陽光為水汽折射，人看見彩虹，就給以「虹霓」的名稱，其實並沒有「虹霓」之實體。

在這以前，譚嗣同講宇宙論，將「以太」與孔子的仁、佛教的性海、基督教的靈魂相比附，而章太炎不同意這種說法，他認為「凡物之初，只有阿屯，而其中萬殊」，「以太即傳光氣，能過玻璃實質，而其動亦因光之色而分遲速，彼其實質即曰阿屯。……阿屯亦有形可量，以太流動雖更微於此，而既有遲速，則不得謂之無體」[116]。這就是說，天地間萬物都是由「阿屯」和「以太」構成的，「阿屯」是有形體可以量度，「以太」雖比「阿屯」更微小，但它作為傳播光的媒質，其彈性振動既有快慢之分，也有形成可以量度。而佛教所謂性海則是精神的東西，「無秋毫之微、蘆荷之厚」，不可量度。在此基礎上，章太炎進一步認為基督教中的上帝創世說是不可信的，他說：「夫非有上帝之造之，而物則自造之，故曰咸其自取，怒者其誰耶？」[117]在形神關係上，生命、精神不是上帝所賜予，生命是蛋白質、原生質的屬性，精神依存於形體，離開了精氣就沒有神識，「精氣相離而死，則神亦無存」，「夫焉有精化既離，而神識能獨立者乎」[118]。在這裡，章太炎以近代自然科學為基礎進一步發揮了中國傳統的「神滅論」觀點。

章太炎認為既然形體已滅，那麼精神也隨之滅亡，證明了人死以後不能變鬼神，否認了鬼神之說。他說：「人死而為枯骼，其血之轉磷成為茅搜，其炭其鹽或流於草木，其鐵在礦，其肌肉或為蟲蛾蟄豸。」[119]由此說明人死之後形體轉化為無機物或其他有機物，並無變鬼變神之轉化。

章太炎基本上吸取了牛頓力學的宇宙論，而又使之常有泛神論色彩。他說：

---

116 章太炎：《菌說》，湯志鈞編：《章太炎政論選集》上冊，131 頁，北京，中華書局，1979。
117 章太炎：《菌說》，《章太炎政論選集》上冊，132 頁。
118 章太炎：《儒術真論》，《章太炎政論選集》上冊，121 頁。
119 章太炎：《訄書·原教下》，《章太炎全集》第三冊，286 頁。

「各原質皆有欲惡去就，欲就為愛力、吸力，惡去為離心力、驅力。有此故諸原質不能不散為各體，而散後又不能不相和合。夫然，則空氣金鐵雖頑，亦有極微之知」。並且，他還用這種「欲惡去就」之「知」來解釋自然界演化過程說：「彼其知則欲惡去就而已，不如是不能自成原質，亦不能相引而成草木，夫其橋起而相引也，則於是有雌雄片合，而種類成矣。有種類則又有其欲惡去就，而相易相生相摩，漸以化為異物。……則於是有蜃蛤、水母，彼又求明則遞為甲節、為脊骨，復自魚以至鳥獸而為猿、狙、猩、狒以至為人。」[120] 在這裡，章太炎根據當時的科學知識勾畫了自然界演化的圖畫，即由無機物進化為生物，生物物種由低級進化到高級，動物由軟體動物、節肢動物進化為脊椎動物，脊椎動物由鳥類、獸類進化為靈長類等等。進化的動因是什麼呢？章太炎將它歸之於「欲惡去就」，即物質元素之間的吸引和排斥，生物與環境、生物與生物之間相互影響和矛盾鬥爭，並認為這種「欲惡去就」既是物質力量，也是精神作用。他舉例說：「下觀於深邃，魚蝦皆瞽，非素無目也，至此無所用其目焉，鯨有足而不以去，有角而不以觸，馬爵有翼而不以飛，三體勿用，久之將失其三體。」[121] 這就是說，深水中魚蝦的目、鯨魚的足、公羊的角、鴕鳥的翼等功能器官由於不使用而失去其應有的作用，這固然是受自然環境的影響，但也是這些動物在生存鬥爭中不能積極使用其器官的結果。

章太炎和嚴復都根據達爾文、拉馬克的學說來解釋進化之原因，但嚴復比較多的是採用達爾文學說，而章太炎則比較多的是採用拉馬克學說。他正是對拉馬克「用進廢退」之觀點加以引申來說明進化的動力是意志和思想。他認為：「物苟有志，強力以與天地競，此古今萬物之所以變」[122]；「夫自諸異物而漸化為人者，此亦以思自造者也。」[123] 從而指出物種的進化要靠動物在競爭中發揮主觀力量，人之所以能戰勝動物，就是靠智力，但如果人的智力不經常使用，不與外物相接，其智力會日益衰退，甚至要倒退為猿猴。在這裡，章太炎特別強調人們要

---

120 章太炎：《菌說》，《章太炎政論選集》上冊，131 頁。
121 章太炎：《訄書·原變》，《章太炎全集》第三冊，28 頁。
122 章太炎：《訄書·原變》，《章太炎全集》第三冊，27 頁。
123 章太炎：《菌說》，《章太炎政論選集》上冊，132 頁。

把智力用於解決實際問題，以革命來實現「用進廢退」。

在人類社會的進化過程中，章太炎認為人類的「強力以與天地競」起重要作用，這是人與動物不同的特點。他說：「人之相競也，以器。⋯⋯石也，銅也，鐵也，則瞻地者以其刀辨古今之期者也。」[124]人用工具、武器進行生存競爭，這是人類與動物的根本區別，也是人類最終戰勝自然的保證。章太炎以考古發掘出來的石器、銅器、鐵器來說明生產工具的演變同歷史進化的有機聯繫。同時，章太炎還借用荀子「明分使群」的觀點指出人之所以能戰勝動物，是因為人能合群。他說：「彼人之自保則奈何？曰合群明分而已矣。」[125]合群才能抵禦敵人而自保，若不能合群則無法自立。尤為可貴的是，章太炎把「競以器」和「合群」結合起來，用工具的創造和使用來說明「群」與「禮」之起源。他說，牟夷製作了矢而以徒手發送，揮製作了弓而以土丸發射，「兩者不合，器終不利」，後來羿「今合弓矢，而教之射」，則利器成矣[126]，所以弓矢是分工協作、集體創造的成果。此外，如築城造車、製衣冠、作宮室、發明曆法等都是多人協作，「相待以成」的產物，可見「群」是在「器」的創造和使用過程中形成的。

章太炎篆書手跡

按照荀子的理論，要「合群」，必須建立「禮義法度」來「明分」。章太炎繼承並發揮了荀子的這一觀點，認為「禮者，法度之通名，大別則官制、刑法、儀式是也」[127]，並按照進化論的觀點著重指出：「競以器，競以禮，昔之有用者，皆今之無用者也。民無獸患。則狩苗可以廢。社無鬼神，則朱絲、攻鼓可以

124 章太炎：《訄書・原變》，《章太炎全集》第三冊，27 頁。
125 章太炎：《菌說》，《章太炎政論選集》上冊，139 頁。
126 章太炎：《訄書・尊史》，《章太炎全集》第三冊，317 頁。
127 章太炎：《檢論・禮隆殺論》，《章太炎全集》第三冊，399 頁。

息。」¹²⁸這就是說，在人類生存競爭中先是以「器」來競爭，然後人類建立「禮制」就並使之成為競爭的工具，從「器」到「禮」的生存競爭都遵循著進化的規律，如農作物不遭獸害，狩獵之禮便可以廢除；人民不信鬼神，則祭社時用朱絲等祭品和擊鼓作樂舞都可以停止。這只是講的禮儀，其實，一切禮儀法度都是這樣「用進廢退」的。

章太炎以「競以器、競以禮」來說明人群進化的過程，並以此批評康有為的「三世」說：「世儒或憙言三世以明進化，察《公羊》所說，則據亂、昇平，太平，於一代而已矣。禮俗革變，機器遷，誠弗能於一代盡之。」¹²⁹他認為《公羊傳》的「三世」說原是講的同一歷史時代中的變化，不能用來說明社會的進化，社會進化不只是一代的事，而是包括由一個時代進化到另一個時代的革命，「械器」和禮俗的變革都是如此。

章太炎運用進化論為武器來宣傳革命是其思想之重要特色。在章太炎看來，革命是世界進化的規律，指出「公理之未明，即以革命明之；舊俗之俱在，即以革命去之。革命非天雄、大黃之猛劑，而實補瀉兼備之良藥矣」¹³⁰。這就是說，世界進化的公理將通過革命而為人們所把握，舊的禮制、政治將經過革命而得到根本改造，所以，革命既有破也有立，實為「良藥」。

章太炎也很重視精神力量在社會革命中的作用。他在《駁康有為論革命書》中說：「夫欲自強其國種者，不恃文學工藝，而惟恃其所有之精神」，這種精神就是意志力，認為「撥亂反正，不在天命之有無，而在人力之難易」，革命全靠人力，與天命沒有任何關係。章太炎並發展了荀子「治亂非天」的觀點，說「命之為說，公孟只言貧富壽夭，而墨子後增以治亂安危，蓋誣儒者矣。治亂安危，惟人所措，至於貧富壽夭則固有說。」在這裡，章太炎區別了社會治亂安危完全在於人為，而貧富壽夭則有「命」的問題，但也是在一定範圍之內所言，如伯夷不食周粟而餓死，這是其自願不可言命；「若夫單豹之遇虎，則夭有命矣。」這

---

128 章太炎：《訄書·原變》，《章太炎全集》第三冊，27 頁。
129 章太炎：《訄書·尊史》，《章太炎全集》第三冊，320 頁。
130 章太炎：《駁康有為論革命書》，《章太炎全集》第四冊，181 頁。

個「命」指個人所無可奈何者。所以，他在《儒術真論》中又說：「古之言知命者，謂知其不可如何，而非為其祥算數也，要之一人際遇非能自主，合群圖事則成敗視其所措，故一人有命而國家無命。」章太炎認為國家安危是看人民能否團結一致，發憤圖強，而與天命根本無關，從而提出了「合群則得喪在我」的論斷，高度重視人群的力量，表現了革命者的氣概。

章太炎在廣泛接觸到西方各派哲學理論和社會思潮之後，指出近代的進化論開始於黑格爾，「所謂世界之發展即理性之發展者，進化之說已蘖芽其間矣」。按照黑格爾的觀點，自然和社會的進化的終極目標，「必達於盡美醇善之區」，章太炎對此提出詰難說：「雖然，吾不謂進化之說非也。……若云進化終極必能達於盡美醇善之區，則隨舉一事無不可反唇相稽。彼不悟進化之所以為進化者，非由一方直進，而必由雙方並進。專舉一方，唯言智識進化可爾。若以道德言，則善亦進化，惡亦進化；若以生計言，則樂亦進化，苦亦進化。雙方並進，如影之隨形，如罔兩之逐影。」[131]在章太炎看來，只是智識是在一直進化的，但隨著智識的提高，人類為善的能力愈大，為惡的能力也愈大；求幸福的本領增長了，造苦難的本領也增長了。如歐洲近代科學知識進化迅速，同時貴族平民之間的等級消除了，男女平等，這在道德上是一個進步；但是貧富差別懸殊，人類變得越來越勢利，所以惡也在進化。人類同其他動物相比，「人類智識比於他物為進化」，以道德而言，人知擴充父子兄弟之愛，愛其組織團體，是善的進化。但人也有比動物更惡之處，虎豹雖食人，但不食同類，人則同室操戈，殘殺無已，「一戰而伏屍百萬，蹀血千里」[132]，戰爭給人類帶來了災難，可以說是道德敗壞的明顯表現。這樣，章太炎批評了進化有終極目標之說，而主張俱分進化論，在其俱分進化論中提出了競爭產生智慧的觀點，形成了人的智慧在競爭中不斷進化、在革命中不斷進化的社會實踐的思想。

---

131 章太炎：《俱分進化論》，《章太炎全集》第四冊，386 頁。
132 同上書，387 頁。

第七章

變革時代的儒學與諸子學

晚清時期，由於受到社會變革的影響，中國學術亦處於變化之中。大致來說，從嘉道年間到中日甲午戰爭前夕，是傳統儒學繼續發展，並不斷調整其內部構成，以應付所面臨的內外挑戰和危機的時期。在此期，漢學雖然走向衰落，但仍保持著一定的規模，今文經學、經世之學、諸子學及程朱理學的復興，漢宋合流的出現等，都是中國傳統學術自我調整的重要表現。鴉片戰爭後，傳入中國的西學亦對傳統學術產生衝擊。最初被儒學接納的是西方近代自然科學，形成了「中學為體，西學為用」的學術新格局。

從中日甲午戰爭後到清朝垮臺，是中國傳統學術走向衰落，近代新學術形成的時期。科舉被廢除，四書五經被冷落，使孔孟儒學的地位從根本上動搖。經過維新運動洗禮的新型知識分子用新的學術思想反對傳統儒學。這種反對表現為兩種方式：一是改良派康有為等人用經過改造的今文經學反對古文經學，發生了今古文經之爭。另一是革命派公開批評儒學。與此同時，因受西方人文科學的影響，近代新學術開始形成，諸如哲學、政治學、社會學、倫理學、經濟學、邏輯學等應運而生，給中國學術領域帶來了新氣象，打上了新時代的烙印。

晚清學術變化大，頭緒多，並不是一章的篇幅所能說清楚的。本章只就晚清時期的漢學、宋學、今文經學、諸子學等幾個方面大要而論。至於在此期興起的新學科，包括近代自然科學和社會科學，在本書的第四章、第十四章已有所涉及，茲不贅述。

漢宋學的調整
與衰落

一、程朱理學的「復興」

　　嘉道年間，是清代學術的轉換時期。冷落了近百年之久的程朱理學再度引起人們的重視，開始從發展的低谷走向復興，而曾經紅極一時的漢學則不斷受到人們指責，走上衰敗的道路。出現這種情況的原因是複雜的，是由各種社會因素所決定的。

　　自乾隆朝後期，清王朝統治危機開始暴露出來，到嘉道年間各種社會矛盾日益尖銳，整個國家出現了千瘡百孔、江河日下的衰敗景象。有人把當時的中國社會比作一位病入膏肓、四肢麻痺的垂危之人，稱：「方今良法美意，事事有名無實。譬之於人，五官猶是，手足猶是，而關竅不靈，運動皆滯。是以當極盛之時，而不及四期，已敗壞至此。」[1]為了尋找解決國家社會危機的辦法，有識之士積極進行思想上的反省。他們中的多數人都是用傳統儒家「德治教化」的觀點及思維方式來思考問題，自然得出了國家出現危機的原因在於「道德廢，人心壞，風俗漓」的結論，而道德、人心、風俗的敗壞又在於「正學不昌」，即乾嘉

1　張穆：《海疆善後宜重守令論》，《鴉片戰爭時期思想史資料選輯》，92 頁，北京，中華書局，1963。

漢學排斥了程朱理學。學者潘德輿說：「程朱二子之學，今之宗之罕矣。其宗之者率七八十年以前之人，近則目為迂疏空滯而薄之，人心風俗之患不可不察也。……而七八十年來，學者崇漢唐之解經與百家之雜說，轉視二子不足道，無怪其制行之日趨於功利邪癖，而不自知也。」[2]在他們看來：「欲救人事，恃人才；欲救人才，恃人心；欲救人心，則必恃學術。」[3]所謂「恃學術」指的就是依靠程朱理學。正如陝西理學家李元春所說：「獨宋程朱諸子，倡明正學而得其精。通世顧橫詆之亦大可惑矣。」[4]在他看來，在各種學術中只有程朱理學獨得聖賢之學的精蘊，才具有充當「正人心，屬風俗，興教化」的資格。

關於調整學術的呼喚，不僅出現在民間，而且反映在社會上層。嘉道兩朝的統治者一改過去推崇考據學的舊調，開始強調提倡程朱理學的重要作用。嘉慶曾命令侍臣在經筵進講之時，增加講授程朱理學的內容，以作提倡「正學」的示範。他訓誡皇子「唯當講明正學，以涵養德性，通達事理為務」[5]。所謂「正學」便是程朱理學的代名詞。道光不僅號召士人學子多讀程朱之書，而且還把清初理學名臣湯斌從祀文廟，以示對理學的獎掖。統治者的倡導對於當時學術風氣的轉換無疑產生了重要的影響。

從學術自身發展狀況來看，經過百餘年的發展，原來風行於學壇的考據學已成強弩之末，它所具有的瑣碎、褊狹、拙於思辨、漠視現實等缺陷和弊端積重難返，引起眾多學者的不滿，失去了往日那種對士子的吸引力。由於考據學作為乾嘉時代主流學派的地位發生動搖，再加上文字獄高潮過後出現的略微鬆動的政治局面，學術界開始活躍起來，原來被壓抑或者受到排斥的學派開始萌動、復活，以充實主流學派衰退後的學術領域。這些開始萌動、復活的學派主要有今文經學、陸王心學、諸子學及程朱理學。就當時情況而言，在學術基礎、社會影響、實力和政治地位等方面，程朱理學占有很大優勢。明清時期，程朱理學已經滲透到文化教育的各個領域。由於科舉考試題目主要從《四書》中挑選，所論內容也

2　潘德輿：《任東澗先生集序》，《養一齋集》卷十八，6-7頁。
3　潘德輿：《與魯通甫書》，《養一齋集》卷二十二，18頁。
4　李元春：《學術是非論》，《時齋文集初刻》卷二，1頁，道光四年版。
5　《大清仁宗睿（嘉慶）皇帝實錄》第三冊，1768頁，臺北文華書局影印本。

以朱熹的《四書集注》為準則，這就迫使人們必須從初學階段起誦讀程朱的著述，接受其說。另外，程朱理學還占據著書院的教育陣地，像湖南嶽麓書院等學府，一直保持著講習理學的學術傳統，即使在考據學最風行的年代，這種治學傳統也未改變。由於這些原因，在全國不少地方都有一些講求理學的學者，固守著自己的學術陣地，如福建的陰承方、孟超然；江蘇的王懋竑、任瑗、朱澤沄；直隸的王植；陝西的孫景烈、劉紹攽；湖南的羅典；貴州的陳法等。他們不願隨波逐流，以宏揚程朱理學為己任，與漢學分庭抗禮。

還要看到，乾嘉時代的漢學家並不全都對程朱理學採取水火不相容的敵視態度。戴震、章學誠等固然激烈排宋，而惠棟、江永等人則主張興漢學而不廢宋學，這就在學術營壘中給宋學留下了一定的斡旋空間。

嘉道年間，程朱理學出現了「復興」的跡象，在全國一些地區出現了區域性的理學群體，突出的地區有三個，即關中地區、皖南地區和湖湘地區。

關中地區原是宋代理學四大流派之一的關學的發源地。講求理學的風氣在關中學者群中代代相傳。嘉道時，關中倡導理學的代表人物有李元春、路德等人。李元春治學恪守程朱家法，以誠敬為本，兼顧本末、體用。他注重分辨學術上的是非，尊崇朱子之學為正學，鄙薄華而不實的辭章八股為俗學。他帶出眾多弟子，能傳其學者有賀瑞麟、楊樹椿等人，都是同光時期關中倡導理學的後勁人物。

理學在安徽地區的發展主要藉助了桐城派的聲勢。桐城派雖然是一個文學派別，但恪守孔孟程朱的「道統」。反對漢學對宋學的排斥。其代表人物姚鼐主張「義理」、「考據」、「辭章」三種學術一體多用，並行不悖。姚鼐的弟子方東樹、姚瑩、梅曾亮、管同等，都是活躍在道光、咸豐時期力倡理學的著名學者。尤其是方東樹寫的《漢學商兌》，全面而尖刻地抨擊漢學，為程朱理學的振興鳴鑼開道，使延綿於清代學界多年的漢宋之爭出現了新變化，開始了宋學對漢學的反擊，改變了宋學在漢宋對峙中的守勢地位。

湖南地區是晚清理學發展最活躍的一個區域。以岳麓書院為首的湖湘書院講

堂，大都比較重視傳習理學，並從中培養出一批崇儒衛道的文人學士。湖南理學士人最突出的特點是強調義理與經世相結合。岳麓書院山長羅典就教諸生明習時務，嘉道年間的能臣嚴如熤就出於其門下。賀長齡在魏源的協助下編成《皇朝經世文編》一書，強調恪守孔孟程朱之學和學以致用的原則，體現了「義理經濟」合一的精神。這部書在湖南士人中產生了廣泛的影響。一時間，「三湘學人，誦習成風，士皆有用世之志。」[6]值得注意的是，湖南理學具有全國性的影響。湘籍理學大師唐鑑曾在一八四一年任太常寺卿，一些向慕理學的京官從其就讀。其中著名者有倭仁、吳廷棟、曾國藩、呂賢基、何桂珍、竇垿、邵懿辰等人，在北京的官僚士大夫中形成一個頗具影響的理學群體。這些人在後來幾乎都成為咸同時期理學「中興」的骨幹人物。唐鑑在京師的講學活動為理學「中興」作了思想上、組織上的準備。

咸同時期，理學復興達到了它的高潮階段，出現了所謂「中興」局面。理學「中興」有著鮮明的政治背景。十九世紀五〇至六〇年代，以太平天國為主體的農民起義遍布全國，沉重地打擊了清王朝的腐朽統治。面臨滅頂之災的清朝統治者一方面出動軍隊全力鎮壓人民起義，另一方面打出「衛道」的旗號，企圖通過提倡孔孟程朱之學來收攬人心，泯滅人民的反抗思想，恢復封建秩序。曾國藩在《討粵匪檄》中攻擊太平天國破壞封建秩序是「舉中國數千年禮義人倫、詩書典則，一旦掃地蕩盡。此豈獨我大清之變，乃開闢以來名教之奇變，我孔子、孟子之所痛哭於九原」。重申孔孟程朱所宣揚的「君臣父子，上下尊卑，秩然如冠履之不可倒置」。[7]企圖用程朱理學來挽回清王朝即倒的狂瀾。在用人問題上，清王朝也作了大幅度的調整，注重使用講求理

曾國藩像

6　黃濬：《花隨人聖盫摭憶》，200 頁，上海，上海古籍書店，1983。
7　《曾國藩全集·詩文》，232 頁。

學的大臣。一八六〇年太平軍擊潰清朝江南大營後，便任命曾國藩為署理兩江總督，不久即實授。尤其在北京政變後，掌權的慈禧、奕訢等人同樣提拔重用理學士人，使所謂「理學名臣」一個個榮登顯要。倭仁、李棠階、吳廷棟等理學大臣均被委以要任。除此以外，清政府還採取了一系列崇尚理學的措施，如表彰歷史上的理學名家、刊行理學著作、獎勵理學名儒，在學塾教育中增加理學的學習內容等。至此，理學派的地位和影響已非昔比，達到炙手可熱的地步，在全國範圍內形成一個龐大的學術陣容。在咸豐至光緒中期的數十年間，講求程朱理學的學者群體遍布全國各個省分。其分布主要如下：

直隸：李鴻藻、王用誥；

河南：劉廷詔、蘇源生、李棠階、王檢心；

陝西：賀瑞麟、楊樹椿、柏景偉；

山西：薛於瑛；

安徽：吳廷棟、夏炘、夏炯、蘇惇元、方宗誠、方潛、楊德亨、何慎珍；

江蘇：劉熙載、成孺、廖壽豐；

浙江：宗稷辰、邵懿辰、高鈞儒、朱一新；

江西：吳嘉賓、劉繹、龍文彬；

山東：游百川；

福建：陳慶鏞、林啟；

四川：范泰衡、余煥文；

湖北：洪汝奎、萬斛泉、宋鼎、馮禮藩、黃嗣東；

湖南：曾國藩、劉蓉、李元度、郭嵩燾、丁善慶、羅澤南、李續賓、李續宜、王鑫、鍾近衡；

兩廣：龍啟瑞、朱琦、朱次琦；

雲南：何桂珍、寶埈；

吉林：于蔭霖；

旗籍：倭仁、崇綺、徐桐。

這批人竭盡全力地為清王朝效勞，在政治、軍事、思想文化等方面釋放出了巨大的能量，終於把太平天國革命之烈火撲滅下去，幫助清王朝渡過了難關，實現了所謂「咸同中興」的局面。「咸同中興」在學術上的表現就是所謂理學「中興」。

二、衰落中的晚清漢學

漢學，又稱考據學、樸學，是清代儒學中的一個重要派別。清代漢學肇端於顧炎武，後經閻若璩、胡渭等人的發揮，初具規模。至乾嘉年間，清代漢學達到鼎盛時期，成為學界中的顯學。此期漢學雖然取得可觀的成就，但也存在著嚴重弊端，如脫離實際、瑣屑拘執，崇古復古等，引起士人們的不滿。嘉道以後，由於漢學自身弊端和矛盾的發展，再加上今文經學、理學、諸子學、經世之學的相繼興起，使得曾經盛極一時的漢學走上衰落的道路。儘管如此，晚清漢學還在相當長的一段時間內保持著重要的學術地位，仍有舉足輕重的影響。究其原因：一是由於漢學歷史悠久，影響深遠，在士大夫中有廣泛的基礎；二是受到封建統治者的支持，包括皇帝和曾國藩、張之洞等顯官的支持，得以繼續發展。曾國藩等人在十九世紀六、七十年代廣設書局，採訪遺書，刊印經史圖籍，惠棟、戴震、王念孫等漢學大師的著作亦被刊刻出版，為日趨衰落的漢學注入了一劑強心針。

由於上述原因，晚清時期，漢學仍然保持著一個龐大的作者群，著述如林，成績斐然。光緒時，江蘇學政王先謙輯成《續皇清經解》，蒐集乾嘉後的經學名

著，兼收阮刻《皇清經解》[8]於乾嘉前所遺漏者，計收書二百〇九部，一千四百三十卷，作者一百一十三家。《續皇清經解》在收錄書種、卷數和作者人數上，都超過《皇清經解》所錄。可見，漢學在晚清的聲勢仍然餘威尚熾。從學術內容上看，晚清漢學的主要成就集中表現在經學和小學兩個方面。

經學方面：《易》、《書》、《禮》、《詩》、《春秋》等儒家經典，是漢學家們研究的持久不衰的主題。晚清以前，漢學家對《易經》、《尚書》的研究達到較高水平。在晚清，雖然有劉毓崧寫了《周易舊疏考證》、黃式三寫了《易釋》、成孺寫了《尚書曆譜》等，但都影響不大。相對說來，晚清漢學對《詩經》、《禮經》和《春秋》的研究則取得可觀的成就。

關於《詩經》的研究有三位學者成績突出，他們是胡承珙（1832年去世，著《毛詩後箋》）、馬瑞辰（著《毛詩傳箋通釋》）、陳奐（著《詩毛氏傳疏》）等。丁晏的《毛鄭詩釋》也是治詩名篇。在《禮經》研究方面，影響較大者有丁晏（著《儀禮釋注》）、鄭珍（著《儀禮私箋》）、郭嵩燾（著《禮記質疑》）、陳喬樅（著《禮記鄭讀考》）、胡培翬（著《儀禮正義》）等。這些著作對《儀禮》和《禮記》都作了不同程度的闡述，不乏學術創見。《三禮》當中，對《周禮》的研究成就突出。晚清以前雖有專治《周禮》的著作，但多為局部性的研究，缺少通貫全局的綜合研究專著。晚清的黃以周、孫詒讓填補了這方面的空白。黃以周的《禮書通故》、孫詒讓的《周禮正義》和《周禮政要》等書，均為總結性的治《周禮》名著。孫詒讓的《周禮正義》「博採漢唐以來迄乾嘉諸經儒舊說，參互譯證，以發鄭注之淵奧，裨賈疏之遺闕。其於古制疏通證明，較之舊疏實為淹貫」。[9]深受學界稱道。《春秋》是孔子唯一的著作。漢代解釋《春秋》的有《左傳》、《穀梁傳》和《公羊傳》三家。漢以後，《公羊傳》因失傳而成絕學，《穀梁傳》也久稱孤微，傳下來的只有《左傳》。在晚清，對《春秋》三傳的研究均有大的進展。《公羊傳》、《穀梁傳》均為今文經學的經典，暫且不論，治漢學者

8　阮元輯的《皇清經解》於一八二九年刻竣刊，收錄清代各種經學著作一百七十三種，一千四百〇八卷，作者七十四家，基本上反映了道光以前清代漢學的研究狀況。

9　《籀廎學案》，《清儒學案》第四冊，538頁。

則尊《左傳》。清代學者關於《左傳》的研究著作很多，其中劉文淇祖孫三代治《左傳》的影響較大。劉文淇積四十年之功為撰著《左傳舊註疏證》而努力，書未完成而去世。其子毓崧、孫壽曾相繼編著，但僅編至「襄公五年」為止，全書仍未編完，書稿已達八十卷。

小學方面：小學包括文字學、訓詁學、音韻學等方面，相當於今天的語言文字學。在封建時代，小學作為經學的附庸而存在，是研究儒學經典的入門功夫，為漢學家所看重。小學在乾嘉時代已經碩果纍纍，王念孫的《廣雅疏證》、段玉裁的《說文解字注》等書，都是小學方面的傳世之作。晚清漢學家在小學研究方面雖然未超過其前輩，但仍取得不可小視的成就。在文字學方面，王筠的《說文釋例》、《說文句讀》，朱駿聲的《說文通訓定聲》等，均有獨到見解，為這方面的代表作。在音韻學研究上，江有誥的《音學十書》為總結性著作，影響頗大。俞樾的《古書疑義舉例》對古書中用字造句以及文學、篇章的錯亂、辨缺，舉出八十八條公例詳盡說明，得出音訓、校勘等方面的一些規律性的結論。

由上可見，晚清漢學儘管在總體上沒有達到乾嘉漢學所達到的學術水平，但在許多學術研究領域內仍然取得不少成就。那種視晚清漢學無成就可言的觀點是站不住腳的。就漢宋學關係而言，二者在晚清時期經歷了由「對峙」到「合流」的變化過程。

三、從「漢宋對峙」到「漢宋合流」

漢學的衰敗給宋學的復興提供了有利的時機。理學派學者乘漢學之衰對漢學進行攻擊，挑起了新的漢宋之爭。方東樹寫的《漢學商兌》便是嘉道年間宋學攻擊漢學的代表作。

《漢學商兌》成書於一八二六年（道光六年），時方東樹居廣東，客阮元幕。身任兩廣總督的阮元學主漢學，輯《皇清經解》，與方氏治學路向不同。《漢學商兌》是一部學術論辨性質的著作，以「闢漢揚宋」為宗旨，仿朱熹《雜學辨》

的體例，引文辨文相間而行。該書全面地討論了漢宋學論辨的諸問題，如學術來源、治學內容、治學方法等，指名道姓地批評了幾乎所有的漢學名家，正如方東樹在《序例》中所說：「首溯其（指漢學）畔道罔說之源，次辨其依附經義小學似是而非者，次為總論」。[10]稱得上是宋學對漢學的一次總結性清算。繼方東樹之後，抨擊漢學的還有賀瑞麟、邵懿辰、方宗誠等人。但是，方東樹等人的激烈排漢並沒有在晚清學界產生更大的影響。這是因為漢宋學在晚清發展的基本趨向是合流而不是對峙，挑起漢宋之爭不合時宜。另外，《漢學商兌》觀點偏激，帶有門戶之見，受到不少學者的非議。清末的今文經學家皮錫瑞批評說：「方東樹遂作《漢學商兌》，以及攻漢學。平心而論，江氏（指江藩）不脫門戶之見，未免小疵。方氏純以私意肆其謾罵，詆及黃震與顧炎武，名為揚宋抑漢，實則歸心禪學。與其所著《書林揚觶》，皆陽儒陰釋，不可為訓」[11]。

在對待漢學的問題上，晚清宋學派中存在著兩種不同的意見：一種是排漢主張，另一種是融漢主張。大致來說，在嘉道年間由於方東樹等人的鼓蕩，理學中人以闢漢為時尚，排漢論占了上風；至同光時期，隨著整個儒學內部的變化，調和漢宋的觀點漸取上風，成為一種學術發展走向。此期的許多理學要人，如曾國藩、朱次琦、夏炘、徐桐、成孺、劉熙載等都力主此論，並從不同的角度論述了漢宋合流的問題。他們提出的融合漢宋的理由主要有以下幾點：

其一，用「孔門四科」的旗號化解漢、宋學的對立。持這種觀點的人把漢學、宋學都看成孔門儒學的一部分，它們大同而小異，殊途而同歸，均為達到聖賢境界的門徑。曾國藩說：「有義理之學，有詞章之學，有經濟之學，有考據之學。義理之學即《宋史》所謂道學，在孔門為德行之科；詞章之學在孔門為言語之科；經濟之學在孔門為政事之科；考據之學即今世所謂漢學也，在孔門為文學之科。此四者缺一不可。」[12]在他看來，無論是漢學，還是宋學，都是孔門中的一門具體學科，其所關注的側重方面雖有不同，但是所本的宗旨、所起的作用卻

---

10 方東樹：《漢學商兌・序例》，4頁，光緒八年四明花雨樓刻本。
11 皮錫瑞：《經學歷史》，313-314頁，北京，中華書局，1981。
12 曾國藩：《求闕齋日記類鈔》卷上，辛亥七月，8頁。

是相同的，有著共同性。「此四者缺一不可」，便是對漢、宋學的共同性的肯定。這種共同性便是漢、宋學相互融合的基礎。朱琦也說過：「學之為途有三：曰義理也，考訂也，詞章也。三者皆聖之道也。」他把京師比作「聖人之道」，把漢、宋學分別比作通向京師的東路和西路，無論是循東路，還是走西路，都能到達京師。就可以到達目的地這點而言，「出於東與出於西無以異也。」他說：「夫道猶京師也，學者所從入之途，或義理，或考訂，猶途有東西之分，其可以適於京師一也。」[13]

其二，以儒學的「致用」精神來融通漢學和宋學。傳統儒學的一個明顯的特點就是具有實用性。無論是先秦時的孔孟，還是後來的程朱，都強調治學的「致用」意義。漢宋學調和論者便據此揭示漢學、宋學所包含的「致用」精神，試圖使之調和。「精研漢學，服膺宋儒」的陳慶鏞從儒學的實用性出發，看到漢學、宋學的一致性。他說：「漢、宋之學，其要皆主於明經致用，其歸皆務於希聖希賢。他人視為二，吾直見為一也。」[14]曾國藩進一步闡述了漢、宋學在「致用」性方面的內在聯繫。他把漢學宗旨概括為「實事求是」，把宋學宗旨提煉為「即物窮理」，認為二者在基本精神上是相通的。他說：「近世乾嘉之間，諸儒務為浩博。惠定宇、戴東原之流鈎研詁訓，本河間獻王實事求是之旨，薄宋賢為空疏。夫所謂事者，非物乎？是者，非理乎？實事求是，非即朱子所稱即物窮理者乎？名目自高，詆毀日月，亦變而蔽者也。」[15]他還認為，「即物窮理」，也不是朱熹的發明創造，而是古來聖賢共同遵循的治學原則。他說：「即物窮理云者，古昔賢聖共由之軌，非朱子一家之創解。」[16]在他看來，漢學講的「實事求是」，宋學講的「即物窮理」都貫穿著傳統儒學的「力行」、「致用」的務實精神，是二者調和的基礎。

其三，漢宋學各有所長，不容偏廢，應該互相取長補短。晚清的一些學者看到，漢學、宋學各有自己的長處。漢宋之爭只能導致二者各自抱殘守缺，排斥對

---

13 朱琦：《辨學上》、《辨學中》，《怡志堂集》卷一，1-4頁，同治三年京師刊本。
14 引自何秋濤：《籀經堂類稿序》，光緒九年刊本。
15 曾國藩：《書學案小識後》，《曾國藩全集‧詩文》，165-166頁。
16 同上書，166頁。

方的結果，妨礙儒學的發展，由此提出漢、宋學不可偏廢的主張。方濬頤說：「訓詁、義理二者不可偏廢。何有漢、宋之分哉？今之講漢學者目宋學為空疏，講宋學者訾漢學為穿鑿，於是有專宗漢學者，有專宗宋學者，判然兩途，幾乎不可復合。雖通儒正士猶不免泥門戶之見而斤斤焉，謂吾之師承在此，凡彼之沿訛踵謬者，皆宜屏絕焉。累牘連篇，互相攻擊，歧漢宋而二之。一若言訓詁，則義理可勿談；言義理，則訓詁可勿論也。嗚呼！是直學中之蠹矣。恐漢宋諸儒亦未必樂有此高足弟子也。」[17]曾國藩的弟子張裕釗用「道器相備」的觀點總結了清代康乾以來的漢宋學發展狀況，指出：漢學的流弊在於「窮末而置其本，識小而遺其大」，宋學的缺陷則是「摒棄考證為不足道」。二者都因排斥對方，把自己的長處變成了短處。他說：「夫學固所以明道，然不先以考證，雖其說甚美，而訓詁制度之失其實，則於經豈有當焉？故裕釗當以為道與器相備，而後天下之理得。至於本末精粗輕重之微，是不待以說之辨而明者也。」[18]也就是說，漢學重於實證，宋學長於思辨，這些功夫都是治學不可缺少的基本功。二者相斥，學則弊；二者相濟，學則益。正如方濬頤所說：「學一而已，不窮經不可以為學，不講道不可以為學。窮經者何？訓詁之學也，漢學也；講道者何？義理之學也，宋學也。有訓詁之學而後義理不蹈於空虛，有義理之學而後訓詁不鄰於穿鑿。二者相需為用，而弗容以偏勝也。……然於訓詁之非義理弗明，義理之非訓詁弗著。合樸學、正學而一以貫之，無穿鑿之害，無空虛之病。斯處則可以為師儒，出則可以為卿相。」[19]

調和漢、宋學的主張不僅出現在宋學營壘中，而且在漢學營壘中也得到回應，可以說是當時學界流行的一種帶普遍性的觀點。由於親身經歷了考據學的衰敗及受到理學「復興」思潮的影響，漢學營壘中的一些有識之士放棄了固守門戶的立場，開始對乾嘉漢學進行反省，把學術目光移向宋學，主張在經學研究中借鑑宋學的一些方法來彌補考據學的不足。陳澧、丁晏、顧廣譽、黃式三及其子黃以周等人就是當時主張融合漢宋的著名漢學家。

---

17 方濬頤：《夢園叢說》內篇，卷五，5頁，同治十三年揚州刻本。
18 張裕釗：《與鐘子勤書》，《清儒學案》第四冊，290頁。
19 方濬頤：《學論》，《皇朝經世文編初續》卷一，29-30頁。

陳澧等人對漢學流弊同樣具有清醒的認識，看到漢學末流只重考證，忽視義理的危害性。陳澧批評說：「今人只講訓詁考據，而不求其義理，遂至於終身讀誦各書，而做人辦事全無長進，此真與不讀書等耳。此風氣急宜挽救者也。」[20]他們擯棄門戶之見，肯定宋儒的學術地位。丁晏認為，朱熹治學對註疏極為講求，說宋學不講考證是不對的。他說：「竊謂為學之道，莫先於讀經；讀經之法，莫先於讀註疏。註疏之學，朱子教人之學也。」又說：「余謂漢學、宋學之分，門戶之見也。漢儒正其詁，詁定而義以顯；宋儒析其理，理明而詁以精。二者不可偏廢，統之曰經學而已。」[21]他看到漢宋學各有長短，互為補充，完全可以在「經學」的旗號下統一起來。

　　晚清時期的漢宋合流不僅表現為有關學者的呼籲提倡，而且還出現了一些體現漢宋融合特點的學術著作。邵懿辰的《禮經通論》、夏炘的《檀弓辨誣》、《述朱質疑》、顧廣譽的《學詩詳說》、黃式三的《申戴氏氣說》、黃以周的《對義利問》、《德性問學說》等篇章，都是匯通漢宋的經學著作。邵懿辰和夏炘都是學宗程朱的宋學派學者。邵懿辰在道光時曾隨桐城派大師姚鼐高弟梅曾亮習古文辭，後又拜唐鑑為師，講程朱理學，晚年轉攻經學。他的學術主要由程朱理學、古文辭學和經學三部分組成，然而起主導作用的是程朱理學。在治學問題上，他主張匯通經學、理學和古文辭學，指出：「經者，天地之心；史者，天地間簿籍也，必木板刻之精善而究心焉。外此，宋儒者言理、道之書，乃經之支流，亦天地之心所寄。韓、歐以來之述作言文而行遠，乃釋經作史之準的也。」[22]他所寫的《禮經通論》本清初理學家李光地《禮學四際約言》的著述立意。李光地治經的特點是「以朱子之意貫串漢儒」。這一治學特點影響了邵氏的治經路向，使他「獨得嗜之，所著《禮經通論》、《尚書通義》、《孝經通論》亦既無愧於二溪矣。」[23]所謂「二溪」即指李光地（福建安溪人）和方苞（清初文學家，桐城派創始人，號望溪）。夏炘的《檀弓辨誣》也是在匯通漢宋的觀點影響下寫成的。作者在宋

---

20 陳澧：《東塾著稿・學思自記》，轉引自《嶺南歷代思想家評傳》，175 頁。
21 丁晏：《讀經說》，《清儒學案》第四冊，11 頁。
22 邵懿辰：《檢書圖記》，《邵位西遺文》捲上，50 頁，同治四年刊本。
23 吳大廷：《跋邵位西遺文》，《邵位西遺文》。

儒懷疑《檀弓》篇的基礎上，作了進一步考證，從而得出否定《檀弓》篇的結論。這是晚清理學士人在《檀弓》研究上作出的一個貢獻。該書刊行後，在士大夫中備受推崇，稱讚此書集漢學、宋學之長，「本末兼賅，源流畢貫」，是學界通漢宋二家之結的樣板。曾國藩評價說：「《檀弓辨誣》發千古之覆，成一家之言，足與閻氏《古文尚書疏證》同為不刊之典。」[24]顧廣譽的《學詩詳說》也是一部兼采漢宋的經學著作。該書「衷之毛、鄭、陸、孔、朱、呂，以正其端；參之歐陽、蘇、李、范、嚴，以究其趣；博採之宋、元、明、國朝諸家，以暢其文。」他尤其重視朱熹的治詩成就，評價說：「朱子何可非也？朱子之度越諸子，固自有在。即以釋《詩》，論其義理之精微，他家有之乎？曰無之。辭氣之通暢，他家有之乎？曰無之。……自來說《詩》者所未及。雖以質之百世，而莫可易者。」[25]黃式三、黃以周父子治鄭學，長《三禮》，但不排斥宋學。他們不僅積極主張把義理與考據合為一體，而且批評攻擊宋儒的漢學家。如黃式三作《申戴氏氣說》、《申戴氏理說》、《申戴氏性說》等文章，用兼採漢宋的觀點，闡述「理」、「氣」、「性」等理學概念，批評戴震反宋學是「矯枉過正」。黃以周寫過《對義利問》、《德性問學說》、《道德說》、《辨虛靈》等文章，論述了以往漢學家不屑一顧的理學範疇中的問題，表明晚清時的部分考據學家不僅注意在註疏經典時發揮義理，而且破除門戶藩籬，把治學興趣轉移到宋學方面來。這種治學宗旨與理學士人邵懿辰、夏炘等人兼採漢宋的治學方法是不謀而合的。可見，調和漢宋的呼聲不僅見於理學營壘，而且在漢學營壘中也產生了積極的回應。有在野學人的呼籲，再加上曾國藩、張之洞這些身居顯要的封疆大吏的提倡，到同光之際，調和漢學成為學界重要潮流。至此，漢學、宋學關係發生了新的變化，從過去的「鼎峙」轉向「合流」了。

---

24 曾國藩：《復夏弢甫》，《曾文正公書札》卷十三，3 頁。
25 顧廣譽：《學詩詳說自序》，《清儒學案》第三冊，875 頁。

今文經學
的崛起

今文經學是傳統儒學中與古文經學相對而言的一個學術派別。它形成、盛行於西漢，東漢以後漸為古文經學派所取代，以致在長達一千餘年的時間裡一蹶不振，幾成絕學，直到清代中期才開始復興。自此以後，今文經學一發不可收拾，迅速發展起來，成為儒學體系中足可與漢、宋學相抗衡的一支學術異軍，影響了晚清學壇。

一、清代今文經學的興起和發展

乾隆年間的莊存與是清代今文經學復興的開山祖。他與弟子劉逢祿等人為今文經學的復興奠定了基礎。因莊氏祖籍江蘇常州，故清代今文經學又被稱為「常州學派」。

莊存與所處的年代正值漢學在學壇一枝獨秀，但他不滿足於只在古文經學範圍內打轉，欲尋求新的學術出路，轉而研究曾在西漢風靡一時的今文經學。今文經典籍中長於講「微言大義」的是《春秋公羊傳》。莊存與研究《春秋公羊傳》頗具心得，著有《春秋正辭》、《春秋舉例》、《春秋要指》等書。他不同意古文

經學家把《春秋》只看作史書的觀點，認為《春秋》蘊含了聖人之道的精髓，治《春秋》就必須揭示寓藏於其中的「微言大義」。然而，「微言大義」為何物，他並沒有作深入闡發。儘管如此，莊存與畢竟首先樹起了一面與清朝正統學派（漢學和宋學）不同的旗幟，開闢了清代今文經學的先河。他也被後人稱為「今文經學啟蒙大師」。從莊存與治今文的有邵晉涵、孔廣森、劉逢祿等人。劉逢祿承其學並揚及後世。劉逢祿是莊存與的外孫，幼時即從莊問學，盡得其傳。如果說莊存與邁出了復興今文經學的第一步，那麼劉逢祿則登堂入室，開掘出其中的「微言大義」。

劉逢祿以後，今文經學大致沿著兩個方向發展。凌曙、陳立等人側重在對公羊學資料的收集、訂補、整理，走上樸學一途；龔自珍、魏源，特別是後來的康有為則把學術研究與經世致用結合起來，把公羊學變成「譏切時政」、倡導變法維新的思想武器，走上政治一途。

凌曙（1775-1829），字曉樓，江蘇江都人。道光年間曾為阮元校勘書籍，後受劉逢祿影響而治公羊學，著有《公羊禮疏》、《公羊答問》等。他治今文經學「博稽旁討，承意儀志，梳其章，櫛其句」，[26]儼然一派樸學風格。陳立（1809-1869），字卓人，江蘇句容人。師凌曙，承其學，雖於今文學之義理方面無甚發明，但在資料的收集、整理上，頗具成績，著有《公羊義疏》。有人評價說：「卓人傳其師說，鉤稽貫串，撰《義疏》一書，遂集《公羊》之大成矣。」[27]陳立治學一本漢儒何休之說。《公羊義疏》彙集了漢代及清代有關著者的大量註疏，資料豐富。劉文淇稱他「繼師志以成書，守疏不破注之例，於何邵公之說有引申無背畔。其所徵引，凡漢儒治公羊家言者網羅無遺。清儒自孔、莊、劉以下，悉加甄採。禮制多採師說，篤守鄭氏於程易疇、金輔之駁正最多，於『三世九旨』諸說，闡發無餘蘊。」[28]

清代今文經學經過莊存與、劉逢祿、凌曙、陳立等人的努力，不僅打出了旗

---

26 包世臣：《國子監生凌君墓表》，《清代碑傳全集》下冊，1190 頁。
27 徐世昌編：《曉樓學案》，《清儒學案》第三冊，44 頁。
28 劉文淇：《句溪新著序》，《清儒學案》第三冊，458 頁。

號，而且在資料整理，闡發要旨等方面已經取得初步的成績，為它的復興打下基礎。當然，以上學者的共同之處在於始終把今文經學的研究限於學術的圈子裡，他們本人無意當變法改制的政治家，而終以經師自居。

晚清的今文經學家龔自珍、魏源則走了另一條道路，即在今文經學中注入了「經世致用」的精神，把今文經學與現實政治聯繫起來，發出社會改革的呼聲。龔自珍（1792-1841），字璱人，號定盦，浙江仁和人。初治漢學，二十八歲時赴京會試，結識劉逢祿，改治今文經學。他在一首詩中記敘了這種變化：

> 昨日相逢劉禮部，高言大句快無加。
> 從君燒盡蟲魚學，甘作東京賣餅家。[29]

他的主要經學作品有：《說中古文》、《太誓答問》、《春秋決事比》、《六經正名》、《五經大義終始論》等。散佚的還有《左氏決疣》、《群經學官答問》、《詩非序》、《非毛》、《尚書序大義》等。與其前輩相比，龔自珍的不同之處在於並不拘泥於經書章句的辨析，而是注目現實問題，假治經譏時政，抒發自己的政治見解。

龔自珍根據今文經學「變易」的觀點，提出了自己的變法思想。他說：「古者開國之年，異姓未附，據亂而作，故外臣之未可以共天位也，在人主則不暇，在賓則當避疑忌。是故箕子朝授武王書，而夕投袂於東海之外。易世而昇平矣，又易世而太平矣，賓且進而與人主之骨肉齒。」[30]由「據亂」而「昇平」而「太平」，都遵循了「變易」的法則，古代如此，後世亦如此。他還認為，國家現存的種種弊端只有通過實行改革才能消除，指出：「弊何以救？廢何以修？窮何以革？《易》曰：窮則變，變則通，通則久。恃前古之禮樂道藝在也。」[31]他對清王朝的種種腐敗現象作了尖銳的揭露，發出了「一祖之法無不敝，千夫之議無不靡，與其贈來者以勁改革，孰若自改革」[32]的變法呼聲。龔自珍好公羊學，但對西漢公羊家的觀點並不盲從，反對讖緯迷信之說。他認為不能以《公羊春秋》附

---

29 龔自珍：《雜詩‧己卯自春徂夏在京師作得十有四首之六》，《龔自珍全集》下冊，441 頁。
30 龔自珍：《古史鉤沈論四》，《龔自珍全集》上冊，27 頁。
31 同上書，28 頁。
32 龔自珍：《乙丙之際箸議第七》，《龔自珍全集》上冊，5-6 頁。

會一切,「如欲用《春秋》災異說《洪範》者,宜為《洪範庶徵傳》,不得曰《五行傳》」,主張還《周易》、《洪範》、《春秋》本來面目,「以《易》還《易》,《範》還《範》,《春秋》還《春秋》」,[33]以避免把災異迷信混淆在其中,妨礙「微言大義」的真正發揮。

龔自珍首先把公羊學研究和批判現實社會結合起來,有力地衝擊了乾嘉漢學崇古擬古、不問現實的學風,在近代思想史上樹立起一代新風,啟發了後來的思想家從今文經學中尋找反對封建主義的思想武器。梁啟超評價說:龔自珍「往往引《公羊》義譏切時政,詆排專制;⋯⋯晚清思想之解放,自珍確與有功焉。光緒間所謂新學家,大率人人皆經過崇拜龔氏之一時期。初讀《定庵文集》若受電然,稍進乃厭其淺薄。然今文學派之開拓,實自龔氏。」[34]確切說來,龔自珍的開拓作用應該是納今文經學於政治一途。

魏源是與龔自珍齊名的進步思想家。魏源(1794-1856),字默深,湖南邵陽人。他研習過理學、漢學,後受學於劉逢祿,宗今文經學,著有《詩古微》、《書古微》、《西漢經師今古文家法考》、《董子春秋發微》、《公羊春秋論》等。他與龔自珍一樣,不屑於皓首窮經,餖飣考據,而懷有經世之志。他反對漢學、宋學的繁瑣、空疏、無實無用,主張用今文經學救治學術上的弊病,指出:「由詁訓聲音以進於東漢典章制度,此齊一變至魯也;由典章制度以進於西漢微言大義,貫經術、政事、文章於一,此魯一變至道也。」[35]魏源運用今文經學的「變易」觀點解釋歷史,指出:「五常不襲禮,三王不沿樂」,[36]社會歷史是在變化中前進發展的。「變古愈盡,便民愈甚」就是他發出的變法呼聲。

一八五五年(咸豐五年),魏源寫成《書古微》,對東漢經學家杜林獻出的漆書《古文尚書》提出質疑。《古文尚書》是中國古代學術史上爭議很大的典籍之一。漢初,伏生用隸書寫出《尚書》二十九篇,稱為《今文尚書》。到漢武帝

---

33 龔自珍:《非五行傳》,《龔自珍全集》上冊,130 頁。
34 梁啟超:《清代學術概論》,《飲冰室合集》專集之三十四,54 頁。
35 魏源:《劉禮部遺書序》,《魏源集》上冊,242 頁。
36 魏源:《默觚·治篇五》,《魏源集》上冊,48-49 頁。

末年，魯恭王劉余從孔壁中獲得用古字寫成的《尚書》竹簡，這便是《古文尚書》。孔安國校讀一遍，發現古文本比今文本多出十六篇。後來《古文尚書》亡佚。東漢初，經學家杜林曾得漆書《古文尚書》一卷，後由賈逵作訓，馬融作傳，鄭玄註解，遂使《古文尚書》大彰於世。東晉元帝（西元 317-323 年在位）時，豫章內史梅賾又獻《古文尚書》二十五篇和孔安國的《尚書傳》，後來流行的本子就是以此和《今文尚書》的混合。這個本子真偽混雜，引起了後人的懷疑，如宋代的吳棫、朱熹便提出質疑。清初閻若璩著《古文尚書疏證》，旁徵博引，證明了東晉梅賾所獻為偽書，對經學研究作出重要貢獻。但閻氏卻對東漢的《古文尚書》持肯定態度，認為無論是孔宅發現之書，還是杜林所獻之書，「皆載在史冊，確然可信者也。」[37]魏源的《書古微》從今文經學的立場出發，否定東漢時代的《古文尚書》。他認為，漢代的《尚書》只有一種，不分古今，學者「以今文讀古文，又以古文考今文……西漢今古文本即一家，大同小異不過什一，初非判然二家也。」然而，從杜林聲稱得到漆書《古文尚書》後，「古文遂顯於世，判然與今文為二……今文遂為所壓。及東晉偽古文晚出，而馬、鄭亦廢。國朝諸儒知攻東晉晚出古文之偽，遂以馬、鄭本為真孔安國本，以馬、鄭說為真孔安國說，而不知如同馬牛之不可相及。」[38]魏源從五個方面論證了東漢古文本的不實之處，指出：「杜林、馬、鄭之古文依託無稽，實先東晉梅傳而作偽，不惟背伏生，背孔安國，而又鄭背馬，馬背賈，無一師傳之可信，」遂使《尚書》之「微言大義幾息滅於天下」。[39]這就把東漢《古文尚書》徹底否定，推倒了漢學古文經的一個極其重要的理論依據，並通過全面肯定《今文尚書》，樹立了今文經學的權威性。魏源對《古文尚書》的這番辨析、考證，不是為經術而經術，而是「以經術為治術」，也就是本著通經致用的宗旨，從中尋求治國的方案。他在《默觚·學篇九》中寫道：「以《周易》決疑，以《洪範》占變，以《春秋》斷事，以《禮》、《樂》服制興教化，以《周官》致太平，以《禹貢》行河，以三百五篇當諫書，以出使專對，謂之以經術為治術。」[40]

---

37 閻若璩：《尚書古文疏證》，《清儒學案》第一冊，655 頁。
38 魏源：《書古微序》，《魏源集》上冊，109-110 頁。
39 同上書，113 頁。
40 同上書，24 頁。

從咸同年間到光緒中期，由於清王朝調整了文化學術政策，漢學餘威尚熾，程朱理學起而復興，今文經學為主流學派的聲勢所掩蓋，一時行而不彰，但仍有一些學者於此獨有鍾情。如戴望（1837-1873），字子高，浙江德清人，曾從今文經學家宋翔鳳游，對宋翔鳳、劉逢祿甚為欽仰，並在他們的影響下寫成《論語注》，對今文經學的「三統」說、「三世」說作了闡發。除戴望外，影響較大的今文經學家還有王闓運。王闓運（1832-1916），初名開運，字壬秋，號湘綺，湖南湘潭人，舉人出身。曾當過曾國藩的幕僚，先後在成都尊經書院、衡山船山書院、兩湖書院等處講學，於經學、史學、文學諸方面均有成就。治經兼採今古，尊古而不排今，曾以今文經學遍注群經，著有《經子箋注》，內有《春秋公羊傳箋》、《禮經箋》、《周官箋》、《春秋例表》、《詩經補箋》等篇。不過，王闓運用功主要在文學和史學，於經學則淺嚐輒止，且他治今文經學只限於學術範圍，不大涉及政治現實。此外，在學界輯佚之風影響下，一些學者致力於西漢今文經學的遺說考輯。如馮登府的《三家詩異文疏證》、迮鶴壽的《齊詩翼氏學》、陳壽祺的《三家詩遺說考》、陳喬樅的《今文尚書經說考》、《尚書歐陽夏侯遺說考》、《詩經四家異文考》、《齊詩翼氏學疏證》等，都曾給予當時興起的今文經學以有力的援助。不過，這些學者僅是考證今古文經的異同，並非力主今文而排斥古文。

二、康有為與晚清今文經學

十九世紀八、九十年代以後，今文經學有了較大的發展。其原因是：中國社會危機包括民族危機和內部危機日益加深，迫使學者們尋找新的救國道路和思想出路；漢、宋學衰勢難挽，給包括今文經學在內的學界非主流派別以發展的機會；今文經學具有比漢、宋學更強的活力，對在探索中的知識分子，尤其是青年學人具有吸引力。從此時到二十世紀初，今文經學在中國學界政壇異軍突起，轟動一時，產生了頗大的影響。其代表人物有廖平、康有為、皮錫瑞。其中康有為的影響最大。

廖平（1852-1932），原名登廷，字旭陔，又字季平，號六譯，四川井研人。早年就讀於尊經書院，師事王闓運，學宗今文。其學術思想影響了康有為。廖平贊同戊戌變法，變法失敗後遭彈劾。錫良任川督後，仍延其主講學堂。民國後主持成都國學院。著有《今古學考》、《知聖篇》、《闢劉篇》等，輯為《六譯館叢書》。廖平治今文學與王運不同。王氏從公羊學入手，廖氏則從《穀梁傳》入門。廖平今文經學思想最大的特點就是經歷了「六變」。此「六變」為：一變把「混合古今」變為「平分古今」；二變是「尊今抑古」；三變分大、小二統，主張「古大今小」；四變分別人學、天學；五變融合天、人、大、小為一體；六變以《內經》和《靈樞》的五運六氣來解釋《詩經》、《易經》，把儒家思想與釋、老思想相糅合。此「六變」，「愈變愈離奇，牽強附會，不知所云。」[41]其中第一變和第二變在近代學術、政治思想上影響較大。他在「一變」中提出以「禮制」區分今文經學和古文經學，今文經學禮制宗《王制》，古文經學禮制宗《周禮》，為當時的經學家所讚許。他在「二變」中撰寫的《知聖篇》、《闢劉篇》，不僅提出「尊今文學之真」，而且指出古文經是劉歆的作偽。這些思想觀點對康有為今文經學思想的形成產生了重要影響。

　　皮錫瑞（1850-1908），字鹿門，一字麓雲。因敬仰漢初今文經學大師伏生，名其居曰「師伏堂」，學者稱「師伏先生」。湖南善化（今長沙市）人，舉人出身。主講湖南龍潭書院、江西經訓書院。戊戌維新運動期間曾擔任南學會會長，因支持維新變法被革舉人身分，逐回原籍。主要著作有：《五經通論》、《經學歷史》、《今文尚書考證》、《古文尚書疏證辨正》、《古文尚書冤詞平議》、《尚書大傳疏證》、《王制箋》等。他尊崇今文，嘗提出治學「六旨」：

一、當知經為孔子所定，孔子以前不得有經；
二、當知漢初去古未遠，以為孔子作經說必有據；
三、當知後古文說出，乃尊周公以抑孔子；
四、當知晉宋以下專信《古文尚書》、《毛詩》、《周官》、《左傳》，而大義

---

41 范文瀾：《中國經學史的演變》，《范文瀾歷史論文選集》，296 頁。

微言不彰；

　　五、當知宋元經學雖衰，而不信古文諸書，亦有特見；

　　六、當知國朝經學復盛，乾嘉以後治今文者尤能窺見聖徒微旨。

　　執此六義以治諸經，乃知孔子以萬世師表之尊，正以其有萬世不易之經，經之微言亦甚易明。[42]

上述「六旨」集中反映出他尊崇今文的學術傾向。皮錫瑞雖然學宗今文，但並不排斥古文，主張在調和今古文經學的基礎上，「貫穿漢、宋，融合中、西。」[43]在今文經學家中，他「持論平允，沒有康有為那樣武斷，也沒有廖平那樣的怪誕。」[44]

　　被稱為「集清代今文學之大成」的是康有為。康有為（1858-1927），原名祖詒，字廣廈，號長素，廣東南海人。自幼受儒學正統教育，十九歲時從廣東大儒朱次琦治學，打下程朱陸王之學的基礎。一八七九年他在家鄉西樵山學習佛道之書，但均未找到思想出路。是年，他到香港旅行，開闊了眼界，於是「漸收西學之書，為講西學之基」。[45]不過，這時康有為在治學上還是崇古文經學，一八八〇年著《何氏糾謬》，批駁東漢今文經學家何休的學說。一八八二年，他應順天鄉試不中，歸途中路經上海，「益知西人之治術有本」，「大購西書以歸」，「自是大講西學，始盡釋故見」。[46]同時，康有為繼續在探索中學，認為：宋學「拘隘」，漢學「碎亂」，「未足盡孔子之道」，於是「乃去古學之偽，而求之今文學……而得《易》之陰陽之變，《春秋》三世之義」。[47]由於今文經學講「微言大義」，主張「通經致用」，康有為便想從今文經學中汲取可資運用的東西。一八八六年，他著《教學通議》，可謂今古學並存。書中既尊崇周公，又認為孔子的經典「變亂於漢歆」，並說：「惟《春秋》獨為孔子之作，欲窺孔子之學者，

42　皮錫瑞：《經學通論序》，《經學通論》，北京，中華書局，1982。

43　皮名舉：《皮鹿門先生傳略》，《經學歷史》附錄一，351頁。

44　周予同：《〈經學歷史〉序言》，8頁。

45　康有為：《康南海自編年譜》，《戊戌變法》第四冊，115頁。

46　同上書，116頁。

47　康有為：《禮運注敘》，《孟子微》，235—236頁，北京，中華書局，1987。

必於《春秋》……所謂微言大義於是乎在。」[48]表現出明顯的今文經學的傾向。一八八八年，康有為再次進京參加順天鄉試。他借此機會第一次上書光緒帝，請求變法維新，但遭到拒絕。返回廣東後，他發憤治經，要「發古文經之偽，明今學之正」，以求從學術上打破頑固守舊思想。一八九〇年春，康有為在廣州拜會廖平，接受廖平今文經學觀點。後於一八九一年刊《新學偽經考》，一八九八年刊行《孔子改制考》，以驚人的見解轟動了政界學壇。

在《新學偽經考》中，康有為用歷史考證的方法，對一系列經史典籍作了深入研究，得出了徹底否定古文經的結論，向居於正統地位的古文經學發起了全面進攻。古文經學家認為，自秦焚書後，儒家「六藝從此缺焉」，只是由於河間獻王及魯共王的發現，才使古文經重見天日。這是流行了一千多年的關於古文經來源的一種定論。為了否定古文經，康有為對古文經的來源問題作了考察，認為秦代焚書並未把所有的儒家經典燒盡，所坑之儒不全是儒生，而主要是方士。他指出：「坑焚至漢興為日至近，博士具官，儒生甚夥。即不焚燒，罪僅城旦，天下之藏書者尤不少，況蕭何收丞相、御史府之圖書哉！丞相府圖書，即李斯所領之圖書也。『斯知六藝之歸』，何收其府圖書，六藝何從亡缺！何待共王壞壁忽得異書邪！事理易明，殆不待辨。」[49]也就是說，漢初流行的六經即今文經，正是從先秦傳下來的。關於河間獻王、魯共王發現古籍之事，他從《史記》、《漢書》中的不同記載進行論證，認為這些事只見於《漢書》，而在《史記》並無記載。因《史記》早於《漢書》，更加接近於歷史事實，司馬遷不僅是當時人，而且本人傾向於儒家，如果真有其事，不會疏略不書。可見《漢書》中關於兩王發現古書之事純係子虛烏有。實際上推翻了歷來流行的關於古文經來源的成說。那麼古文經的真實來源是什麼呢？康有為斷言：出自於劉歆的偽造，指出：「始作偽，亂聖制者，自劉歆；布行偽經，簒孔統者，成於鄭玄。」[50]他因此把古文經稱為「偽經」。因劉歆「飾經佐簒，身為新臣」，所以康有為又把劉歆倡導的古文經學稱作「新學」，並說：「凡後世所指目為『漢學』者，指賈、馬、許、鄭之學，

48 《康有為全集》第一集，124 頁。
49 康有為：《新學偽經考》，9 頁，北京，中華書局，1956。
50 同上書，2 頁。

乃『新學』，非『漢學』也；即宋人所尊述之經，乃多偽經，非孔子之經也。」[51]
今文經學的復興是伴隨著古今學的鬥爭進行的。在康有為之前，劉逢祿、魏源等
今文經學家就已經對古文經學展開批評，但他們的批評只限於個別經籍，而康有
為則是對古文經學進行全面抨擊，把東漢劉歆所爭立於學官的古文經《周禮》、
《逸禮》、《毛詩》、《左氏春秋》、《易經》、《尚書》等全都說成是「偽經」而加
以否定，從而把今文經學派對古文經學的批評推到新的高潮。由於漢以後的歷代
封建王朝奉行的儒學都是以古文經為依據，康有為對古文經的全盤否定實際上等
於否定了封建專制統治的理論基礎，其影響和作用已經超出了學術的範圍，而演
變成意識形態中新舊勢力之間的思想政治鬥爭。

如果說《新學偽經考》側重於批評古文經
學，起著「破」的作用，那麼《孔子改制考》
則用《公羊春秋》的「三世說」從正面闡述了
康有為維新變法的主張及理論根據，其作用在
於「立」。康有為在書中以今文經學的觀點，結
合西方進化論思想，提出了一個變革進化的理
論體系。首先他繼承今文經學家關於評價孔子
的觀點，從政治需要出發推崇、改塑孔子，不

康有為著的經學著作

僅尊孔子為「素王」，而且把孔子改扮成一個改革家，說成是「萬世教主」。他
說：「孔子為教主，為神明聖王，配天地，育萬物，無人、無事、無義不圍範於
孔子大道中，乃所以為生民未有之大成至聖也。」[52]其次，他認為「託古改制」
是孔子最重要的思想，《春秋》是孔子最重要的著作，孔子「託古改制」的「微
言大義」盡寓於《春秋》之中。他說：「《春秋》始於文王，終於堯、舜。蓋撥
亂之治為文王，太平之治為堯、舜，孔子之聖意，改制之大義，《公羊》所傳微
言之第一義也。」[53]又說：「太史公，董生嫡傳。《春秋》之學，皆有口說相傳，

51 同上書，3頁。
52 康有為：《孔子改制考》，243頁，北京，中華書局，1958。
53 同上書，285頁。

故深知孔子託古改制之義。」[54]這些話充分表達出他的這種觀點。其三,他斷定《公羊春秋傳》中所謂「通三統」、「張三世」之說就是孔子寓於《春秋》之中的「微言大義」。在具體闡述時,他把「三統」說與「三世」說相糅合,並參以歷史進化論,指出:「據亂世」就是西方的君主專制時代,「昇平世」即君主立憲時代,「太平世」即民主共和時代。人類社會必然會沿著君主制、君主立憲制、民主共和制的順序有條不紊地向前發展,既不會停滯不前,也不能超越階段。他說:「堯、舜為民主,為太平世,為人道之至,儒者舉以為極者也。……孔子撥亂昇平,托文王以行君主之仁政,尤注意太平,托堯、舜以行民主之太平。」[55]在談到社會進化的時候,他大膽地把一系列西方近代政治觀念,如民權、議院、選舉、民主等引入書中,附會到孔子身上,聲稱是孔子所創造,以儒學與西學互相融合。實際上,康有為在《孔子改制考》中所闡發的是他本人的政治思想主張,他筆下的孔子是被現實化的一個精神偶像。正如有的論者所說:「《新學偽經考》、《孔子改制考》不是一般的『考辨專著』,而是衝擊封建勢力提出改制變法的理論著作。它是披著經學外衣,把資產階級需要的措施,掛上聖人的招牌,拿孔子來對抗孔子,以減輕非聖無法的壓力,從而為變法維新創造條件的著作。它是汲取了中國儒家學說中的『孔子舊方』,而又滲透了西方資本主義國家社會、政治學說內容的著作。」[56]

《新學偽經考》和《孔子改制考》從學術角度看,未免有武斷不實、牽強附會之處,但這兩部書不是純粹的學術著作,如梁啟超所說,是「借經術以文飾其政論」,所以出版後即受到封建守舊勢力的強烈反對。於是,在十九世紀末二十世紀初在思想學術領域出現了一波波古今文之爭。

今文經學本來是傳統儒學中的一個派別,為什麼會被康有為等人用來作為維新運動的思想理論武器呢?原因在於中國近代資本主義主要是受到外來因素的刺激而發展起來的,缺乏像西方資本主義發展中的那種長期的精神準備和物質積

---

54 同上書,269 頁。
55 同上書,284 頁。
56 湯志鈞:《康有為與戊戌變法》,44 頁,北京,中華書局,1984。

累，無論在經濟、政治上，還是在思想理論方面，都先天不足，而康有為深受傳統儒學的教育，不能不從歷史傳統中尋找自己的力量所在，採取一種「復古」的形式表達自己的主張。尤其在當時的歷史條件下，孔子的影響在社會上根深柢固，如果不打孔子的旗號進行維新變法，將會遇到難以想像的阻力。康有為對此很清楚，指出：「布衣改制，事大駭人，故不如與之先王，既不驚人，自可避禍。」[57]此外，就學術特點而言，今文經學本身具備了比古文經學更多的可供康有為利用的內在因素。古文經學專注古代文獻資料的整理，學風較為拘謹，今文經學長於思辨，強調闡發經書中的「微言大義」，學風比較靈活。正因為如此，今文經學給人們留下了比較大的思維空間，有利於發揮個人的思想觀點。由此看來，康有為選擇今文經學作為自己的理論武器自有一定的道理。然而，今文經學畢竟是傳統儒學的一個組成部分，不可避免地保留了一些封建性、落後性的內容，這就給維新思想帶來一定的負面影響。以後，隨著資產階級民主運動的深入開展，今文經學的局限性暴露得日益明顯。康有為卻不識時務地固守今文經學陣地，堅持尊孔立場，成為反對革命潮流的保皇黨黨魁，走向了自己的反面。

十九世紀九〇年代，經過康有為等人的鼓蕩，今文經學盛行一時。從其就學者有陳千秋、梁啟超、徐勤、韓文舉、麥孟華、林奎、龍澤厚、葉覺邁等，皆為《公羊學》信奉者，形成一個以講今文、倡改良為宗旨的新學派。如在戊戌維新期間，梁啟超主湖南長沙時務學堂講席時，即以康有為在萬木草堂的教學綱要為藍本，制定學堂章程，「以《公羊》、《孟子》教，課以札記」，[58]兼授社會科學、自然科學，向學生灌輸維新變法思想，培養出蔡鍔、林圭、秦力山等學生多名。他們中的許多人都為中國社會的進步發展作出積極的貢獻。戊戌變法失敗後，康門弟子在孔子問題上分成了兩派：一為孔教派，認為孔學與佛教、基督教一樣，同樣是宗教，尊孔子為教主。此派代表人物為陳煥章。陳煥章宣揚孔教最力，直到二十世紀二〇年代還在北京創辦孔教大學，祭天祀孔，醜態百出。另一派為孔學派，以梁啟超為代表，把孔子視為學者，孔學是學術而非宗教。

---

57 康有為：《孔子改制考》，267 頁。
58 梁啟超：《清代學術概論》，《飲冰室合集》專集之三十四，62 頁。

三、今古文經之爭

　　今文經學和古文經學作為傳統儒學中的兩種意趣、風格截然不同的思想學術流派，不可避免地存在著矛盾和鬥爭。這種矛盾和鬥爭古已有之。兩漢時期，今古文經之間的鬥爭尖銳、激烈，延綿不絕。晚清時期，今文經學再度崛起，同樣上演了今古文經之爭的歷史場面。不過，由於歷史時代的不同及中國社會結構發生深刻變化等原因，晚清時期的今古文經之爭帶有新的歷史特點，與兩漢時期的今古文經之爭不能同日而語。

　　晚清時期的較早的今古文經之爭發生在康有為與朱一新之間，表現為不同學術觀點的學者個人之間的學術爭辯。康有為在自編年譜中對這場論爭作了記載：「光緒十七年（冬）……義烏朱蓉生侍御一新，時教廣雅，來訪與辨難頗多，與語中外之變，孔子之大道，朱君不信，既請吾打破後壁言之，乃大悟，其與人言及見之書札，乃其門面語耳。」[59]朱一新（1845-1893），字蓉生，浙江義烏人。光緒進士，授編修，轉御史，以直言著稱。因彈劾宮內太監李蓮英隨醇親王奕譞赴天津檢閱北洋海軍，觸怒慈禧，受到降職處分，乞終養歸。其時張之洞督兩廣，創辦廣雅書院，延朱一新為主講。正巧康有為也在廣州設學授徒，兩位學者同處一地，相見切磋，極為方便。朱一新「博極群書，洞知兩漢及宋、明諸儒家法，務通經以致用」[60]，在今古文經問題上，基本上屬於古文經學一派，與康有為的學術意趣大相逕庭，二人發生分歧、論爭自然不可避免。在《康有為全集》第一集中收錄了康有為與朱一新學術論辯的書信共十一封，其中康有為致朱一新的有三封，朱一新答覆康有為的有八封。

　　康、朱之爭主要是學術性質的討論。討論圍繞著今古文經的是非問題而展開，同時也涉及治學態度及「中外之變」等現實政治問題。在今古文經的是非問題上，康有為持「尊今抑古」的立場，認為：只有今文經學才是孔子之學的正宗經典，而古文經學則是劉歆的作偽。他說：

---

59 《戊戌變法》第四冊，124 頁。
60 《朱一新傳》，《清史稿》卷四四五。

孔子作六經，為後世之統宗。今學博士，自戰國立，至後漢，正法凡五百年而亡，劉歆作偽，行於魏晉，盛於六朝、隋、唐、宋初，凡五百年而息。[61]

他用今文經學的觀點對孔學發展的歷史作了概括，典型地反映出他「尊今抑古」的經學史觀。他還通過對比的手法進一步揚今文，抑古文，指出：

孔子大義之學，全在今文。每經數十條，學者聰俊勤敏者，半年可通之矣。……若一格以古學，則窮讀兩部《皇朝經解》，已非數年不能，而於孔子之大義尚無所知……況真偽不容不分，而偽經之亂道，貽禍如是耶！[62]

這些觀點基本上是他在《新學偽經考》中的內容。

朱一新站在古文經的立場，不同意康氏全盤否定古文經學的看法。他指出：「竊以為偽《周官》、《左傳》可也，偽《毛詩》不可也；偽《左傳》之屬亂者可也，偽其書不可也。」[63]他認為，古文經有真有偽，不能全部廢除，它的學術地位絕不是今文經所能取代的。他說：「充足下之意，欲廢《毛詩》，然《毛詩》廢矣，《魯》、《韓》之簡篇殘佚，可使學者誦習乎？欲廢《左傳》，然《左傳》廢矣，《公》、《谷》之事實不詳，可使學者懸揣乎？」[64]如何對待今古文經的爭論？朱一新主張用宋儒的義理去折衷之。他說：

儒者治經，但當問義理之孰優，何暇問今古文之殊別。[65]

無論今文、古文，皆以大中至正為歸，古今止此義理，何所庸其新奇！……乾嘉諸儒，以義理為大禁，今欲挽其流失，乃不求復義理之常，而徒備言義理之變。……義理殊，斯風俗殊；風俗殊，斯制度殊。今不揣其本，而漫云改制，制則改矣，將毋義理亦與之俱改乎？[66]

---

61 康有為：《致朱蓉生書》，《康有為全集》第一集，1023-1024 頁。

62 同上書，1024 頁。

63 朱一新：《答康長孺者》，《康有為全集》第一集，1025 頁。

64 朱一新：《答長孺第三書》，《康有為全集》第一集，1033 頁。

65 同上書，1032 頁。

66 朱一新：《答長孺第四書》，《康有為全集》第一集，1046 頁。

兩人還討論了治學原則及中外之變等問題。康有為主張治學應該標新立異，講求變化，以適應當前的變局。朱一新則以追求「平淡」為治學的根本目的，固守聖經賢傳的遺訓。他說：「夫學術在平淡不在新奇。宋儒之所以不可及者，以其平淡也。世之才士，莫不喜新奇而厭平淡，導之者復不以平淡而以新奇。學術一差，殺人如草，古來治日少而亂日多，率由於此。」[67]這些主張，反映了他在思想上、政治上的保守性。

兩人的觀點儘管差異甚大，但論辯卻是在平和的氣氛中進行。康、朱最後一次論辯是在一八九四年七月間進行的，數日後，朱一新病逝。康有為曾作輓聯和祭文悼念自己這位學術上的諍友。其聯云：

> 永嘉先正尚有典型，惜徒聞柏府清霜，長留直筆；
> 鵝湖異同近將合併，最驚絕蓮韜明月，忽碎寒潮。[68]

可見，在戊戌維新運動以前，今古文經學的對立與論爭尚屬於學術論爭性質，還未演化成政治鬥爭。

中日甲午戰爭以後，新興資產階級登上政治鬥爭的舞臺，掀起維新變法運動。康有為等維新派出於政治上的需要，用近代思想觀點闡述今文，改塑孔子，對封建專制制度及舊的意識形態進行批判，也給今古文經之爭帶上政治鬥爭的性質。從此時至二十世紀初，今古文經之爭便與社會政治鬥爭密切聯繫起來，成為政治思想領域內鬥爭的一個組成部分。這種今古文經之爭主要表現在兩個不同的範圍內：一是戊戌維新運動期間的今古文經之爭，論爭主要發生在維新派和守舊派之間；一是辛亥革命期間的今古文經之爭，表現為保皇派和革命派之爭的思想學術紛爭。

晚清的維新變法運動在某種意義上可以說是在今文經學的名義下進行的。維新派把今文經學視為推行變法的思想理論基礎，強調「發明經學」的重要現實意

---

67 朱一新：《答長孺第三書》，《康有為全集》第一集，1032 頁。
68 朱一新：《佩弦齋文存‧輓聯》，1 頁。

義。康有為的弟子歐榘甲說：「中國之壞，自人心始，人心之蕪，自學術始，學術之謬，自六經不明始，六經不明，未有變法之方也；六經明則學術正，學術正則民智開，民智已開，人心自奮，熱力大作，士氣日昌，愛力相迸，國恥群勵，以此凌厲九州可也，況變法乎？故謂今日欲救中國，宜大明孔子六經之義於天下。」[69]他強調的學術即是被康有為改造過的今文經學。在維新變法期間，康有為師徒對此不遺餘力地大加宣傳。康有為在一八九五年春的朝考卷上公開寫道：「孔子改制，損益三代之法，立三正之義，明三統之道以待後王，猶慮三不足以窮萬變，恐後王之泥之也。」[70]在《公車上書》、《上海強學會章程》以及保國會《章程》裡，他都強調尊今文，崇孔子，把孔學稱為孔教，「用廣大孔子之教為主」[71]。非但康有為如此，康門弟子亦追隨乃師，鼓吹今文經學。梁啟超在《時務報》所撰文中，說：「孔子之作《春秋》，治天下也，非治一國也；治萬世也，非治一時也。故首張三世之義。」[72]他們把湖南時務學堂當成鼓吹變法改制的思想陣地，明確規定：「今設學之意，以宗法孔子為主義」，要學生考求西學及今文經學的「微言大義」，以期「他日諸生學成，尚當共矢宏願，傳孔子太平大同之教於萬國。」[73]

　　康有為等人宣傳今文經學，鼓吹「孔子改制」，帶有「離經叛道」的意味，這被封建守舊派敏感地察覺出來，遭到他們強烈的詆毀。湖南守舊派蘇輿說：「邪說橫溢，人心浮動，其禍實肇始於南海康有為。康有為人不足道，其學則足以惑世。招納門徒，潛相煽誘。……其言以康之《新學偽經考》、《孔子改制考》為主，而平等、民權、孔子紀年諸謬說輔之。偽六籍，滅聖經也；託改制，亂成憲也；倡平等，墮綱常也；伸民權，無君上也；孔子紀年，欲人不知本朝也。」[74]「性惡聞人詆宋學，亦惡聞人詆漢學」的張之洞，在維新運動期間出版了《勸學篇》，在鼓吹「中體西用」的同時，也對當時流行的今文經學猛烈抨擊。他說：

69 歐榘甲：《論中國變法必自發明經學始》，《戊戌變法》第三冊，149 頁。
70 康有為：《變則通通則久論》，《康有為政論集》，149 頁。
71 康有為：《兩粵廣仁學堂聖學會緣起》，《康有為政論集》，187 頁。
72 梁啟超：《春秋中國夷狄辨序》，《時務報》第 36 冊，光緒二十三年七月二十一日出版。
73 梁啟超：《湖南時務學堂學約》，《飲冰室合集》文集之二，28-29 頁。
74 《翼教叢編》序，1 頁。

「漢興之初，曲學阿世，以冀立學。哀、平之際，造讖益緯，以媚巨奸，於是非常可怪之論益多。如文王受命，孔子稱王之類。此非七十子之說，乃秦漢經生之說也。而說《公羊春秋》者為尤甚。乾嘉諸儒，嗜古好難，力為闡揚，其風日肆，演其餘波，實有不宜於今之世道者，如禁方奇藥，往往有大毒可以殺人。假如近儒公羊之說，是孔子作《春秋》而亂臣賊子喜也。竊惟諸經之義，其有迂曲難通紛歧莫定者，當以《論語》、《孟子》折衷之。《論》、《孟》文約意顯，又群經之權衡矣。道光以來，學人喜以緯書、佛書講經學。光緒以來，學人尤喜治周秦諸子。其流弊恐有非好學諸君子所及料者。」[75]在他看來，西漢今文經學錯謬甚多，曲解了聖學的本意。清代興起的今文經學更是「大毒殺人」的「邪說」，是導人步入歧途的「禁方奇藥」，應該反對。張之洞的弟子稱他「平生學術最惡公羊之學，每與學人言，必力詆之。」[76]蘇輿的《翼教叢編》和張之洞的《勸學篇》，都是站在以古文經典籍為基礎的清朝正統學派的立場上，反對興起的今文經學的。從這個角度上講，他們反對康有為的《新學偽經考》等公學著作，屬於今古文經的鬥爭。

然而，此期今古文經之爭又緊密地與政治鬥爭聯繫在一起。康有為等人鼓吹今文經學不是為學術而學術，而是假經術以行改制；張之洞、蘇輿等人則把今文經學視為離經叛道的「異端邪說」，反對康有為附會於其中的民權觀點，維護的是封建專制制度和綱常名教的意識形態。正因為如此，《新學偽經考》剛問世，就遭到守舊派的彈劾而被禁毀。《孔子改制考》在一八九八年寫成後也受到孫家鼐的參劾，他奏稱：「竊恐以此為教，人人有改制之心，人人謂素王可作，是學堂之設本以教育人才，而轉以蠱惑民志，是導天下於亂也。」[77]正如有的論者所說：「戊戌變法時期的今古文之爭，不是單純學術領域中的爭論，而是一場政治鬥爭、思想鬥爭。……反對派以『衛道』者的姿態，認為『聖經聖法』不能改變，這就說明了他們對《新學偽經考》的攻擊，是新舊思想的鬥爭，是封建頑固

---

75 張之洞：《勸學篇‧宗經第五》，《張文襄公全集》第四冊，556 頁。
76 《抱冰堂弟子紀》，《張文襄公全集》第四冊，1033 頁。
77 孫家鼐：《譯書局編纂各書請候欽定頒發並請嚴禁悖書疏》，于寶軒：《皇朝蓄艾文編》卷七十二，5 頁。

勢力向代表資產階級利益改良派的反撲，這是一場政治鬥爭。」[78]

　　辛亥革命時期，今古文經之爭有了進一步發展。一些主張今文經學的學者繼續發表文章，鼓吹公羊學。如廖平在《國粹學報》上發表《公羊春秋補證序》、《春秋孔子改制本旨三十題》、《公羊驗推補證凡例》等文章；王闓運也撰寫了《湘綺樓講學札記》、《湘綺樓答問》等文章，登載於該刊。今文經學陣營的主將康有為雖然避難於海外，但並沒有放鬆對今文經學的宣傳。他一方面積極從事尊孔保皇，爭取實現君主立憲的政治活動；另一方面著書立說，深入闡發自己的學術思想。僅在一九〇一年至一九〇六年（光緒二十七年至三十二年）期間，他撰寫的有關論著不下十種。其中寫於一九〇一年的有《中庸注》、《孟子微》、《春秋筆削大義微言考》；寫於一九〇二年的有《論語注》、《大學注》、《禮運注》、《中國改制議》、《大同書》；寫於一九〇三年的有《官制議》；寫於一九〇五年的有《物質救國論》；寫於一九〇六年的有《法國革命論》等。《歐洲十一國遊記》等作品還不計算在內。其中絕大部分都與學術有關。廖平、王闓運都是從學術的角度推崇今文經學。此期廖平的經學思想正經歷著「三變」和從「三變」向「四變」的轉折。他的文章著重闡述「四變」的「天人之學」。康有為在此期間繼續堅持戊戌變法時期的立場，打著今文經學、孔子改制的旗號進行保皇、立憲的政治活動，頗有一些聲勢。在他看來，今文經學不僅是儒學中的正統學術，而且還是在現實中必須遵行的政治理念。他在《論中國宜用孔子紀年》一文中說：「若夫萬國古今，時異地殊，文野有度，不能無異也。則孔子廣為三統，以通其窮；推為三世，以時其受。……其為三世也，初則據亂，內其國而外諸夏，故誅大夫戒淫亂；中則昇平，內諸夏而外夷狄，故去諸侯尚禮樂；終則太平，去天子，天下大小若一，昆蟲禽獸咸若，即《禮運》之大同也。……美、瑞之選賢能為民主，豈非所謂天下為公歟？但今未離內其國之時，故太平大同之道猶有待耳。然今社會工黨遍於各國，則其時亦豈遠哉？……追思天之誕生教主，不可忘也。故於誕日大典尤嚴，工商止業。廛肆閉戶，家懸國旗，人臚歡慶。己亥先行於橫濱，丁未發之於紐約，戊申以後遍行於南洋。今秋，吾在星加坡目睹其盛，於今

78　湯志鈞：《近代經學與政治》，205-207 頁，北京，中華書局，1989。

歲為尤光大充麗也。凡吾未至未見之地，風聞略同，人心之能尊教主歟，豈非人道之宜，而文明之尤進耶！」[79]

　　針對廖平、康有為等人的宣傳與觀點，國粹派中的一些學者，如章太炎、劉師培等撰寫文章，予以批駁，今古文經之爭再次展開。不過，此期的今古文經之爭，既不同於戊戌變法以前的今古之爭，又不同於戊戌變法期間的古今之辨，而是帶有新的時代特點。此期的今古文之爭主要發生在新派知識分子中間，而這種論爭緊密地與當時資產階級中的兩個政治派別，即革命派與改良派的鬥爭交織在一起，具有政治鬥爭和學術鬥爭的雙重性質。在政治上，康有為是資產階級改良派，章太炎、劉師培（1918 年以前）是資產階級革命派，政治宗旨尖銳對立；在學術上，前者尊今文經學，後者倡古文經學，學術主張和學術風格格格不入。章太炎等人以《國粹學報》為主要論壇，發表了一系列文章批評今文經學，闡明自己的學術觀點。如章太炎在一封信中指出：「近世翁同龢、潘祖蔭之徒，學不覃思，徒捃摭《公羊》以為奇觚，金石刻畫，厚自光寵，然尚不敢言致用。康有為善傅會，媚以撥亂之說，又外竊顏、李為名高，海內始彬彬向風，其實自欺。」[80]在此以前，章太炎曾寫了《駁康有為論革命書》，從政治上深刻地抨擊了康有為尊孔保皇的主張，產生了很大的影響。國粹派中的另一員大將——劉師培也從學術上、理論上系統批評康有為等人宣傳的今文經學觀點。劉師培（1884—1920）出生於經學世家，有著深厚的儒學根底。因受家學的影響，他學宗漢學，傾向於古文經學。在同盟會成立前後的一段時期內，劉師培較為活躍，並積極參與了當時的今古文之爭。有人在後來提到此事時說：「申叔（案：劉師培之字）之力攻今文，在其講學蕪湖，倡革命於申江時。章太炎先生出獄走扶桑，以《春秋左傳》之故，與申叔臭味弇合，國粹報甄錄文字，章、劉為其職志焉。太炎固排抑南海康氏者，申叔亦駁正劉申受、宋於庭、龔定庵、魏默深諸今文師說以附之。其於廖、康之學尤齗齗」[81]劉師培在當時所寫的論辯文章有：《漢代古文經學辨誣》、《論孔子無改制之說》、《南北學派不同論》、《論孔教與

79 上海市文物保管委員會編：《戊戌變法前後》，461-463 頁，北京，上海人民出版社，1986。
80 章太炎：《與王鶴鳴書》，《章太炎全集》第四冊，151 頁。
81 南桂馨：《劉申叔先生遺書序》，《劉申叔先生遺書》，第一函。

中國政治無涉》、《孔學真論》、《讀某君孔子生日演說稿書後》等。討論的問題主要有兩個：一為漢代古文經是不是「偽經」；二為孔子有無「託古改制」。矛頭所向直指康有為的《新學偽經考》和《孔子改制考》。

《漢代古文經學辨誣》，顧名思義，是為漢代古文經學作學術辯護的文章，主要內容是駁斥康有為等今文經學家貶斥古文經為劉歆作偽的觀點。作者在文章開篇就大聲疾呼：「嗚乎，經學之厄，未有甚於今日者也！……至近人創偽經之說，扶今文而抑古文，於漢代古文之經，均視為劉歆之偽作。而後人人有疑經之心，於典章人物之確然可據者亦視為郢書燕說。吾恐此說一昌，則古文之經將廢，且非惟古文之經將廢已也，凡三代典章人物載於古文經者，亦將因此而失傳。非惟經學之厄，且中國史學之一大矣。故即今人之疑古文經者，陳其說而條辨之，以證古文經之非偽。世有君子庶幾不為 言所奪乎。」[82]在這裡，劉師培把參與論辯，為古文經辨誣的動機寫得再清楚不過了。他把康有為等人提出的「偽經」說視為中國學術的巨大災難，要起而為古文經學辯護。全文共分十個部分，其標題為：（1）「辨明漢代以前經無今古文之分」；（2）「論今古文之分僅以文字不同之故」；（3）「論古經亡於秦火」；（4）「辨明今古文立說多同非分兩派」；（5）「論西漢初年學者多治古文學」；（6）「論西漢今文家不廢古文」；（7）「論宋於庭之說不足信」；（8）「辨魏氏之說不可從」；（9）「論龔氏之說不足信」；（10）「總論」。這些內容從不同的角度，對康有為、廖平以及宋翔鳳、龔自珍、魏源等人的學術觀點提出反駁，並論證了古文經學優於今文經學。他認為，古代經書本同一源，孔子編纂六經並無分為兩說，因此西漢以前經無今古文之分，從而否定了康有為等今文經學家持有的「孔子創六經」說。他在「總論」總結全文，申明古文經勝於今文經，提出四點理由：（1）今文經比古文經「晚出」；（2）今文經多雜讖緯之說妄誕無根，古文經通故訓詳故事；（3）今文經只以「口授」，傳聞失實，古文經有竹帛可憑，百聞不如一見；（4）今文經派別林立，說法互歧，自相矛盾，古文經純一無雜，篤守師傳。

---

82 劉師培：《漢代古文學辨誣》，《左外集》卷四，1頁。

劉師培還在《論孔子無改制之說》等文章中抨擊了「孔子改制」的說法。「孔子改制」是康有為今文經學思想的一個基本觀點，要抵消康有為等人的影響，就必須觸及「孔子改制」說。劉師培從古文經學的立場出發，斷然否定孔子有「改制」的舉動。他說：中國自古以來，「改制」之權操於天子，從未有庶民倡言「改制」的。孔子未曾稱王，儒家素無帝王思想，說「孔子改制」實為無稽之談。「以庶民而操改制之柄，始於漢儒言孔子改制。然孔子改制之說，自漢以來未有奉為定論者，奉漢儒之言為定論，則始於近人。」[83]也就是說「孔子改制」說，是後人編造出來的，並不是歷史事實。劉師培還具體就康有為等認定的孔子「改制」的十二項制度：儒服、親迎、立嗣、三年居喪、合葬、大一統、授時、井田、刑罰、選舉、封建、卿士大夫四士之法等，逐一辨明，指出這些都是周制或古制，其時不同，其說不一，孔子只是沿襲或者遵從一說，但沒有一項是孔子所改所創。在他看來，後人創造的「孔子改制」說穿鑿附會，毫無根據，如果任其流行，「必可轉移人民之視聽」，「革新之機轉塞」，「生於其心，害於其政，作於其政，害於其事。」[84]

劉師培對今文經學的批評，與章太炎不同，學術論辯的色彩相當濃厚，在反駁對方的同時，也闡明了自己堅持古文經學的觀點，澄清了一些學術上的是非，自有一定的學術價值。但他沒有涉及康有為在當時反對革命的政治問題，並未將學術批判與政治批判結合起來，不能不說是一種缺陷。另外，他對康氏的《新學偽經考》和《孔子改制考》採取全盤否定的態度，是不妥當的，反映出治學問題上的門戶之見。

此期的今古文經之爭，儘管是中國經學史上的老話題，但由於論爭發生的歷史背景不同，而帶上新的時代特色。無論是主張今文經學的康有為、廖平等人，還是主張古文經學的章太炎、劉師培等人，都與舊式經學家大相逕庭，都對傳說儒學的理解賦予新意。康有為把一系列近代觀念強加到孔子頭上，姑且不論。以古文經學相標榜的劉師培又何嘗不是如此。劉師培曾寫過一篇《孔學真論》的文

---

83 劉師培：《論孔子無改制之事》，《左外集》卷五，1 頁。
84 同上書，36 頁。

章，用近代的學術觀點較為全面地評價了孔子的學說。文章作者一方面肯定孔子是「集學術之大成者」，另一方面又用近代學術思想評判孔學，指出其所固有的四點「小失」，即「一曰信人事而並信天事」、「二曰重文科而不重實科」、「三曰有持論而無駁詰」、「四曰執己見而排異說。」[85]這些評判大體上是符合歷史實際的。這種認識比康有為等今文經學家一味溢美孔子、孔學，要略勝一籌。這種認識的取得也是辛亥革命時期今古文經之爭的一個積極成果。

第三節 ·
晚清諸子學
的復興

　　諸子學又稱「子學」，以諸子學說為研究對象，是中國傳統學術的重要組成部分。諸子學興起於先秦，漢初實行「獨尊儒術，罷黜百家」政策，諸子學遭到禁止，從此一蹶不振。直到清朝中葉，一些致力於古籍整理的學者開始把目光移向諸子學，才喚起人們對諸子學的注意。晚清時期，社會風氣丕變，諸子學日益受到人們的重視，萌發崛起，不意竟成復興之勢，形成當時文化潮流變遷的一種新景觀。大致而言，晚清時期的諸子學發展以十九世紀末戊戌維新思潮形成為界，可以分成前後兩個階段。前一階段為諸子學萌發時期，後一階段為諸子學復興時期。

---

85 劉師培：《孔學真論》，《左外集》卷九，4-6頁。

一、晚清諸子學的初步復興

晚清諸子學的興起不是偶然的學術現象，從其淵源來講，至少可以追溯到乾嘉時代。乾嘉年間，考據學盛行，文人學者多以耙梳古籍為治學本務。部分學者不滿足於僅在儒學典籍的整理上耗費精力，於是把治學目光移向諸子學上，開始了對諸子學的整理與研究。嘉道以後，清朝統治日趨衰落，文化專制有所鬆動。隨著考據學的衰頹，一些原來受到壓抑的學派乘機萌動。有的學者把治學興趣移向諸子學，寫出一批論及諸子百家的著作。從嘉道年間到光緒朝中後期，研究諸子學的學者以舊式宿儒為主體，其著述主要停留在對諸子文獻的技術性整理上，基本上還是乾嘉考據學在諸子學領域的延伸。論及範圍有《韓非子》、老莊、《呂氏春秋》、《荀子》、《管子》、《墨子》、《公孫龍子》、《商君書》、《淮南子》等。以下分別略作說明：

1.《韓非子》 韓非是先秦時代法家思想的集大成者，著有《韓非子》五十五篇。《史記．老莊申韓列傳》說：韓非「作《孤憤》、《五蠹》、《內外儲》、《說林》、《說難》十餘萬言。」秦漢時，此書稱《韓子》，而不稱《韓非子》。宋以後，書名始有變化。因宋以後學者尊稱唐韓愈為「韓子」，為避免混淆，人們便把《韓子》改稱為《韓非子》。流傳至清代的宋版《韓非子》只有南宋時所刻的「乾道本」。該書在序裡題署「乾道改元中元日黃三八郎印」，可知它印於西元一一六五年（南宋乾道元年）農曆七月十五日。此印本在清代有過兩個傳本，即李奕疇所藏的原印本和錢曾的述古堂影抄本。李奕疇所藏的原印本現已亡佚，但它尚有兩種抄本傳世：一是張敦仁在一八〇五年（清嘉慶十年）曾向李借閱，抄了一部，但未刊刻，影響不大；二是吳鼒在一八一六年（嘉慶二十一年）抄錄了李氏藏本，並在南京刊印。顧廣圻發現其中第十四卷有缺頁，便用述古堂抄本予以補足。為此，他作了《韓非子識誤》三卷，附刊在吳鼒所刻印的南京翻刻本之後。這個本子又叫「吳鼒本」，或「吳氏仿宋本」，是清代著名的精刻本，亦為學界認可的善本。一八四五年（道光二十五年）揚州汪氏編印「乾晏合編」中的《韓非子》及《韓非子識誤》、一八七五年（光緒元年）浙江書局刻「二十二子全書」中的《韓非子》及後來鴻文書局的石印本等，都是根據吳鼒影宋乾道本

翻刻的。清初錢曾的述古堂影抄本曾被黃丕烈購到。黃氏借到李奕疇所藏的原印本，將兩書作了校勘，付梓刊刻，後為上海涵芬樓所藏。

除了顧廣圻的《韓非子識誤》三卷外，晚清學界關於《韓非子》研究的著述有：俞樾的《諸子平議》中有《韓非子》1卷；孫詒讓《札迻》亦有論及；還有吳汝綸的《韓非子點勘》。影響較大的是王先慎的《韓非子集解》。王先慎，湖南長沙人，王先謙從弟，好諸子學。他以乾道本為主，參用他本，博採諸家，間附己見，寫成《韓非子集解》二十卷，於一八九六年（光緒二十二年）刊印。他在考釋該書時，除以宋乾道本為底本外，還用其他版本及唐宋時所編的類書，如《群書治要》、《藝文類聚》、《初學記》、《北堂書鈔》、《太平御覽》等書的引文來加以校勘。他在註釋時不但保存了舊注，還廣泛採集了盧文弨、顧廣圻、王念孫、張文虎、俞樾、孫詒讓、王先謙及日本蒲阪圓《增讀韓非子》的各種校釋，附以己見，以很大的精力編成此書。由於王先慎的整理疏注較為精當，使《韓非子》一書「釐然可誦」。《韓非子集解》成為當時最為通行的《韓非子》註釋本之一，以致後來不斷被翻印。

2. **《老子》**　《老子》是在中國歷史上影響很大的一部諸子學典籍，然而關於老聃其人及《老子》一書的研究，疑問頗多，莫衷一是，不少問題至今仍無定論。漢以後流傳下來的《老子》註釋本有魏王弼的《老子注》、河上公的《老子道德經》、唐傅奕的《老子古本篇》等。清代學者畢沅撰《老子道德經考異》二卷，用唐傅奕本校勘通行偽河上公注本，間下訓釋，刊刻於一七八一年（乾隆四十六年）。汪中（1744-1794）的《述學補遺》中有《老子考異》一篇，對孔子問禮於老子、《老子》一書的年代等問題作了考證。崔述（1740-1816）的《洙泗考信錄》卷一，也考辨孔子問禮於老子的問題，得出否定性的結論。晚清時期學者研究《老子》的著述有：魏源的《老子本義》二卷。此書的特點並不斤斤於字句篇章的考證，而是闡發《老子》一書的「微言大義」。作者肯定《老子》蘊含的「靜制動，牝勝牡」，「無為而治」等思想觀點具有積極意義，可資借鑑。他說：「天下之生久矣，一治一亂，如遇大寒暑、大病苦之後，則惟診治調息以養復其元，而未可施以肥濃腴削之劑。如西漢承週末文勝、七國嬴秦湯火之後，當天下生民大災患、大痾瘵之時，故留侯師黃石佐高祖，約法三章，盡革苛政酷

刑，曹相師蓋公輔齊、漢，不擾獄市，不更法令，致文、景刑措之治，亦不啻重太古焉，此黃、老無為可治天下。」[86]此外，還有俞樾寫的《老子平議》，見於《諸子平議》。俞氏之作是考證類的作品，對《老子》八十一章中的五十八段文字作了註釋，旁徵博引，辯駁詳明。類似的著作還有孫詒讓的《老子札迻》等。

3. **《莊子》** 　《莊子》是諸子學的重要內容，成書於先秦，對後世產生深遠而複雜的影響。後人雖以老、莊並稱，但清儒對《莊子》的研究遠比《老子》開展得充分。晚清以前有關《莊子》研究的著述屢有告世，如高秋月的《莊子釋意》、吳世尚的《莊子解》、孫嘉淦的《南華通》、宣穎的《南華經解》、姚鼐的《莊子章義》、林雲銘的《莊子因》、陸樹芝的《莊子雪》、王懋竑的《莊子存校》等。晚清時期，學界對《莊子》的研究、整理有了新的進展。一些學者，包括像曾國藩那樣的正統理學家，都對《莊子》抱有濃厚興趣，予以高度評價。曾國藩在《聖哲畫像記》中就把莊周與司馬遷、班固、左丘明相提並論，列為「三十二聖哲」之一。此期刊行的《莊子》研究著述有：《莊子內篇注》，王闓運著，刊於一八六九年（同治八年）；《莊子約解》，劉鴻典著，刊於一八六四年（同治三年）；《莊子平議》三卷，俞樾著，所著《諸子平議》中的內容之一；《莊子集釋》十卷，郭慶藩著，有一八九四年（光緒二十年）湖南長沙思賢講舍刻本；《莊子集解》八卷，王先謙著，有一九〇九年（宣統元年）長沙思賢講舍刻本及涵芬樓影印本；瑞安孫詒讓校《莊子》五十三則，收入《札迻》之中。在這些著述中，以郭慶藩的《莊子集釋》尤為精當，影響頗大。郭慶藩（1844-1896），字孟純，號子瀞，湖南湘陰人，郭嵩燾之弟崑燾子。其著《莊子集釋》採用註疏體，具錄晉人郭象注、唐代陸德明的《經典釋文》及晉唐人逸注，並蒐集了清代研究《莊子》學者如盧文弨、王念孫、洪頤煊、郭嵩燾、俞樾、李楨等人的有關著述，材料豐富，內容充實，受到時人高度評價。梁啟超稱讚說：「郭孟純（慶藩）的《莊子集釋》，用註疏體，具錄郭象注及陸氏《經典釋文》，而蒐集晉、唐人逸注及清儒盧、王諸家之是正文字者，間附案語，以為之疏，在現行《莊子》諸註解書

---

86 魏源：《老子本義序》，《魏源集》上冊，254頁。

中算最好了。」[87]

　　4. 《荀子》　荀子與孟子同為孔子以後儒家學派的兩位大師，但至宋代，《孟子》被尊為經，幾與孔子並列，而《荀子》則以「異端」受到正統學派的排斥，長期隱而不彰。清代中期汪中著《荀卿子通論》，對《荀子》作了初步闡釋。從此《荀子》受到學人的重視，出現了復活之勢。晚清時期荀學進一步發展。該書讀本以謝墉（1719-1795）、盧文弨合校本為最善，亦最流行。關於荀學的研究成果有：顧廣圻的《荀子異同》一卷、郝懿行的《荀子補註》一卷、劉臺拱的《荀子補註》一卷、陳奐的《荀子異同》、陳昌齊的《荀子正誤》、俞樾的《荀子平議》四卷、孫詒讓的《札迻》校《荀子》二十九則，以及王先謙的《荀子集解》二十一卷等多種。其集大成者為王先謙的《荀子集解》。王氏此著在謝墉校刻本的基礎上，廣泛吸收了王念孫、劉臺拱、陳奐、俞樾、郭嵩燾諸家對《荀子》考訂訓詁的研究成果，內容詳實，甚便學者閱讀。在對《荀子》一書評價上，王先謙提出了與正統派學者不同的觀點，不同意他們對《荀子》的否定。他說：「昔唐韓愈氏以荀子書為大醇小疵，逮宋，攻者益眾。推其由，以言性惡故。余謂性惡之說，非荀子本意也。……夫使荀子而不知人性有善惡，則不知木性有枸直矣。然而其言如此，豈真不知性邪？余因以悲荀子遭世大亂，民胥泯棼，感激而出此也。荀子論學、論治，皆以禮為宗，反覆推詳，務明其指趣，為千古修道立教所莫能外」；他稱讚《荀子》「探聖門一貫之精，洞古今成敗之故，論議不越凡席，而思慮浹於無垠，身未嘗一日加民，而行事可信其放推而皆準。」[88] 這些論述在一定程度上糾正了正統派學者對《荀子》評價上的偏頗，有助於荀學研究的深入開展。

　　5. 《墨子》　墨子是先秦時代與孔子齊名的思想家，墨學與儒學在當時都號稱「顯學」。然而自漢初實行「獨尊儒術」的政策以後，墨學衰落，漸成為絕學，廢二千年之久。至清代，墨學開始復興。清乾隆年間，汪中始治《墨子》，既校《墨子》全書，又採古書之涉於《墨子》者輯為《表微》一卷。繼汪中之

---

87 梁啟超：《中國近三百年學術史》，232-233 頁。
88 王先謙：《荀子集解序》，《葵園四種》，78-79 頁，長沙，岳麓書社，1986。

後，畢沅著《墨子注》、張惠言著《墨子經說解》、王念孫的《讀墨子雜志》等，都對《墨子》進行了初步研究，為墨學在晚清的進一步發展奠定了基礎。鴉片戰爭以後，西學東漸，中國社會發生深刻變化。面對西學潮流的衝擊，國人反思傳統文化，企圖從中找到應付外來衝擊的對策。《墨子》一書中包含的大量科學內容，與傳入中國的聲光化電堪相匹敵，這樣《墨子》便受到國人的重視，有關墨學的著述不斷刊行。這類作品主要有：蘇時學的《墨子刊誤》（1867 年刊）、俞樾的《墨子平議》（載於《諸子平議》，1870 年刊）、王樹楠的《墨子斠注補正》（1887 年撰）、陳澧的《東塾讀書記》（1871 年撰）、殷家俊的《〈格術補〉箋》（1876 年撰）、鄧雲昭的《墨經正文解義》（1896 年撰）、王仁俊的《格致古微》（1896 年撰）、孫詒讓的《墨子間詁》（1895 年聚珍本）等。

孫詒讓的《墨子間詁》是一部帶總結性的著作。作者積十年之功，潛心鑽研《墨子》，集各家研究墨學成果於一書，遂告大成。全書計《間詁》正文十五卷，校釋原書五十三篇之文；《目錄》一卷，考七十一篇之佚存；《附錄》一卷，為《墨子篇目考》、《墨子佚文》、《墨子舊序》；《墨子後語》上下篇，為《墨子傳略》、《墨子年表》、《墨學傳授考》、《墨子緒聞》、《墨學通論》、《墨家諸子鉤沉》等，既有對《墨子》一書的校勘、考證，又有對墨學思想的探討闡發，與當時其他墨學著述風格迥異，讀後給人耳目一新之感。樸學大師俞樾高度評價此書：「國朝鎮洋畢氏，始為之注。嗣是以來，諸儒益加讎校，涂徑既辟，奧窔粗窺，《墨子》

孫詒讓像

之書，稍稍可讀。於是瑞安孫詒讓仲容，乃集諸說之大成，著《墨子間詁》。凡諸家之說，是者從之，非者正之，闕略者補之。至『經說』及『備城門』以下諸篇，尤不易讀，整紛剔蠹，屺摘無遺，旁行之文，盡還舊觀，訛奪之處，咸秩無紊。蓋自有《墨子》以來，未有此書也。……近世西學中，光學、重學，或言皆出於《墨子》，然則其備梯、備突、備穴諸法，或即泰西機器之權輿乎？嗟乎！

今天下一大戰國也，以孟子反本一言為主，而以墨子之書輔之，儻足以安內而攘外乎！」[89]梁啟超亦評價說：「蓋自此書出，然後《墨子》人人可讀。現代墨學復活，全由此書導之。古今注《墨子》者固莫能過此書，而仲容（案：孫詒讓字仲容）一生著述，亦此書為第一也。」[90]

6. **《管子》**　《管子》一書是一部重要的學術著作，受到清代學者的重視。流行於清代的《管子》一書是唐人尹知章的注本，錯謬較多。嘉慶時，洪頤煊吸取了王念孫、孫淵如等人校證《管子》的一些成果，附以己說，寫成《管子義證》八卷。稍後，王念孫也寫成《讀管子雜志》二十四卷，凡六百四十餘條。這兩部管學著作成為晚清《管子》研究的先聲。咸同以後刊行的管學著述主要有：戴望（1837-1873）的《管子校正》二十六卷、宋翔鳳（1776-1860）的《管子識誤》一卷、張佩綸（1848-1908）的《管子學》（不分卷，有影印原稿本十二冊）、俞樾的《管子平議》六卷等；王紹蘭（1760-1835）的《管子地員篇注》四卷，及王筠（1784-1854）為《管子弟子職》一篇所作的《正音》等，則為研究《管子》的專釋。

7. **《商君書》**　《商君書》是關於商鞅思想言論的資料彙編，是商鞅的後學編成的，但大部分代表商鞅的思想。在清代，《商君書》的校本主要有三家：孫星衍、孫馮翼的《商君書校》，收錄於《問經堂叢書》內；嚴可均校本，在浙江書局《二十二子》之內；錢熙祚校本，在《指海》之內。此外，註解《商君書》的著述有：俞樾的《商子平議》一卷、孫詒讓的《商子札迻》和王仁俊的《商君書發微》（稿本）等。與其他各家相比，此期對《商君書》的研究較為薄弱。

從嘉道年間至十九世紀末，是晚清諸子學復興的第一個階段。在此期，秦漢時期的諸子學主要流派普遍受到學者們的關注。湧現出的研究成果除了上述提到的各家外，還有《呂氏春秋》、《公孫龍子》、《慎子》、《鄧析子》、《孫武子》、《關尹子》、《列子》、《淮南子》等各家，秦漢諸子百家，幾被網羅殆盡。從這些成

89 俞樾：《墨子間詁序》，《墨子間詁》，1-2 頁，上海，上海書店，1986。
90 梁啟超：《中國近三百年學術史》，230 頁。

果的形式來看，既有專題性的作品，如王先慎的《韓非子集解》、孫詒讓的《墨子閒詁》、王先謙的《荀子集解》等，又有綜合性研究的著作，如俞樾的《諸子平議》、孫詒讓的《札迻》等，在研究的深度和廣度上，都已經超過了乾嘉時代的諸子學研究水平。其中不乏總結性的著作，像孫詒讓的《墨子閒詁》、王先謙的《荀子集解》、郭慶藩的《莊子集釋》等書，都彙集了前人及同時代人大量研究成果，發人所未發，並對後學產生了重要的影響。俞樾的《諸子平議》是晚清學者綜合性研究諸子學的一部代表作。該書仿照王念孫《讀書雜志》的體例，對《管子》等十四家作了闡釋。全書共三十五卷，其中《管子平議》六卷、《晏子春秋平議》一卷、《老子平議》一卷、《墨子平議》三卷、《荀子平議》四卷、《列子平議》一卷、《莊子平議》三卷、《商子平議》一卷、《韓非子平議》一卷、《呂氏春秋平議》三卷、《董子春秋繁露平議》二卷、《賈子平議》二卷、《淮南內經平議》四卷、《楊子太元經平議》一卷、《楊子法言平議》二卷。從其書目錄涉及範圍之廣博，可見作者治學規模的宏大。俞樾雖然學宗儒學，尤其服膺漢學，但對諸子百家並無成見，而採取接納的態度。他在書序中說：「聖人之道，具在於經，而周秦兩漢諸子之書，亦各有所得。雖以申、韓之刻薄，莊、列之怪誕，要各本其心之所獨得者，而著之書，非如後人剽竊陳言，一倡百和者也。且其書往往可以考證經義，不必稱引其文，而古言古義，居然可見。」[91]無怪乎章太炎把俞氏此書與王念孫的《讀書雜志》相提並論，稱：「《諸子》（《諸子平議》）乃與《雜志》（《讀書雜志》）抗衡。」[92]這種評價是完全正確的。此期的諸子學研究儘管取得了可觀的成績，但是在治學思路、治學風格上並沒有超出乾嘉漢學的範疇，從某種意義上說，只是乾嘉漢學在諸子學研究領域中的一種延伸。關注諸子學的學者主要是舊式士夫宿儒。所述問題，多為對諸子典籍的校勘、輯佚、考證、註釋，側重於技術性的整理，鮮有對諸子學義理的深入闡發。從研究者的指導思想來看，基本上站在儒學的立場上看待諸子學的，把諸子學視為堅持儒學的一種補充，研究諸子學是為了輔翼儒學。因此，此期的諸子學研究儘管活躍一時，但只是作為傳統儒學的附屬學術而存在，並沒有自己的獨立地位。這種研究

---

91 俞樾：《諸子平議》，1 頁，北京，中華書局，1956。
92 章太炎：《俞先生傳》，《章太炎全集》第四冊，211 頁。

思路和認識對於諸子學的發展顯然是不利的。

二、諸子學研究的新開展

戊戌維新思潮的興起對晚清思想學術領域產生了重大影響。在新學思潮的感染下，學術界成長起一批初步具有近代學術目光的學者群體。嚴重的民族危機迫使他們痛定思痛，從文化學術的深層來反省中國的問題，重新估價中國傳統學術的地位和作用。此期的新派知識分子，無論是改良派方面的，還是革命派方面的，都非常看重諸子學，竭力攻讀之，研究之，試圖從中挖掘於己有用的內容。這批人治諸子學的思路、宗旨、方法，與老輩宿儒截然不同，因此，自戊戌維新思潮興起後，中國學界的諸子學研究別開生面，進入了一個新的復興時期。

在新派知識分子中，系統研究諸子學首當其衝的是康有為。他在《孔子改制考》中，不僅對以孔子為代表的儒家作了論述，還對老、墨各家作了考辨，提出了「諸子並起創教」、「諸子創教改制」、「諸子改制託古」、「諸子爭教互攻」等觀點。但是，康有為在這裡談諸子完全是從政治著眼，以諸子印證儒家的今文經學，為其尊孔倡教，託古改制的政治主張服務，而且所論主觀武斷，「自由進退古今」，引起了學術上的爭議。譚嗣同、唐才常從反對封建專制主義的立場出發，抨擊守舊士人排斥諸子學為「異端」的謬見。唐才常指出：「塵塵世界，桎梏於文法，昏瞀於科目，沈冥於俗儒，如蛾趨焰，如蟻附羶。其上者能箋注蟲魚，批風抹月，人許、鄭而家徐、庾；其下則抱兔園冊子，束濕老師宿儒之言，以謀通顯；或且睥睨群論，私尊敝帚。與之言西學，則曰異端；與之言周秦諸子，則亦曰異端。而試問彼之不異端而繩矩昌平者，糟粕而已，圈苙而已。嗚呼！孔教之晦，學派之孽，斯云劇矣。」他認為，先秦諸子都是從孔學中衍化出來的，與孔學並不矛盾。他說：「是故周、秦諸子，悉荄滋孔氏，而孟子、公羊子，衍太平之仁理，尋平權之墜緒，其嫡派也；墨子、莊、列，精研天人之旨，曼衍格物之詞，其支派也；荀子開歷代網羅鉗束之術，其孽派也。」在他看來，諸子學不僅與孔學同源，而且還能解決現實問題，指出：「故欲捄今日民窮財

盡、公私竄敝之病，則必治之以管學；欲捄今日士、農、工、商各懷私心之病，則必治之以墨學；欲捄今日吏治廢弛、弄文法之病，則必治之以申、韓之學；欲畫五大洲大同之軌，進一千五百兆仁壽之民，則必治之以孟子、公羊之學。」[93] 譚嗣同在《仁學》則強調諸子學是西學的源頭，他說：「如商學，則有《管子》、《鹽鐵論》之類；兵學，則有孫、吳、司馬穰苴之類；農學，則有商鞅之類；工學，則有公輸子之類；刑名學，則有鄧析之類；任俠而兼格致，則有墨子之類；性理，則有莊、列、淮南之類；交涉，則有蘇、張之類；法律，則有申、韓之類；辨學，則有公孫龍、惠施之類。蓋舉近來所謂新學新理者，無一不萌芽於是。」[94] 維新派士人反對排斥諸子學的守舊觀點，肯定諸子學的價值和意義，具有進步性。但他們中的不少人受康有為尊孔改制說的影響頗深，帶有不少附會的成分。

　　二十世紀初，在資產階級民主潮流的影響下，中國學術領域開始發生重要變化。新派知識分子從近代的意義上，重新看待學術的重要性。梁啟超在一九〇二年撰寫《論學術之勢力左右世界》一文，強調：「天地間獨一無二之大勢力，何在乎？曰智慧而已矣，學術而已矣。」並號召中國青年學子學習西方的培根、笛卡兒、達爾文、托爾斯泰及日本的福澤諭吉等思想學術大師，起到「左右一國」的作用，「苟能左右中國者，是所以使中國左右世界也。」[95] 這種振興中國學術的強烈要求在新派知識分子中具有普遍性的意義。還有人以意大利「文藝復興」、日本明治維新的「文明開化」為例，說明學術更新對國家盛衰興敗的重要作用，並指出在封建文化專制主義統治下的中國學術實質上是「奴隸之學」，從而強調了學術的自主性和獨立性。這些主張包含了明顯的反封建的資產階級民主精神、強烈的愛國主義和民族意識，構成於此期新派知識分子研究包括諸子學在內的整個傳統學術的指導思想，從而開拓出諸子學研究的新局面。

　　此期的諸子學研究是與新派知識分子突破獨尊儒學的學術舊格局緊密地聯繫

93 唐才常：《治新學先讀古子書說》，《唐才常集》，30-31 頁，北京，中華書局，1982。
94 《譚嗣同全集》下冊，399 頁。
95 《飲冰室合集》文集之六，110、116 頁。

在一起的。章太炎尖銳揭露歷代帝王尊孔的目的是為了「便其南面之術」[96]。批判《春秋》「言治亂雖繁，識治之原，上不如老聃韓非，下猶不逮仲長統。」[97]劉師培在《國粹學報》發表《論孔子無改制之事》的文章，指出康有為提出的孔子「託古改制」說是無稽之談，並論證儒學並非深不可測，無非是和諸子百家一樣的學術派別。值得注意的是，此期的梁啟超在對待孔子的問題上與乃師康有為發生了分歧。他在一九○二年撰文《保教非所以尊孔論》，對康氏創設孔教的主張表示質疑，認為兩千多年來中國學術停滯不前，「皆有思想束縛於一點，不能自開生面」；又說：「孔子者，哲學家、經世家、教育家，而非宗教家也。」[98]他在給康有為的信中說：「弟子以為欲救今日之中國，莫急於以新學說變其思想（歐洲之興全在此）。然初時不可不有所破壞。孔學之不適於新世界者多矣。而更提倡保之，是北行南轅也。」[99]

隨著儒學一統天下的局面發生動搖，諸子學研究開展起來。由於擺脫了「獨尊儒術」的傳統觀念，新派知識分子對諸子學的意義有了新的認識，把它們看做是與儒學同樣重要的歷史遺產和文化寶庫。鄧實甚至把中國先秦諸子學與古希臘學術相提並論，把復興諸子學視為中國的民族復興與文化復興的希望。他說：「考吾國當周秦之際，實為學術極盛之時代，百家諸子爭以其術自鳴，如墨荀之名學，管商之法學，老莊之神學，計然白圭之計學，扁鵲之醫學，孫吳之兵學。皆卓然自成一家言，可與西土哲儒並駕齊驅者也。夫周秦諸子之出世，適當希臘派興盛之時，繩繩星球，一東一西，先後相映，如銅山崩而洛鐘應，斯亦奇矣。」[100]基於這種認識，一些新派學者不囿儒學一格，對先秦諸子及漢唐後非主流學派的思想家展開研究，所及範圍包括道家、法家、墨家、名家、雜家、農家、兵家，及漢唐後的王陽明、李贄、徐光啟、黃宗羲、顧炎武、王夫之、顏元、李塨等。較為活躍的學者主要有兩部分人：一部分為革命派學者，主要是國

---

96 章太炎：《駁康有為論革命書》，《章太炎全集》第四冊，174 頁。
97 章太炎：《原經》，《章氏叢書‧國故論衡》中卷。
98 梁啟超：《保教非所以尊孔論》，《飲冰室合集》文集之九，55 頁。
99 梁啟超：《與夫子大人書》，丁文江等編：《梁啟超年譜長編》，277-278 頁，上海，上海人民出版社，1983。
100 鄧實：《古學復興論》，《國粹學報》第 9 期，1908 年十月。

粹派的骨幹人物，如章太炎、劉師培、鄧實、黃節、陸紹明、馬敘倫等，《國粹學報》、《政藝叢報》是他們的主要論壇。另一部分為改良派學者，其主要代表人物是梁啟超，《新民叢報》是其主要論壇。見於《國粹學報》的文章作品主要有：

《國學發微》劉師培　第一期　1905 年 2 月

《周末學術史敘》劉師培　第二期　1905 年 3 月

《國學通論》鄧實　第三期　1905 年 4 月

《古學起原論》劉師培　第八期　1905 年 9 月

《古學復興論》鄧實　第 9 期　1905 年 10 月

《王艮傳》劉師培　第十期　1905 年 11 月

《顏李二先生傳》劉師培　第十二期　1906 年 1 月

《老子韻表》劉師培　第 14 期　1906 年 3 月

《明末四先生學說》鄧實　第 15 期　1906 年 4 月

《諸子言政本六經集論》陸紹明　第 16 期　1906 年 5 月

《古代政術史序》陸紹明　第 18 期　1906 年 7 月

《論史分二十家為諸子之流派》陸紹明　第 18 期　1906 年 7 月

《徐光啟傳》黃節　第 19 期　1906 年 8 月

《答問諸子》王運　第 19 期　1906 年 8 月

《諸子學略說》章絳（太炎）　第 20 期　1906 年 9 月

《黃梨洲行朝錄後敘》鄧實　第 20 期　1906 年 9 月

《中國哲學起源考》劉師培　第 23 期　1906 年 12 月

《王學釋疑》劉師培　第 26 期　1907 年 3 月

《荀子詞例舉要》劉師培　第 31 期　1907 年 7 月

《荀子名學發微》劉師培　第 32 期　1907 年 8 月

《晏子春秋補釋》劉師培　第 35 期　1907 年 11 月

《水經注札記》王運　第 38 期　1908 年 2 月

《鄧牧傳》鄧實　第 40 期　1908 年 4 月

《荀子補釋》劉師培　第 48 期　1908 年 12 月

《莊子解故》章絳（太炎）　第 51 期　1909 年 3 月

《穆天子傳補釋》劉師培　第 50 期　1909 年 2 月

《呂氏春秋斠補自序》劉師培　第 60 期　1909 年 12 月

《賈子新書斠補》劉師培　第 61 期　1910 年 1 月

《白虎通義闕文補訂》劉師培　第 75 期　1911 年 2 月

《管子斠補》劉師培　第 80 期　1911 年 7 月

此期梁啟超發表的著述主要有：

《論中國學術思想變遷之大勢》　《新民叢報》第三號（連載）　1902 年 3 月

《周末學術餘議附識》　《新民叢報》第六號　1902 年 4 月

《墨子之論理學》　《新民叢報》第 49 至第 51 號　1904 年 6 月至 8 月

《子墨子學說》　《新民叢報》第 49 至第 58 號　1904 年 6-12 月

《重印鄭所南心史序》　《新民叢報》第 69 號　1905 年 5 月

《中國法理學發達史論》　《新民叢報》第 77 至第 78 號　1906 年 3 至 4 月

《論中國成文法編制之沿革得失》　《新民叢報》第 80 至第 82 號　1906 年 5 至 7 月

《中國之武士道》　廣智書局 1904 年發行

《管子傳》　《飲冰室專集》第 28 卷

除此以外，嚴複寫過《陽明先生集要三種序》、《莊子評點》等，蔡元培著《中國倫理學史》對先秦的荀子、老子、莊子、農家許行、墨子、管子、商君、韓非子、淮南子、王陽明、黃宗羲諸家的倫理思想作了論述，從一個新的學術視角對諸子學作了闡發。在上述提到的學者中，成就突出、影響較大的是章太炎、梁啟超、劉師培等人。

此期的諸子學研究從總體而言，具有視野廣闊、思路新穎的特點。

所謂視野廣闊是指研究的範圍有所擴大。在此以前，學界對諸子學的研究範圍較窄，主要局限在先秦兩漢時的各家，而對漢以後的非主流學派則很少提到。此期的新派學者則不然，不僅對秦漢諸子進行研究，還對漢以後的各家學派進行

開掘，極大地豐富了諸子學的研究內容。這主要是因為他們已經在思想上擺脫了「獨尊儒術」傳統觀念的束縛，不再把諸子學僅視為「千古絕學」，而是從振興中國民族文化的高度來看待諸子學研究。為此，他們提出了「國學」的概念，把中國學術分為「國學」與「君學」、「真儒之學」與「偽儒之學」。鄧實對此有過明確的論述，指出：國學是深為帝王所不喜歡的真儒學術思想，「與有國以俱來，因乎地理根之民性，而不可須臾離也」；君學是帝王所尊崇的偽儒學術思想，「以人君之是非為是非者也」。「真儒之學，只知有國；偽儒之學，只知有君。知有國則其所學者，上下千載，洞流索源，考郡國之利病，哀民生之憔悴，發憤著書以救萬世，其言不為一時，其學不為一人，是謂真儒之學。若夫偽儒者，所讀不過功令之書，所業不過利祿之術。苟以頌德歌功，緣飾經術，以媚時君，固寵圖富貴而已。」[101]他認為，「國學」與「君學」是對立的，「此盛則彼衰，此興則彼僕」。而受到君學壓抑的先秦諸子及後世諸子之學，均屬國學之列，應該大力挖掘，發揚光大，發揮其積極作用。鄧實說：

> 亭林鄉治之說行，而神州早成地方自治之制；梨洲原君、原臣之說倡，則專制之局早破；船山愛類辨族之說著，則民族獨立之國久已建於東方矣。是故數君子之學說而用，則其中國非如今日之中國可知也。推而老、莊、申、韓、荀、墨之學用於戰國，則戰國非昔日之戰國；伏生、申公、轅固生之學用於漢，則漢非昔之漢，又可知也。惜其學不用，乃成此晚近衰亡之局，而反以無用誣古人，古人不更悲乎。[102]

用「國學」的觀點看待中國學術，這就打破了單純從時間上區分諸子的限制，從而擴大了諸子學的範圍。

所謂思路新穎是指新派學者擺脫漢學考據治學宗旨與方法的影響，運用近代學術思想和方法開展諸子學研究所開出的規模。

從研究的側重點看，此期的研究成果固然有一些關於諸子典籍的註釋、考證

---

101 鄧實：《國學真論》，《國粹學報》，第 27 期。
102 鄧實：《國學無用辨》，《國粹學報》，第 30 期。

類的作品，但數量不多，而占主導地位的則是宏觀縱論，綜合性研究的作品，研究的側重點是對諸子學的總體論述、探求其內在規律性及其興衰成敗的原因所在，在研究的深度上進了一大步。如梁啟超的《論中國學術思想變遷之大勢》，運用西方進化論為理論，從宏觀上考察了中國學術的歷史發展進程，把中國學術史分為八個時代：「吾欲畫分我數千年學術思想界為七時代（按：應為八個時代）：一胚胎時代，春秋以前是也；二全盛時代，春秋末及戰國是也；三儒學統一時代，兩漢是也；四老子時代，魏晉是也；五佛學時代，南北朝唐是也；六儒佛混合時代，宋元明是也；七衰落時代，近二百五十年是也；八復興時代，今日是也。其間時代與時代之相嬗，界限常不能分明，非特學術思想有然，即政治史亦莫不然也。一時代中或含有過去時代之餘波，與未來時代之萌蘗。」[103]他稱春秋戰國為中國學術的「全盛時代」，把魏晉時期稱為「老子時代」，反映出作者對諸子學的重視和高度評價。梁氏還對諸子學的特點作了論述。他按各派發源地區的不同把先秦諸子百家分為南北兩派：儒家、法家、陰陽家、墨家、名家歸於北派；而把老子、莊子、楊朱、許行、屈原等歸於南派。北派的特點概括為：「崇實際」、「主力行」、「貴人事」、「明政法」、「重階級」、「重經驗」、「重保守」、「主勉強」、「畏天」、「言排外」、「貴自強」；南派的特點是：「崇虛想」、「主無為」、「貴出世」、「明哲理」、「重平等」、「重創造」、「喜破壞」、「明自然」、「任天」、「言無我」、「貴謙弱」等。他對先秦諸子百家活躍的學術局面備加推崇，以深邃的思想分析了「全盛時代」形成的七項原因：（1）「由於蘊蓄之宏富也」；（2）「由於社會之變遷也」；（3）「由於思想言論之自由也」；（4）「由於交通之頻繁也」；（5）「由於人才之見重也」；（6）「由於文字之趨簡也」；（7）「由於講學之風盛也」。[104]梁氏的論述著重把握諸子學及中國學術的總體特點，初步探討了其發展大概及變遷因果規律，發前人所未發，具有新意。諸子學中具有民主、科學精神，可資用來為現實鬥爭服務的內容，也同樣是新派知識分子闡述的重點所在。如《墨子》中的「兼愛」思想、科學精神；王陽明「心學」對發揮主觀能動性的強調；黃宗羲等人的反君主專制主張、《管子》、《商君書》中的

---

103 梁啟超：《論中國學術思想變遷之大勢》，《飲冰室合集》文集之七，3頁。
104 梁啟超：《論中國學術思想變遷之大勢》，《飲冰室合集》文集之七，11-15頁。

「變法圖強」思想等內容，都受到新派知識分子們的重視，發表文章予以闡發。如梁啟超在《子墨子學說》一文中把墨學高度評價為拯救中國的真理，指出：「今舉中國皆楊也。有儒其言而楊其行者，有楊其言而楊其行者，甚有墨其言而楊其行者，亦有不知儒、不知楊、不知墨而楊其行於無意識之間者。嗚呼！楊學遂亡中國，楊學遂亡中國！今欲救之，厥唯學墨；唯無學別墨而學真墨。」[105]

　　從撰寫體例上看，打破了傳統學術史以儒學為重點，以人物學派為中心的舊體例，把諸子百家的研究納入近代學科分類的框架之中，變「以人為主」為「以學為主」。在此以前，中國學術思想史著作多以黃宗羲的《明儒學案》一書為範例，其寫法是以王朝興替為斷限，以人物為中心，以學派源流為線索來撰寫。這種寫法雖然長於表現個別學派和學者個體的情況，但卻難於從整體上反映思想學術的變化規律和特點。劉師培的《周末學術史序》則打破了舊學術史的體系，把先秦諸子納入近代學科分類體系之中。他在書中開列的學科計有心理學、倫理學、論理學、社會學、宗教學、政法學、計學、兵學、教育學、理科學、哲理學、術數學、文字學、工藝學、法律學、文章學等十六門。他認為，近代的這些學科在中國先秦時代早已齊備，並均有系統研究，有些學科的研究達到一定的深度。如心理學「唯孔子性近習遠之旨立說最精。」[106]倫理學方面，墨家、老莊、楊朱、韓非子、商君、管子等都有創見，但「漢魏以降，學者侈言倫理，奉孔孟為依歸，視諸家為曲說，故諸子學術湮沒不彰，亦可慨矣。」[107]劉師培最推崇荀子的名學思想，認為它已經具備了歸納邏輯法與演繹邏輯法：「歸納者即荀子所謂大共也，故立名以為界。演繹者即荀子所謂大別也，故立名以為標。」[108]在政治學方面，儒家「以德為本，以政刑為末，視法為至輕」，把權力集中於君主一人之手，而又不以法律加以限制，是「不圓滿之政法學也」，不足為訓。墨家主張平等，「較之儒家，其說進矣。」法家「雖以主權為君，然亦不偏於專制。」[109]

105 梁啟超：《子墨子學說》，《飲冰室合集》專集之三十七，1 頁。
106 劉師培：《周末學術史序》，《劉申叔先生遺集》第 14 冊，21 頁。
107 同上書，22 頁。
108 同上書，6 頁。
109 劉師培：《周末學術史序》，《劉申叔先生遺集》第 14 冊，13-14 頁。

在經濟學方面，他最贊同管子的「貸國債」、「稅礦山」的主張，認為這與西方國家「所行之政大約相符」，是先秦諸子各家中唯一「以富民與富國並重者。」[110]總之，劉師培的分析論述貫徹了反封建的民主精神，對儒家學說中的敬天法祖、尊君崇上、重本抑末、禁私禁欲等觀念進行了鞭撻，而對諸子百家中帶有進步性、民主性的思想因素予以充分的肯定，高度評價了墨家的「兼愛」思想、道家藐視權貴的精神及管子富國富民主張，為諸子學研究作出積極貢獻。

從研究方法上看，新派學者除了使用傳統學術的研究方法對諸子學典籍進行考證外，還採用了近代科學方法，如比較法等開展研究。梁啟超在《論中國學術思想變遷之大勢》一文中，把中國學術與古希臘、古印度的學術作了比較，指出：「以地理論，則中國、印度同為東洋學派，而希臘為西洋學派；以人種論，則印度、希臘同為阿利物族學派，而中國為黃族學派；以性質論，則中國、希臘同為世間學派，而印度為出世學派。故三者互有其相同之點，相異之點。」[111]這些論述雖然流於膚淺，但都是用比較法研究中國學術的最初嘗試，具有學術上的開拓意義。對於先秦諸子學的研究，他也將其優缺點進行比較，從中得出總體性的結論。他把先秦學術歸納為五點長處和六項弱點。五點長處是：「國家思想之發達」，「生計問題之倡明」，「世界主義之光大」，「家數之繁多」，「影響之廣遠」。其六項弱點是：「論理思想之缺乏」，「物理實學之缺乏」，「無抗論別擇之風」，「門戶主奴之見太深」，「崇古保守之念太重」，「師法家教之界太嚴」。[112]兩相比較，優點大於缺點，先秦時代的學術，尤其是諸子學取得的成就，構成了中國學術史上的輝煌時期。

總而言之，從戊戌維新思潮以後，諸子學研究在新的起點上開展起來。在治學宗旨上，新派學者改變了乾嘉考據學那種脫離現實，崇古信古的治學老路，把治學與解決中國現實問題的鬥爭實際結合起來，注意發揮學術在現實社會中的作用。在治學內容上，西方學術深刻地影響了中國知識界，使新派學者破除「獨尊

---

110 同上書，77 頁。
111 梁啟超：《論中國學術思想變遷之大勢》，《飲冰室合集》文集之七，31 頁。
112 同上書，31-38 頁。

儒術」的舊框框，擴大了學術眼界，把研究的重點轉移到振興中國民族文化和探討學術發展內在規律上來。在治學方法上，他們把當時傳入中國的一些科學方法，如歷史進化論、比較研究法、邏輯學方法等，廣泛地引進諸子學研究領域，提出了一些有價值的觀點，為民國年間中國近代學術事業的發展奠定了基礎。

第八章

晚清社會的宗教文化

　　晚清時期，中國社會流行著形形色色的宗教，人們的宗教信仰亦多種多樣。諸如佛教、道教、伊斯蘭教、西方宗教（包括西方的基督教、天主教和東正教），以及五花八門的民間宗教，便是存於這個時期的主要宗教類別。在晚清，中國傳統社會及其文化因外來衝擊而發生了重大變化。這種變化也反映到宗教方面，出現了不同宗教的興衰盛敗，改變了舊的宗教格局。其主要變化表現為外來的西方宗教隨著中國社會半殖民地化而勢力越來越大，成為教壇新的霸主；中國社會的主要傳統宗教，如佛、道、伊斯蘭教等宗教，都因各種不同的社會原因而有興有衰，表現出起伏跌宕的變化；而眾多的民間宗教則相對活躍。以下作分別敘述。

第一節·

西方宗教在華
的擴張

西方宗教是指發源於歐洲的天主教、基督教
（新教）和東正教三大宗教體系。晚清時期，它
們都流行於中國，並依靠各國列強的侵略勢力和
不平等條約的庇護，不斷擴張各自的在華宗教組
織，成為當時中國影響最大的外來宗教。

這三派宗教都是在鴉片戰爭以前來到中國
的。最早來華的是天主教。早在十六世紀末的明
朝萬曆年間，利瑪竇等意大利天主教傳教士就來
到中國，拉開了西教東漸的序幕。然而，到了清
朝雍正年間，清政府與羅馬教廷發生了矛盾，實
行禁教，天主教在中國的活動轉入秘密狀態，亦
有緩漸的發展。據一八四四年十一月出版的《中
國叢報》透露，到一八三九年為止，天主教在中
國本部十三個省有活動，歐籍傳教士有六十五人，天主教徒約有三十萬人。[1]

哈爾濱東正教堂

1　王友三主編：《中國宗教史》下冊，935-936頁，濟南，齊魯書社，1991。

東正教，又稱希臘正教，或正教。一○五四年基督教東西兩派正式分裂後，以君士坦丁堡為中心的東部教會自稱信仰正統的基督教教義，以正教自居，故有其名。中國的東正教是在清朝康熙年間從俄國傳入的。最早來華的東正教教徒，是定居在中國的雅克薩之戰的俄國戰俘。一六九五年（清康熙三十四年），經清政府允准，他們在北京建立教堂（當時稱「羅剎廟」，即北館），同時，俄國西伯利亞都主教也頒發了教會證書，命名為「聖尼古拉教堂」。一七一五年（清康熙五十四年），俄國派出第一屆東正教傳教使團，教堂又成為該使團在北京的駐地。這個東正教使團受到沙皇政府的支持，實際上是俄國政府的外交使團。其主要任務是充當中俄之間外交、貿易的中介，並蒐集有關中國的各種情報，而對傳教興趣並不很大。因此，它在華人中發展的教徒很少。

基督教（新教）傳入中國的時間比天主教、東正教稍晚。原因在於新教在脫離羅馬教廷以後，不僅需要用一定的時間鞏固自身組織，而且在十六至十八世紀海上霸權主要掌握在葡萄牙、西班牙、法國等信奉天主教的國家，信奉新教的英、美、德等國要與之爭雄，也需要有一段發展的時間。一八○七年（嘉慶十二年），英國倫敦會派馬禮遜來到中國，揭開了基督教在華傳教的第一頁。由於清政府的禁止，馬禮遜無法在中國內地立足，不得不轉向南洋，開闢針對中國的傳教基地。在那裡，他們創

馬禮遜像

辦報刊、學堂、印刷所，翻譯出版宗教書籍，並往返於澳門、廣州之間，到一八四二年《南京條約》簽訂前，基督教共有五十九名傳教士向華人傳教，其中駐足澳門、廣州的只有八人，發展中國教徒約一百五十人左右[2]。其進展十分緩慢。

一八四○年英國殖民主義者發動了鴉片戰爭，用武力打開了中國的大門，也

2　王友三主編：《中國宗教史》下冊，971 頁。

為西方宗教在中國的傳播創造了有利的條件。西方列強從在戰後強迫清政府簽訂的不平等條約中取得了在通商口岸傳教的權利，把保護西人傳教列入條款之中。在法國的要挾下，清政府被迫在一八四六年（道光二十六年）二月二十日頒發解除天主教禁令的上諭，宣布：

> 前據者英等奏，習學天主教為善之人請免治罪，其設立供奉處所，會同禮拜供十字架圖像，誦經講說，毋庸查禁……所有康熙年間各省舊建之天主堂，除已改為廟宇民居者毋庸查辦外，其原舊房屋尚存者，如勘明確實，准其給還該處奉教之人。[3]

在第二次鴉片戰爭期間，英、法、俄、美等列強再次強迫清政府簽訂不平等條約，進一步擴大了在華傳教的權利。中法《天津條約》第十三款規定：「凡按第八款備有蓋印執照安然入內地傳教之人，地方官務必厚待保護。」中法《北京條約》又允許「法國傳教士在各省租買田地，建造自便」。[4]通過這些規定，外國教會不僅把自己的活動範圍從沿海通商五口擴大到內地，而且還使教會在內地廣置產業有了條約根據。有各國列強政府的撐腰，又有不平等條約為掩護，西方宗教三大派勢力在鴉片戰爭後像洪水一樣湧入中國，在從沿海城鎮到內地鄉村的廣大地區建立起各自的組織網絡，成為晚清時期擴張勢力最迅速的宗教派別。

鴉片戰爭以後，在中國沉寂多年的天主教立即活躍起來。他們一方面積極收回以前被清朝當局沒收的教產，恢復舊有的教會組織；另一方面動員各國天主教修會派人來華，開闢新的傳教區域。來華的主要天主教修會活動情況如下：

耶穌會是天主教的重要修會之一，在法國、西班牙等國都設有專門的組織機構。鴉片戰爭後法國耶穌會便派傳教士來到中國，在上海徐家匯徐光啟墓址附近設了總部。繼之，他們在這裡還修建了教堂、學校、醫院、藏書樓、天文臺、育嬰堂等機構，站穩了腳跟。與此同時，他們向江蘇、安徽、河北等省派出了傳教士，把這些地方變成其相對固定的傳教區域。

3　《教條紀略》卷首，轉引自王友三主編：《中國宗教史》下冊，946 頁。
4　王鐵崖編：《中外舊約章彙編》第一冊，107、147 頁。

意大利米蘭外方傳教會成立於一八五〇年，在一八五八年乘第二次鴉片戰爭之機派人來到香港，一八六九年到河南教區傳教。

一八六二年成立於比利時的聖母聖心會於一八六五年派人赴蒙古傳教。

河南曾是奧斯定會的傳教區域，在中斷了一百多年後，又於一八七九年把傳教士派到豫省，恢復了那裡的宗教活動。

一八八五年羅馬教廷成立聖伯多祿聖保羅修會，當年就派人到陝西傳教。

德國司帶爾聖言會在一八七九年派傳教士來華，把山東作為其傳教區域。

聖母小昆仲會的傳教士於一八九三年來到上海活動。

除此以外，來華的天主教會還有加拿大、荷蘭的修會，愛爾蘭的高龍龐外方傳教會，美國瑪利諾會等。來華的天主教女修會亦數量眾多，主要有：法國仁愛會（1842 年來華）、沙德聖保羅女修會（1848 年來華）、加諾薩女修會（1860 年來華）、法國拯亡會（1867 年來華）、巴底歐上智會（1875 年來華）、方濟各聖母傳教會（1886 年來華）、多明我女修會（1889 年來華）、安老會（1904 年來華）、司帶爾聖神忠僕會（1905 年來華）、埃及方濟各女修會（1910 年來華）等。十九世紀下半期，天主教在中國的修會共達三十多個。隨著來華修會的增多，教皇利奧十三重新調整了在華天主教組織系統，把中國劃分為五大傳教區：第一區為直隸、遼東、蒙古；第二區為山東、陝西、河南、甘肅；第三區為湖南、湖北、浙江、江西、江南；第四區為四川、雲南、貴州、西藏；第五區為廣東、廣西、香港、福建。[5]鴉片戰爭後僅三十餘年，天主教已經在中國絕大部分省區建立起自己的組織機構，其發展速度是令人吃驚的。傳教士和教徒亦大幅度增加。到十九世紀末，在華天主教各修會的傳教士共約八百人，教徒從一八六〇年的四十萬增加到太七十萬人[6]。

5　《聖教雜志》第十三年第七期，轉引自王友三主編：《中國宗教史》下冊，951 頁。
6　顧長聲：《傳教士與近代中國》，108 頁。

鴉片戰爭以後，基督教（新派）各差會也爭先恐後地向中國派出了傳教士。屬於英國的差會有英國倫敦會、浸禮會、長老會、聖公會、衛理宗、內地會、英行教會等；屬於美國的差會有聖公會、美部會、美北長老會、浸禮會、歸正會、衛理宗、信義宗、基督教青年會等；德國派出

北京西什庫教堂

的差會有巴色會、禮賢會、信義會等；加拿大派出的有長老會、衛理會、聖公會等，活動範圍遍及中國各地。如美北長老會在五口通商後不斷派傳教士到中國來，傳教區迅速擴大，在不長的時間裡形成了東起寧波、杭州、上海，西南及桂林、衡州，北達登州、煙臺、北京等地，南到廣東、海南的廣袤範圍。先後設立了華中區（1844 年開教）、廣東區（1847 年開教）、山東區（1861 年開教）、北京區（始於 1863 年）、江安區（包括南京和安徽懷遠，原屬華中區，後於 1906年獨立）、海南區（1881 年開始）、湖南區（始於 1898 年）等眾多傳教區。丁韙良、狄考文、李佳白等著名傳教士就來自該會。英國傳教士戴德生創辦的內地會是外國來華傳教士成立的最大傳教組織。戴德生原是英國中國布道會成員，一八五四年受該會派遣來華，以後便脫離了中國布道會。一八六五年他在英國休養期間組織了中華內地會。一八六六年戴德生重返中國，先在江浙一帶活動，後於上海成立內地會總部，建立起完善的組織系統。內地會傳教特點：一是跨宗派，所派傳教士來自不同國家的各個不同宗派，既有英、美、加拿大、澳大利亞人，又有德國、奧地利、瑞士及北歐各國之人；二是活動範圍廣，他們不僅注重在中國的沿海沿江省分建立傳教據點，而且還把傳教士派到內地省區、邊疆和少數民族地區，並強調深入民間傳教；三是傳教活動中國化，強調傳教士在生活、起居、衣著、語言、舉止等方面，都盡量做到中國化，以減少傳教阻力，迅速把上帝的福音傳遍中國。由於具備這些特點，內地會組織發展很快，一八六九年傳入安徽、江西，一八七五年發展到河南、湖南，一八七六年傳入山西、陝西、甘肅及綏遠，次年，四川、貴州、雲南、廣西等西南地區被納入他們的傳教範圍。在不長的時間裡，內地會的傳教活動幾乎遍及全中國，這種擴張速度在來華的各基督教差會中並不多見。到十九世紀末，內地會在中國約有六百五十名傳教士，

二百七十個傳教據點，教徒在五千人以上，成為基督教（新教）在華的最大差會之一。[7]

基督教（新教）傳入中國的時間雖然晚於天主教，但其在華發展的速度並不比天主教遜色。到一九〇六年止，經過英、美等國新教傳教士的努力，共在中國建立教會八十二個，派遣傳教士三千八百三十二人，發展教徒共十七萬八千二百五十一名。[8]從總體上看，天主教影響的對象主要是以農民為主體的社會下層，而基督教的多數差會和傳教士則熱衷於辦報、辦學、譯書等文化事業，在士大夫階層及知識分子中有較大的影響。因此，儘管基督教擁有的信徒比天主教少，但它在當時中國社會中的影響卻不可低估。

晚清時期，東正教的傳播狀況雖然落後於天主教和基督教，但仍然呈現出迅速發展的勢頭。由於種種歷史原因，東正教在華的發展一度處於遲滯狀態。在一八六〇年以前的百餘年間，含雅克薩俘虜的後裔在內，北京的東正教徒不過二百人，加上北京以外的哈爾濱、張家口、天津、漢口等地的少數教徒，總數亦僅三百多人。這種情況直到一八七八年始發生變化。是年，修士大司祭弗拉維昂‧高連茨基率領第十六屆傳道團來華。鑒於東正教在華發展緩慢，弗拉維昂‧高連茨基改變傳道團主要參與俄國外交活動的方針，開始重視傳教事務。其教會及傳教士在北京、內蒙、漢口等地積極開展傳教活動，使這一教派得到迅速發展。到一九〇二年，中國境內建成的東正教教堂已有三十二所，信徒總數達五千五百八十七人，僅北京就有教徒上千人，[9]是四十年前的五倍。

晚清時期在中國流行的西方宗教（含天主教、基督教、東正教在內）扮演著外來意識形態和外來政治勢力的雙重角色，對中國近現代的歷史發展，尤其在思想文化方面有著重大的影響。應該看到，鴉片戰爭以後的西教東漸，是與帝國主義列強對中國的瘋狂侵略交織在一起的。因此，就整體而言，西方教會執行了帝國主義的侵略政策，充當了侵略中國的工具。當然這並不排除來華傳教士中的一

7　顧長聲：《從馬禮遜到司徒雷登──來華新教傳教士評傳》，167 頁。
8　王友三主編：《中國宗教史》下冊，973、986 頁。
9　同上書，942 頁。

些人對中國是友善的，做了一些有利於中西文化交流的事情。

把宗教視做侵略工具，利用宗教為侵略行徑服務，是殖民主義、帝國主義向外侵略擴張的既定政策，並不以傳教士的主觀意志為轉移。一般來說，帝國主義列強侵略中國的活動，首先是派出傳教士，然後是商人，再後是殖民地官員。也就是說傳教士被帝國主義分子視為侵略擴張的先頭部隊。正因為如此，各國政府對來華教會不遺餘力地予以支持。俄國第十八屆傳教使團大司祭費古洛夫斯基·英諾肯提乙直言不諱地承認：「俄國傳教使團的成員們乃是俄國政府的官方代表……傳教使團的經費是由俄國政府供給的，訓令是俄國政府下達的。政府的意圖是，通過傳教士以促進俄國的政治利益，這是充分理解的。」[10] 不僅俄國如此，其他歐美國家也是這樣。殖民侵略政策就像魔影一樣影響、支配著來華傳教士的言行。從明朝中後期來華意大利耶穌會傳教士利瑪竇開始，西方傳教士始終把對中國的精神征服放在首位。利瑪竇說過：「我們耶穌會同人依照本會成立的宗旨……做耶穌的勇兵，替他上陣作戰，來征討這崇拜偶像的中國。」[11] 鴉片戰爭前多次對中國進行偵察的荷蘭傳教士郭士立（德籍）曾經發誓：「我心中長久以來就懷有這樣的堅定信念，即在當今的日子裡，上帝的榮光一定要在中國顯現，龍要被廢止，在這個遼闊的帝國裡，基督將成為唯一的王和崇拜的對象。」[12] 無怪乎《天津條約》簽訂後，英國傳教士楊格非得知列強取得了更多的傳教特權欣喜若狂地聲稱：「中國幾乎出乎意料之外地對傳教士、商人和學者開放了。這個國家事實上已經落入我們的手中，一切早已在中國的傳教士和各自國內的差會，如果他們不去占領這塊土地，不在十八個省的每一個中心取得永久立足的地方，那將是有罪的。」[13] 他的這段自白真實地反映了晚清時期來華傳教士的一般心態。怎樣對中國進行「精神征服」呢？對於傳教士來說，除了組建教會，發展教徒之外，就是通過辦報、辦學、編譯圖書等文化活動方式來達到這個目的。

「以學證教」是來華傳教士採用的重要傳教手段。第二次鴉片戰爭後，中國

10 〔俄〕費·英諾肯提乙：《中國的東正教會》，載《教會雜志》，1916 年十月，678-679 頁。
11 〔法〕裴化行：《利瑪竇司鐸和當代中國社會》第一冊，王昌祉譯，1 頁。
12 《中國叢報》，1832 年八月，140 頁。
13 湯普生：《楊格非傳》，轉引自顧長聲：《傳教士與近代中國》，66 頁。

興起了洋務運動，開始「師夷之長技」，學習西方近代科學技術。傳教士們便投其所好，重施「以學證教」之故伎，假借宣傳科學知識的名義，兜售宗教的私貨。在他們編寫的一些科學宣傳品中，一方面極力渲染近代科學的奇妙幻變，另一方面卻又煞有介事地說什麼西方人之所以能發明這些「奇技」，是得到了「上帝賦予的智慧」，來源於「上帝的啟迪」，批評中國人只學西方科技而忽略學習西方宗教，是「逐末捨本」，不得要領。在他們看來，「教化為本，器藝為末」，忽視學習宗教只會使「學問失其要，徒得西學之皮毛，而不得西學精深之理，雖然亦無其益矣」。[14]在中國人剛剛開始接觸西學並對之缺乏了解的時候，傳教士們的這種說法很容易把人們引上歧途，其危害性是顯而易見的。

在中國的西方傳教士和教民在一起

教會學校大都開設了一些西學課程，這比中國封建八股教育進了一步，但其目的並不是為中國振興培養人才，而是為教會培養馴服工具，以便用之取代「中國的舊式士大夫」，進而控制中國。以在華辦學聞名的美國傳教士狄考文公開表示：

14〔德〕花之安：《自西徂東‧自序》。

真正的教會學校，其作用並不單在傳教，使學生受洗入教。他們看得更遠，他們要進而給入教的學生以智慧和道德的訓練，使學生能成為社會上和教會內有勢力的人物，成為一般民眾的先生和領袖……中國作為儒家思想的支柱的，是受過高等教育的士大夫階層，如果我們要對儒家的地位取而代之，我們就要訓練好自己的人，用基督教和科學教育他們，使他們能勝過中國的舊式士大夫，從而取得舊式士大夫所占的統治地位。[15]

基於這種辦學宗旨，不少教會學校都用強制性的手段和措施，強迫學生接受西方宗教觀念，學生整天被沉悶、壓抑、神祕的氣氛所籠罩，窒息了青少年固有的朝氣與活力。

還有不少傳教士著書立說，鼓吹「種族優劣」、「弱肉強食」的謬論，對中國人進行奴化宣傳，以瓦解其民族精神。美國公理會傳教士明恩溥在《中國人的特性》（1892 年出版）一書中，以強烈的種族偏見竭力醜化中國民族傳統，對中國文化大潑污水。該書寫道：中國人的「特性」是「沒有準確的概念」、「誤解的天性」、「拐彎抹角的天性」、「理智混亂」、「輕視外國」、「因循保守」、「沒有同情心」、「互相懷疑」、「沒有誠實」等。甚至連中華民族傳統的美德「節約」、「勤勞」、「禮貌」等，也都成為譏笑的題材，作者誇張地說：中國婦女在臨死之前，要自己走到墳地，以節省別人抬屍首的力氣。他斷言：「中國文化是自私的，需要美國的發財文化；中國的經濟是落後的，需要美國的商品和現代科學；中國人的道德墮落，貪污腐化達到極點，以致不能看守自己的海關，不能讓他們收稅而自肥。」[16]總之，中國的一切方面都不如美國，只有讓美國人來統治，中國才有光明的前途。另一位美國傳教士林樂知鼓吹中國應該向印度學習，接受英國人的殖民統治。他在《印度隸英十二益說》一文中宣稱：英國在印度的殖民統治有十二項「益處」，並向中國提出：「吾意唯有拔趙幟暫易漢幟之一法，先於東南方遴選二省地，租歸英治，凡有利弊，聽其變置……本昔之治印者，一一

---

15 顧長聲：《從馬禮遜到司徒雷登——來華新教傳教士評傳》，287 頁。
16 顧長聲：《從馬禮遜到司徒雷登——來華新教傳教士評傳》，360 頁。

移而治華。」[17]也就是說，中國只有像印度那樣淪為英國人的殖民地，才有出路。

然而，歷史現像是複雜的，事物的存在總是體現為一定的矛盾性、多樣性。這條法則同樣適用於晚清來華西方宗教。講傳教士充當西方列強的侵華工具，這是就其總體估價和問題的本質而言，並不意味著把所有的來華傳教士都視為侵略者，他們做的每一件事都是侵華「罪行」。實際上有許多傳教士只是虔誠的宗教徒，與該國政府並無多少瓜葛，對中國也沒有什麼惡感，甚至對中國的苦難抱有同情態度，在力所能及的範圍內也做過一些對中國有益的事情。也可以說，晚清的西教東漸有著對中國近代文化發展有益的一面。其主要表現如下：

其一，介紹西學。西學，主要是西方科學技術知識在中國的傳播，是中西文化交流史上的大事，對中國近代新文化的形成起著關鍵性的作用。而在西學東漸的過程中，來華傳教士起到了媒介和橋梁的作用。尤其在中西文化交流的初期，這種作用更為明顯。無論在明末清初，還是在晚清時期，都有大量傳教士積極從事西書的翻譯工作。西方的天文地理、聲光化電等科學知識，經過他們的翻譯（當然這裡還有中國學者的配合）傳入中國，豐富了中國人的知識結構，帶來了中國思想界的新變化。傳教士介紹科學的目的，是讓人們接受宗教，皈依上帝，但讀了這些書籍的中國人，多數卻只相信科學，而並不信上帝，與傳教士譯書的初衷大相逕庭。因為介紹西學，促進中西文化交流，是符合中國近代社會發展歷史趨勢的。傳教士譯書儘管有其特定的主觀動機，但此舉引起的客觀後果卻不以其主觀意志為轉移，客觀上起了傳播西學的作用。

其二，改良教育。晚清來華傳教士的一項重要活動是興辦學堂。教會學校儘管帶有濃厚的宗教色彩，且辦學宗旨狹隘，但從性質上來講，屬於近代教育的範圍。在教學內容、教學方法、學校體制等方面，教會學校與中國傳統教育體系都有很大的不同。教會學校的出現，在中國封建舊教育領域內樹起了一種新的辦學模式，客觀上有利於中國傳統教育的改革。

---

17 〔美〕林樂知：《印度隸英十二益說》，《萬國公報》第 94 冊，1896 年 11 月。

其三，推動近代文化事業發展。近代報刊、圖書館、出版機構、博物館、譯書館等新興文化事業的出現，是晚清時期中國文化更新的重要方面。而來華傳教士則是這些新興文化事業的始作俑者。這些新式文化設施不僅向國人介紹了大量域外新知，而且為中國人創辦近代文化事業開了先河，樹立了實際而具體的模式。

其四，豐富了中國的宗教文化。鴉片戰爭以前，中國的宗教成分主要由佛教、道教、伊斯蘭教及大量民間秘密宗教所構成。西方宗教儘管傳入，但後來遭到禁止，幾乎銷聲匿跡，無甚影響。至晚清，西方宗教捲土重來，不僅在中國站住了腳，而且後來居上，擴張迅猛，其影響凌駕於佛、道二教之上。晚清時期的西教東漸改變了中國傳統宗教文化的構成，具有西方風格的基督教文化成為中國宗教文化的一個組成部分，從而豐富了中國近代宗教系統的結構。

總之，晚清西教東傳是一個複雜的歷史現象，具有雙重歷史特點：一方面它是西方列強東侵帶來的結果，具有文化侵略的性質；另一方面又以新的因素豐富了中國文化的內容，帶有中西文化交流的特點，對中國近代文化的形成有不可忽視的影響。這是一個問題的兩個方面，必須綜合起來看待，忽略哪一方面都是不可取的。

第二節 · 太平天國宗教和民間秘密宗教

一、太平天國與拜上帝教

　　基督教傳入中國後，先是秘密地在民間流傳。一八四三年（道光二十三年），廣東籍的落第書生洪秀全讀了一本宣傳基督教的小冊子——《勸世良言》，受到啟發，自行施洗，創立了拜上帝教。他一方面發展教徒，建立組織；一方面撰寫闡釋拜上帝教教義的文章，把基督教教義和農民的平等平均主張結合起來，形成他獨特的中西合璧的宗教觀。數年後，經過洪秀全、馮雲山等人的苦心經營，拜上帝教已經在廣西桂平紫荊山地區開闢了廣大的活動基地，貧苦鄉民紛紛來投，並不斷與當地封建統治勢力發生衝突，最終從宗教鬥爭走上政治鬥爭的道路。一八五一年一月十一日（道光三十年十二月初十日），洪秀全等人發動金田起義，建號太平天國，公開打出反抗清朝統治的旗幟。太平天國運動是中國歷史上唯一的一次以西方基督教為旗號的大規模的農民起義，在許多方面都帶有濃厚的宗教色彩。

　　太平天國創立的拜上帝教與西方基督教有著千絲萬縷的聯繫，在許多方面都吸取了基督教的內容。梁發寫的《勸世良言》就是洪秀全接受西教的啟蒙讀物，其中的許多觀點為洪所接受。一八四七年初，洪秀全親至廣州，從美國浸信會傳教士羅孝全學習《聖經》，了解其宗

洪秀全像

教儀式等。洪仁玕在金田起義後也曾出亡香港，投到瑞典巴色會傳教士韓山文門下，接受洗禮，受職傳道。他們都與外國教會和傳教士有過一定的聯繫，並受其啟發和影響，給拜上帝教打上深刻的基督教的印記。如太平天國信奉的拜一神、崇基督、尊聖經、尚道德，兼信罪惡、永生、天堂、地獄等教義，又施行禮拜、洗禮、祈禱等教會典禮，都直接取源於基督教。再如洪秀全等人制定的「十款天條」，是拜上帝教的教規，也是後來太平天國的軍紀及國家法律，其內容便是模仿基督教的「摩西十誡」。據《舊約·出埃及記》記載，「十誡」是摩西假託耶和華旨意頒布施行，規定有：（1）不許拜別的神；（2）不許製造和敬拜偶像；（3）不許妄稱耶和華的名謂；（4）須守安息日為聖日；（5）孝敬父母；（6）不許殺人；（7）不許奸淫；（8）不許偷盜；（9）不可作假見證；（10）不許貪戀他人財物。太平天國制定的「十款天條」是：（1）崇拜皇上帝；（2）不好拜邪神；（3）不好妄題皇上帝之名；（4）七日禮拜頌讚皇上帝恩德；（5）孝順父母；（6）不好殺人害人；（7）不好奸邪淫亂；（8）不好偷竊劫搶；（9）不好講謊話；（10）不好起貪心。[18]二者相比，個別詞句雖有改動，但基本內容大體相同，後者明顯脫胎於前者。美國傳教士楊格非在考察了太平天國之後得出這樣的結論：「他們的宗教，雖有不少的錯誤，然其中仍有幾個重要點為他們所清楚明及熱誠信守的。這幾點正是我們的宗教之根基，無此則不能成為基督教了。他們關於上帝的觀念是正確的……與夫基督為拯救人去罪惡出地獄的救主，與夫將來的賞賜與懲罰等教道，皆是直接從基督教而得來的。」[19]

然而，如果據此把太平天國運動與西方宗教完全等同起來，視為一場基督教運動，便是把複雜的問題看得過於簡單了。太平天國儘管崇拜上帝，信奉耶穌，帶有濃重的西教色彩，但絕不是西方基督教的翻版，在其性質、教義、教規、宗教儀式等方面都有許多新的創造和特點。因為太平天國革命不是一場純粹的宗教運動，而是在宗教旗幟下開展的農民革命，宗教僅是這場革命的形式和手段，階級鬥爭才是它的實質和目的，宗教的手段始終服從於階級鬥爭的目的。這便是太

---

18 參見《天條書》，《太平天國》（中國近代史資料叢刊）第一冊，78-80 頁。
19 簡又文：《太平天國典制通考》下冊，2020 頁，香港，簡氏猛進書屋，1958。

平天國的拜上帝教不同於西方基督教的根本原因。從大的方面來講，二者的主要區別有以下幾個方面。

其一，對宗教教義的解釋不同。拜上帝教與基督教在「上帝」、「魔鬼」、「三位一體」等宗教基本觀念的理解、解釋上存在較大的歧異。洪秀全對它們的解釋完全不受基督教正宗解說的限制，而是根據自己的需要進行編造、發揮，把中國的歷史故事、民間傳說以及自己編排的神話統統捏合在一起，形成拜上帝教獨特的宗教觀念。在正統基督教教義中，上帝是天地萬物的創造者和主宰，並對人間賞善罰惡。他是無處不在而又無形跡的獨一真神。耶穌是上帝的獨生子，是傳達上帝福音的救世主。上帝和耶穌在基督教中具有同等重要的地位，是崇拜的最高真神和唯一偶像。而在洪秀全看來，上帝並不是無形無跡的精神實體，而是「一位身著黑色道袍的老人」，是完全被人格化、中國化的人格神。洪秀全寫的《太平天日》對上帝的形象作了這樣的描繪：「頭戴高邊帽，身穿黑龍袍，滿口金鬚，拖在腹尚（上），相貌最魁梧，身體最高大，坐裝最嚴肅，衣袍最端正，兩手覆在膝尚（上）」。他還給上帝創造了一個易為中國人接受的稱呼：「天父上主皇上帝老親爺爺」，不過使用最多的還是「天父」一稱呼。太平天國還編造出一位「天母」，又稱為「天媽」或「老媽」。基督教教義中有「聖母」瑪利亞，但與拜上帝教中的「天母」根本不同。基督教中的「聖母」是童貞女，由「聖靈感孕」而生耶穌，後嫁給約瑟為妻，與「天父」並無干係。而太平天國信奉的「天母」則是「天父」的妻子，與天父結為夫婦而生子。而且天母不只一人，按照洪秀全的說法，他與楊秀清及耶穌乃同一「老媽」所生，包括馮雲山等人在內的兄弟姊妹則是「別的老媽」所生。可見，天父是一個多妻多子女的老人。關於耶穌，在正統基督教教義中，耶穌是上帝的獨生子，是傳達上帝福音的救世主。上帝為拯救世人出苦難，降孕瑪利亞而誕生耶穌，耶穌是上帝的代表，但又有人的形象，具有亦神亦人的身分。在拜上帝教中，耶穌被稱為「天兄」，但不是上帝的獨生子，而是上帝的長子。洪秀全為了神化自己和太平天國其他領導人，把他本人和馮雲山、楊秀清、蕭朝貴、韋昌輝、石達開等統統說成是上帝的兒子，稱耶穌為上帝之長子，自己是次子，其他領導人依次遞降。至於魔鬼，在基督教教義中係指專事抵擋上帝，並誘惑人犯罪的邪惡之源，含義比較抽象。洪秀全講的

魔鬼並不單指宗教虛幻世界中的邪惡妖魔，而是現實社會中的封建統治者，稱清帝為「閻羅妖」，是攻擊的主要對象。西方基督教，尤其是來華傳教士宣傳的宗教主張，主要是鼓吹抽象的人類之愛，假借神意，教人服從統治階級，追求彼岸世界的精神解脫。而洪秀全則強調現實社會的黑暗和不平，號召人民奮起反抗現實世界中的「閻羅妖」，「革故鼎新，莫不來王來享；斬邪留正，莫不同心同德」，[20]建立「無處不均勻，無人不飽暖」的「新天朝」。這個「新天朝」並不在彼岸世界的天國，而是在此岸世界的人間。

其二，組織系統性質的不同。西方基督教是純粹的宗教組織，其宗旨唯在追求個人的精神超脫、靈魂不朽及人類博愛，其組織活動完全是單純的宗教行為。以來華天主教為例，早在明末時羅馬教廷就設立澳門主教區，在中國建立自己的組織系統。到清代，來華天主教逐漸形成總本堂區、本堂區和堂口三級組織機構，設主教、司鐸、神父等神職人員進行管理。堂口是天主教的基層組織，也是天主教徒進行宗教活動的場所。傳教士笪良仁在一八四五年九月十五日的信中對上海地區的堂口作了這樣的描述：

每一個堂口都有一個公所，公所就是有小堂的專為集合教友的一座屋子。小堂不是別的，只是一間廳堂。廳的深處立有一座祭臺，祭臺上豎有帷幔，祭臺兩旁各有一隻小几桌。祭臺上一般裝有一架十字苦像，一幀耶穌或聖母的聖像，四或六隻粗製的燭臺，一幅帷幔掩住了牆壁，作為小堂的底幕。在祭臺兩旁的小几桌上，懸掛著兩幅畫得並不高明的天神像：一幅是護守天神導引著一個中國小孩，一幅是總領天神彌額爾戰敗幽王魔鬼的像。這兩隻小几桌因而稱作天神臺。小堂旁邊就是神父的住屋，住屋用薄板分成兩間，內間作為臥室，外間作為餐室。[21]

堂口的一切陳設全都是為宗教活動而設置，呈現出濃厚的宗教氣氛。天主教的本堂區、總本堂區就在這樣的堂口基礎上建立起來。

---

20 洪秀全：《詔書蓋璽‧頒行論》，《太平天國》第一冊，305 頁。
21 〔法〕史式徽：《江南傳教史》第一卷，126-127 頁，上海，上海譯文出版社，1983。

與西教相比，太平天國的拜上帝教有著完全不同的組織形式。它建立起來的組織體系具有政教合一、軍政合一的特點，是進行政治鬥爭的工具和手段。太平天國當局在一八五三年頒布的《天朝田畝制度》對其組織系統作了明確的規定：五家為伍，設伍長；五伍為兩，設兩司馬；四兩為卒，設卒長；五卒為旅，設旅帥；五旅為師，設師帥；五師為軍，設軍帥。一軍由一萬三千一百五十六家所組成。從兩司馬到軍帥挑選本地人充當，稱鄉官，軍帥以上各官由上級委派。這就形成了以兩司馬所統二十五家為基層單位，由卒、旅、師、軍等建制單位層層統轄的組織體系。每個單位都具有多種功能，既是一種軍事編制，又是一級行政組織，同時還是具有相對獨立性的宗教、社會經濟活動的基本單位，合作戰、行政、宗教、社會生活於一體。《天朝田畝制度》對這種軍政教合一的組織性質作了說明：「每軍每家，設一人為伍卒。有警，則首領統之為兵，殺敵捕賊；無事，則首領督之為農，耕田奉上。」可見，在組織系統上，太平天國與西方宗教大不相同，其政治性是第一位的，宗教性居於其次。從形式上講，太平天國的組織形式更多地借鑑了中國歷史和現實的經驗與方法，擯棄了西方宗教的組織形式，是一種新的創造。

其三，在宗教儀式上的不同。太平天國的宗教儀式與西方宗教也不相同。對此，支持太平天國的英國人呤唎這樣評價說：「他們（按：指太平天國領導人）盡力實現《聖經》教義的禮拜儀式，也是跟基督新教相符合的。他們遵守了並舉行了基督新教的一切主要聖禮，由於他們是根據自己的理解去解釋的，所以有些是正確的，有些卻是不正確的。」[22]如洗禮是基督教中最重要的禮儀，有浸水、灑水和灌水之分，而太平天國並未完全照搬，而是根據自己的理解和實際情況，因時因地因人而異。有的「用水洗胸，表示洗心之意」，這是用《易·繫辭》中「聖人以此洗心，退藏於密」一語，附含其義；有的則跳入小河中洗淨全身，有時「只不過經過一日的教訓便得了」。[23]再如，聖餐也是西方宗教的重要禮儀，是發揚基督精神，團結教徒的重要儀式。但太平天國對此不甚重視，很少舉行。

---

22 〔英〕呤唎：《太平天國革命親歷記》上冊，王維周譯，243 頁，北京，中華書局，1961。
23 簡又文：《太平天國典制通考》下冊，1856-1857 頁。

在各種文獻中很難找到太平天國早期活動中舉行過聖餐儀式的記載，只是在洪秀全的晚年仿行過，但遠不如西方宗教那麼隆重。如前所述，西方宗教，無論是基督教，還是天主教，都有專門舉行宗教儀式的場所——教堂，有專職主持儀式的人員——牧師或主教，而太平天國則不然，無論在鄉村，還是在城市，都不設專門舉行宗教儀式的教堂。吟唎在談到這種情況時說：「太平天國不單設禮拜堂，而是以主要公署和王府中特別建造的聖殿，或天廳，充作拜上帝之用。天廳總是全部建築物中最重要的部分，神聖尊嚴，從不在宗教之外充做別的用途。」[24] 太平天國不設牧師及主教，而設宗教官或由各級軍政長官來主持宗教儀式，體現出軍政合一的特點。太平天國的宗教禱文多種多樣：有為出征前用的，有為戰勝或戰敗之後用的，有為傷病人員用的，有為興建房屋用的，有為收穫用的，有為嬰兒誕生用的，有為每日用的等等。內容多為求福免災，希冀天朝興旺發達之意。每當禱告完畢，會眾全體起立歌唱讚頌，各種樂器一齊鳴奏，有時還焚香放鞭炮，場面甚為熱烈。這種獨特的宗教儀式在西式宗教活動中是絕然見不到的。

　　總之，以洪秀全為首的太平天國領導人為了適應政治鬥爭、軍事鬥爭的需要，對西方宗教進行了大膽的變革，使之政治化、中國化，既適合中國人的口味，便於爭取廣大民眾，又便利於開展階級鬥爭，以達到其推翻清王朝，建設人間「小天堂」的目的。因此，在研究太平天國宗教時，既要看到它與西方宗教的聯繫，又要注意二者的不同，偏重哪個方面都是不對的。

二、民間秘密宗教

　　民間秘密宗教是相對於公開合法存在活動的正宗佛教、道教、伊斯蘭教而言，泛指那些不能公開活動，被統治階級視為「邪教」、「左道」、「異端」的宗教組織。這些宗教「依託宗教之旁門左道，不可勝數，彌勒教、白蓮教、天理教、中洋教、上帝教、三祖教、黃天教、在理教、義和團、大乘教、大成教、薩

24　〔英〕吟唎著，王維周譯：《太平天國革命親歷記》上冊，249 頁。

滿教，及崇拜一切自然物如水火龍蛇之類者，非流於妖邪，即困於鄙陋，實皆不足以言宗教也」。[25] 此外，像無為教、龍天門教、齋教、黃天道、清水教、青蓮教、白陽教等，均屬民間秘密宗教之類。民間宗教的來源頗為複雜，有來源於基督教者，如拜上帝教，也有來源於道教者，更多的是由佛教門派衍化而來。特別是自元明以來流行於世的白蓮教，更是晚清時期民間秘密宗教的主要來源。事實上，不少民間宗教在發展的過程中並不太講究佛、道二教的門戶之別，通常相互滲入不同流派的宗教觀念及民間秘密結社的組織觀念，兼有各家的特點。

晚清民間秘密宗教的一個重要特徵，就是派別林立，自立門戶，互不相統，組織上處於渙散狀態。正由於此，它們尊奉的神也十分駁雜，諸如無生老母、彌勒佛、玉皇大帝、洪鈞老祖、張天師、關聖帝君、梨山老母、達摩老祖等佛教、道教中的崇拜偶像，以及許多神話人物、小說傳奇人物等，全都請了出來，頂禮膜拜。但是，由於不少民間宗教都與白蓮教有關，因此白蓮教關於「真空家鄉，無生父母」，「無生老母創世」、「三期末劫」等觀念，幾乎為所有的秘密宗教所接受。這種否定現實的思想觀念顯然是促使民間宗教形成「異端」，走上反對封建統治當局道路的重要因素。元明清時期的許多農民起義，如元代白蓮教起義，明代聞香教起義，清代天理教起義、八卦教起義，晚清義和團運動及太平天國起義等，都是由民間秘密宗教直接發動，或與之有著密切的關係。正因為如此，歷代封建統治者對民間秘密宗教向來採取取締政策。義和團運動興起後，吳橋縣令勞乃宣輯成《義和拳教門源流考》，竭力論證義和團「乃白蓮教之支流」、「其為邪教，形跡顯然」。[26] 其目的是企圖促使清政府儘快除之。這本書典型地反映了封建統治階級對待民間宗教的態度。

民間秘密宗教儘管受到清政府的禁止，但在社會上卻有廣泛的群眾基礎，傳播流衍，旋起旋滅，大有愈禁愈烈之勢。許多民眾反抗活動皆與民間秘密宗教有關。胡思敬在《驢背集》中說：「光緒二十六年庚子春，山東義和拳大起。義和拳即八卦會匪，與白蓮教異派同源。匪首鄐文生，商邱人，倡亂乾隆中葉，旋被

---

25 徐珂：《清稗類鈔》第四冊，1969 頁，北京，中華書局，1984。
26 《義和團》第四冊，438 頁。

執誅死。嘉慶時再熾，由河南擾及曹州，給事中周延森發其事，朝命那彥成討平之，盡滅其黨，懸為例禁。自西人入中國傳教，良懦多受欺凌，拳匪因民之勿忍也，遂劫眾以叛，聲言保清滅洋，不傷害良民。」[27]民間秘密宗教反映了一部分下層民眾的願望。鴉片戰爭以前，他們主要和封建政府對抗，鴉片戰爭後，當西方列強成為中華民族大敵的時候，中國人民則以民間秘密宗教為號召，為鬥爭形式，展開對外來侵略者的抗爭。

第三節 ·
佛教與佛學

　　佛教是發源於印度次大陸，而比基督教、伊斯蘭教更為古老的宗教。早在漢代時佛教就已傳入中國，植根於神州大地，逐漸實現了中國化的演進。到了明清，人們不再把佛教視為外來宗教，已經把它和中國人的信仰生活密切地結合在一起了。在清代，君主專制統治達到登峰造極的程度，宗教勢力被摒於國家政權之外，受到一定的抑制，佛教亦不例外，呈現出衰落的趨勢。這種狀況一直延續到晚清。晚清時期的佛教由於受到社會動盪和社會變革的影響，衰落之勢日甚一日，但在一批文人當中，佛學卻悄然興起，風行一時，形成晚清佛教文化發展中的一大奇觀。本節分別從佛教、佛學兩個方面略作敘述。

---

27 《義和團》第二冊，488 頁。

一、衰落中的佛教

佛教是由教義、制度、儀軌及眾多教徒、信徒所組成的龐大的宗教體系。其核心內容是教義。「四諦」之說是佛教教義的主要內容。「四諦」即是闡述四種真理：包括人生的痛苦現象，造成人生痛苦的原因，指明解脫人生痛苦的理想境界和解脫人生痛苦實現理想境界的途徑。這也是佛教人生哲學的基本觀點。佛教的制度、儀軌方面很廣，如稱呼、服飾、寺院、傳戒、度牒、清規、課誦、法會、節日活動等。它還用清規戒律約束其門徒，制定出「五戒」、「八戒」、「十戒」等規定。佛教，特別是中國佛教供奉的偶像是以釋迦牟尼為首的眾多佛界菩薩，如除釋迦外還有彌勒菩薩、比丘迦葉、比丘阿難、觀音菩薩、文殊菩薩、普賢菩薩，以及十八羅漢、五百羅漢等；護法神有韋馱、四大天王等。羅漢堂所供的濟公，形象詼諧幽默，舉止如狂，完全是中國佛教的美妙創造，也是佛教中國化的一個例證。佛教的上述狀況，在晚清時期並未發生重大變化。

清代的佛教（道教亦然）受到國家政治的嚴格控制，在統治階級允許的範圍內存在發展。清政府對於佛教，既不尊之為國教，又不予以禁止，而是採取籠絡政策，把它的活動納入自己統治的軌道，發揮其補充儒家思想的教化功能。為了更好地利用佛教，清政府設有專門性的管理機構，在北京的叫僧錄司，在府、州、縣亦設相應的官職。僧錄司設置左右「善世」各一人，正六品；左右「闡教」各一人，從六品；左右「講經」各一人，正八品；左右「覺義」各一人，從八品，執掌佛教之事，並分別在東西南北城設僧官八處。僧官的選取升補，由內務府辦理，禮部給札。地方上的僧官，設於府下的有僧綱司，設都綱一人，品秩從九品；副都綱一人，品秩未入流。二者均為一府管理僧人之官員，例擇通曉經義，恪守清規的僧人充當，由禮部移咨吏部註冊。各州管理僧人的機構叫僧正司，內有僧正一人，品秩未入流。各縣的機構叫僧會司，其品秩、升轉補授均與州僧正相同。對於盛行在西藏、青海、蒙古等地區的藏傳佛教，清政府則採取完全扶植的政策，通過宗教的力量來加強這些地方與中央政府的聯繫，鞏固國家的統一。早在順治年間，西藏宗教領袖達賴五世應召入京，接受清朝冊封。此後，清政府確定了西藏地區政教合一的制度，所有該地區的寺廟和喇嘛都歸清朝理藩

院管理。西藏地區的宗教領袖則由「金瓶掣籤」的方式產生。其方法為把尋得的若干「靈童」的名字寫在象牙籤上，置於金瓶中，由駐藏大臣在大昭寺監督抽籤掣定。晚清時期的三位達賴喇嘛（達賴十一世、十二世、十三世）中有兩位（達賴十一世、十二世）是通過這種方式確立的。一八七五年（光緒元年），十二世達賴暴死布達拉宮，清政府選派濟嚨通善呼圖克圖擔任攝政，同時命令尋訪十三世達賴靈童。經過多方尋找，只訪到一位符合條件的靈童。於是八世班禪、攝政通善呼圖克圖、三大寺和札什倫布寺的全體僧俗官員聯名向清政府上書，因靈童只有一名，且經各方公認，請免予金瓶掣籤，得到清廷的允准。一八七七年初，清廷頒布上諭稱：「貢藹仁欽之子羅布藏塔布開甲木錯，即作為達賴喇嘛之呼畢勒罕，毋庸掣瓶。」[28]達賴十三世的確立算是一個例外。流行於蒙古地區的喇嘛教領袖，即活佛，其產生的方法亦與此相同，也是由金瓶掣籤產生，但掣籤的地點是在北京雍和宮，掣籤時由理藩院大臣在場監督。總之，清政府在蒙藏地區實行的宗教政策是行之有效的。它通過金瓶掣籤等方法，把這些地區的宗教領袖籠絡在自己周圍，從而控制了這些地區的佛教僧眾。

僅就清代佛教而言，鴉片戰爭以前，特別在乾隆中葉後，由於人口劇增和土地兼併的因素，失去生計而被迫投身寺廟的人數大量增加，佛門香火頗為旺盛，而在晚清則出現明顯的衰落景象。以上海地區興建的佛門寺廟為例，道光朝以前修建的共七十四座，其中順治朝十八座，康熙朝二十一座，雍正朝七座，乾隆朝二十一座，嘉慶朝七座；而在道光朝以後修建的只有二十四座，其中道光朝二座，咸豐朝二座，咸同年間一座，同治朝六座，光緒朝十二座，宣統朝一座。[29]由此可見，從順治到宣統的十朝期間，前五朝修廟七十四座，占總數的百分之七十五點五一；後五朝修廟二十四座，占總數的百分之二十四點四九。二者相差頗為懸殊，從中也可以看出鴉片戰爭前後佛教發展的不同狀況。制約晚清佛教發展的因素很多，社會動盪、社會變革則是其中不可忽視的原因。太平天國農民起義的開展，對佛道諸教來說無異於一場浩劫。由於太平天國尊奉拜上帝教，視佛

---

28 牙含章編：《達賴喇嘛傳》，93 頁，北京，人民出版社，1984。
29 阮仁澤等主編：《上海宗教史》，134-151 頁，上海，上海人民出版社，1993。

道諸教為「異端」，起義軍所到之處「見廟宇即燒，神像即毀」，[30]致使太平天國活動頻繁的長江中下游區域的佛門寺廟遭到極為嚴重的破壞。清末的教育改革也對佛門寺廟造成了一定的衝擊。張之洞在《勸學篇》中提出「寺廟助學」的主張，說：「今西教日熾，二氏（案：指佛教和道教）日微，其勢不能久存。佛教已際末法中半之運，道家亦有其鬼不神之憂，若得儒風振起，中華乂安，則二氏固亦蒙其保護矣。大率每一縣之寺觀取什之七，以改學堂，留什之三以處僧道。其改為學堂之田產，學堂用其七，僧道仍食其三。計其田產所值，奏明朝廷旌獎，僧道不願獎者，移獎其親族以官職。如此則萬學可一朝而起也。」[31]這項建議被清政府所採納。一九〇二年清政府頒發的《欽定中學堂章程》規定：地方設立中學准許「借用地方公所寺觀等處以省經費」。[32]隨之，占寺廟以興學的情況出現在全國各地。一時間，許多地方的「省城各官學均以寺院修改，尚覺寬敞，茲又議以各寺公產田畝，清查實數，抽提其半，兼作舉辦學堂經費」。[33]這一舉措對於本來就不景氣的佛教來說，無異於雪上加霜。

然而，晚清時期的動盪歲月也給佛教發展造成了一定的空間。因為動盪的社會大大加劇了人們的不安全感和對身家性命的擔憂，這就驅使人們把自己的前途命運寄託在神靈仙佛的保佑上，為佛道寺觀爭得源源不斷的善男信女。正由於此，晚清佛道兩門仍然保持著多達百萬的門徒。[34]各地寺廟舉行的廟會經久不衰，帶有廣泛的群眾性、持久性，也是晚清佛教得以曲折發展的一個重要因素。有人在談到晚清佛教的狀況時說：「寺院遍郡邑，供奉文殊、普賢、釋迦、觀音諸像。晚近信徒多乏知識，但業懺醮為生計。男稱僧，女稱尼。唯人情每不能脫然於生死之際，故中下社會仍多信之，用以治喪，外人遂稱中國為佛教國。」[35]

---

30 張德堅：《賊情彙纂》卷十二，《太平天國》第三冊，315 頁。

31 張之洞：《勸學篇·設學第三》，《張文襄公全集》卷二〇三，570 頁，北京，中國書店，1990。

32 舒新城編：《中國近代教育史資料》中冊，498 頁。

33 《各省教育彙志》，《東方雜志》，第一年第五期。

34 鄭觀應：《盛世危言·僧道》，夏東元編：《鄭觀應集》上冊，537 頁。

35 徐珂：《清稗類鈔》第四冊，1940 頁。

二、佛學的興起

晚清時期的佛教呈現出衰落趨勢，而佛學則在文人士夫中間興盛起來，且愈演愈烈，一枝獨秀，形成晚清佛教發展的一大特色。

文士治佛學由來已久，最早可追溯至漢魏時代。歷朝士夫治佛大體有兩類人：一類是研習、發揮佛教義理，調和儒釋關係的士大夫；一類是承擔譯經刻經的文人。在這些人當中，不乏不滿社會現實，逃避現世之人。清代治佛的學者代不乏人，清初有王夫之，乾隆年間著名者有彭紹升、汪縉、羅有高，稍後一些的還有江沅等。彭紹升早年精治程朱陸王之學，後皈依佛教，以華嚴教義闡發淨土宗，對清代佛學發展貢獻頗大。江沅為其弟子，而龔自珍受佛學於江沅，影響及後代，開晚清今文學家兼治佛學的先河。在晚清，治佛學者主要有兩種人：一是佛門居士，如楊文會、鄭學川等人，側重於蒐集、整理、刊刻佛經、闡釋經義，目的在光大佛學思想；二是立志救國救民的進步知識分子，如龔自珍、康有為、譚嗣同、梁啟超、章太炎等，試圖從佛學中尋找改造社會現狀，實現政治理想的出路，治佛的目的是政治性的。

鄭學川（1825-1880），法名澄德，江蘇江都人，晚清刊刻佛經的最早倡導者，亦為當時著名居士。他曾在揚州創立「江北刻經處」，又在蘇州、常熟、杭州等地建立同類機構，刊刻佛經，光大佛學，為近代佛學發展作出不可磨滅的貢獻。然而，對晚清佛學發展影響最大的則是楊文會。

楊文會（1837-1911），號仁山，安徽石埭縣人。自幼讀書，不喜舉業，曾隨家人為避戰亂轉徙流離於各地。此期他所學的知識十分廣泛，「凡音韻、曆算、天文、輿地以及黃老莊列之術，靡不探賾輣之於心」，[36]而於佛典則不甚了了。一八六四年（同治三年），他在病中得到《大乘起信論》，反覆誦讀，領悟其中的奧義。以後又讀了《楞嚴經》，更有心得，於是「盡棄向所學，一意以西土聖

---

36 張爾田：《楊仁山居士別傳》，《清代碑傳全集》下冊，1478 頁。

賢為宗」。[37]一八六六年，楊文會在南京結識了深通佛學的王梅叔等人，時相切磋，因感慨佛經多遭兵燹毀壞，遂決心恢復刻經事業，成立了金陵刻經處。刻經處初設於南京北極閣，繼遷常府街、延齡巷等處。他首先募款重刻方冊藏經，自任校勘，又研究造像，蒐集古代名畫佛像一併刻版流通。一八七八年至一八八六年間，他以隨員身分跟隨曾紀澤等兩次出使歐洲，考察英、法等國社會政情，在倫敦結識了日本留學僧人南條文雄。在南條的幫助下，他陸續收集到流傳於日本而大藏經未收錄的中國古德著述二百八十餘種，擇要刻印。他編的《大藏輯要目錄》共收三藏要典及各家著述共四百六十種，三千三百餘卷，擬陸續刊刻。在他去世前印成二千餘卷，對保存中國佛教經典作出巨大貢獻。同時他也提供了不少密教典籍和註疏，幫助日本編輯《續藏經》。一八九四年，他和英國傳教士李提摩太把《大乘起信論》譯成英文，流傳海外。他說：「此他日佛教西行之漸也」。[38]次年，他在上海會見了斯里蘭卡的達摩波羅，贊同波羅發起摩訶菩提會將在印度復興佛教的宗旨，並著手編訂佛教教科書相贈，為其回國後「振興母邦」之用。在近代中國與日本、印度等國的佛教文化交流中，楊文會作出了重要的貢獻。

楊文會還很重視佛學教育，早在戊戌維新運動時期就曾接納譚嗣同等人學佛。一九〇八年，他在金陵刻經處設立洹精舍，公開講授佛學，從之就學者僧俗共十餘人。楊自編《佛教初學課本》，並聘請蘇曼殊等學者教授梵、英等語言，培養新式佛學青年。這所學堂儘管因經費不濟，未及兩年而停辦，但它畢竟是中國近代佛學史上出現的第一所新式佛學教育機構，開創了各地舉辦佛學院的風氣之先，產生了深遠的影響。近代名僧太虛曾在這裡學習過。一九一〇年，楊文會又在南京創立佛學研究會，自任會長。關於佛學研究會的宗旨，楊氏曾有明確說明：「方今梵剎林立，鐘磬相聞，豈非遺教乎？曰：相則是矣，法則未也。禪門掃除文字，單提『唸佛的誰』一句話頭，以為成佛作祖之基，試問三藏聖教有是法乎？此時設立研究會，正為對治此病。」[39]即以救治當時佛教界流行的弊病，振興佛門為宗旨。研究會每月開會一次，每週講經一次，聽者踴躍，造就佛教、

---

37 同上。
38 同上。
39 楊文會：《佛學研究會小引》，黃夏年主編：《楊仁山集》，14 頁，北京，中國社會科學出版社，1995。

佛學名僧名士眾多。

　　楊文會治佛學在早期曾對佛教各宗均有涉及，正如他在致友人的信中所說：「鄙人初學佛法，私淑蓮池、憨山，推而上之，宗賢首、清涼，再溯其源，則宗馬鳴、龍樹。此二菩薩，釋迦遺教中之大導師也，西天東土，教律禪淨，莫不宗之。」[40]而到中年以後，他歸心淨土。他曾對自己治佛思想的這種轉變作過說明，嘗云：「予初聞佛法，惟尚宗乘，見淨土經論，輒不介意，以為著相莊嚴，非了義說。及見雲棲諸書，闡發奧旨，始知淨土一門，普被群機，廣流末法，實為苦海之舟航，入道之階梯也。」[41]他對明代「四大高僧」，即蓮池、紫柏、憨山、益尤為推崇，以淨土學說折中各宗及內外學說，帶有濃厚的調和色彩。有人評價楊文會的佛學思想說：「在思想上，他推崇《起信》；在踐履上，他歸心『淨土』。同時，他又力圖『佛化』儒、道兩家」。[42]這種說法是有道理的。

　　總之，楊文會對於晚清佛學復興做了大量工作，有著多方面的貢獻，包括創辦金陵刻經處，刊刻整理流通佛典、興辦佛教教育，培養新式佛教人才；與日本等國佛教人士往來，推動中外佛教文化的交流等。他弘揚佛法，不僅影響了佛教界，而且還波及當時的思想領域，吸引了不少立志於改造社會的有志之士，如譚嗣同、章太炎等都曾從其學佛。無怪梁啟超發出這樣的感慨：「故晚清所謂新學家者，殆無一不與佛學有關係，而凡有真信仰者率皈依文會」。[43]楊文會對民國年間的佛學發展同樣具有重大的影響。民國年間佛教復興運動的代表人物歐陽漸、僧太虛等，均為楊氏高弟。佛學名家呂澂、熊十力等人，均為楊門再傳弟子。楊文會是中國近代佛學復興的奠基人。

　　晚清時期的佛學復興與近代國人愛國救亡的進步潮流也有密切的關係。為解救國家和民族的危機和苦難，晚清時期的進步思想家紛紛尋找各種思想武器。其中有些人就把目光投向佛學，認為佛教中的「自尊」、「無畏」思想、崇尚道德

40 楊文會：《與某君書》，《楊仁山集》，184 頁。
41 楊文會：《重刊〈淨土四經〉跋》，《楊仁山集》，84 頁。
42 郭朋等：《中國近代佛學思想史稿》，6 頁，成都，巴蜀書社，1992。
43 梁啟超：《清代學術概論》，《飲冰室合集》專集之三十四，73 頁。

的精神可以救國救民，於是研習佛學，光大佛門精神。從晚清早期的龔自珍、魏源，到後來的康有為、梁啟超、譚嗣同、章太炎等人，這些矢志於救世救民的仁人志士大都與佛教結下不解之緣，他們的不少思想主張都帶有深刻的佛教印記。龔自珍三十多歲時開始接觸佛學，「晚受菩薩戒。魏源亦然，晚受菩薩戒，易名承貫，著《無量壽經會譯》等書」[44]，自不待言。這裡著重把康有為等人與佛學的關係作一介紹。

康有為是戊戌維新運動的領導者，資產階級改良派政治家、思想家，早年曾涉獵釋道之學。他在《自編年譜》中自稱：「光緒五年……正月，遂入樵山，居白雲洞，專講道佛之書，養神明，棄渣滓……常夜坐彌月不睡，恣意游思，天上人間，極苦極樂，皆現身試之。」[45]可見，他對佛學的研究是下了一番工夫的。綜觀康有為的著述，雖然其中沒有關於佛學的專門著作，但他的許多思想主張卻包含著佛學思想的因素，而在《大同書》和《康子內外篇》等著作中，有關佛學思想的論述充斥在字裡行間。《大同書》是康有為政治思想的代表作，滲透著明顯的佛教精神。該書以佛教的根本教義「四諦」說為理論依據，首先揭示了人類所遭受的種種苦難，然後找出造成這些苦難的原因和解脫苦難的途徑，最後到達理想化的「極樂」世界。如康有為在書中對「大同」世界的描述，與佛教中的「極樂」世界如出一轍，其用語和描繪的景象非常近似。所不同的是康有為還把儒家的大同理想、西方基督教等的平等博愛教義及歐洲烏托邦思想一同糅合進去，帶有了鮮明的時代色彩。他還認為，到了「大同」世界，最盛行的學問就是神仙學和佛學，而最上乘的學問是佛學。他說：「大同之世，唯神仙與佛學二者大行……仙學太粗，其微言奧理無多，令人醉心者有限；若佛學之博大精微，至於言語道斷，心行路絕，雖有聖哲，無所措手，其所包容，尤為深遠……故大同之後，始為仙學，後為佛學，下智為仙學，上智為佛學。」[46]總之，他是把佛學當作一劑有效的治世良方來看待的。

44 梁啟超：《清代學術概論》，《飲冰室合集》專集之三十四，73 頁。
45 《戊戌變法》第四冊，114 頁。
46 康有為：《大同書》，301 頁，北京，中華書局，1959。

維新派中的激進分子譚嗣同同樣崇信佛學。他曾隨楊文會學習佛學，所著《仁學》一書洋溢著佛學思想，曾說：「凡為仁學者，於佛書當通《華嚴》及心宗、相宗之書」。[47]他對佛學極為推崇，認為是至高無上，無所不包的學問。他說：「蓋教能包政、學，而政、學不能包教。教能包無教，而無教不能包教」，[48]甚至認為：「佛能統孔、耶」。[49]又說：「佛教能治無量無邊不可說不可說之日球星球，盡虛空界無量無邊不可說不可說之微塵世界。盡虛空界，何況此區區之一地球。故言佛教，則地球之教，可合而為一」。[50]譚嗣同提倡佛學，並非是消極地逃遁空門，慰藉精神，而是吸取佛學中的平等觀念、「無我」境界和猛進、大無畏精神，來改變國人的精神面貌，鼓起人們救中國的勇氣和鬥志，為其變法維新事業服務。他說：「日本素以佛教名於亞東，幾無不通其說者。近日南條文雄諸人，至分詣絕域，遍搜梵文古經，成梵文會，以治佛學。故日本變法之易，繁惟佛教隱為助力，使變動不居，以無膠固執著之見存也。」[51]把日本明治維新的成功完全歸於佛教精神的發揚是不正確的，但從中可以看出譚氏提倡佛法的良苦用心所在。

梁啟超是中國近代史上「百科全書」式的學者和思想家。他於古今中外的學術領域幾乎無不涉獵，對佛學亦不例外。梁啟超治佛學主要集中在兩段時間：一是在戊戌變法和辛亥革命時期，一是在一九一九年遊歷西歐各國回來到逝世為止。在戊戌變法和辛亥革命期間，他寫了十餘篇有關佛學的著述，主要有《說動》、《論宗教家與哲學家之長短得失》、《論佛教與群治之關係》、《論中國學術思想變遷之大勢》等篇章。這些文章的共同特點是從政治鬥爭的需要出發，強調佛教在振奮國人民族精神、推動社會改革中的重要作用，帶有強烈的政治實用性。這與他晚年從學術的立場研究佛學完全不同。梁氏認為，在中國搞變法，必須要憑藉一種精神力量，傳統儒學由於受到專制帝王的扭曲不能擔當此任，只有

47 譚嗣同：《仁學》，《譚嗣同全集》下冊，293 頁。
48 同上書，369 頁。
49 譚嗣同：《仁學自敘》，《譚嗣同全集》下冊，289 頁。
50 譚嗣同：《仁學》，《譚嗣同全集》下冊，352 頁。
51 同上。

到佛學中汲取這種精神力量。他斷言：「歷史上英雄豪傑，能成大業轟轟一世者，大率有宗教思想之人多」。[52]日本明治維新之所以成功，就在於該國改革者尊奉禪學，從禪學中獲得巨大的精神動力，用他的話來說：他們之「所以蹈白刃而不悔，前者僕後者繼者，宗教思想為之也」。[53]在他看來，佛教是「智信」而非「迷信」，指出：「吾嘗見迷信者流，叩以微妙最上之理，輒曰是造化主之所知，非吾儕所能及焉，是何異專制君主之法律，不可以與民共見也。佛教不然……自初發心以迄成佛，恆以轉迷成悟為一大事業。其所謂悟者，又非徒知有佛焉而盲信之之謂也」。[54]他的結論是：「佛教之信仰乃智信而非迷信」，「捨己救人之大業，唯佛教足以當之」。[55]梁啟超在此期對佛學的態度和研究，其用心與立場是和康有為、譚嗣同相似的。一九一九年梁氏遊歷西歐各國回國後，亦寫了大量佛學著作，這集中在《佛學研究十八篇》中。此期的梁氏放棄了政治活動，潛心於學術研究，因此他的佛學研究在學術上取得一定的進展，如在佛學思想的闡發、佛教史研究及佛典翻譯等問題上，都提出自己的見解，作了詳盡的闡述，對當時的學術界、佛學界產生了積極的影響。

作為資產階級革命家、思想家的章太炎也曾把求索的目光投向佛學。一九〇三年他因「蘇報案」被捕，囚於上海英租界監獄，直至一九〇六年。在此期間，他一方面繼續進行革命活動，一方面潛心佛學，閱讀法相唯識的《瑜伽師地論》、《成唯識論》、《因明入正理論》等佛書，乃悟大乘法義。他還是出自楊文會門下的佛學信徒。歐陽漸說：「唯居士（按：指楊文會）之規模弘廣，故門下多材，譚嗣同善《華嚴》，桂伯華善密宗，黎端甫善《三論》，而唯識法相之學有章太炎、孫少侯、梅擷芸、李證剛、蒯若木、歐陽漸等，亦云夥矣」。[56]他所寫的佛學及與佛學有關的文章主要有《建立宗教論》、《無神論》、《人無我論》、《五無論》、《四惑論》、《大乘佛教緣起考》、《大乘起信論辯》、《法顯發現西半

52 梁啟超：《論宗教家與哲學家之長短得失》，《飲冰室合集》文集之九，45 頁。
53 同上。
54 梁啟超：《論佛教與群治之關係》，《飲冰室合集》文集之十，46 頁。
55 同上書，46、47 頁。
56 《竟無內外學‧內學雜著‧楊仁山居士傳》，引自郭朋等編：《中國近代佛學思想史稿》，358 頁。

球說》等。在晚清，章太炎對佛學的發揮和運用主要表現在用佛學思想推動資產階級民主革命。他對革命道德建設問題的看法就是如此。章太炎十分強調道德問題在革命中的重要作用。他總結了戊戌變法和唐才常自立軍起義失敗的教訓，認識到：「且道德之為用，非特革命而已。事有易於革命者，而無道德亦不可就。一、於戊戌變法黨人見之；二、於庚子保皇黨人見之」；「戊戌之變，戊戌黨人之不道德致之也」，「庚子之變，庚子黨人之不道德致之也」。[57]因此，道德問題是關係到革命成敗、民族興亡的大事。革命要想成功，革命黨人必須有不怕犧牲，百折不撓的精神，而這種精神則來源於道德。怎樣才能振奮國民的道德精神呢？章太炎認為，孔學和理學都無濟於事，只有依靠宗教的力量。他說：「要用宗教發起信心，增進國民的道德。」[58]他所說的宗教主要指佛教。他還用中國歷史上和外國的事實論證佛教與世道興衰的密切關係，指出：「昔我皇漢劉氏之衰，儒術墮廢，民德日薄，賴佛教入而持世，民復摯醇，以啟有唐之盛。訖宋世佛教轉微，人心亦日苟偷，為外族並兼」；[59]「日本維新亦由王學為其先導，王學……其義理高遠者，大抵本之佛乘」。[60]他大聲疾呼：「我們今日要用華嚴、法相二宗改良舊法。這華嚴宗所說，要在普度眾生，頭目腦髓，都可施捨與人，在道德上，最為有益」；「佛教最重平等，所以妨礙平等的東西必要除去，滿洲政府待我漢人種種不平，豈不應該攘逐？」[61]

以上數人僅是晚清借佛學鼓吹政治的代表人物，類似他們者還大有人在。佛學思想中的積極因素及新興資產階級在思想理論上的不成熟性，勢必使他們中的一些人物潛心佛學，從中尋求思想出路，同時也顯示出佛教文化的積極一面的意義。

晚清佛學的開展給日趨衰落的佛教帶來一些新的氣象。一批出生於知識階層的佛教居士積極組織佛學團體，開展佛學研究；創辦刻經處，刊印佛教典籍；成

57 章太炎：《革命道德說》，《章太炎全集》第四冊，279-280 頁。
58 章太炎：《東京留學生歡迎會演說辭》，《民報》，第六號。
59 章太炎：《送印度鉢邏罕保什二君序》，《章太炎全集》第四冊，359 頁。
60 章太炎：《答鐵錚》，《章太炎全集》第四冊，369 頁。
61 章太炎：《東京留學生歡迎會演說辭》，《民報》第六號。

立佛學教育機構，培養佛教人才；從事佛教慈善事業，影響社會風氣的轉變。尤其引人矚目的是，一些進步的政治家、思想家出於救國救民的動機，潛心佛學，從中汲取思想武器和精神力量，既影響了資產階級的維新變法及革命事業，又擴大了佛學思想的影響，為近代佛教文化的迅速發展奠定了重要的基礎。

第四節·

道教和
伊斯蘭教

一、道教

　　道教是中國傳統社會固有的宗教，不屬於「外來戶」。它淵源於先秦時期的巫術、神仙術，西漢盛行的黃老道是它的前身。東漢順帝（125-144 年在位）時，張陵（又稱張道陵）創設五斗米道，奉老子為教主，以《老子道德經》為宗教經典，逐漸形成道教。道教把先秦道家的思想觀念「道」加以神祕化、宗教化，由「道」推衍出「三元」、「三寶」、「三清境」、「三十六天」、「五道轉輪」、「成仙為神」等一系列宗教教義。道教同樣有一套頗為複雜的制度、儀軌，包括稱呼、宮觀、殿堂、戒律、修練、符籙、齋醮、占卜、節日活動等。其戒律類似其他宗教，以揚善罰惡為原則，如新天師道的皈依「五戒」為：一者不得殺生，二者不得葷酒，三者不得口是心非，四者不得偷盜，五者不得邪淫。道教為多神教，所供神甚多，除了尊先秦道家創始人老子為「太上老君」，尊張陵為「張天師」外，其餘神以玉皇大帝為最尊。所謂玉皇大帝在道教中的地位本來不高，後

來逐漸顯赫，甚至超過了太上老君和張天師。宋以後，玉皇大帝的地位扶搖直上，超越了道教的界限，成為民間廣泛信仰的至尊天神。除此以外的神還有三清尊神、四御、王靈官、王母娘娘、碧霞元君、驪山老母、關帝聖君、六十甲子、南斗北斗，以及受尊神管轄的普通神仙，如李鐵拐、呂洞賓、張果老等八仙之屬。

清政府敕建江蘇淮安道教孚佑宮傳戒道場

道教在清代以前的發展有盛有衰，但到清代以後走上衰敗的道路。其衰敗的一個重要原因就是清王朝對道教採取了抑制政策。清初，道官尚可與眾文武官員同列朝班。乾隆五年（1740），第五十六代正一天師遣人至禮部投職名，欲隨班祝皇壽，鴻臚寺卿梅穀成上奏反對，稱：「道流卑賤，不宜濫廁朝班」。[62]乾隆帝敕禮部定議，規定嗣後正一真人不許入朝臣班行。以後又降正一真人為正五品秩，革去天師封號，並令原來在太常寺擔任樂官的道士改業，另任儒士充當樂官。同時，官方設立專管道教的機構和官員，以控制道教的發展。設在北京的道官署叫道錄司，內設左右「正一」各一人，左右「演法」各一人，左右「至靈」各一人，左右「至義」各一人，執掌京師道教之事，又在各城設道官六處。定其品秩為：「正一」正六品，「演法」從六品，「至靈」正八品，「至義」從八品。道官

---

62 《清史稿》卷一一五，「職官二」。

之選取升補由內務府辦理，由禮部給札。在地方，則於府、州、縣亦設相應的道教管理機構和官員。設於府的有道紀司，設都紀一人，秩從九品；副都紀一人，品秩未入流，為管理一府道士之道官。設於州的有道正司，設道正一人，為州之道官，品秩未入流。設於縣的叫道會司，其官的品秩、升轉補授情況均與州道正相同。通過這些機構和道官，清政府有效地實現了對道教的控制。與清代前期相比，晚清道教更為江河日下。以上海地區所建道觀為例，道光朝以前各朝所建道觀數量：順治朝三所，康熙朝二十所，雍正朝六所，乾隆朝三十所，嘉慶朝十一所，共計七十所。道光朝以後各朝所建道觀數量：道光朝七所，咸豐朝四所，同治朝七所，光緒朝五所，共計二十三所。[63]如果算上十六所不明建成年代的道觀，清代上海地區共有道觀一百〇九所，其中建於道光朝以前者有七十所，占總數的百分之六十四點二二，建於道光朝以後者有二十三所，占總數的百分之二十一點一〇，前者為後者的三倍多。道光後上海道觀建設的蕭條景象正是晚清道教衰落的一個縮影。

道教儘管受到清朝統治者的壓抑，被逐出皇宮，但在民間卻具有廣泛的群眾基礎，擁有大批信徒，有的教派如全真道甚至出現興盛的局面，顯示出世俗化的趨向。

全真道是金代道士王重陽於金世宗大定七年（1167）在山東寧海創立的，它與正一道同為元以後道教兩大重要派別。該教派中的龍門律宗第七代律師王常月鑑於全真道戒條簡單，一改舊制，公開傳戒，並取得清廷支持，於順治十三年（1656）主講白雲觀，度弟子千餘人。此後，他率弟子南下，在南京、杭州、湖州、武當山等地設壇講道，皈依者如雲。清代中期後，不僅興盛於江浙、上海，而且擴展到內地及邊遠各省，如東北、西北、西南等省區也有他們的傳播之跡。上海道士徐至成就是晚清龍門派的重要代表人物。徐至成（1834-1890），字海卿，嘉定人，出身書香門第，青年時在上海棄家從道，皈依龍門派王明真，改名至成。一八八一年，他赴北京白雲觀聽方丈高仁峒說戒，成為龍門派第二十一代

---

63 阮仁澤等主編：《上海宗教史》，401-411 頁。

弟子。返滬後，聚集巨款在城北建雷祖殿。一八八八年，徐至成赴北京請領道藏經，得到皇室和高仁峒的幫助，歸即易額改殿名為「海上白雲觀」。從北京請領至滬的《道藏》和《續道藏》八千餘卷供奉在該觀藏經閣。又購地建立塔院，作為十方道眾常住墓地。徐至成自任海上白雲觀監院，遵北京白雲觀的規制，建立了較健全的清規戒律，確立了海上白雲觀為全真十方叢林的地位。此外，湖北武昌的長春觀，在清末「著屋千間，道友萬數」，[64]為當時龍門派的一大叢林，與西安八仙庵、成都二仙庵等著名道觀並駕齊驅。奉天盛京（今瀋陽）太清宮，從一八二三年至一八七九年，先後傳戒四次，受戒者每次遞增，達數百人。全真道的興盛還表現在新的支派不斷衍生出來，如龍門派所屬的支派就有金山派、霍山派、金輝派、華山派、紫陽派、先天派等。霍山派就是由山東福山縣道士張宗璿在一八八四年前後創立的。先天派則於一八六〇年傳入臺灣，在臺南設報恩堂。在全真道的寺觀中，香火最盛的莫過於北京白雲觀。它不僅常年有大批善男信女光顧朝拜，而且其住持道士還結交宮禁，勢傾京師。該觀第二十代住持高仁峒，與清廷太監首領結為把兄弟，並受到慈禧寵信。他「以神仙之術惑慈禧，時入宮數日不出。其觀產之富甲天下。慈禧又封峒元（即高仁峒）為總道教司，與龍虎山正乙真人並行。其實正乙真人遠不如其勢力也」。[65]直到民國初年，北京白雲觀仍有土地五千八百餘畝，年收入達三萬餘元。[66]

晚清時期的道士及道教學者在道教研究及道教經典文獻的整理方面也取得一些成績。清末道教居士陳銘珪撰成《長春道教源流》八卷，蒐集全真道史料頗富，為全真道研究之嚆矢。全真道南無道派第二十代宗師劉名瑞（1839-1931），號盼蟾子，曾隱居於京東桃源觀，著《道源精微歌》、《澄易考》、《敲洞章》等書，闡述內丹學，集為《盼蟾子道書三種》刊行，為該派宗師中自元明以來唯一有著作傳世者。此外，一些歷史上早已佚亡的道教經典文獻也在晚清時期被發現或得到發掘。如清末於敦煌石窟發現的《老子想爾注》六朝鈔本殘卷就是如此。《老子想爾注》是道教經典《老子道德經》的註釋，其作者何人說法不一，有的

---

64 《長春觀志》卷一，轉引自任繼愈主編：《中國道教史》，655 頁，上海，上海人民出版社，1991。
65 《清朝野史大觀》卷十一，131 頁，上海，上海書店，1981。
66 任繼愈主編：《中國道教史》，659 頁。

說是三天法師張道陵所著，有的說出於張魯或劉表之手，還有稱「想爾」係仙人名。該書發揮老子思想，多與《太平經》相合，「道教」一詞的出現，以該書為最早。《老子想爾注》殘卷的發現，為研究道教早期歷史提供了重要資料。

近代名士鄭觀應向好道教，在數十年間刊布道教各種經典文獻眾多，嘗自謂：「觀應枕丹葄經五十餘載矣。雖蹭蹬仕途，奔馳商界，與當代名流晉接，日不暇給，而旁搜博覽之餘，每於經史詞章外，就百家諸子之言道者，探賾索隱，擇尤紀錄，刊印二十餘種，以廣流傳。」[67]實際上，他刊布的道教文獻遠非此數。僅就《盛世危言後編》所記載的書目有：《陰符經》、《道德經》、《通元真經》、《沖虛至德真經》、《周易參同契》、《唱道真言》、《心經》、《指玄篇》、《呂祖詩文集》、《瑣言續》、《古法養生》、《玉清金笥》、《青華秘文》、《金寶內煉丹法》、《闡微管窺編》、《就正錄》、《林奮千書》、《西王母女修正色》、《女家雙修寶筏》、《天仙心傳問答》、《三一音符》、《金笥寶籙》、《呂祖詩集》、《修真傳道集》、《呂祖靈應跡》、《悟真篇》、《神功廣濟先師救化寶懺》、《金丹真傳》、《慧命經》、《金仙證論》、《群真玄奧》、《玄要篇》、《劍俠傳》、《道法紀綱》、《金液玉液論》、《神說論》、《凝神論》、《海山奇遇》、《龍門秘旨》、《方壺外史叢編》、《古書隱樓藏書》、《真詮》、《梅華問答編》、《道言精義》、《還丹下手秘旨》等。其中有的書是叢刊本，一書中包含了多篇道藏文獻。如《方壺外史叢編》中有《玉皇經》、《陰符道德經》、《參同契》、《呂祖師百字歌》、《邱祖師青天歌》、《龍眉子金丹印證詩》、《玄膚論》、《金丹大要圖》等八種文獻。《古書隱樓藏書》中有《陰符》、《龍虎》等七種文獻。《還丹下手秘旨》中收錄了二十四種道教文獻，鄭氏在刻書序中說：「年來蒙陳抱一祖師傳授玄科口訣，何合藏仙師傳授先天口訣，爰手輯呂純陽祖師《百句章百字篇》、陳抱一祖師《訓釋道黑幕文》、《詠道詩》、張三丰祖師《打坐歌》、《道要秘訣歌》及《刪正樵陽經》、《玉液還丹秘旨》、抱仁子《重訂玉液還丹秘旨》、李含虛真人《收心法》、希一子《補天隨功候篇》、《太微洞主授鄭德安玄關口訣》、尹真人《添油凝神入竅法》、《神息相依法》、《聚火開關法》、《治心法》、《築基全憑橐籥說》、《元性元神說》、《歸

---

67 鄭觀應：《重刻〈陳注關尹子九篇〉序》，《鄭觀應集》下冊，122頁。

根覆命說》、邱祖師《秘傳大道歌》、太虛真人《道程寶則》、止唐先生《論道四則》、陸潛虛真人《內外藥論》。以上各篇皆重人元之學，而所編不厭重複，歷引諸真之言，互相引證，庶免讀者疑惑，並錄文先生《易學歧途辨》、陳真人《翠虛吟編》為一冊，名曰《還丹下手秘旨》，皆掃除譬喻，直露真詮，用以自鏡。」[68] 總計以上所列，鄭觀應刊布的各種道教文獻共四十五種，如果把其中的三種叢書所包括的文獻種類數量也算在內，共達八十四種。這些道教文獻的絕大多數都是在「癸未至庚戌」即一八八三至一九一○年間刊行的。在晚清時期的道教居士中，熱心刊布道教經典文獻者不乏其人，然而刊行數量如此之多者，並不多見。

二、伊斯蘭教

伊斯蘭教形成於阿拉伯半島的麥加地區，早在西元七世紀中葉已經傳入中國。伊斯蘭教教徒稱穆斯林，初時為西亞僑民，後漸中國化，成為中華民族大家庭的一個新成員——回族。回族主要分布在中國西部及西北部地區，還有不少散居在內地各省。信仰伊斯蘭教的民族除了回族外，還有維吾爾、哈薩克、塔吉克、東鄉、保安等民族。伊斯蘭教奉穆罕默德為教祖，不祀天神人鬼，「其俗不食肉及人家熟物。人以雞魚等生物饋之者，必親手宰烹，仍同眾食⋯⋯每月至同類住齋一次。其法坐於浴盆，以熟水從首澆下，浴畢，坐床，一晝夜而起。」[69] 這段材料對中國歷史上伊斯蘭教的一般情況作了形象的描述。

清王朝在中國的統治建立之後，伊斯蘭教的發展進入了一個新的階段，出現了許多新的變化。一是在中國西北地區的穆斯林族群中形成了門宦制度。明末清初，一些阿拉伯、中亞的伊斯蘭教修道派傳入中國西北地區，其宗教組織形式帶上中國的特點，逐漸發展成為門宦制度。這種制度在甘、寧、青一帶較為流行。

---

68 鄭觀應：《還丹下手秘旨序》，《鄭觀應集》下冊，166 頁。

69 吳履震：《五茸志逸》卷五，轉引自阮仁澤等主編：《上海宗教史》，454 頁。

「門宦」一詞，相傳由中國古籍中的「門閥」、「宦門」兩詞的第一個字組合而成，用以表明其權勢和地位。其特點是：教派以教主為中心而形成，創始人和首領被尊為教主（或道祖），教主的身分、地位、權力均為世襲。崇拜教主、教主家族和拱北（教主墳墓），規定教徒在辦「教門」外，還要進行各種修道功課（如坐靜）等。清代西北地區著名的門宦有：虎非耶、格底林耶、庫不林耶、哲合林耶，時稱「四大門宦」。此外，清代伊斯蘭教的經堂教育也有進一步發展。明代下半葉，陝西渭城的胡登洲（1522-1597）提倡經堂教育，開中國伊斯蘭教正規宗教教育之先河。清代時，經堂教育在其他地區推廣開來。這樣，伊斯蘭教一度在清代出現了一個頗為振興的局面。

清王朝對伊斯蘭教的政策不同於對待佛、道，壓抑和限制的色彩更濃厚一些。尤其在乾隆年間發生的以蘇四十三為首的甘肅、青海回民反清起義及松江「海富潤教案」後，清政府對伊斯蘭教採取了高壓政策，用分化、挑撥的手段對待回族，故意製造回、漢等各族人民間的人為對立，以利於封建統治者來分而治之。這樣，清代中期以後的伊斯蘭教便沿著迂迴曲折的道路向前發展。

十九世紀五〇年代，中國近代史上規模最大的一次農民起義——太平天國起義爆發了。在雲南、貴州、陝西、甘肅、新疆等地也爆發了與伊斯蘭教關係密切的回族、撒拉族、維吾爾族等少數民族人民的起義和反清鬥爭。與此同時，俄、英等國及境外的分裂勢力利用伊斯蘭教在中國西北地區進行分裂破壞活動，使這些地區的伊斯蘭教呈現出複雜的局面。為了保住自己的統治地位，清王朝對這些起義和反清活動用武力進行了殘酷的鎮壓，同時對伊斯蘭教採取了嚴厲的政策予以控制。咸同年間中國西北、西南地區的回族、維吾爾族等少數民族遭到極大的摧殘。參與鎮壓回民起義的清軍將帥，上至欽差大臣左宗棠，下至督軍將領劉松山、都興阿、楊玉科、董福祥之輩，無不以屠殺回民著稱。清軍所到之處，老幼皆被屠殺，房屋均遭焚燬，並被永遠作為禁地。如甘肅原有回民三百萬人，經過戰亂的浩劫減少了三分之二。連造成這種人間慘劇的禍首左宗棠也不得不感嘆：「平、慶、涇、固（按：指甘肅東部之平涼、慶陽、涇川、固原四府州）之間，

千里荒蕪，彌望白骨黃茅，炊煙斷絕，被禍之慘，實為天下所無。」[70]清政府在鎮壓回民起義的同時，對伊斯蘭教採取更為嚴厲的政策，尤其把伊斯蘭教新教當成「異端邪說」，稱之為致亂之萌，嚴行禁止。清政府鑒於陝甘戰爭甫定，恐又轉生枝節，只許在陝甘禁絕新教，其他各省「可以緩辦」。清政府實行的這種強硬政策使伊斯蘭教在晚清的處境極其艱難。

儘管清政府推行高壓政策，但是伊斯蘭教在晚清還是有新的發展。這主要表現為它在清末出現的新教派及該教興起的文化更興。

在清末，中國西北地區的伊斯蘭教分化出兩個新興的教派，即伊合瓦尼派和西道派。

伊合瓦尼，阿拉伯文 Ikhwān 的音譯，原意為「兄弟」，引申為「凡穆斯林民皆為兄弟」。一作「伊黑瓦尼派」，也有稱其為「聖行派」、「尊經派」、「新派」、「新教」的。有的學者稱格底木為「舊派」，門宦為「新派」，伊合瓦尼為「新新派」。[71]伊合瓦尼派的創始人是東鄉族人馬萬福（1853-1934），因他出生於東鄉縣果園村，又名馬果園，通稱果園哈志。一八八八年他和東鄉瓦里家阿訇去麥加朝覲，留學於沙特阿拉伯學堂受教。一八九二年馬萬福回國，與志同道合者研究朝覲帶回的伊斯蘭教經典，並對當時盛行的門宦及格底木不合經典的禮儀和風俗提出批評，決心以遵循《古蘭經》為唯一宗旨，「憑教行經」、「尊經革俗」。經過與十位阿訇的商量，他提出改革中國伊斯蘭教的十條綱領，俗稱「果園十條」，主要內容有：不聚眾念《古蘭經》，一人念眾人聽；不高聲贊聖；不多做「都阿」（祈禱）；不朝拜拱北；不聚眾念「討白」（懺悔）；不紀念亡人的日子等。其基本精神是按照伊斯蘭教教法舉行宗教活動和儀式，革除不合教法的禮儀，強調《古蘭經》關於「凡穆民皆兄弟」的經文。伊合瓦尼派具有革新精神，教義簡明，吸引了眾多信徒，很快在甘肅各地傳開。一九〇八年，該派在河州西川講經會上公開提出以伊合瓦尼統一各教派和各門宦，遭到格底木、門宦等傳統勢力的

---

70 左宗棠：《追剿回逆大勝摺》，《左文襄公奏稿》，卷三十一，37 頁，光緒十六年刻本。
71 白壽彝：《西北回教譚》，《白壽彝民族宗教論集》，574-576 頁，北京，北京師範大學出版社，1992。

反對，馬萬福無法立足，被迫離開河州，去新疆發展，但也屢受挫折。直到一九一八年，在長期統治青海的馬騏、馬步芳父子的支持下，馬萬福才在青海站住腳，使該派成為在青海占統治地位的伊斯蘭教派，西寧東關大寺成為青海各清真寺的總寺，有「中國小麥加」之稱。到二十世紀三、四十年代，伊合瓦尼除在青海外，在甘肅、寧夏也有較大影響，甚至在河南、天津、滄州等地也有一定勢力，儼然為伊斯蘭教中之一大教派。

西道堂，又稱道堂派、漢學派，是清末伊斯蘭教教派分化出的一個著名派別。其創始人是甘肅臨潭的馬啟西。馬啟西（1857-1914），原名生春，入學後始稱啟西，字公惠，傳教後又取字慈祥，道號西紀元。早年曾中秀才，通《四書》、《五經》，阿拉伯文和漢文造詣頗深。他不求仕途，喜博覽群書，尤刻苦研究劉智、王岱輿等人的伊斯蘭教漢文著述。中年後，他一面進行宗教功修，一面設帳講學。一九○二年（光緒二十八年）他在甘肅臨潭創立西道堂，專講漢文伊斯蘭教譯著，發身心性命之理，明天命五功之要，把原來講學的學堂「金星堂」更名為「西道堂」。以馬氏為首的西道堂尊崇清初伊斯蘭教學者劉智的學說，「根據清真教教義，並祖述清真教正統，以發揚金陵介廉氏（按：劉智字介廉）學說，而以本國文化發揚清真教學理，務使本國同胞了解清真教義為宗旨」。[72]其基本特點是：在宗教上遵奉伊斯蘭教的基本信條，遵行五功，把劉智等人的學說貫徹於宗教實踐之中；在禮儀方面，兼有格底木和哲合林耶的特點，並採取有別於其他教派的特殊禮儀與習俗；教權結構上與門宦相似，實行教主集權制，教主言行對教民有約束力，實行終身制，但不世襲，教主繼承人由全體教民推選；組織上分集體戶和個體戶兩種，部分教民以道堂為家過集體生活；經濟上，凡由道堂經營管理的商業、農業均為道堂公有，本道堂教育、建設及一切公共事業費用均尤其供給。西道堂是一個十分獨特的伊斯蘭教派，既是宗教派別，又是一個社會經濟組織，帶有「實業辦教」的色彩。它的創立對改善遭受災難的一部分穆斯林的生活，恢復臨潭地區穆斯林的民族經濟起到一定的積極作用。

---

72 子民：《甘肅臨潭清真西道堂之史略》，《回教青年》上冊，1942 年刊。

晚清時期中國伊斯蘭教另一個特色是該教出現的文化更興。這種文化復興受到清末崛起的資產階級新文化的影響。

　　王寬是近代中國最早倡導更新伊斯蘭教文化的人物。王寬（1848-1918），字浩然，又名哈志阿布杜拉合曼，中國近代著名的伊斯蘭教學者，北京人，回族，出身經學世家。他自幼受其長輩及其他伊斯蘭學者的影響，學習阿拉伯文和伊斯蘭教經籍，學識淵博，成年後出任清真寺教長。一九〇五年（光緒三十一年），他偕弟子馬善亭赴麥加朝覲，遊歷埃及、土耳其等國，索得經書千餘卷。歸國後辦學授徒，宣傳教旨。一九〇七年，他在北京牛街清真寺內創辦回教師範學堂。次年，他又與馬鄰翼等在牛街清真寺後院興辦京師公立清真第一二等學堂。這些學校與舊式經堂不同，在學校體制、教學內容等方面都進行了大幅度的改革，增加了新內容，基本上是近代新式學校，適應了社會發展的潮流，為少數民族教育的近代化作出了積極貢獻。在王寬興學的帶動下，各地回民普遍辦起了小學和師範學校，尤其在辛亥革命後新式回民學校更是大量湧現，數年間已達六七百所，[73]造就回民子弟無數。與王寬興學相呼應，一九〇八年留日中國穆斯林學生在日本東京創辦了《醒回篇》雜志，大力鼓吹中國伊斯蘭教的文化更新。該雜志刊登的《留東清真教育會章程總則》明確提出：「本會以聯絡同教情誼，提倡教育普及、宗教改良為本旨」。[74]《醒回篇》儘管只出版了一期，但它開近代伊斯蘭教報刊的先河，從此時至二十世紀三〇年代，中國各大、中城市先後創辦的同類刊物達六七十種。[75]晚清時期的伊斯蘭教新文化事業雖然規模不大，數量有限，但它卻代表了中國近代伊斯蘭文化發展的方向，為民國年間中國伊斯蘭新文化運動高潮的出現奠定了基礎，其積極影響是不可忽視的。

73　金宜久主編：《伊斯蘭教史》，458 頁，北京，中國社會科學出版社，1995。

74　王友三主編：《中國宗教史》下冊，844 頁。

75　金宜久主編：《伊斯蘭教史》，460 頁。

宗教在晚清社會中的地位

　　由於歷史的原因和近代社會的變遷，晚清時期的宗教勢力仍然很活躍。鴉片戰爭以前流行於中國社會的佛教、道教、伊斯蘭教及眾多民間宗教在晚清都有不同程度的發展。另外，西方基督教也隨著中國閉關大門的被打開而捲土重來，這使中國傳統的宗教結構發生新的變化，也使人們的宗教信仰更加多元化、複雜化。還要看到，中國人普遍性的神鬼崇拜、民間迷信習俗，從本質上說，也是一種潛在的宗教形態。由此可見，宗教是晚清社會非常重要的社會因素，它的存在發展對當時的社會及文化有著深刻的影響。

　　宗教是人類精神活動的產物，具有滿足人們精神需求的作用。晚清時期一些人如醉如痴地傾心於宗教，也無非是想從中得到某種精神慰藉。從這個角度來說，宗教對晚清時人們的精神信仰、生活習俗產生了深刻的影響。中國人歷來務實，最關心的問題不是虛無縹緲的天堂地獄，而是現實生活中的實際問題和切實利益，因此，就多數人而言，崇拜神鬼仙佛往往帶著一種務求實用的心態。正如葛元煦在一首詩中所說：「香燭些些費莫猜，非關祈子乃求財。鬢邊黃紙籤條插，如向司徒廟裡來。」[76]詩句刻畫出了中國人進行宗教活動時的心理狀態。當

---

76 葛元煦等：《滬游雜記·淞南夢影錄·滬游夢影》，53 頁，上海，上海古籍出版社，1989。

時民眾宗教信仰的性質大致可以分為兩種情況：一種是心理的，完全是要得到精神上的慰藉，尋求精神支柱和寄託；另一種是經濟的，求神拜佛是為了保佑現實生活平安無事，能帶來多子多福、前途平順、財路寬廣、大吉大利等。這些祈願固然反映了人們追求美好未來的善良願望，但也是文化落後在人們精神追求上的反映。

晚清時期傳入中國的西方基督教，一方面充當了西方列強侵略中國的工具，具有文化侵略的性質；另一方面又給中國帶來一些新的文化因素，如介紹西學、興辦報刊、學堂、醫院等近代文化設施，客觀上為中國近代文化的形成準備了條件。

從歷史上看，宗教與藝術的關係十分密切，這不僅表現為許多才華橫溢的藝術家都來自於宗教界，而且還表現在宗教對中國建築、文學、戲曲、美術等諸多藝術領域發生的深刻影響。在建築方面，晚清時期雖然不是宗教建築史上最輝煌的年代，但也修建了不少重要的寺觀，既有佛道二教的寺觀、伊斯蘭教的清真寺，又有西方基督教的禮拜堂和修院，保持了各自的建築風格，帶有自己的特點。如上海的海上白雲觀（道教）、玉佛禪寺（佛教）、福佑路清真寺（伊斯蘭教）、西寧東關清真寺（伊斯蘭教）、上海徐家匯天主堂（天主教）等，都是建築精良、頗具規模的宗教建築群體，體現出不同的宗教建築的風格和魅力。在文學方面，晚清時期的詩人、文學家不乏宗教界人士。八指頭陀就是其中的傑出代表。八指頭陀（1851-1912），法號釋敬安，字寄祥，因「曾於阿育王寺燒殘二指，並剜臂肉燃燈供佛」，[77] 故號「八指頭陀」。他俗姓黃，名讀山。八指頭陀不僅是晚清一位有全國影響的高僧，而且還是一位成就突出的詩人，是中國文學史上為數不多的著名愛國詩僧之一。他一生為後世留下詩篇一千九百多首，文章若干。一九一二年，楊度在北京法源寺收其遺稿，經整理校訂，於一九一九年由北京文楷齋刊刻了《八指頭陀詩集》十卷、《八指頭陀詩續集》八卷、《八指頭陀文集》一卷等，集中反映了詩僧的主要藝術成就。蘇曼殊（1884-1918），原名

---

77 釋敬安：《自笑》，《八指頭陀詩文集》，241 頁，長沙，岳麓書社，1984。

戩，一名玄瑛，字子谷，曼殊是他出家後的法號，廣東香山人。早年留學日本，二十歲時即削髮為僧。長於美術、詩文，為南社主要詩人之一。辛亥革命後致力於小說創作，著有《天涯紅淚記》、《斷鴻零雁記》、《紅紗記》、《焚劍記》、《非夢記》等作品，風行海內外。至於以宗教故事為題，或涉及宗教的文學作品，更是數不勝數。在戲曲方面，宗教是清代戲曲表現的重要內容，涉及宗教（主要是佛教和道教）的劇目數量眾多，俯拾即是，如《火燒紅蓮寺》、《混元盒》、《上金山》、《碧游宮》、《稱心綠》、《慈悲願》、《盤陀山》、《廣寒香》、《兒孫福》、《醉菩提》等，都是以佛、道人物及故事為主要內容來展開的。在美術方面，稍早一些的宗教界畫家有改琦（1774-1829，伊斯蘭教），善畫人物、山水、花卉，代表作有《紅樓夢圖詠》、《芝蘭雙玉圖》等，另著有《玉壺山房詞選》。著名的畫僧有真然和虛谷。真然（？-1884），字蓮溪，曾住黃山，故號黃山樵子。江蘇興化人，曾居揚州眾香庵。擅畫山水、人物、花鳥、蘭竹等。尤長畫人物，不用底稿，落筆穩成，一時驚為絕藝。虛谷（1824-1896），俗姓朱，名懷仁，一名虛白，號紫陽山人。安徽新安人。他曾為清朝將軍，後因不願奉命打太平天國而出家為僧。同光年間寓居上海，聲望很高，尤以詩畫聞名。於畫工山水、花卉、動物，尤長於畫松鼠及金魚。其畫的特色是誇張描寫動物的特點，而以戰勁的線條來描其形狀。代表作有《枇杷圖》，另有《虛谷和尚詩錄》等。

總之，宗教對晚清社會及文化的影響是多方面的，涉及思想觀念、民間習俗、建築、文學、戲曲、美術等諸多文化領域，研究晚清社會及文化絕不能忽視宗教文化的影響。

亮點書系．中國文化通史 A1001017

中國文化通史・晚清卷　上冊

主　　編	鄭師渠
版權策畫	李　鋒

發 行 人	陳滿銘
總 經 理	梁錦興
總 編 輯	陳滿銘
副總編輯	張晏瑞
編 輯 所	萬卷樓圖書股份有限公司
排　　版	菩薩蠻數位文化有限公司
印　　刷	維中科技有限公司
封面設計	菩薩蠻數位文化有限公司

出　　版　昌明文化有限公司

桃園市龜山區中原街 32 號

電話　(02)23216565

發　　行　萬卷樓圖書股份有限公司

臺北市羅斯福路二段 41 號 6 樓之 3

電話　(02)23216565

傳真　(02)23218698

電郵　SERVICE@WANJUAN.COM.TW

大陸經銷

廈門外圖臺灣書店有限公司

　　電郵　JKB188@188.COM

ISBN 978-986-496-170-2

2018 年 1 月初版

定價：新臺幣 500 元

如何購買本書：

1. 劃撥購書，請透過以下郵政劃撥帳號：

　　帳號：15624015

　　戶名：萬卷樓圖書股份有限公司

2. 轉帳購書，請透過以下帳戶

　　合作金庫銀行　古亭分行

　　戶名：萬卷樓圖書股份有限公司

　　帳號：0877717092596

3. 網路購書，請透過萬卷樓網站

　　網址 WWW.WANJUAN.COM.TW

大量購書，請直接聯繫我們，將有專人為您

服務。客服：(02)23216565 分機 610

如有缺頁、破損或裝訂錯誤，請寄回更換

國家圖書館出版品預行編目資料

中國文化通史. 晚清卷 / 鄭師渠著. -- 初版.
-- 桃園市 ：昌明文化出版 ；臺北市 ：萬卷
樓發行, 2018.01

　冊 ；　公分

ISBN 978-986-496-170-2(上冊 ：平裝). --

1.文化史 2.中國

630　　　　　　　　　　　　　107001808